Zauberisches Dreisamtal · Lieblingstal im Schwarzwald

Hans Konrad Schneider · Fritz Röhrl

Zauberisches Dreisamtal

Lieblingstal im Schwarzwald

Verlag Karl Schillinger · Freiburg im Breisgau

Alle Rechte beim Verlag Karl Schillinger, Freiburg i. Br.
1. Auflage 1983 · ISBN 3-921340-66-7
Gesamtherstellung: Druckerei Karl Schillinger, Freiburg i. Br.

»Es fehlen ihnen die Wurzeln, das ist sehr übel für sie«, läßt Antoine de Saint-Exupéry die Blume mit den drei Blütenblättern zum kleinen Prinzen sagen. Gemeint sind die Menschen, die heimatlos geworden sind. Kein Jahrhundert zählte davon so viele Millionen wie das unsrige.

Selber im oberen Dreisamtal, in Wagensteig, Gemeinde Buchenbach, geboren und aufgewachsen, freue ich mich darüber, daß der Zauber dieses Tales im vorliegenden Band in Wort und Bild vorgestellt wird. Denen, die hier zu Hause sind, kann er helfen, die Schönheit ihrer Heimat neu und mit Dank zu sehen. Den Gästen, die Jahr für Jahr in großer Zahl im Dreisamtal Erholung suchen, möchte er eine Landschaft nahebringen, die bis auf den heutigen Tag viel von ihrem ursprünglichen Reiz bewahren durfte.

Es ist den Autoren gelungen, das »Zauberische« des Dreisamtales in den feingetönten Bildstimmungen und in dem treffsicheren, detailkundigen Text unverwechselbar einzufangen. Wie im Vielklang einer festlichen Symphonie vereinigt die Talbeschreibung die tonangebenden Merkmale, die tragenden Grundakkorde, die mitschwingenden Kontrapunkte, die ganzen zeitbeständigen Charakterfurchen des Tals zu einem wundervoll ausgebreiteten, harmonischen Panorama.

Einen Wunsch gebe ich dem vorliegenden Band mit auf den Weg: daß er dazu beitragen darf, seine Leser Heimat als eine Gabe und als einen Auftrag begreifen zu lassen, und daß sie in der Besinnung auf die eigenen Wurzeln Kraft für das Heute schöpfen. Heimat ist uns geschenkt, damit wir uns mit Dank daran erfreuen. Sie ist Auftrag, daß wir sie in größtmöglicher Unversehrtheit bewahren. Sie will Fingerzeig auf die Schönheit Gottes sein, von dem sie uns anvertraut wurde. Sie ist uns Anruf, unsere Wurzeln so tief schlagen zu lassen, daß wir in der Ungeborgenheit dieser Zeit einander ein Stück Heimat sein können.

Dr. Oskar Saier, Erzbischof von Freiburg

Ein überraschungsreicher Ausflug ins Dreisamtal

Das Dreisamtal – von der »Schwarzwaldhauptstadt« Freiburg nach Osten ins Gebirge hineinführend – ist weithin als das »Einfallstor« des Ausflugsverkehrs in den hohen Schwarzwald bekannt. Ich will hier keine zeitbezogenen Verwaltungssorgen ansprechen; als Regierungspräsident bin ich seit Jahren mit allen Konsequenzen der Verkehrsüberflutung vertraut. Tatsache ist, daß manchem Besucher, der sich im Fahrzeugstau oder Kolonnenverkehr allzusehr auf Vordermann und Rückspiegel konzentrieren muß, der Blick auf die schönen Seiten des Tals verstellt bleibt.

Daß das Dreisamtal aber mehr zu bieten hat, daß es selbst eine großartige Kulturlandschaft, ein gepflegtes, attraktives Ferien- und Erholungsgebiet verkörpert, wird im genaueren Hinsehen deutlich, macht das einträgliche und wertbeständige Zukunftskapital des aufgeweckten, gastlichen Fremdengebiets aus.

Dem Kenner steht vor allem die unglaubliche Vielfalt vor Augen; daß das weite, vielgegliederte »Fünfzehn-Täler-Tal« als ganzes ein bewundernswertes »Himmelreich« ist mit all den Schönheiten und Einmaligkeiten der Natur, des Brauchtums, der religiösen Traditionen, mit seiner vielseitigen Geschichte, mit den Besonderheiten der alteingesessenen Gewerbe der Schwarzwälder Uhrmacherei, der Holzhauer und Holzflößer, des Bergbaus, der Glasbläser, mit seinem gewichtigen Bestand an Burgen und Herrensitzen, mit seinen klösterlichen Erinnerungen, mit den Geheimnissen um Sagen und Fabeln und mit vielem mehr, bleibt für den Besucher und für manchen Einheimischen dann doch eine erstaunliche Entdeckung.

Dem Liebhaberteam Schneider/Röhrl verdanken wir mit dem ansprechenden Landschaftsband »Zauberisches Dreisamtal – Lieblingstal im Schwarzwald« eine große heimatliche Inspiration. Wer sich von dieser geradezu unwiderstehlichen Einladung ins Dreisamtal animieren läßt, erahnt, daß hier ein durch und durch heimatverbundener Autor – Hobbyschriftsteller übrigens und im Alltagsberuf Verwaltungsfachmann – und ein gewiefter Fotomeister ihre liebhaberisch gesammelten Schätze preisgeben, ihr Lieblingstal offenbaren.

Der gehaltvolle, feuilletonistisch aufgelockerte Text bietet von Kapitel zu Kapitel verblüffende Einblicke in neue Seiten und Eigenheiten des Tals, die geschlossene Erzählreihe präsentiert sich als exzellentes, heimatliches Lesebuch, das keineswegs nur einseitig festgelegte »Leseratten« fesseln wird. Dem hohen textlichen Anspruch gesellt sich als weiterer Pluspunkt eine brillante Bildauswahl bei, allein die faszinierenden, mehrseitigen Panoramaaufnahmen sind eine glänzende Novität.

Ich freue mich, daß solche Bücher mit dem ganzen Hobbyaufwand, dem unbezahlbaren Liebhaberengagement heutzutage überhaupt noch gemacht werden können. Überall ist Begeisterung, Sympathie, Liebe spürbar, das »Zauberische Dreisamtal« mag gerade deshalb schon bald zum Lieblingstal zahlreicher dazugewonnener »Talfans« werden.

Die eindrucksvolle Stärke des neuen Heimatbuchs – eine Zusammenschau des ganzen Talraums über vier, ursprünglich sogar sechzehn Gemeinden hinweg – gibt dem weitsichtigen Verlagskonzept des Schillingerverlags recht; vielleicht darf man schon bald vom »Lieblingsbuch« der Dreisamtäler, der Freiburger, aller Schwarzwaldfreunde sprechen. Ich wünsche dies den Beteiligten von Herzen.

Dr. Nothhelfer, Regierungspräsident

Freiburg und das Dreisamtal –
ein anspruchsvolles Thema

Vom »Freiburger Bobbele« sagt man, es müsse mit Dreisamwasser getauft sein – die »Stadt am Dreisamstrand« selbst liegt außerhalb der talabschließenden Gebirgspforte und damit außerhalb des eigentlichen Dreisamtals am Rande der großen Rheinebene. So mag auf den ersten Blick kaum ein engerer Konnex zwischen Stadt und Tal bestehen. Gewiß, Freiburg – als Handelsplatz gegründet – war zu allen Zeiten Markt, Einkaufsplatz, Kulturmittelpunkt, Dienstleistungszentrum, Verkehrsknoten und damit ausstrahlende Mitte für ein größeres Umland.

Die Beziehungen zum Dreisamtal gründen jedoch tiefer; früh schon zogen die Patriziergeschlechter ins Tal hinaus und waren ländliche Landesherren und städtische Honoratioren zugleich. Die Familie Snewlin bietet das augenfälligste Beispiel. Unruhen, Fehden und Feindschaften brachten aber auch bald die Stadt als Ordnungsmacht auf den Plan. Im Jahr 1315 zerstörte sie im Zwist mit den Kolmanbrüdern die Wilde Schneeburg und versuchte seitdem, sich selbst im Dreisamtal in eine Herrschaftsrolle hineinzubringen.

Als ihr 1462 gelang, die Klosterherrschaft St. Märgen mit deren Gründungsgut, mit Nutzen und Rechten zu kassieren, war der Grundstock für die Freiburger Talherrschaft gelegt. Ab 1500 stand ein Großteil des Tals auf rund 300 Jahre unter dem städtischen Schild, und ein Freiburger Talvogt verwaltete in Kirchzarten das städtische Regiment über das Tal. Erst als 1806 Vorderösterreich in Baden aufging, wurde die städtische »Souveränität« im Tal beendet. Die lange Verbindung hat ihre geschichtlichen Nachwirkungen, auch wenn sie bei vielen Freiburgern und ebenso vielen Dreisamtälern fast schon vergessen ist.

In jüngster Zeit ist Freiburg durch die Eingemeindung der alten Orte Ebnet und Kappel wieder in das Tal zurückgekehrt und wurde selbst unmittelbarer Dreisamtalort. Freiburg hat damit auch wieder »Dreisamtäler Pflichten« übernommen.

Wer sich diesem anspruchsvollen Thema widmen will, muß sein Interesse verstärkt der geschichtlichen Entwicklung des Dreisamtals zuwenden. Er tut gut daran, sich mit der neuen, eindrucksvollen Talbeschreibung »Zauberisches Dreisamtal – Lieblingstal im Schwarzwald« genauer zu befassen, diese Dreisamtäler Liebeserklärung eines Freiburger Autors gibt sicheren Anhalt für die zeitlichen Abläufe, den Werdegang des Dreisamtals.

Dieses vortreffliche Bild- und Lesebuch gibt daneben auch dem Ausflügler, dem Wanderer, dem Sportbegeisterten und Erholungssuchenden unterhaltsame Einblicke und macht das Werk für einheimische und auswärtige Freiburg-Liebhaber lesenswert.

Dr. Rolf Böhme, Oberbürgermeister der Stadt Freiburg

Das Dreisamtal im Zauber neuer Perspektiven

Das vorliegende Buch »Zauberisches Dreisamtal« bringt dem interessierten Leser viele neue Erkenntnisse. Die Vielfältigkeit der Einzelbeschreibungen, wie auch die optische Darstellung des Dreisamtales im südlichen Schwarzwald, machen dieses Buch zu einem informativen Nachschlagewerk für den Liebhaber dieses weiten Talgrundes. Der Reiz dieses Tales wird noch dadurch gesteigert, daß die höchsten und markantesten Berge des Schwarzwaldes, dieses Tal umsäumen.

Die vier Talgemeinden Buchenbach, Kirchzarten, Oberried und Stegen, freuen sich über die Herausgabe dieses Werkes.

Die »Multivision« aus unzähligen, heimatlichen Bildern, Eindrücken, Schilderungen, Kurzerzählungen und Empfindungen charakterisiert den eindrucksvollen Landschaftsband aus dem renommierten Freiburger Verlag Karl Schillinger als »Heimatbuch des Dreisamtals«. Die liebevoll zusammengestellte Talreportage findet im Bild wie im Textteil unvermutete, neue Perspektiven, welche überraschend deutliche Besonderheiten, Eigentümlichkeiten des weitverzweigten, aber doch einen Talgebiets der Dreisam markieren. Die stimmungsechte, detailsichere Talschilderung knüpft dabei an die geographische Einheit des Talraums an. Der vogelschauartig gezeichnete Überblick über das gesamte Tal macht die alten Verknüpfungen der Talorte, die Verbindungslinien zwischen den Dreisamtäler Burgen, Schlössern, Kirchen, Ortschaften und die gewachsenen Beziehungen im Tal deutlich. Diese übergemeindliche Talbetrachtung läßt sich daher mit den herkömmlichen Gemeindebeschreibungen und Ortschroniken nicht vergleichen. Kenntnisreich wird der Leser und Betrachter von Kapitel zu Kapitel jeweils im gesamten Talgebiet umhergeführt – die Vertrautheit des Textautors Hans Konrad Schneider mit dem Tal und seiner Geschichte, die Einblendung von Sagen und Überlieferungen, das Wissen um Brauch und Recht, die direkte Beziehung zu Land und Leuten, die Sprache des Buchtextes, die ausgeklügelte Bildtechnik des Fotografen Fritz Röhrl und die gekonnte Motivauswahl, all' dies sind Einzelfaktoren, die sich als persönliches Bekenntnis hier präsentieren.

Wer aber selbst eine so ausgeprägte Zuneigung zu einer Landschaft empfindet, ist gewiß auch ein guter Vermittler für andere. Wir sind davon überzeugt, daß dieses Dreisamtäler Heimatbuch überall im Tal bei Jung und Alt, in Bildungseinrichtungen, Schulen und Bibliotheken, bei den Altfamilien auf den einzelnen Schwarzwaldhöfen wie bei den Neubürgern in den großgewordenen Talorten gut aufgenommen wird. Wir erwarten aber auch, daß die informative Talbeschreibung unter den vielen Kurgästen, Kurzurlaubern und Durchreisenden ebenso viele gute Freunde für das Dreisamtal gewinnen wird.

Mit Patenstolz dürfen wir somit den neuen, reich ausgestatteten Schillingerband »Zauberisches Dreisamtal – Lieblingstal im Schwarzwald« begrüßen, den die Gemeinden im Rahmen ihrer Möglichkeiten unterstützt haben.

Das Heimatbuch bekräftigt, daß das Bild vom schönen Dreisamtal nicht nur ein Traum, sondern durch und durch lebendige Wirklichkeit ist. Mögen die Leser und Betrachter an diesem Buch ihr Vergnügen finden, mögen sie zugleich auch ihre Liebe zum Dreisamtal entdecken.

Bürgermeister Hans Matthes, Buchenbach
Bürgermeister Horst Eckerlin, Oberried
Bürgermeister Erich Rieder, Kirchzarten
Bürgermeister Klaus Birkenmeier, Stegen

Zauberisches Dreisamtal
Lieblingstal im Schwarzwald

»Wie zauberisch das grüne Treisamthal!« frohlockt vor rund 125 Jahren im Sommer 1858 Josef Bader, ein Intimkenner und leidenschaftlicher Liebhaber des badischen Landes, als er »bei schönster Morgenzeit zu einer Schwarzwaldwanderung durch's Treisamthal nach der Hölle« aufbricht; soeben noch in Sorgen ermüdet, verspürt er wie verzaubert schon nach wenigen Wanderschritten erfrischende Lebensfreude: Beglückt besingt er in einem frohgestimmten Jubelkanon das »Paradies im Himmelreich«, die »sonniglichste, üppigste Ebene«, die »lieblichsten Bergwiesen«, die »prangendsten Matten«, das »dunkle Waldesgrün«, preist er die »fröhlich-lachende Landschaft« des Tals als »heiteres Gemälde von romantisch-idyllischer Schönheit«.

Auf den folgenden Seiten:

Vom kleinen Roßkopf, einer Vorhöhe oberhalb Ebnet, öffnet sich das ganze Dreisamtal dem Blick – das Auge ist angetan von der Schönheit dieses weitgespannten Panoramas.
Wie ein Park liegt die umschlossene Talebene vor dem Betrachter, darum herum wechseln Wiesen und Wald, Tal und Berg, Steilgelände und sanftere Hügelform in vielfältigster Weise.
Markant ragen einzelne Gebirgsstöcke aus der hohen Bergkette ums Tal: Freyel (links) – Otten (halblinks über der hintersten Talbucht) – Hohwart (links der auffallenden Höllentalkerbe) – Hinterwaldkopf (Bildmitte) – das Feldbergmassiv (über der hochgewachsenen Baumgruppe des Vordergrunds) – Tote Mann und Hochfahrn (nach rechts anschließend).

Literarisches Lob

Der Bewunderungsruf »Zauberisches Dreisamtal« blieb nicht das einzige Liebeswort für das sonnenheitere Talland; im literarischen Lob der Jahrhunderte hat dieses lockende Schwarzwaldtal vielfache Wertschätzung erfahren, sich Zuneigung und stete Sympathien erworben; wieder und wieder bekannten sich Schriftsteller, Maler und Dichter, heimische Künstler, prominente Besucher, Feriengäste, Kurzurlauber und Durchreisende zum Dreisamtal als ihrem Lieblingstal im Schwarzwald. Solche Referenzen zählen ebenso wie die ungestüme Begeisterung eines unbekannt gebliebenen Maljüngers – zitiert nach einer Zeitschrift von 1868 –:
»Dies endlich sei eine Gegend, welche abzumalen der Mühe wert wäre!«

Goethes Skizze »Felsen im Höllental«
(Goethe-Nationalmuseum Weimar)
Der von Wasserstrudeln geformte Fels ist – nach den vielen Veränderungen, zumal Sprengungen in der Talschlucht – heute nicht mehr zu erkennen.

Johann Wolfgang von Goethe, im Reisefach gerne als Blickfang bemüht, hat im Herbst 1779 einen Ausflug ins Dreisamtal unternommen; »hinter Freiburg in die Hölle, einen guten Tag mit Schlossers und den Mädels«, vermerkt er beeindruckt in einer Tagesnotiz. Als gut 50 Jahre später Frau Marianne von Willemer – Goethes Freundin, als »Suleika« seines »West-östlichen Divans« bekannt geworden – ihm ihre Reiseerlebnisse aus dem »überaus schönen Höllental« schildert, erinnert sich Goethe seiner eigenen Eindrücke, und er schreibt ihr im Juni 1829, daß sich unter seinen Blättern eine »ziemlich ausgeführte Skizze eines Felsen im Höllenthal« findet. Diese Felsenzeichnung Goethes ist überraschend effektvoll, zeigt aber leider kein Abbild der Natur in der landeskundlich erhofften Fotografiegenauigkeit. Goethes Lust am Zeichnen fand jedoch Nacheiferer; dies bescherte dem Dreisamtal sogar eine Portraitstudie von königlicher Hand: Die Frau Großherzogin von Baden – Ihre Königliche Hoheit – »saß auf einem großen Stein am Bach, von wo aus sie den Standpunkt zu einer Zeichnung nahm« – so berichtet ein Chronist im September 1811.

Die treffsichere Kennzeichnung des Dreisamtals in den Poesieblättern der Erzähler, in Dichtkunst und Malerei bietet dem Talbesucher manches befolgenswerte Wegzeichen. Hermann Hesse, der Literatur-Nobel-Preisträger von 1946, bekennt von seinen Reisetagen: »Ich habe nie viel Geschichte gelernt, sondern mein Wissen alles aus den Dichtern bezogen und war über die Geheimnisse eines Ortes besser vertraut als selbst die dortigen Professoren!«

Überaus lesenswert sind die im letzten Jahrhundert entstandenen Landschaftsbilder französischer Schriftsteller wie Fernand Gueymards Essay über den Schwarzwald mit dem humorigen Titel »Au pays du Kirschwasser« – »Im Kirschwasserland«: »... tournons-nous les yeux vers l'Orient...« »... öffnet sich gegen Osten das freundlich-lachende und fruchtbare Tal der Dreisam gerade soviel, um uns verlockend zu bezaubern mit der Sicht auf die vielfarbenen Zebrastreifen seiner wohlgepflegten Felder, mit dem Anblick seiner staubhellen Straßen, die es wie weiße Schmuckbänder durchziehen, und seiner feist-saftigen Wiesen, in denen sich der Flußlauf mit seinen eisfrischen Fluten schieferartig abzeichnet, mit der Aussicht auf den Ziergarten schöner Baumgruppen, auf die Berghänge, welche dichte und dunkle Wälder polstern, auf die kahlgelichteten, unbewaldeten Gebirgsstöcke des Hintergrunds, in welche sich der teuflische Weg des Höllentals hineinbohrt...«

Julius Heffner »Rauhreif bei Kirchzarten« (1936). Im Besitz der Sparkasse in Kirchzarten

Immer wieder entdeckten kunstbedeutsame Maler wie Emil Lugo (1840–1902), wie der Wahl-Kirchzartner Johannes Thiel (Hans-Thoma-Preisträger des Jahres 1960) und andere bekannte Malkünstler den Reiz des Dreisamlandes und der Schwarzwaldhöhen, die Strenge der flachen Talebene, die Idylle des Dreisamufers, die Schönheit des Schwarzwaldhofs, die Charakterkraft der bäuerlichen Szene. Julius Heffner (1877–1951) nannte sich in Stolz »Maler des Kirchzartner Tals«; seine Talstimmungen bei Oberried, im Wittental, am Ufer des Krummbachs zeugen ebenso sehr von einer naturdurchdrungenen Persönlichkeit des Malers wie von einer ausdruckstarken Landschaft; Albrecht Dürer wußte um diese Zwiesicht des Kunstschaffens: »Die Kunst steckt wahrhaftig in der Natur, wer sie heraus kann reißen, der

hat sie!« Überraschend ist das Thema »Postkutschen-überfall im Höllental«, ein Schnappschußbild voll Witz und Fantasie von E. Guérard. Die glanzvolle Dreisamtalgalerie erinnert ebenso an Hermann Dischler (1866–1935), den »Schneemaler«, der mit packend-direkten Naturreportagen als erster den Schwarzwaldwinter »entdeckte« und auf den Höhen ums Dreisamtal, am Feldberg und bei Hinterzarten die Winterhärte und Winterschönheit des Schwarzwalds dokumentierte. Dischler, Maler von über 1600 Bildern, zumeist Winterlandschaften, ist wie kein anderer fasziniert von der unglaublichen Größe dieser Natur und vernarrt in den »Zauber von Farbe, Schnee und Kälte«:
»Kommen von Westen die roten, warmen Strahlen der untergehenden Sonne, während vom Zenit oben das

15

kalte Blau des Himmels auf das Schneefeld geworfen wird, dann ergibt sich ein fabelhafter Wechsel von kalten und warmen Tönen, denen keine Palette der Welt gewachsen ist!«

Aber auch die jüngste Künstlergeneration – z.T. in den ersten Schritten wie der junge Joe Dunne aus Dublin – findet ihre Anregungen, findet unverbrauchte Motive im Wittental, in den Schwarzwaldhöfen von Die-

keit«; ein anderer Talbesucher des Jahres 1858, Johann Georg Friedrich Pflüger, bewundert den »Zauberschlag«, mit dem sich das felsensteile Höllental zum ausgebreiteten Himmelreich öffnet.

Von jeher zeigt sich der Talzauber in seinem vollen Reichtum jedoch nur bestimmten »Dreisamtalmenschen« und verbirgt sich vor allzu zudringlichen Schatzräubern. Sonnen sich doch nach alter Talsage die be-

Joe Dunne, Bleistiftskizze »Hof in Wittental« (1980)

tenbach, in den Berghängen des Zastlertals, in den grünen Talauen von Buchenbach, im Ibental, am Krummbach, im »zauberischen Dreisamtal«.

»Zauber der Natur« bleibt das Schlüsselwort der Landschaftsschilderungen. Otto von Eisengrein begeistert sich 1885 für den »holden Zauber dieser wunderbaren Gottesnatur«, Heinrich Schreiber findet 1825 seine Erholungsruhe »in wirklich zauberischer Waldeinsam-

gehrten Pretiosen der untergegangenen Wilden Schneeburg bei St. Wilhelm nur an bestimmten Tagen und geben sich nur bestimmten »Talgünstlingen« zu erkennen; sollte je ein Erkletterer des Burgfelsens einmal versuchen, Glitzer und Glanz zu ergreifen, all' die verborgene Schönheit für sich allein zu erhaschen, sieht er sich sogleich genarrt; unversehens versteigt er sich, tritt fehl – und findet statt des begehrten Juwels nur nackten Fels und starre Schroffen.

Andere Schätze erblühen hundertfach in allen Talwinkeln – und bleiben fast verborgen. »Zauberformeln« erschließen die Begegnung mit dem Wälderbauern, der erst nach langer Weile den ihn fragenden Fremden stirnrunzelnd und in Hintersinnen anwirrscht: »Sind 'r vom Amt?« – Aber das ist ja nur bärbeißiger Auftakt zu einer knorrigen, lebensprallen Dorfgeschichte. Berthold Auerbach (1812–1882), der beschlagene Schwarzwälder Dichter, Idealist und alemannischer Erzähler (1864–1908), zeichnet mit der »Zinken-Marei« und der »Kalten Seppe« aus Zarten zwei Dreisamtäler Originale in seine Burleske einer Wallfahrt nach St. Ottilien. Anekdotisches entsprudelt täglich aufs Neue dem Talgrund, das Dreisamtal hat noch manche Episode im Trieb.

Anders verspürt Alban Stolz, volkstümlicher Schrei-

Johannes Thiel »Im Dreisamtal« (1956) im Besitz des Regierungspräsidiums Freiburg

Dorfreporter, fand in dem aus Oberried stammenden Ebneter Löwenwirt Josef Zipfel den rechten, originellen Sonderling, um dessen herzensliebe Grobheit sich Anekdoten nur so ranken, und er portraitierte ihn in seinen vielgelesenen Schwarzwälder Bauerngeschichten und Dorferzählungen; so geriet Ebnet in das Augenmerk der literarischen Welt. Des Löwenwirts Ausspruch »Suffet Wii, bigott!« wurde ohnehin landauf, landab zum vielbefolgten, volkstümlichen Motto. Emil Gött, ber und renomierter Theologieprofessor, einen Hauch des Talwandels in den »Witterungen der Seele«: »Ich schien mir selbst ein wilder Jäger, stürmend gegen den Sturm!« umschreibt er einentags seinen Winterspaziergang nach Kappel – Wonne verklärt ihm anderntags den Besuch in Buchenbach: »Und auch in mir war Frühling!«. Auf dem Giersberg bei Kirchzarten träumt er sich 1846 in stimmungsvolles Sehnen:

»… erblickte ich mit Erstaunen die schöne Lage und

17

Aussicht dieser Kapelle und des Hauses daneben. Wie sehr wünschte ich, an einem solchen einsamen Ort zu wohnen.«

Wenn aber gar ein hochwürdigster Prälat der römischen Kirche, Abt Ignaz Speckle, neugierig »durch die Hölle« reist, »um diese einmal zu sehen« – und sie dann »in der Tat sehenswert findet«, läßt solches Lob selbst ernsthafte Textkritiker schmunzeln.

Noch zahlreiche andere Schriftsteller wie der gelehrte sanktblasianer Fürstabt Martin Gerbert, der badische Dichterliebling Josef Viktor von Scheffel, der Schwarzwaldbiograph Wilhelm Jensen verschenken ihre Kom-plimente an das Dreisamtal und bestätigen die Einschätzung: »Landschaft von feinem Zauber«.

Josef Bader, der Dreisamtalwanderer von 1858, beschließt sein Landschaftsgemälde mit ebenso gekonntem Federstrich wie innerlich beschwingtem Herzen; im Rückblick seiner Wanderstrecke von Freiburg entlang der Dreisam durchs Zartner Becken, durch Himmelreich und Höllental zieht er auf der Anhöhe bei Höllsteig den Schlußstrich unter seinen Wandertag mit dem liebevolle Eingeständnis, »daß diese Bergschlucht malerisch-landschaftlich das schönste all' unserer schönen Täler sei« – »ein in sich vollendetes Gemälde!«

Emil Lugo: »Dreisamidylle« (1884)
Im Besitz der staatlichen Kunsthalle Karls-
ruhe

18

Vielfältiges Dreisamtal,
ureigenstes Schwarzwaldland

Wer nach solchem literarischem Umschweifen das Dreisamtal geographisch exakt und in didaktischer Kürze beschreiben will, gerät einigermaßen in Verlegenheit. Das Talgebiet hat von vornherein seine Besonderheiten, die Dreisam ist der ungewöhnlichste der Schwarzwaldflüsse, das Tal das eigenwilligste der Schwarzwaldtäler.

Überraschend wie die Showankündigung des magischen Metiers »Frau ohne Unterleib« klingt die Dreisamvorstellung als »Fluß ohne Quelle«. Als Illusionist versucht die Dreisam dem Beobachter weiszumachen, sie sei ohne Bergjugend als »Taljungfer« geboren; aber da versteckt sie sich mit einem allzu durchschaubaren Trick; drei Jungflüsse, der Rotbach (Höllbach) und der Wagensteigbach mit dem Ibenbach, tragen ihr in eigenen, respektablen Gebirgsläufen die Bergwasser zu, die die Dreisam nahe Zarten unter ihrem Namen vereinigt.

Rückblick vom beliebten Dreisamtäler Höhenweg Feldberg – Immisberg – Hüttenwasen – Tote Mann

Landschaftlich wie wasserwirtschaftlich reicht das Dreisamtal hinauf bis zu den vielen, malerischen Trogbrunnen vor den Schwarzwaldhöfen, bis zu den frischplätschernden Quellwassern auf den Hochweiden, den zur Viehtränke hergerichteten, gehöhlten Baumstämmen, bis auf die Höhen des »Höchsten«, auf den Feldberggipfel als dem Bergkönig des Schwarzwaldes und des Dreisamtals.

Eine zweite Beobachtung schließt sich an: Bei Freiburg durchbricht die Dreisam nach kurzem Lauf von nur rund 8 km einen abgrenzenden Bergriegel und ergießt sich jenseits in die oberrheinische Weite wie in ein Meer. Der grundlegende Gegensatz zwischen den Landschaften »draußen vor dem Freiburger Tor« und »drinnen im Tal« ist besonders anschaulich von Victor Hugo, dem großen französischen Dichter der Romantik, beschrieben worden. Bei seinem Freiburgbesuch – so schildert er in seinem Werk »Le Rhin« um 1840 – beeindruckt ihn zunächst das wohlgefällige Bild der ausgedehnten Oberrheinebene; er zeigt sich höchst überrascht, nach kurzer Drehung von der Gegenseite des Schloßbergs »durch ein neues Fenster« eine ganz andere Landschaft, eine Schwarzwaldszenerie zu entdecken, ein Anblick, der ihm als Gegenstück zum weiten Flachgrund der Rheinniederung das Finster-Umschlossene des Gebirgstales, das Bedrohlich-Gewaltige der hohen Berge vor Augen führt. Mit der nur rund einen Kilometer breiten Talenge von Freiburg zwischen Hirzberg und Franzosenschanze ist das Dreisamtal flußabwärts eindeutig begrenzt. Die felsenfesten Eckpfeiler des Dreisamdurchbruchs waren früher, solange die Stadtbebauung noch nicht den Talhals überschwemmte, eine deutliche Markierung und wurden nach geologischen Feinunterschieden plastisch-bildhaft als »Blauer Felsen« (an der Dreisamtalnordseite beim Sandfang) und »Weißer Felsen« (an der Talsüdseite beim Freiburger Messplatz) unterschieden.

Das Dreisamtal umfaßt nach diesen geographischen Eingrenzungen somit das Flußgebiet und Talland, das sich oberhalb des Talausgangs bei Freiburg im Schoße des Gebirges ausbreitet und als ureigenstes Schwarzwaldland vom ebenen Talgrund in die höchsten Gebirgszonen emporstößt.

Als Sonderling präsentiert sich dieser Talraum, die Großform unterscheidet sich auffallend von einem »schulbuchmäßigen« Tallauf. Bestimmend für diesen Eindruck sind die abriegelnde Talenge bei Freiburg und die unerwartete Talweite im Innern. Diese Merkwürdigkeiten geben dem Dreisamtal die Gestalt einer weiten, offenen Schale, eines eingesenkten, waldeingebetteten

Beckens, um das im Zirkelschlag der Rundbogen des Bergkamms gelegt ist. Von manchem Standort will es denn gar scheinen, als sei der Bergring aus einem Stück, als umschlössen die Wälder ein tiefsinniges, sagenschweres Seebecken, ein Schwarzwälder Binnenmeer.

Von Freiburg aus betritt man diesen Talraum durch den enggesteckten Torbogen wie ein Schauspieler einen großen Theatersaal aus den Kulissen heraus und durch das begrenzende Portal der Spielbühne; vor dem Vor-

Wegkreuz vor Zarten
Erwartungsvoll geht der Blick bergwärts zum vielbesuchten Aussichtspunkt Hinterwaldkopf

hang öffnet sich das breitgezogene, langgestreckte Oval der festlichen Halle mit einer leicht ansteigenden Zuschauerrampe; von allen Seiten des »Guckkastentheaters« richtet sich die Orientierung auf das Bühnengeschehen, schweift der Blick über das Podium hinweg auf die Kulissen und die Dekoration. Auch im Dreisamtal zählt die Fernsicht von den Anhöhen am Giersberg, vom Galgenbühl oder vom Frauensteigfels über die »vorderen Reihen« hinweg und durch die Portalenge der »Freiburger Kluse« hinüber zu den entrückten Kulissen der »Elsäßer Alpen« zu den bemerkenswertesten und zugleich typischsten Perspektiven. Wie jedes »Große Haus« hat das Dreisamtal aber nicht allein sein Parterre, seinen Hauptraum mit den Talgemeinden Buchenbach, Kirchzarten, Oberried und Stegen; seitwärts verbergen sich hie und da Logen und Nischen, und gegenüber der Bühne finden sich in verschiedenen Höhenstufen mehrfachgestaffelte Balkone und Galerien, vom Ersten Rang bis zum »Juchhe« mit getrenntem Einlaß und Zugang. »Auf den Höhen über Zarten« liegen die Emporen von St. Peter und St. Märgen, darüber der »Heuboden« von Breitnau und Hinterzarten. Das Dreisamtal stellt sich in mehreren Etagen vor.

Auch Victor Hugo hat den Höhenaufbau des Dreisamtals beobachtet; für ihn zeigt sich die Talstaffelung an den Wolken, die als mächtige, schwarze Oberdecke auf den verschiedenen Dachzinnen der Dreisamtäler Hochgeschosse aufliegen und dennoch dazwischen – wie aus Dachluken – den Blick auf den blauen Himmel freigeben.

Wenn der angesehene Geograph Robert Gradmann (1865–1950) die Eigenart Süddeutschlands schlechtweg in der Mannigfaltigkeit auf engem Raum erblickt, so trifft diese Kennzeichnung ganz besonders auf das Drei-

Das »Obertal« von Eschbach mit seinen markanten Höfen

samtal zu. Die landschaftliche Vielfalt ist das zweite Merkmal, welches das Dreisamtal aus dem landläufigen Talbild heraushebt.

Schon die Schulkinder der Talorte Buchenbach, Kirchzarten, Oberried und Stegen lernen zugleich mit dem ersten Rechnen »an den fünf Fingern« die Vielgliedrigkeit ihrer natürlichen Umgebung im Vergleich mit der rechten, offenen Hand. Dem Talausgang bei Freiburg und dem Unterlauf der Dreisam entsprechen in diesem Bild der Unterarm und die Handwurzel; oberhalb Ebnet weitet sich die Talaue zur ausgedehnten, handtellerähnlichen, großen Ebene, zum grünen und überraschend weiträumigen Talgarten, den der Hufeisenring der Berge einrahmt und umschließt. Das Lehrbeispiel der eigenen Hand gibt weitere Hinweise auf die Feinverästelung des Tales; der dicke, nach rechts weisende Daumen deutet das Seitenbecken der Dreisamtalebene zwischen Kirchzarten und Oberried an; die vier schlanken Finger stehen für die vier engen, zum Teil schluchtartigen, weit in die Schwarzwaldhöhen hinaufgreifenden Haupttäler Höllental, Wagensteige, Ibental und Eschbacher Tal. Generationen von Dreisamtälern wurde so in der Merkformel der eigenen, offenen rechten Hand mit ihren fünf Fingern die geographische Gestalt des Talraums mit pädagogischem Geschick nahegebracht. Die offene rechte Hand bietet ein sinnfälliges Symbol für den vielschichtigen Aufbau des Dreisamlandes, den hochkarätige Experten 1927 in einem der bekanntesten geographischen Landschaftsführer mit dem Fachwort »zentripedales Talgeflecht« umschreiben.

Wer die Gegend vom Talgrund bis hinauf zu den Quellhöhen erwandert, entdeckt unschwer weitere Elemente landschaftlicher Gliederung. Wie früher, vor der vor-vorletzten Verwaltungsreform, in der Nähe einmal ein selbständiger Schwarzwaldort »Viertäler« hieß, könnte man in gleich bildhafter Sprache das Dreisambecken wegen der vielen, von allen Seiten des Zirkels der Talmitte zustrebenden Talläufe als »Fünfzehn-Täler-Tal« bezeichnen.

Versuchen wir eine annähernde Beschreibung des Talsterns mit seinem Strahlenkranz auf einem Rundweg um den Talgrund, den wir bei Ebnet mit dem St. Ottiliendobel beginnen; von Norden münden das Welchental, Attental und Wittental, dann das Eschbachtal mit Steurental, Langenbachtälchen und Scherlenzendobel; von Nordost bis Ost ziehen drei Täler herein, das kurze Rechtenbachtal, das versteckte Ibental mit dem Weberdobel und das gestreckte Wagensteigtal mit seinen Nebentälern und der ausgeprägt schroffen Talostflanke, die von den »Döbel« von Schweigbrunnen, dem Herren-

bachdobel, dem Spirzendobel, dem Griesdobel, dem Diezendobel und dem Pfaffendobel aufgerissen ist; von Südost steigt das bekannte Höllental in den Talgrund herunter, selbst untergliedert durch den Engenbachdobel und den Schulterdobel; im Süden schließt sich zunächst das Tälchen des Kohlbachs an; bei Kirchzarten verlängert sich »daumenartig« der Talgrund bis Oberried; in dieses Seitenbecken fließen das Weilersbachtal, das Zastlertal und die Vörlinsbachsenke, das Brugga-St. Wilhelmertal sowie dessen Seitenast, die Buselbachklamm und das Hofsgrunder Hochtal; von Westen erreichen diesen Oberrieder Stumpf die Bergeinschnitte Wittelsbach, Geroldstal und Dietenbach; der kleine Talausgang von Fischbach führt im Südwesten den Rundgang im großen Talrund weiter, es folgt die Mündung des Kapplertals, das sich selbst schon bald in die Äste Großtal und Kleintal spaltet; der Ring der Wanderung schließt sich jedoch erst mit dem Walddobel in Littenweiler gegenüber dem Ausgangspunkt Ebnet.

Wenn erst einmal nach einem Regentag die Nebelschwaden den Kammlinien entlangschlurfen, wenn aufgezurrte Wolkenfetzen, wenn Dunstflaum und federleichte Wattezirren, wenn allerlei Schaumflocken und Schleiergewölk die vielen, kleinen Runzen, Klingen, Schluchten, Senken, Döbel und Tälchen längsziehen, wird eine noch feinere, noch vielfältigere Landschaftsgliederung sichtbar.

Das Innenrund des Talbeckens füllt die große, »handflächenartig« erweiterte Ebene. Es ist gewiß ein nicht alltäglicher Genuß, von den Talmatten bei Zarten aus mit den Augen – sich selbst um die eigene Achse drehend – der Gipfellinie des Rundpanoramas zu folgen. Über Schloßberg, Roßkopf (737 m), Flaunser (866 m) und Brombeerkopf steigt der Blick im Norden zur Hochfläche um St. Peter, hinter der der Fremdling Kandel (1243 m) neugierig über die Wasserscheide blickt; der Dreisamtäler Bergring klettert weiter zum Kapfenberg bei St. Märgen (1036 m) und leitet über zum Flachdach Hohlen Graben – Turner – Weißtannenhöhe (1045 – 1192 m); daran anschließend wird der hohe First abgelöst von den mächtigen Einzelkulissen der Bergstöcke der Dreisamtalostwand, von Freyel, Otten (1041 m), Hohwart und Hinterwaldkopf (1198 m); die tieffurchenden Einschnitte des Höllentals und der Wagensteige vervollkommnen den Eindruck dieser »Kolosse«; im Süden übersteigt ein echter »Zünftiger« der Dreisamtäler Bergbruderschaft die Silhouette, der Schwarzwälder Bergkönig Feldberg (1493 m); um ihn herum zeichnen die Feldbergarme Immisberg (1373 m) – Toter Mann – Hochfahrn (1264 m) und Stübenwasen (1368 m) – Not-

Weggabelung bei Ebnet – 1355 Stätte eines heimtückischen Abtmordes im Machtkampf der Dreisamtäler Geschlechter?

23

schrei langgezogene Höhenlinien gegen den Horizont; südwestlich fügt sich das Bergmassiv des Schauinslands (1284 m) an; am »Erzkasten« mit seiner »verheißungsvollen Lage großer, historischer Berge« spitzt seit kurzem der neuerrichtete Schauinslandturm einen auffallenden Merkpfeil in die Kammlinie; von diesem jüngstgepflanzten Wahrzeichen gleitet der Bergschwung ab zum Kybfelsen (837 m), dem südlichen Taleckpfeiler und Widerlager der Talpforte bei Freiburg. Ein solch' geschlossener Bergring, gebildet von Höhen über 800 m bis 1000 m, nur durchbrochen von einer einzigen Kerbe, die dem eingezwängten Wasserlauf der Dreisam gerade ein enges Schlupfloch zum Abfluß öffnet, ist ungewöhnlich und bestaunenswert.

Vom Schwarzwaldmaler Hermann Dischler ist bekannt, daß er dem Lockruf dieses Bergkranzes nicht widerstehen konnte, daß er mit erwachendem Tag zum Erlebnis getrieben den Schauinsland hinaufstürmte, wo er die aufgehende Sonne grüßte, daß er sogleich über den Notschrei zum Feldberg »joggte«, weiter zum Turner eilte, von dort nach St. Peter stürzte, um in späten Nachtstunden todmüde, aber selbstzufrieden wieder in Freiburg zu sein. Die eine oder andere Abkürzung mag ihm diesen »Marathon des Dreisamtalkamms« erleichtert haben; der verzweigte Weg der Wasserscheide, die echte Dreisamtalgrenze umfaßt immerhin eine Bogenlänge von rund 78 km – eine doch nicht ganz einfache Tagestour.

Schon das Auf und Ab der Kammlinie verdeutlicht den Formenreichtum der Bergwelt ums Dreisamtal. Der Blick ist aber nicht auf den äußeren Bergkranz fixiert; der Fülle der Täler und Tälchen im Innern entspricht als Gegenstück die gleiche Fülle von Bergrippen, Höhenzügen, Hügelketten, Gebirgskämmen, die zwischen den »Talfingern« als Berglinien in den zentralen Talgrund hinabstoßen. Aus der Vogelschau könnte das Tal einem Rad gleichen, rundum vom Bergring umschlossen, aus dem heraus die Radspeichen der Täler und Höhen von allen Seiten der Mitte zustoßen; in den Zwischenhöhen stehen erneut Bergkönige, »Tausender«, wie Rappeneck (1010 m), Hundsrücken (1231 m) oder Roteck (1156 m), die sich oftmals unmittelbar neben den eingetieften Talschluchten auftürmen; die hier erreichten Höhenunterschiede von 600, 800 oder mehr Metern auf kürzester Distanz sind für sich allein ungewöhnlich und im Mittelgebirge geradezu aufsehenheischend.

Fotofreunde schätzen die Breitwandperspektive des Dreisamtals vom korngelben Talgrund, vom glattgezogenen Parkland über die grünschwarzen Tannenwipfel der Berghänge zu den oft schneeweißen Hochgipfeln und suchen dieses einträgliche Talmotiv in Blickrichtung Feldberg bevorzugt bei Stegen, im Wittental oder am Eschbach, gelegentlich auch am Eingang des Zastlertals mit dem Roteck, dem alpinsten Prospekt des Dreisamtals. Umgekehrt ist die Vogelschau von den weitvorgeschobenen Aussichtskanzeln, vom Lindenberg (727 m), vom Frauensteigfels (773 m) oder dem kleinen Roßkopfbruder bei Ebnet (570 m) reizvoll und beeindruckend, weil der nahegelegene Talgrund das Gefühl der Weite und Höhe nachhaltig steigert und eine Umschau zuläßt, wie sie manch höherer Gipfel im Innern des Gebirges nicht kennt.

So unterstreichen beide Blickrichtungen ein Gleiches, die Erfahrung, wie sehr das Dreisamtal den Schwarzwald prägt und wie sehr der hohe Schwarzwald das Talbild formt. Heinrich Weis, ein Freiburger Journalist, hat diesen einfachen Zusammenhang zwischen Schwarzwald und Dreisamtal in seiner natürlichen Größe aufgedeckt: »Fast scheint es uns«, schreibt er in seiner Betrachtung »Gestalt und Stimme einer Landschaft« im Jahre 1966, »als seien wir nie so ›inmitten‹ des großen Gebirges als im Zartner Becken, das wir von Freiburg aus ebenen Fußes betreten.«

Landschaftlicher Kontrast von Berg zu Tal und Tal zu Berg, Vielfalt und Harmonie verfehlen nicht ihren Eindruck; Josef Bader, als Dreisamtalfreund bereits mehrfach zitiert, erspürt Gegensätze und Verbindendes im Charakterbild des einen Tallands:

»... gehört das Dreisamtal einenteils zu dem ödesten und wildesten Schwarzwalde, andernteils zu den schönsten und gesegnetsten Gegenden unseres Landes.« – »... atmet man schon die reine schwarzwälder Luft und findet etwas von der Milde des Breisgaus.«

Der Publizist Kasimir Edschmid ergründet bei einer Feldbergrast – zitiert nach »Westdeutsche Fahrten« von 1933 – ebenso überraschende wie tiefsinnige Zusammenhänge:

»Alles ist hier oben weit und groß und alles hat seine Harmonie. Das Berückende an dieser Harmonie ist aber, daß die Kontraste, aus denen sie sich ergibt, die gleichen Kontraste sind, aus denen der deutsche Charakter sich zusammensetzt; alles in dieser Natur ist zugleich fantastisch und herb, anmutig und wild, verzaubert und streng. Und deshalb ist der höchste Schwarzwald auch Deutschlands ausdrucksvollstes Gebirge.«

Erste Erkundungen
»im Tal und auf dem Wald«

»Im Tal und auf dem Wald« – diese gelungene Kurzcharakterisierung des Dreisamtals mag vielleicht nach einem gaghaften Werbespot klingen. »Im Tal und auf dem Wald« ist jedoch ein altes »Markenzeichen« für das Dreisamtal; waren doch bis vor wenigen Jahren die Pfarrorte des frühen, historisch-einheitlichen Pfarrsprengels Kirchzarten zu einer Taleinheit, der Regiunkel »Tal und Wald«, zusammengefaßt. »Auf dem Wald« steht dabei im heimischen Dialekt als Kennwort für das hohe Gebirge des Schwarzwalds; »auf dem Wald« und »über den Wald« haben zweierlei Bedeutung, Nuancen entscheiden.

»Im Tal und auf dem Wald« ist auch ein treffendes Stichwort zur Kennzeichnung der heutigen Talgemeinden Buchenbach, Kirchzarten, Oberried und Stegen.

Die »Dreisamtäler Schauseite«:
Blick von den Anhöhen des Wittentals über den frühlingsprallen Talgrund aufs »hohe Gebirg« um den schneeglänzenden Feldberg

25

Wie schon alle früheren Talgemarkungen – alleinige Ausnahme blieb Zarten – reichen sie von der Ebene des Talbodens über alle Höhenlagen bis zum Gebirgskranz »auf dem Wald«. In einzelnen Tälern wie dem Ibental und der Wagensteige war selbst der Besitz der Hofgüter quer zur Talrichtung vom Bergkamm über den Talgrund zur benachbarten Kammlinie gezogen, hatte jedes Bauerngut seinen Anteil an »Tal und Wald«. »Wald und Tal«, Land auf dem hohen Schwarzwald und Ländereien im Dreisamtal zählte auch die Stiftungsausstattung der Klöster St. Peter und St. Märgen; von St. Märgen heißt es, dem neugegründeten Kloster gehörten »einige Höfe im Zartner Tal und eine weite Wildnis im Gebirge«. Die Freiherrn von Sickingen, ehemals Herren zu Ebnet, Hinterzarten und Breitnau, charakterisierten die geographische Auslegung ihres Besitztums ähnlich anschaulich im Titel »Herren an und auf dem Schwarzwald«.

»Tal und Wald« steht demgemäß für ein ganzes Programm, in dem sich der landschaftliche Reichtum des Dreisamtals, die geographische Spannweite vom ebenen Land bis zum höchsten Berggipfel, die Vielfalt und der Zauber der Gegensätzlichkeit verbergen.

Wer bei dieser Ankündigung ein Zuviel an Schauenswertem fürchtet, sollte sich dem Pädagogen Christian Ludwig Fecht anschließen, der 1824 von einer Wanderschaft durchs Dreisamtal und Höllental, einem Fußmarsch von Lahr in die Schweiz die ergötzlichen Belehrungen »Der Fußwanderer, oder: wie man reisen soll« hinterlassen hat. Christian Ludwig Fecht erklügelt noch vor dem Abmarsch eine Liste aller »Merkwürdigkeiten«, denen er sich unterwegs zuwenden will; »Wozu wir das brauchen, darf ich Dir wohl nicht erst sagen; Tausende reisen und wissen kaum, wo sie sind, und wie das ward, was um sie ist. Oft sind sie den wichtigsten Gegenständen nahe und erfahren es erst von den andern, daß sie ihnen nahe waren. An manchem Ort und an mancher Stelle lautet es gar anders als in den Büchern.«

Da bleibt nur zu bedauern, daß Christian Ludwig Fechts »Merkblatt des attraktiven Dreisamtals« die Jahrhunderte nicht überdauerte.

Allein ein erster Umblick, erste Erkundungen »im Tal und auf dem Wald« lenken das Augenmerk auf allerlei Wissenswertes und Sehenswertes, sammeln vielerart »Merkwürdigkeiten« für das »Hausbuch des Dreisamtals«.

Da sind die vier unteren Talgemeinden Buchenbach, Kirchzarten, Oberried und Stegen – bei gegen 20 000 Einwohnern entspricht dies einem modernen Verwaltungszuschnitt; aber da gibt es keine langweilig-großen Haufendörfer wie vielleicht draußen im »ebenen Breisgau«; ganz natürlich gliedert das große Tal mit seinen vielen, kleinen Tälchen die »Großorte« in viele, kleine Orte, Ortsteile, Weiler, Zinken, Hofgruppen bis hin zu den Einzelhöfen in der Einöde. Zählt man einmal alle selbständigen Siedlungseinheiten, so ergibt sich die überraschende Zahl von über 300 selbständigen Wohnplätzen – sicherlich eine treffliche Demonstration der Vielfalt in einem einzigen Talraum.

Da sind die alten, großen, beliebten Höfe, die das Bild dieses Schwarzwaldtals prägen und zum wertvollsten Kulturgut der Landschaft gehören. Alles fasziniert an diesem urwüchsigen, alteingesessenen, unvergleichlichen Schwarzwälder Werkstück: die Größe, die Form, die eingepaßte landschaftliche Lage, das malerische Detail, das erdbraune Holzkleid, die putzigen Fenster, das silbergrau ausgebleichte Holzschindeldach. Oft wurden, oft werden die Höfe im Dreisamtal als Kronjuwele einer wertvollen Sammlung gemalt, gezeichnet, beschrieben, fotografiert.

Da sind die Burgruinen, die von Falkenstein im Höllental, die von Wiesneck zwischen Wagensteige und Ibental, die von Falkenbühl bei Wittental, die der Wilden Schneeburg im hinteren Bruggatal; aber da sind weitere Fährten und Spuren in Sagen und ältesten Urkunden, die von vergessenen Burgen und Schlössern berichten; 16 Burgplätze zählt der gewissenhafte Forscher im Dreisamtal, die »Wiedereroberung« verspricht Überraschungen und Abenteuer.

Da sind die Herrenhäuser des Dreisamadels, keine Residenzen, eher einfache Landhäuser voll' Charme und »innerer Größe«; das Sickingische Schloß in Ebnet verdient Beachtung, das Schmuckstück des Dreisamtals gilt als »der schönste, barocke Herrensitz des Breisgaus«.

Da sind die bewunderten Dreisamtalklöster, betende Hände – und erdige zugleich in ihrem Dauerkampf um Dasein und Ansehen. Die Wilhelmiten von Oberried teilen das Dreisamtäler Auf und Ab, ringen mit der Natur um Nahrung und Bodenertrag, mit den Vögten um ihren Frieden, mit den Brüdern der Stadt um ihre Selbständigkeit, mit den ständig einfallenden Kriegsscharen um Freiheit und Gut, mit der aufklärerischen Zeit um ihre Erhaltung, bis 1806 ihr Lebensbaum gewaltsam umgehauen wurde. »Er hätte das Kloster St. Peter gerne erhalten«, beteuert Großherzog Karl Friedrich nach der Aufhebung der Schwarzwälder Stifte St. Blasien, St. Märgen, St. Peter, »aber der Zeitgeist habe es nicht zugelassen«; die badischen Kommissäre streichen indes selbst den Wortteil »Sankt« in den Ortsnamen »Peter«, »Märgen«, »Blasien«. Lange Jahrhunderte hatte der Krummstab der Äbte in den klösterlich-herrschaftlichen Territorien des Dreisamtals regiert, die Talgeschichte ist mit den Bergklöstern St. Peter, St. Märgen und St. Blasien unmittelbar verknüpft. Zusammenhänge quer übers Tal tun sich auf; Geschichtsdaten, Geschichten wiederholen sich, wenn auch in unterschiedli-

cher Zuordnung. St. Märgens Schicksalsstränge bleiben über Jahrhunderte unmittelbar an die ungezügelten Wechselsprünge von Burg Wiesneck gekettet, eine zweite Epoche fixiert die Abhängigkeit des Lebensrhythmus von den Schwingungen der stadtfreiburgischen Taleroberung, der Stadtherrschaft. Je nach Blickwinkel zeigen sich die zu berichtenden Vorgänge in unterschiedlichem Licht, das Talbild kennt durchaus abgestufte Farbtönungen und Schattierungen. Die

Hoch über dem Ibental
Sonne strahlt über dem Nebel – es ist, »als ob der Schwarzwald golden wäre!«

27

mehrfache Bühnenausstrahlung erfordert auch ein mehrfaches Augenmerk des Beschauers für die wiederkehrenden Wendungen des Spektakels.

Da ist die Natur, eine wahrlich bevorzugte, großartige, überzeugende Landschaft. »Die große Akademie Natur« bietet überraschend kurzweilige und abwechslungsreiche Lehrstunden.
»Himmelbläue, Beleuchtung, Duft, der auf der Ferne ruht, Gestalt der Thiere, Saftfülle der Kräuter, Glanz des Laubes, Umriß der Berge – alle diese Elemente bedingen den Totaleindruck einer Gegend«,
mahnt Alexander von Humboldt und lenkt das Augenmerk auf die Wandlungsfähigkeit der Natur in Sturm, Regen, Wolken, Schnee, Nebel, Föhn, Gewitter. Im vorgeblendeten, geglätteten, ewig faltenlosen Sonnengesicht, das dem Fremden von den Ansichtspostkarten entgegenstrahlt, sind diese Charakterwurzeln der Landschaft nicht erfaßt. Warum aber sollte sich der Wanderer an unüberschaubaren Vorfragen der geologischen Landschaftsdeutung, der Eiszeitforschung schwer tun? Läßt nicht allein die Frühlingsluft die halbe Liste der vorergründeten »Merkwürdigkeiten« vergessen? »Unser stilles Tal ward durch die Blütenpracht in den schönsten Rosengarten gewandelt!«

Da ist die Stichwortkette, die die Leuchtpunkte der Talgeschichte aneinanderreiht. »Tarodunum« steckt voll unausgeräumter Zweifel und Fragen, gilt als »die rätselvollste und historisch merkwürdigste Hinterlassenschaft der La-Tène-Zeit«. Da finden sich auf allen Höhen rund ums Dreisamtal verfallene Schanzen, Redouten, Verteidigungsanlagen von der Paßwehr zur Schwarzwaldlinie. Es sind die Zeichen der ständigen Kriegsbedrohung vom Dreißigjährigen Krieg bis zu den Weltkriegen dieses Jahrhunderts. Raub, Mord, Zerstörung, Plünderung, Brandschatzung, Verstümmelung, Elend verzeichnen die Ortschroniken des Dreisamtals in unablässiger Reihung. Daß 1796 ein Kriegszug das Dreisamtal wie kein anderes Ereignis in der ganzen Welt bekannt gemacht hat, läßt aufmerken, steht als Merkposten im Verzeichnis der Erkundungswünsche. Andere Zeitfragen drängen zu einem Besuch im »Dreisamtalarchiv«. Dingrodel, Urbare, Beraine bewahren ein vollständiges Bauernrecht des Mittelalters, zeigen aber ebenso deutlich eine heute nur schwer verständliche Sozialordnung; Bauernkrieg, Hexenprozesse, Landunruhen um Reformen und des »Tales Recht und Brauch« drängen zum Griff ins Archivgut. 1806 ist das Dreisamtal sogar Anlaß für eine kleine, völkerrechtliche Krise; württembergische Landnahmetruppen erscheinen mit-

ten in den Übergangswirren und trennen das Tal mit einer neuen Grenzmarkierung vom Flaunser über Ebnet zum Schauinsland vom badischen Breisgau ab. Auch die französische Zeit zwischen 1677 und 1697 zählt zu den fast vergessenen Geschichtsdaten; die insgesamt 450 Jahre dauernde österreichische Herrschaft hat Prägungen hinterlassen; was das Dreisamtal, das »Land Breisgau« im Umsturz der Ordnungen an Traditionen in der neuen Staatsverfassung Badens verloren hat, rechtfertigt weitere »Ausgrabungen« in den verstaubten Geschichtsquellen.

Da sind die technischen Einmaligkeiten, die das Dreisamtal selbst zum Anschauungsbeispiel einer revolutionierenden Verkehrsentwicklung machen. Die Höllentalbahn steht mit ihren immensen Steigungen im Buch der Bahnrekorde. Die Bahnbauer träumten – wie schon zuvor die Postillione des österreichischen Hofpostkurses – von neuen, großräumigen Verbindungen Paris–Wien. Paris–Wien, dieser Zirkelschlag dokumentiert vielleicht etwas von der kosmopolitischen Einstellung des Wälders, die die Glasträger und Uhrenhändler des Dreisamtals und Schwarzwalds schon Jahrhunderte zuvor unter Beweis stellten. Auch wenn inzwischen kein Orient-Express Kurswagen Wien–Paris durch Himmelreich und Hölle lenkt, hat der Gedankensprung seine erklärbaren Wurzeln; am 4. Mai 1770 stand die Verknüpfung Wien–Paris über das Höllental und durch die Dreisamebene im gleißenden Rampenlicht, als die österreichische Kaisertochter Marie Antoinette zur Hochzeit mit dem Dauphin, dem späteren Ludwig XVI. von Frankreich, durchs Tal reiste.

Da sind andere technische Aspekte. Immerhin darf sich das Dreisamtal mit den ehemaligen Abbaustätten in Hofsgrund und Oberried einer eintausendjährigen Bergbautradition rühmen, die erst mit der Einstellung des Kappler Bergwerks im Jahr 1954 zu Ende ging. Daß im Löffeltal unterhalb Hinterzarten am Dreisamwasser so etwas wie eine gewichtige Erfindung zur serienmäßigen Herstellung von Blechlöffeln mittels Wasserkraft gemacht wurde, steht auf einem bestaunten Blatt der Taldokumentation.

Es gibt Besonderheiten, die das Brauchtum des Dreisamtälers prägen. Die »Hochzeit im Kirchzartner Tal« blieb bis zur Jahrhundertwende eine Festlichkeit mit eigenem Akzent, der Gepflogenheit des »Vorspannens«. Die Übung hat eine weitzurückreichende, rechtshistorische Wurzel. Wallfahrten, die Bittgänge nach Maria Lindenberg, nach Oberried, nach St. Märgen und St. Peter, auf den Giersberg waren für den Dreisamtäler stets ein selbstverständlicher Teil seines religiösen Lebens.

Die ungewöhnlich wunderliche Geschichte von Maria Lindenberg bekräftigt eine hartnäckige Unbeirrtheit des Dreisamtälers auch in Glaubensdingen; Beharrlichkeit kennzeichnet seine Charakterstärke. Die Anhänglichkeit an das Althergebrachte wird durch den Bericht eines Talvogts aus dem 18. Jahrhundert unterstrichen, »daß den Dreisamtäler eine Veränderung der Weibertracht freilich so hart ankäme wie eine andere Religion anzunehmen.«

Da sind aber schließlich auch die Einflußkreise von außen, in die das Tal hineingerät. Zu den Merkmalen des Dreisamtals zählt die Spannung, die sich aus dem immer stärkeren Sog der Großstadt am Talausgang entwickelt. Freiburg behauptet seit seiner Gründung unbestritten die Position des Landmarkts zwischen »Wald« und »Ebene«, Austauschplatz des Stadtumlands für Holz, Vieh und Wein. Die ausgreifende Politik der Landnahme zeigt sich eindrücklich im Raubbau am Wald und im Holzbezug über ein Floßsystem, das bis nach St. Wilhelm am Feldberg und bis nach Wagensteig-Spirzendobel ausgelegt war. Der politische Zugriff ging mit dem wirtschaftlichen einher. Im 15. Jahrhundert erwarb die Stadt Freiburg ein umfangreiches Talgebiet als eigenes Stadtterritorium, das sie durch die Talvogtei in Kirchzarten verwalten ließ. Auch dies ist ein gewichtiger Gesichtspunkt der Talbetrachtung: Die Nähe von Stadt und Land gehört zum Dreisamtal.

Bietet so das Merkblatt der Sehenswürdigkeiten schon stichwortartig ein unerwartet reiches Reiseprogramm, steht der Dreiklang »Kirchen – Kunst – Einkehr« zurecht auf dem Besuchszettel jedes Dreisamtalfreundes.

Wer sich viel vornimmt, muß sich früh aufmachen. Christian Ludwig Fecht stand bei seiner Dreisamtalwanderung bereits vor Morgenröte um 3 Uhr auf den Beinen, um den erwarteten Erlebnissen entgegenzueilen. Auf das Frühstück verzichtete er; an einem so vielversprechenden Tag zu frühstücken, das empfand er als »Raub an der Morgensonne«.

Stets neue Begegnungen

Am 29. August 1805 ritt Ignaz Speckle, Abt des Klosters St. Peter, ins Dreisamtal aus; er, der zu dieser Zeit bereits 10 Jahre an der Spitze des Konvents stand und tagtäglich zu allen nur erdenklichen Erledigungen im Klostergebiet, in der Nachbarschaft, zu Besorgungen in Eschbach, Oberried, St. Märgen, Freiburg unterwegs war, beschreibt seinen Umritt über Ibental – Zwerisberg – Wagensteig in den Spirzendobel und schließt in Zufriedenheit den Tagebucheintrag:
»Abends ritt ich über den Turner und St. Märgen zurück und lernte so nur neue Gegenden unseres Schwarzwaldes kennen.«

Das Resumee hat Bleibendes: die Vielfalt des Dreisamtals erlaubt es heute wie damals, »stets neue Gegenden kennenzulernen«.

Die große Akademie Natur

Von Hans Thoma, dem Malerfürsten des Schwarzwaldes, stammt das Bekenntnis zur »Großen Akademie Natur«; er selbst verstand diese Bezeichnung ohne allen ironischen Hintergrund als Gegensatz zu seiner »Kleinen Akademie« in Karlsruhe, wo er als Stipendiat seine Malübungen hinter sich brachte. Hans Thoma liebte die natürliche Lehrmeisterin: »man muß nur die Augen öffnen und alles ist schön!«

Mancher Bewunderer des Dreisamtals möchte vielleicht bedauern, daß Hans Thoma kein Gemälde dieses Talgrunds, kein Bild der Dreisamtalberge gezeichnet hat; Hans Thoma bevorzugte sein Heimattal Bernau. Von Bernau aus aber ging der Weg in die Welt stets in einem langen Fußmarsch über Präg und Gschwend hinauf zum Dreisamtalkamm am Notschrei und von da über die Halde zum Schauinsland Richtung Horben und Freiburg. Als Sechsjähriger, so schildert Hans Thoma in seinem Rückblick »Aus 80 Lebensjahren«, hat er den Weg mit Vater und Mutter erstmals zurückgelegt und Erinnerungen »an die Gegenden, durch die wir kamen, an Wetter, Luft und Farbe und an die Wirts- und anderen Leute« gesammelt. Später ist er diesen Fernweg noch oft gegangen; oben auf den Höhen des Dreisamtals, am Schauinsland, wurde er fröhlich, gesteht er im Oktober 1863: »Über die Halde habe ich sogar gesungen.« Zweimal gleich schildert Hans Thoma in seinen »Bunten Erinnerungen aus der Kunstschulzeit« seinen Fußmarsch über den Schauinsland, sein Empfinden, seine Seelenstimmung – und dieses Landschaftsbild ist so sonnig, so zauberhaft, so wurzeltief heimatlich wie das treffendste Hans-Thoma-Gemälde.

»Es war anfangs Juli, in Freiburg hatte ich übernachtet und machte mich am Morgen auf zu dem achtstündigen Weg nach Bernau. Das ganze Sommerglück ruhte auf meiner Seele, als ich rüstig durch Wälder hinan in die Berge hinaufschritt. So ganz im jugendlichen Vollgefühl, der Mittelpunkt der Welt – denn alles gehörte ja mein, was ich sah, für mich war die Welt da. Am Mittage, als ich die höchste Höhe meiner Wanderung erstieg, die

»Halde«, ballten sich die den Vormittag verklärenden weißen Wolken zu einem Gewitter zusammen, das über der Rheinebene stand, fast unter mir; seine Blitze zuckten bis in die Berge hinüber, der Donner klang mir wie ein Jauchzen des Übermutes in der Natur – Regenschauer wechselten mit Sonnenblicken. Es kam so etwas wie Schöpferfreude über mich – denn war nicht die Großartigkeit und Pracht für mich da? – war ich nicht dazu berufen, sie zu sehen?

Stille Anbetung und fröhliches Jubeln erfüllten meine Seele, und hätte ich Worte gefunden, so wäre mein Gesang ein Psalm gewesen.

Man muß freilich jung sein, um dieses Wonnegefühl, dies Herrschergefühl so ganz zu verstehen – aber ich habe es noch gar stark in der Erinnerung, und so schäme ich mich auch gar nicht meiner damaligen Hochgemutheit – so allein auf dem Berge, gleichsam mit den Blitzen spielend.

Das Gewitter verzog sich, ein prächtiger Nachmittag begleitete mich ins Tal hinunter an den Bächen, durch die blumigen Wiesen entlang an den Schwarzwaldhäusern vorbei. Da man sich nun nicht allzulange auf dem Standpunkt einer erhabenen Stimmung festhalten kann, so wurde mir wieder menschlich zumute, ich wurde fröhlichen Herzens, und so grüßte ich alle mir Begegnenden.«

»Die Rückkehr in die kleine Adademie in Karlsruhe schob ich immer so lang wie möglich hinaus. Öfters ging ich, um nicht in Freiburg übernachten zu müssen und den Zug nach Karlsruhe zu erreichen, in Bernau spät nach Mitternacht fort. Durch die schneereiche, mit schwachem Mondlicht beleuchtete Novembernacht, nach schwerem Abschied von den Lieben, ging ich ins Tal hinunter – die Felsen und die rauschenden Wasserfälle gebärdeten sich ganz wild in der unheimlichen Nachtstille; wie war es mir doch so schwer ums Herz, wie so gar dunkel lag die Zukunft vor mir – die Sorge, wie es weiter mit mir gehen werde. Nach vierstündigem Wandern ging der Mond unter, und ich mußte durch einen dunklen Wald, in dem der beschneite Weg mich leitete – aber auch Sorgen machen furchtlos, und sie waren stärker als alle Nachtgespenster. Auf der Haldenhöhe, von wo ich einst in das Sommergewitter hineingejubelt hatte, begann ein Schein, wie von einer schwachen Dämmerung, die Schneehalden aufzuhellen – ein Rosaviolett erhob sich aus dem Dunkel – ein kaum merklicher Farbenhauch, der nur auf der Reinheit des weißen Schnees sich geltend machen konnte – aus diesem Rosa wuchs der Morgen herauf. Auf der letzten Höhe über Freiburg lag dieses und das ganze Rheintal eingehüllt in dichtem Nebel – aber auf den Bergen war der helle Morgenschein – die Sonne brach herauf – aber ich mußte hinuntersteigen in den Nebel; grau war Freiburg, grau die Fahrt nach Karlsruhe, und es blieb mir lange das Gefühl, als ob der Schwarzwald golden wäre.«

Die Urkräfte des Dreisamtals
Auf »geologischem Lehrpfad« durch die »Hölle«

Die »Große Akademie Natur« ist das Motto für die naturkundlichen Betrachtungen über das Dreisamtal. Dabei fällt es gewiß nicht leicht, sich beim Hock an der Höfener Hütte oder während der Rast am Bammethäusle oberhalb des Steurentals in das »geologische Latein« der Fachsprache einzudenken, den Urkräften des Dreisamtals nachzusinnen. Zu bestimmten Zeiten kann man aber auch »Steine und Pflanzen reden hören«, wie Heinrich Hansjakob Zweiflern versichert.

Da ist das einheitliche Baumaterial; Gesteinssammler finden selten Besonderes. Trotz der vielfältigen Form des Dreisamtals besteht der Talunterbau bei geringen Artvariationen ausschließlich aus den Gesteinen des kristallinen Grundgebirges Gneis und Granit. Verwundern und Staunen lösen erst die Erklärungen zum Bauprinzip des Dreisamtals aus. Für den Aufmerksamen bleibt immer die Beobachtung vorherrschend: daß sich hinter dem ersten Schwarzwaldgebirgszug Schauinsland – Kybfelsen – Roßkopf, hinter dem Durchschlupf der Freiburger Talenge ein vom hohen Gebirge umstellter, grüner Talgarten eingenistet hat, ist aus allen Schaurichtungen eine Merkwürdigkeit. Das Fachurteil er-

hellt: Das Dreisamtal entstand durch ein Zusammenwirken von tektonischen Kräften und Erosion – oder sollte man sagen: durch eine unglückliche Verkettung von »Architekturpfusch«, »Baumängeln im Entstehungsverlauf« mit »Erhaltungsversäumnissen«, mit den Zerstörungskräften der Zersetzung. Eine Schwächezone im Gebirge, »überkreuzte Sprünge« in der Gebirgsmasse haben schon bei der Urerschaffung die spätere Umformung im vorhinein angelegt. Entlang der Verwerfungslinie gaben Hebungen, Senkungen und große Verschiebungen die erste Grundform, bereiteten Abbrüche und Aufbäumungen das spätere vielgestaltige Landschaftsbild tektonisch im Gebirgsaufbau vor. Eine solche Bruchstufe von größerer Bedeutung ist der Bonndorfer Graben, der den Schwarzwald von der Freiburger Bucht durch das Dreisamtal bis zum Hegau quert. Andere Erklärungen besagen, daß das Dreisam-Flußsystem schon in der sog. danubischen Altlandschaft bestanden hat, als der Schwarzwald durch einseitige Hebung von der Abrißkante des Oberrheingrabens her einen westlichen, hohen First und eine flachgeneigte Ablaufrichtung nach Osten zur Donau erhielt. Dies bedeutet, daß schon damals die Dreisam eine bestimmte Gebirgszone nach Westen entwässerte und selbst in weitem Bogen um den Südschwarzwald herum zum alten »Aare-Donau-Lauf« umschwenkte – eine interessante Großrolle der Dreisam in den Urtagen der Landschaftsentstehung; der heutige Rheinlauf war zu jener Zeit noch nicht ausgebildet.

Ebenso entscheidend für die endgültige Talgestalt war die Formkraft der Erosion. Schon 1896 hat Gustav Steinmann, geologischer Grundlagenforscher des Schwarzwalds und Freiburger Professor, gelehrt, daß sich »die Gestaltung des Dreisamtals nur durch die Mitwirkung des Eises wird verstehen lassen«. Die Eiszeitveränderungen erklären nicht nur die sog. »glaziale Skulptur« der Schwarzwaldhöhen oberhalb einer alten Eislinie auf etwa 900 m Höhe, sondern verantworten auch den »Seebeckeneindruck« des Tales, der in der würmeiszeitlichen Schotterüberdeckung der tektonisch abgesenkten, eingebrochenen, »unter Wasser geratenen« Altlandschaft begründet ist. Die Eiszeit macht vieles der heutigen Schwarzwaldformen verständlich. Eigentlich könnte überraschen, daß bis vor 150 Jahren die geologischen Fachkenner die Eiszeitformung noch nicht erfaßt hatten; als beim Bau der Höllentalbahn gletschertypische Findlinge oberhalb Höllsteig freigelegt wurden, hat diese Entdeckung jedoch die Schwarzwaldforschung mit besonderem Elan beflügelt. Lange Zeit konnten die Reisenden diese Eiszeitreliquien in einer

Ausstellung am Bahnhof Hinterzarten mit Spannung beäugen, wenn sie während der gemächlichen Haltezeiten der Zahnradbahn das »kleine Geologiemuseum« aufsuchten. Vielerorts fanden sich inzwischen die vom Eisstrom verfrachteten Steinblöcke, rundgeschliffen und geglättet; hügelige Formen wurden als Moränen, als »Hobelspäne« am Vortrieb und den Seitenkanten der Gletscher, und als mitgeführter Gesteinsschutt

Eine frühe und umgreifende Vereisung der Rißeiszeit hat offensichtlich selbst in der Talniederung von Oberried gewisse »Fingerabdrücke« hinterlassen. Die letzte Eiszeitperiode, die sog. Würmeiszeit, schob ihren ewigen Schnee bis auf die Höhen um 1000 m, 900 m oder gar 850 m Höhe herunter. Das Schauinslandgebiet, der Stübenwasen, der Feldberg im Zentrum, der Hochfarn und der Hinterwaldkopf, die Flächen um Breitnau waren

»Entrée du Val d'Enfer« – Eingang ins Höllental. Litographie von L. Sabatier, Paris bei Cattier 1858

erkannt, die Talbilder der Trogtäler, »Trockenfjords«, die Kare, Rundhöcker, Eislöcher mit eiszeitlicher Reliktflora gaben weitere Hinweise. Mit diesem Fundmaterial läßt sich ausloten, was die Natur in Jahrtausenden verändert hat.

überdeckt. Oberried lag als »Saas Fee« des Schwarzwaldes inmitten einer Gletscherwelt. 10 km, 12 km und mehr drückte sich das Eis in den Schwarzwaldtälern talab und erreichte mit den Gletscherzungen im Höllental die Gegend um den Hirschsprung, im Zastlertal den

Felsriegel beim Scheibenfelsen, im St. Wilhelmer- und Bruggatal den Zipfeldobel oberhalb Oberried. Die Eisbewegung gab den widerstandsfähigen Bergkernen die weiche Linie der Kuppen, den ausgebrochenen Talräumen die Form der langen Wanne; »wasserfallartige« Gletscherverschiebungen modellierten durch eintiefenden Druck die »Zirkusschlüsse«, die landschaftsprägenden Kare. Mit Katzensteig, Wittenbach und Napf, Zastlerkar und Angelsbachkar, mit Bistenkar und der Kapplerwand am Schauinsland besitzt das »Freilichtmuseum« Dreisamtal musterschöne Großexemplare, eine verfeinerte Geländedeutung läßt zusätzliche Identifizierungen von Karen – z.T. in ihren Anfangsstadien – erwarten.

Auf der Dreisamtalnordseite zeigt der Schwarzwald eine etwas veränderte Gestalt, der Bonndorfer Graben

Die Talschlucht des Höllentals aus der »Vogelschau« der Burg Falkenstein

trennt den extremeren, südlichen Schwarzwald vom
ausgeglicheneren »Schwarzwälder Mittelland«. Auch
die Gletscher der Würmeiszeit reichten nicht auf die
etwas niedrigeren Bergschultern ums Eschbacher Tal,
Ibental und Wagensteigtal hinunter; dieses unterschiedliche Vorzeitgeschick bringt beachtlichen Kontrast in das Landschaftsbild des Dreisamtals.

Wie das Eis, so ist das fließende Wasser eine modellie-
rende Kraft; die Veränderungen des Dreisamtals durch
Gewässererosion sind nicht weniger spektakulär als die
Verformungen der Vergletscherung. Eine Besonderheit
des Dreisamtals ist, daß hier die Angriffzone der Gefälls-
kraft weit ins Innere des Schwarzwalds vorgeschoben
ist, wo ein umso stärkerer Erosionsabbruch zu wirken
begann. Die alte Geländeform wurde in diesem Erobe-
rungszug des Wassers »angenagt«, »abgeschwemmt«,
»ausgewaschen«, die Bäche – mit dem Hochwasser des
Eiszeitabflusses gestärkt – rissen Täler, Schluchten und
Cañons in den Untergrund und sägten sich durch Felsriegel, veränderten das Bild des Berglands von Grund
auf. Die gewalttätige Geländeabtragung schuf jene steilen Hänge, die »alpinen« Höhenunterschiede, die
Schluchttiefen in »Hautnähe« zu den Gipfelhöhen, die
das Dreisamland als extremes Mittelgebirge charakterisieren. So liegt zwischen dem Hundsrücken und dem
Hochfahrn, zwei Gipfelpunkten in einer Entfernung von
nur 3,8 km Luftlinie, die 680 m eingetiefte Talsohle der
Brugga; 600 m ist der Höhenunterschied zwischen Hinterwaldkopf und dem Höllental am Kehrdobel bei nur
1,3 km Entfernung in der Waagrechten. Dies sind nicht-
alltägliche Steigungsverhältnisse. Sobald andererseits
die Wildwasser die flachere Neigung des Talinnen-
raums erreichten, blieben die Schotter- und Geröllmas-
sen zurück und überdeckten das alte Talgrundrelief mit
dem glattgezogenen »Überguß« in einer das ganze Tal
ausfüllenden Schutthalde.

Die Felsenklamm am Hirschsprungfelsen ist ein täglich bestauntes Abbild solcher Erosionsgewalt. Die
landschaftlichen Schilderungen der Talenge umschreiben den Eindruck immer wieder im Gegenpol der
Empfindungen »großartig« – »grauenhaft«. Ahnungsvoll klingt bereits der Name, auch wenn die Bezeichnung Höllental offenbar nicht die ursprüngliche ist.
Heinrich Schreiber, ein Freiburger Historiker von Rang,
hat eine der schönsten, romantisch-verzauberten Höl-
lentalbilder gezeichnet:
»Kalter Schauer befällt den Überraschten, wenn er zum
ersten Male in diese tiefe Schlucht (die eigentliche Hölle) eintritt. Schneidender Wind weht ihm entgegen, das

Die »Felsputzete« –
das jährliche Ausräumen des gelockerten Gesteins hoch über Straße und Bahn

Licht des Tages verläßt ihn, und wenn rings schon alles
grünt und blüht, findet er diese Abgründe noch mit tiefem Schnee gefüllt. Mühsam windet sich links die Straße
an haushohen, senkrechten, oft überhängenden Fels-
wänden hin; sie wurde erst im vorigen Jahrhundert für
Fuhrwerke breiter gebrochen, früher zogen nur Fußgän-
ger oder einzelne Saumrosse hier durch. Aber auch jetzt
noch lösen sich bisweilen unerwartet Steinblöcke ab

und versperren oder erschweren auf einige Zeit den Durchgang. ... Fichten und düsterer Wachholder umgrünen das schwere Gestein, in dessen Vertiefungen da und dort das Wasser in langen Milchfäden zum Bache hinabstäubt, der hier gewaltsam eingeengt unter wildem Getöse ein immer tieferes Bett wühlt und seine Oberfläche mit dicken Schaumwirbeln bedeckt. Einsamkeit herrscht ringsum, nur bisweilen flattert ein Raubvogel, der in diesen Klüften nistet, laut krächzend vorüber«.

Vermeinen einzelne Autoren, »an keinem Punkte des Schwarzwalds hat die Natur so viel Erhabenes und Wildes zusammengedrängt«, so begreift der Dreisamtalkenner Ignaz Speckle die Sehenswürdigkeit anderer Talschluchten im Dreisamrund:

»... so ritt ich durch einen engen, wilden, umständlichen Tobel in die Spirzen. Unter allen Gegenden des Schwarzwaldes, die ich noch gesehen, schienen mir diese Spirzen eine der wildesten.«

Nur ein kritischer Nebenton schlüpft bei allen Reportern des Höllentals in den Stimmungsbericht: »Dem staunenden Wanderer dauert freilich diese erhabene Naturszene nur allzu kurz«. Eine zusätzliche Attraktivität steigert da seit dem letzten Jahrhundert – seit 1856, so berichten einige Quellen – die Anziehungskraft auf die fremden Besucher; auf steilen Felsvorsprung 40 m über der Höllbachklamm wurde zuerst ein hölzerner, später ein in Bronze gearbeiteter, über zwei Meter hoher, angeblich sieben Zentner schwerer Hirsch aufgestellt; er erinnert an die Sage, nach welcher ein von Jägern und Hunden gehetzter kapitaler Zwölfender sich mit tollkühnem Sprung über die grausige Schlucht in die gegenüberliegende Felswand retten konnte, während der nacheilende Jäger von der Tiefe verschlungen wurde. Vor den wiederholten Straßenverbreiterungen, den Felsabsprengungen mag die nachgestellte Sage glaubhafter gewesen sein, der im heutigen Anblick der Talschlucht niemand mehr so recht trauen will. Wilhelm Jensen fand schon 1890 die sagenumgarnte Ausschmückung »eine Spielerei« und »geschmacklos«. An solche Fragwürdigkeiten mag keiner der Freiburger Studenten gedacht haben, die 1959 den Hirsch zum Ulk mit Zebrastreifen bemalten.

Dem Talbesucher scheint die Höllenschlucht gewiß als Hauptanziehungspunkt – und es bleibt trotz Verkehrschaos ein »Tiefenerlebnis«, wie der Sägeschnitt des Rotbachs die Felsbarriere 80 m tief aufgeschlitzt und mit einer Abflußrinne durchdrungen hat. Den Geologen, den »Internisten« der Schwarzwaldvorgeschichte, ist weiterhin Spektakuläres aufgefallen. Im Vorsta-

dium der Talgestalt endete das Höllental noch in den Steilhängen am Kehrdobel beim Hinterwaldkopf, die Hochflächen von Alpersbach und Breitnau bildeten eine einzige Geländemulde, ein durchgehender Bergkamm vom Hinterwaldkopf–Wieswaldkopf zum Hohwart besetzte den Raum hoch über dem heutigen Talzug und trennte den Wasserabfluß. Dort in 1000 m Höhe oberhalb der Posthalde (heutige Höhe 650 m) lag zeitweilig die frühere Wasserscheide zwischen der Donau und dem Rhein. Kräfte der Erosion und Vorgänge der Eiszeit haben die vollständige Umgestaltung dieses Talbildes bewirkt. An der erdzeithistorischen »Posthaldenwand« drang die Erosion vor und grub sich mit der Höllentalspalte in das ruhende Höhenflachland ein; Fachkundler erklären daraus, daß die heutige Wasserscheide bei Hinterzarten »erst kürzlich« entstanden sei; oben bei Hinterzarten zwang diese friedenstörende Gewalttätigkeit des Höllenbachs – ein neuer Gehalt der Hölldeutung – den vom Mathislesweiher herabkommenden Zartenbach zum Einschwenken nach Westen, die Dreisam hat sich den Quellsee in Feldbergnähe in recht dramatischem Landschaftskampf erobert. Auf der Gegenseite zog sie über die Ravennaschlucht auch das Hochland von Breitnau an sich. Im Hinterzartner Moor, das kaum als Wasserscheide erkennbar ist, entscheidet sich heute die Fließrichtung der Schwarzwaldwasser. Ekkehart Liehl, seit Jahrzehnten um die Geologie und Landeskunde des Schwarzwaldes verdient, zeigt unverhohlen Sympathie für die Durchschlagskraft der Dreisam:

»Unsere Landschaft wäre ohne diese lange zurückliegenden erdgeschichtlichen Ereignisse um manche Sehenswürdigkeit ärmer.«

Wem dies alles zu unberechenbar, zu unverständlich erscheint, der mag sich mit den Erzählungen der Volkssprache anfreunden. Vom Titisee ist die Sage überliefert, daß der Ausgang ins Höllental – eben jene flache Wasserscheide im Hinterzartner Hochmoor – in früherer Vorzeit von der Dreisam her bedroht wurde und um ein Haar der See ins Dreisamtal ausgebrochen wäre. Der Schrecken mußte fürs Dreisamtal umso größer sein, als die Sagenwelt erhärtet, daß noch nie jemand die unendliche Tiefe des Titisees ausloten konnte oder durfte; »missest Du mich, so verschling ich Dich!« gilt als Drohwort der erbosten Wassergeister. Einer guten Feengestalt, so erzählt man, hat die Dreisamlandschaft vorerst die Rettung aus höchster Gefahr zu danken:

»Vor vielen Jahren fing der See an auszubrechen. Da kam in der Nacht eine alte Frau, verstopfte unter zauberhaften Worten die Öffnung mit ihrer weißen Haube und verhinderte dadurch den Ausfluß. Von der Haube verfault jedes Jahr ein Faden, und wenn der letzte verwesen ist, bricht der See aus und überschwemmt das ganze Dreisamtal.«

Die Erzählung bleibt echt volkstümlich; wenn in entsprechenden Jahrtausenden der Rotbach als Ast der Dreisam sich an der flachen Wasserscheide nur noch um ein Weniges in den Moorboden hinein erodieren wird, könnte er das ganze Seebachgebiet von der Feldbergostflanke an sich reißen; damit würde der Ausfluß des Titisees nach Westen ins Dreisamtal umgelenkt.

Die zerstörenden, verändernden, neu ordnenden Naturkräfte sind noch weiter am Werk. Erosionserscheinungen lassen sich überall im Talbild aufzeigen. Die Strapazierung der Bergoberfläche am Feldberg, am Stübenwasen bedingt bereits Absperrungen und Gehverbote für Wanderer, weil die Zerstörung der Grasnarbe den Erdabtrag beschleunigt und nicht gutzumachende Schäden verursacht; einzelne vielbegangene Wege, wie der Kapfererweg am Seebuck, können bereits als »Schadenslehrpfad« vorgestellt werden. Die Felsverwitterung erfordert in fast jedem Jahr im Höllental eine aufwendige Ausräumung des neu gelockerten Gesteins, die sog. »Felsputzete«. Murgänge, Felsstürze, Bergrutsche und Hangrutschungen verändern die Landschaft. Im mittleren Höllental oberhalb Hirschsprung zeigt eine erst vor wenigen Jahren errichtete Wehrmauer die Stelle an, wo am 24.2.1956 ein massiver Bergrutsch abging und mit etwa 4000 cbm Schutt und Geröll die Gleise der Bahn bedeckte. So überrascht es nicht, daß in den »alpinen« Steillagen selbst die Waldbewirtschaftung äußerste Rücksicht auf mögliche Bodenerosion nehmen muß; in einzelnen Distrikten des Tales sind bis zu 75 % der Gesamtwaldfläche als »Bodenschutzwald« besonderen Bewirtschaftungsbeschränkungen unterstellt.

Gelegentlich öffnet ein Glücksfall auch dem Nichtfachmann den Vorhang der Natur. Beim Bau der Kanalisation in St. Wilhelm wurde im Frühjahr 1981 der Moränenwall, auf dem die Kapelle Maria Königin steht, durch Erdbauarbeiten angeschnitten; das freigelegte Erdreich zeigt deutliche Unterschiede des Schüttmaterials und stellt die beachtlichen, vom Eis kantengerundeten und nach hier verfrachteten Moränenblöcke aus. Der Flußlauf gleich nebenan verdeutlicht den Unterschied zu den wasservermahlenen Gesteinskieseln, während im Wiesengrund seitlich der Straße liegende Steinblöcke sich als Abstürze aufgesprengter Felsen zu erkennen geben. Die große Akademie Natur versteht sich auf einen lehrreichen Anschauungsunterricht.

Der Schwarzwald ist ein »rauch, birgig vnnd Winterig Landt«

In einer Landschaft der Kontraste und Extreme verwundert nicht, daß sich Sagen und Legenden mit der Natur befassen. Martin Gerbert, Fürstabt von St. Blasien und bedeutendster Gelehrter dieses Klosters, erzählt 1767 von der alten Vorstellung, daß auf den Höhen des Feldbergs die Sonne im höchsten Sommer nicht mehr untergehe:

»Es ist auch hier die gemeine Sage, nämlich im höchsten Sommer zeigten sich auf dessen Gipfel die Abend- und Morgendämmerungen der aufeinander folgenden Tage so schnell hintereinander, daß zur Nacht nur eine kleine Zeit übrig bliebe.«

»Diese betrügliche Meinung haben wir aus eigener Erfahrung inne geworden«,

fügt er fast treuherzig hinzu. Daß gleich nebenan im St. Wilhelmer Tal eine Landschaft liegt, die im Winter kaum noch eine Stunde lang besonnt ist, bildet ein nicht weniger eindrucksvolles, jederzeit nachweisbares Zeugnis landschaftlicher Besonderheit.

Sebastian Münster charakterisiert die Schwarzwaldlandschaft in seiner Cosmographey Mitte des 16. Jahrhunderts:

»Es ist ein rauch, birgig vnnd Winterig Landt.«

Der Schwarzwaldwinter ist von elementarer Kraft, ein Wesenszug, der auch heute noch schreckt. Was allein der mitunter ungeheuerliche Schnee für den hohen Schwarzwald bedeutet, ist kaum den schöntönenden Wettermeldungen für Skifahrer zu entnehmen.

Schneefurcht war ein entscheidendes Kalkül bei den Entscheidungen um den Bau der Höllentalbahn – und dies, wie der Chronist beweist, zu Recht. Gehen doch zwei Unfälle 1944 und 1945 vornehmlich zu Lasten des Winters; 1954 wurde eine der schweren, speziellen Höllental-Dampflokomotiven auf dem Nebenast der Dreiseenbahn von hohen Schneemassen aus dem Gleis gehoben. Gelegentlich überziehen extreme Schneefälle das Dreisamtal, die eine Katastrophenlage begründen. Im April 1936 wurde innert 24 Stunden ein Schneezuwachs von 1,50 m beobachtet; es war jene Unglückslage, bei der am 17. April auf dem Schauinsland eine Gruppe englischer Schüler durch Schneefall und Nebel in Bergnot geriet, so daß fünf von ihnen im Alter zwischen 13 und 15 Jahren in Kälte und Schnee umkamen. Die Unglücksnachricht steht nicht allein. Meldungen von Todesstürzen erfahrener Bergkundiger durch Schneebrettabgang im hinteren Zastlertal schließen sich an.

Extreme Steillagen machen es am Schauinslandnordhang, oberhalb des Katzensteigkars am Stübenwasen, am Feldberg im Zastler Loch, am Hinterwaldkopf notwendig, gesonderte Waldflächen als Lawinenschutzwälder einzurichten. Auch der Schwarzwald hat seine Chronik der Lawinenunglücke. Der Schwarzwaldhof mit dem weitüberhängenden Dach ist ein eindringlicher Beweis der unmittelbaren Wetterabhängigkeit. Am Stammtisch erzählt man sich im Wald manchmal die

merkt, daß sie ausgerechnet am Karfreitag als Tag des hochgehaltenen Abstinenzgebots zum letzten Speckvorrat griffen.

Lucian Reich läßt offen, ob es den Schwarzwäldern schwerer ans Herz kam, das Fastengebot übertreten zu haben, als sie die Befreiung freute.

Statistisch einwandfrei ist belegt, daß es auf dem Feldberg als dem höchsten Gipfel ums Dreisamtal in jedem Monat schneien kann. Wetteraufzeichnungen be-

Zauber des Schwarzwaldwinters – Junge Fichten und ihr Schattenriß in der Wintersonne

Geschichte, die Lucian Reich 1914 aufgeschrieben hat: Ein Hof am Feldberg war durch Schneemassen und Lawinenabgang voll überdeckt und eingeschüttet worden und konnte erst nach längerer Abgeschlossenheit von den Nachbarn ausgegraben werden; die Eingeschlossenen waren, als die Befreiung kam, gerade dabei, ihre letzten Essensvorräte zu verzehren; sie hatten allerdings ihre Tagesrechnung nicht weitergeführt und nicht be-

stätigen, daß auch die übrigen Hochlagen bedroht sind. Der Freiburger Münsterpfarrer und spätere Brixener Fürstbischof Bernhard Galura notiert an einem 1. Juni: »Kälteeinbruch mit Schneefall auf den Bergen ringsum.« Von St. Peter heißt es: »Von 22. bis 25. August sehr kalt, so daß es auf den Anhöhen Schnee machte und man genötigt war, die Zimmer zu heizen.« Die Talbauern wissen davon zu erzählen, daß sie öfters im Juni das Vieh

von den Bergweiden wegen Schnees in die Täler zurück-
treiben mußten. Eine Juli-Notiz sagt: »Auch über Nacht
blieb auf den Anhöhen Schnee; sogar schneite es bis Littenweiler herab.« »Die Berge sind verschneit bis ins
Oberrieder Tal!« Die Hochrechnung räumt denn auch
dem Gebirge allenfalls 2½ Monate gesicherte Schnee-
freiheit ein, in manchem Jahr dauert der Winter auf dem
Wald 50 Tage länger als in der Ebene und beginnt 60 Tage früher; auf den Höhen erreicht der Nachwinter

oftmals eine Schneedecke bis über 2,30 m Höhe. In solchen Mengen kann Schnee zur Plage werden. Alban
Stolz erfährt bei einem Versehgang in Hinterzarten von
den Hofkindern Genaueres über solche Extrembedin-
gungen:

»Sie sagten, daß im ganzen Jahr nur etwa 14 Tage seien,
wo sie nicht einheizten, so kalt sei es stets bei ihnen.«

Die Wetterabhängigkeit und Abgeschiedenheit der
Menschen auf den einzelnen Berghöfen läßt sich viel-

*Hofsgrund – eines der höchstgelegenen Pfarrdörfer Deutschlands, die St. Laurentiuskirche liegt auf 1056 m Höhe – ist ein Zentrum des
Schwarzwälder Skisports und ein attraktiver Ferienort*

leicht heute nur noch schwer vorstellen. An das Durchkommen mit irgendeinem Gefährt war früher nicht zu
denken; mit den Fahrmöglichkeiten war es da an manchem Wintertag bereits unten im Dreisamtal zu Ende,
wie Ignaz Speckle in seinen Erinnerungen mehrfach
festhält.

Als 1803 die Frage der kirchlichen Pfarreinteilung im
Dreisamtal beraten wird, gilt als Haupteinwand gegen
eine pfarrliche Verbindung von Ibental mit St. Peter
und dem Lindenberg:
»Wollte man das Ibental der Pfarrei St. Peter inkorporie-
ren, so wäre der Hauptanstand, wie man die Toten im
Winter heraufbringen könnte!«

Immer wieder wiederholt die Wetterchronik: »Ist
Winter mit viel Schnee – wie an Weihnachten« – »Unge-
heurer Schneefall« – »Legte es in ein paar Tagen einen
sehr tiefen Schnee über den ganzen Wald. «

Welche Bedeutung da inzwischen den täglichen,
meist nächtlichen Pflugfahrten des Schneeräumdien-
stes zukommt, läßt sich kaum nachhaltiger erspüren als
in den Gesprächen mit den Bewohnern der abgelegenen
Zinken und Höfe; alle Taleinwohner, auch die Hofbewohner im hintersten Schweigbrunnen, im obersten
Dietenbach oder im seitlichsten Dobel des Eschbacher
Tals sind inzwischen auf die verläßliche Zugänglichkeit
selbst in schwierigsten Wetterlagen angewiesen und
erwarten mit Selbstverständlichkeit den Pflug. Und
doch ist dieser »Luxus« freigebahnter Wege nach allen
Talwinkeln und Bergnischen nicht älter als eine halbe
Generation.

»Wenn der Herr nicht hilft, wird unsere Not groß werden.« Die Witterungsabhängigkeit narrt den Wälder-
bauer oft genug im Einbringen des Ertrags seiner
Arbeit. So hat sich erst 1974 gezeigt, daß schon am 20.
September selbst in mittleren Höhenlagen Felder und
Äcker einschneien können, so daß bei anhaltendem
Frost nicht einmal mehr die Kartoffeln geborgen wurden. Auch von früher gibt es Nachrichten, daß die Ernte
»der Winterkälte wegen auf dem Acker unter dem
Schnee liegen blieb.« Ein angesehener landwirtschaftli-
cher Verbandsfunktionär bestätigt 1871:
»Daß hier auf dem hohen Schwarzwald der Hafer oft ein-
geschneit wird, bevor er reif ist, davon habe ich mich
selbst überzeugt. Auch ist das Kartoffelkraut schon eini-
gemale im Monat Juli erfroren.«

Und doch hat der Schwarzwald seit dem Winter 1891
– genau seit dem 8. Februar bzw. dem 18. März – sein
zweites Wintergesicht. Der Norweger Fridjof Nansen
(1861–1930) hatte 1888 Grönland auf Schneeschuhen
zum Nordpol durchquert, und »er konnte das nicht tun,
ohne auch im Schwarzwald Schnee aufzuwirbeln.« Die
Begeisterung für diese Ruhmestat packte neue Wage-
mutige, regte auch in Todtnau zur Nachahmung an.
Unter dem 8.2.1891 vermerkt das Gästebuch des Feld-
bergerhofs den später vielbewunderten Eintrag:
»R. Pilet, Dr. jur., Heidelberg. – mit norwegischen
Schneeschuhen«

Als dieser Skiläuferpionier R. Pilet, französischer
Konsulatssekretär, zusammen mit seinem Freund, ei-

*»Schneeschuhlaufen« – Die Siegerinnen des Damenwettlaufs vom 4. Februar
1900 am Feldberg
Aus einer Reportage der »Illustrierten Zeitung« von 1900*

nem russischen Grafen von Tissenhausen, am 18.3.1891
den Feldberg erneut von der Dreisamtalseite her bestieg
und dort auf die Einheimischen Fritz Breuer und Karl
Thoma aus Todtnau traf, war der Schwarzwälder Skilauf
geboren. Dem Schwarzwald blieb kaum Zeit, sich auf
seine neue Winterattraktivität einzustellen; 1895 erregte die erste Feldberg-Schauinslandquerung über den
Stübenwasen Aufsehen, 1896 finden erste Skiwettläufe
statt, 1897 sind wieder Wettkämpfe angesagt, darunter

der erste Damenwettlauf, und 1900 hält das »richtige« norwegische Skispringen mit einem 17½ m Satz seinen Einzug. Mit der Skisaison hub aber zugleich in Kirchzarten und Freiburg eine Zeit der Schwarzwälder Skifabrikation an, und manche Generation zog könnerhaft auf den »Eckmann-ski« und »Fischer-ski« waghalsige Spuren in die Hänge des Dreisamtals. Um 1911 vermerkt die von Pfarrer Ferdinand Gießler verfaßte Oberrieder Klosterchronik mit Erstaunen die Veränderungen:
»Fast noch lebhafter als im Sommer geht es seit Anfang der 90-Jahre in den Wintermonaten auf dem Feldberg her, dank dem Skisport.«
»Auf dem Feldberg tummeln sich namentlich an den Sonntagen hunderte von Skifahrern.«
»Der Touristenverkehr, der sommers wie winters durch die Täler zur Feldberghöhe und wieder zurückflutet, läßt manche Mark hier zurück. Namentlich im Winter hat das St. Wilhelmer Tal und Oberrieder Tal fast jeden Sonntag Gelegenheit, ganze Scharen erschöpfter oder hart von den Tücken des Feldbergs oder des Totenmanns mitgenommener Skiläufer oder Skiläuferinnen aufzunehmen und ihnen Atzung oder Weiterbeförde-

rung zur Bahn nach Kirchzarten zu bieten.«
Die Dreisamtalgemeinden erkannten ihre Vorteile!
Sicherlich hat sich seit diesen Anfängen manche Gewohnheit des Skitourismus geändert – das Wintergesicht des Schwarzwalds rund um das Dreisamtal, die Skiwelt am Turner, in Hinterzarten, am Feldberg, am Notschrei, in Hofsgrund, am Stollenbach, in St. Märgen und St. Peter und selbst abseits der vorgespurten Loipen und Pisten, ist ansehnlich geworden, bedeutet eine zweite, zusagende Winterkomponente für das Leben der Landschaft.
Hermann Schwarzweber, stets winter- und skibegeistert, schildert die Schönheit der Schneesonne und Winternacht von Hofsgrund in Sätzen, die selbst schön geraten sind:
»Wintertage, köstliche Tage voll Sonnenglanz! … Verzauberte Wälder als Träume einer märchenseligen Kinderzeit. Sanft und weich gleiten deine Skier hindurch! Wie ganz anders glänzt dann eine Winternacht im Schein des Vollmonds unter dem Gipfel. In der weiten Mulde von Hofsgrund die dunklen Hauben der großen Höfe, da und dort ein Lichtschein, sonst nichts als das große weiße Leuchten des Mondes zwischen den Schatten der Windbuchen. Dann beginnen deine Skier zu gleiten und in immer schneller werdenden Bögen fliegst du zwischen den Bäumen hindurch und hinab zur Roten Lache.«

Die gegenseitige Verwobenheit von Wetter und Wälder zeigt am beeindruckendsten eine in schnee- und sturmreichen Tagen des Jahres 1770 dahingeworfene Bemerkung des Abtes Michael Fritz von St. Märgen: »Das Wetter und die Leith seynd verwirret.«

»BEHIET VNS GOT VOR FEIR, WASER VND WIND«
Wetterleuchten überm Dreisamtal

Die äußeren Lebensumstände der Talbauern im unteren Dreisamtal sind gewiß vorteilhafter als die der Bergbauern auf dem hohen Wald. Im Talgrund kennt man jedoch ebenso elementare Zornausbrüche der Natur.
Blitzschlag und Feuer waren stets besonders gefürchtet. Als Ungunst gilt, daß sich viele Ortschaften und Höfe des Talrings geradezu unwetteroffen präsentieren. Abt Michael Fritz von St. Märgen notiert bei Gelegenheit seine Beobachtungen von Wetter und Unwetter: »Unterwegs by Ebnet hat unß ein erschröckliches Donnerwetter überfallen, welches einen Hof im Kirchzartner Thal angezündet.«
Jeder Ortsteil besitzt seine eigenen Katastrophenaufzeichnungen. Mancher Bauernhof wurde durch Blitzschlag eingeäschert wie z.B. 1890 der Weberbauernhof in Oberried. Am 13.8.1765 schlug ein Blitz in einen der Türme des Klosters St. Peter. In verzweifelten Löscharbeiten haben die Patres den Brand erstickt, »der Abt lag indessen vor dem Kirchenaltar, betend auf den Knien.« In der Konsequenz zeigt sich der Prälat eher aufgeklärt weltlich; 1776 kaufte er eine der ersten in Freiburg hergestellten Feuerspitzen und trat alsbald einer Feuerversicherung bei. Das Volk hielt eher an alten Traditionen des Glaubens und Aberglaubens fest. Das Wetterläuten ist ein recht Schwarzwälder Brauch, der überall beim Aufzug eines Gewitters geübt wurde. Das unwägbare Wettergeschick band die Dreisamtäler fest an den althergebrachten Kult, trotz der Aufklärung. Auch das Josefinische Verbot des Wetterläutens war im Dreisamtal kein Grund zur Aufgabe der Überzeugung. Nach dem großen Gewitter von 1812 entstand »unter dem Volk die Klage, daß man bei solchem Gewitteraufzug nicht die große Glocke läute.« Der auf Seiten des Althergebrachten stehende Prälat Speckle ergänzt: »In der Not überwindet der Glaube selbst die Aufklärung.«

Im großherzoglichen Baden wußte man das »Läuten der Glocken bei Gewittern« mit schönen Worten zu verbieten:

»Auf die geschehene Anzeige hin wird hiermit allen mittlern und untern Behörden zur angemessenen Pflicht gemacht, diesen schädlichen Gebrauch aufzuheben und aus diesem nämlichen Grunde auch das an einigen Orten nur noch üblich gewesene Zeichen mit der Glocke zum Gebet abzustellen, indem ein herannahendes

Aber auch eine andere Tagesnotiz von Abt Speckle unterstreicht Wälderwichtiges:

»In der Nacht zogen sich Gewitterwolken zusammen; in der Frühe nach 4 Uhr führten meine Leute das liegende Heu ein, und um 8 Uhr war Regen.«

Wie groß gerade im Dreisamtal die Abhängigkeit des Menschen von der Natur war, haben jene Klosterfrauen des Zisterzienserklosters Günterstal im Jahre 1221 erfahren, als sie ein erstes Mal die Gründung eines Klo-

Gewittriger Abend bei Stegen

Gewitter die Gefahr laut und deutlich genug ankündigt, um dadurch von selbst zum Gebete aufzufordern.«

Noch um 1900 soll manchenorts der Brauch geübt worden sein, auf einzelnen Höfen von oder um St. Märgen blieb auch die noch ältere Tradition des Blasens von Wetterhörnern erhalten.

sters in St. Wilhelm wagten; unter der Ungunst der weltabgeschlossenen Lage und Last der weiten Wege, unter den Abträglichkeiten der Witterung resignierten sie nach wenigen Jahren. Nicht anders ging es den ersten Wilhelmiten, die »im zweiten Anlauf« die Klostergründung versucht hatten. Ähnlichem Geschick werden die

41

großen Anfangsschwierigkeiten des Klosters St. Märgen zugeschrieben. St. Märgen bietet auch das Beispiel für das ständige Risiko, unter dem materielle Besitz- und Kulturgüter stehen; als 1907 ein Blitzschlag im Klostergebäude zündete, vernichtete der Brand mit Kirche und Kloster auch die wertvolle Silbermannorgel und die noch bedeutende Klosterbibliothek – ein noch heute für die Landschaft unersetzlicher Schaden. Die Witterung war selbst im unteren Tal stets lebensbestimmend.

Als die Ebneter im 17. Jahrhundert ihre Loslösung von der Großpfarrei Kirchzarten betrieben, blieb ihr Argument unwiderlegt, daß die Witterungsverhältnisse sie oft vom Kirchgang abhielten und daß es unmöglich sei, mit Täuflingen den weiten Weg zur Pfarrkirche zurückzulegen, da es doch

»besonders im Winter bei Wind, Schnee und Regen zugleich ganz gefährlich ist, ein junges, aber noch zartes, blödes und schmächtiges Kind so weit zur Erlangung

Wetterbuchen prägen das jahreszeitliche Stimmungsbild des Schauinslandes

des Taufs hin und wieder zu tragen.«

Aber auch Dürre, Hitze und Trockenheit wurden dem Dreisamtal schon zum Verhängnis. Als 1766 die Bäche austrockneten und jeder Abfluß im Frost erfror, versagten die Mühlen von St. Märgen ihren Dienst. Abt Michael gibt sich da erfinderisch:
»So bin ich auf den Gedanken geraten, weil unser Mühlerad groß ist, es könnte sein, daß es durch die Menschen könnte getreten werden. Habe also mit Brettlein umfan-

gen, daß man darinnen gehen konnte. Nachmittags war das Mühlerad zum Treten fertig. 4 Mann haben es getreten, allein das Rad war noch zu klein und deswegen mußten sie gar zu stark springen und bekamen fast den Schwindel. Man hat doch 6 Sester einmal herabgemahlen.«

Aber noch andere Wettergesellen fallen ins bäuerliche Leben des Dreisamtals ein. Vom Schauinsland, vom Feldberg weiß man, daß oftmals von Westen her

»Waschküchennebel« in wenigen Momenten den Berg nachtfinster einhüllen können.

»Selbst Leute, die ihr Leben auf dem Berg zugebracht haben, setzen sich, wenn plötzlich Nebel einfällt, nieder, geduldig abwartend, da der Geist sie bestenfalls im Kreise herumtreiben würde«,
meint einer der Talchronisten.

Die Betrachtung des Wetters darf sich jedoch nicht allein auf die Darstellung der Ungunst von Hochwasser, Schnee, Regen, Gewitter, Hitze, Dürre, Trockenheit beschränken. Das Dreisamtal ist wie kaum eine Landschaft witterungsverwoben, aber nicht ausschließlich von klimatischen Nachteilen geprägt. Umgekehrt haben seriöse Berichte, Gutachten und Untersuchungen die Vorzüge der Luftreinheit und des erholsamen Klimas bestätigt. Es geht dabei nicht um einen »Sympathie-Eid« und nicht um persönliches Wohlbehagen. Immerhin hat das Land am Oberrhein gegenüber seinen theoretischen »Sollwerten« der Lage unter 48° nördlicher Breite ein Plus, eine »übergebührliche Bevorzugung« erfahren, wie sie einem wesentlich südlicherem Klima entspricht. Die offizielle Anerkennung der Dreisamtalgemeinden Oberried und Buchenbach mit allen ihren Ortsteilen als Erholungsort und die Einstufung des Kernorts Kirchzarten als Luftkurort ist im übrigen ein beredtes Zeugnis. In den Klimastufen erreicht das Dreisamtal durchweg die vorteilhafte Zuordnung zu den angenehmen Klimaklassen des Schonklimas und reizmilden Klimas; wer sie sucht, findet reizstarke Einflüsse in den Hochlagen über 1000 m Höhe. Auch ein Lob wie das von Adolf Kiepert von 1891 bringt das Dreisamtal nicht in Verlegenheit:
»Welch ein Unterschied gegen die aufregende, staubige und windige Luft an der Riviera, die ich durch 9-jährigen Aufenthalt so gründlich kennen gelernt.«

Im übrigen geben einige lokale Besonderheiten dem Wetter einen leicht eigenständigen Ruf. So charakterisiert ein durch den kurzen Weg des Steilabfalls geweckter Talwind – anschaulich beschrieben als »abreißende Luftlawine« – das Höllental und Dreisamtal; der »Höllentäler« ist geradezu eine häusliche Berühmtheit. Auch der Föhn nimmt gelegentlich lokale Dreisamtalform an.

Im gesamten ist der Dreisamtäler nicht klima- und wetterscheu; die alte Wetterregel sagt, daß es Glück und Reichtum verheißt, wenn es der Braut in den Kranz regnet.

In allen Heimsuchungen der Natur fühlt sich der Dreisamtäler religiös angesprochen. Aus den verschiedenen, persönlichen Anliegen um gedeihliches Wetter, um Verschonung von Sturm, Hagel, Flut, Frost, Dürre und Schädlingen oder anderem Unheil sind die vielen Bittprozessionen der Talbewohner entstanden, Wallfahrten nach St. Märgen, St. Peter, auf den Lindenberg, zur Ohmenkapelle, nach Oberried, auf den Giersberg. Der sog. »Hagelfirtig« war ein heiliggehaltener Tag.

In allen Jahrhunderten gab der Schwarzwälder seinem Haus eine oft roh geschnitzte und holprig geformte Weiheschrift, einen Haussegen. Dieses Hauszeichen, an vielen Höfen behütet und bewahrt, verdeutlicht die elementare Abhängigkeit der Hofbewohner von den Widrigkeiten des Wetters und den Feindseligkeiten der Natur. Die Inschrift vom Herrenbachhof oberhalb Wagensteig vom Jahr 1891 bezeugt die Dreisamtäler Wetterfühligkeit:
»DAS HAUS STET IN GOTES HANTEN, BEHIETS GOT VOR / FEIR, WASER VND WIND. BEHIETS GOT DER VATER VND GOT / DER SOHN VND GOT DER HEILIGER GEIST«

Alles über die Dreisam

Heinrich Hansjakob hat 1901 im Morgengespräch mit dem Nachtwächter der Kartause die wohl denkwürdigste Begabung der Dreisam entdeckt:
»I hab heut nacht scho denkt, es komm' Regewetter, die Dreisam hat so g'schroue, wo i die Nachtpatroll g'macht hab«.

Der Dreisamtalwanderer, der den Weg Stegen–Kirchzarten einschlägt, sollte halben Wegs auf der neuen Straßenbrücke haltmachen. Unter dichtem Laubwerk versteckt sich hier fast unmittelbar unter seinem Tribünenplatz die Geburtsstätte der Dreisam, der Zusammenfluß der Bergwasser Rotbach (Höllbach), Wagensteigbach und Ibenbach. Nur entfernt erinnert die schon »flußgemäße Prachtbrücke« an jenen Steg, nach welchem der nahegelegene Ort benannt sein soll. Wer die wenigen Schritte zum »Dreisamtreff« hinabsteigt, wird belohnt. Die Gebärstube hat etwas Verschlossenes, vielleicht auch Mystisches; kennen wir doch noch so wenig von der rätselvollen Keltensiedlung Tarodunum, an deren Spitze die Dreisamquellflüsse zusammenströmen. Eine andere Eigenheit zeigt sich offen:

zwei Bachläufe, Rotbach und Wagensteigbach, drängen aus Süden und Norden senkrecht aufeinander zu, ohne daß einer in den anderen ausmündete, wie sich z. B. weiter unten Eschbach oder Brugga dem größeren Flußlauf beifügen. Mit betonter Gleichrangigkeit wenden sich die beiden Zuflüsse an der Stelle ihres Frontalaufpralls gleichzeitig um eine halbe Drehung nach Westen und fließen von da ab gemeinsam in die dritte Richtung. Als

Merkvers ließe sich eine »Eselsbrücke« zur Dreisam bauen:
»Wagensteigbach und Bach der Höll'
bringen die Dreisam von der Stell!«

Der dritte Bach im Bunde, der Ibenbach, ist nur rund zwei Kilometer oberhalb der Quellstube etwas voreilig dem Wagensteigbach beigetreten und hat diesen nördlichen Zufluß gestärkt.

Rasch durcheilt die junge Dreisam – die »Schnellfließende« – den Talgrund, der in die schönsten Schwarzwaldberge eingebettet ist. Die auffallende Silhouette des Hinterwaldkopfs ist ein Wahrzeichen des Tals

45

Als Dreibund der Schwarzwaldgewässer Rotbach, Wagensteigbach und Ibenbach wird die Dreisam denn im Volksmund angesehen, und der niederalemannische Dialekt der Landschaft trägt zur Namensdeutung bei; »Dreisemme« nennt man die Dreisam in Freiburg, und die Klangverwandtschaft zu »drei zemme« wird genügend deutlich. »Drei zusammen« blieb die volkstümliche Erklärung des an sich rätselvollen Namens. Vor rund 150 Jahren, im Jahr 1838, hat der Freiburger Ferdinand Biechele den Namensstreit in einem humorig-heiteren Gedicht dargestellt. Dieses Dreisamspiel wurde – von Biechele in hochalemannisch geschrieben – zur populären Dreisamballade:

»... So loset denn, was i will vorschla:
sin mer z'semme nit drü? so wemmer denn Drüzsemme heiße,
Seig's so, hen die andere gseit, un dusse vor Zarte
het me si täuft, jez heiße sie Drüzsem, und Dreisam uf hochdütsch.
Des henner guet g'macht, ihr Flüßli! ...«

Charmanter ist das Thema nicht abzuhandeln. Die gleiche Namensdeutung versinnbildlichte im alten

Der ehemalige »Dreisambrunnen« im Freiburger Alleegarten
Aus »Unser Freiburg und seine Umgebung« von Friedrich Seyfarth, 1913 –
Nachdruck 1979 im Verlag Karl Schillinger

Freiburger Alleegarten einst eine kleine Figurengruppe, Mittelpunkt eines sinnreichen Wasserspiels. Drei tanzende Putten, eine heiter-unbeschwerte Dreisamallegorie, knüpften an die Dreiheit der Quellbäche an, die in unterschiedlichen Attributen der Knabenfiguren erklärt wurden: ein kleiner Fischer mit Fischkasten für den Wagensteigbach, ein Kind als Hirte im Lammfell für den Ibenbach und ein Knabe mit handwerklichem Gerät, einem Zahnrad in der Hand und einem Hammer im Gürtel, für den Rotbach reichten sich die Hand zum Reigen. Die amüsante Dreisamgruppe ist leider schon vor vielen Jahren verloren gegangen.

Mit der ernsthaften Namensdeutung, der echten sprachlichen Ableitung und Erklärung des Wortes Dreisam, haben sich schon ebenso lange Sprachforscher und Wissenschaftler beschäftigt. Immerhin deutet schon um 1850 Heinrich Schreiber den Dreisamnamen aus dem Altkeltischen, wenn für ihn auch das Wort »Traiz« »Sand«, die Dreisam also »Sandbach« hieß. 1907 hat sich ein anderer der Großen der badischen Volkskunde, Friedrich Pfaff, in aller Ausführlichkeit mit dem Dreisamnamen beschäftigt. Aber auch 1972 ist »die Kontinuität keltischer Namen und deren Deutung im Dreisamtal« noch ein ernsthaftes, wissenschaftliches Thema mit neuen Erkenntnissen. Das Dreisamtal ist mit den keltischen Bezeichnungen »Tarodunum« (heute Zarten), »Tragisima« (heute Dreisam), »Iwa« (alter Name für Ibenbach), »Rota« (alter Name für Rotbach), »Brugga«, »Gost« (Flurname in Geroldstal) und »Noden« (heutiger Hofname Nadelhof) geradezu eine Fundgrube vorgermanischer Wortstämme, ein beachtetes Beispiel für Namenserhaltungen und Namenswandlungen. »Dreisam« hieß in den alten Urkunden, die bis ins 12. oder 13. Jahrhundert zurückreichen, »Treisime«, »Treisemen« oder »Treisem«; Vergleiche mit anderen Dreisam-Stammnamen, der Traisen in Niederösterreich, einem südlichen Nebenfluß der Donau, der Keltenstadt Trigisamum (Traisen) im bayrisch-österreichischen Donautal oder der Trisanna, einem Nebenfluß des Inns im Paznauntal, führen weiter; Friedrich Pfaff resumiert den Forschungsstand:

»Somit ist der Flußname Dreisam keltisch und zwar eine Superlativform zum Stamm »trag«, der »Laufen« bedeutet. Dreisam – vor der Einschleifung in die Umgangssprache wohl ›Trigisima‹ – erklärt sich demnach als ›die sehr (schnell) Laufende‹.«

Dieser Erklärung sind seitdem alle Forscher und Sprachwissenschaftler gefolgt.

Die Charakterisierung als »Schnelläufer« gibt keine Rätsel auf, die Kelten waren gute Beobachter. Was gele-

gentlich übersehen wird: Nicht nur die Quellflüsse der Dreisam sind schnellfließende Wildbäche, dies Attribut verdient auch die Dreisam selbst. Der Eindruck eines wagrechten Seebeckens, den das Dreisamtal zwischen Freiburg und Himmelreich gibt, ist eine optische Täuschung und muß zugunsten der Gewißheit einer beachtenswert schrägen Rampe korrigiert werden. Im Gasthaus Himmelreich findet der Einkehrende die überraschende Beteuerung, daß die Tischplatte des Stammtisches der Höhe der Freiburger Münsterturmspitze entspreche; immerhin ist der Münsterturm 116 m hoch. Die Tischinschrift untertreibt jedoch gewaltig. Die Höhenlage des Bahnhofs Himmelreich mit 455 m Meereshöhe überspringt das Münster noch einmal um die Hälfte seiner Höhe, die Münsterturmspitze wird im Talbecken bereits bei Kirchzarten eingeholt. Insgesamt steigt das Dreisamtal zwischen Münsterplatz und Himmelreich um 177 m, die Dreisam selbst hat von der Höhe des na-

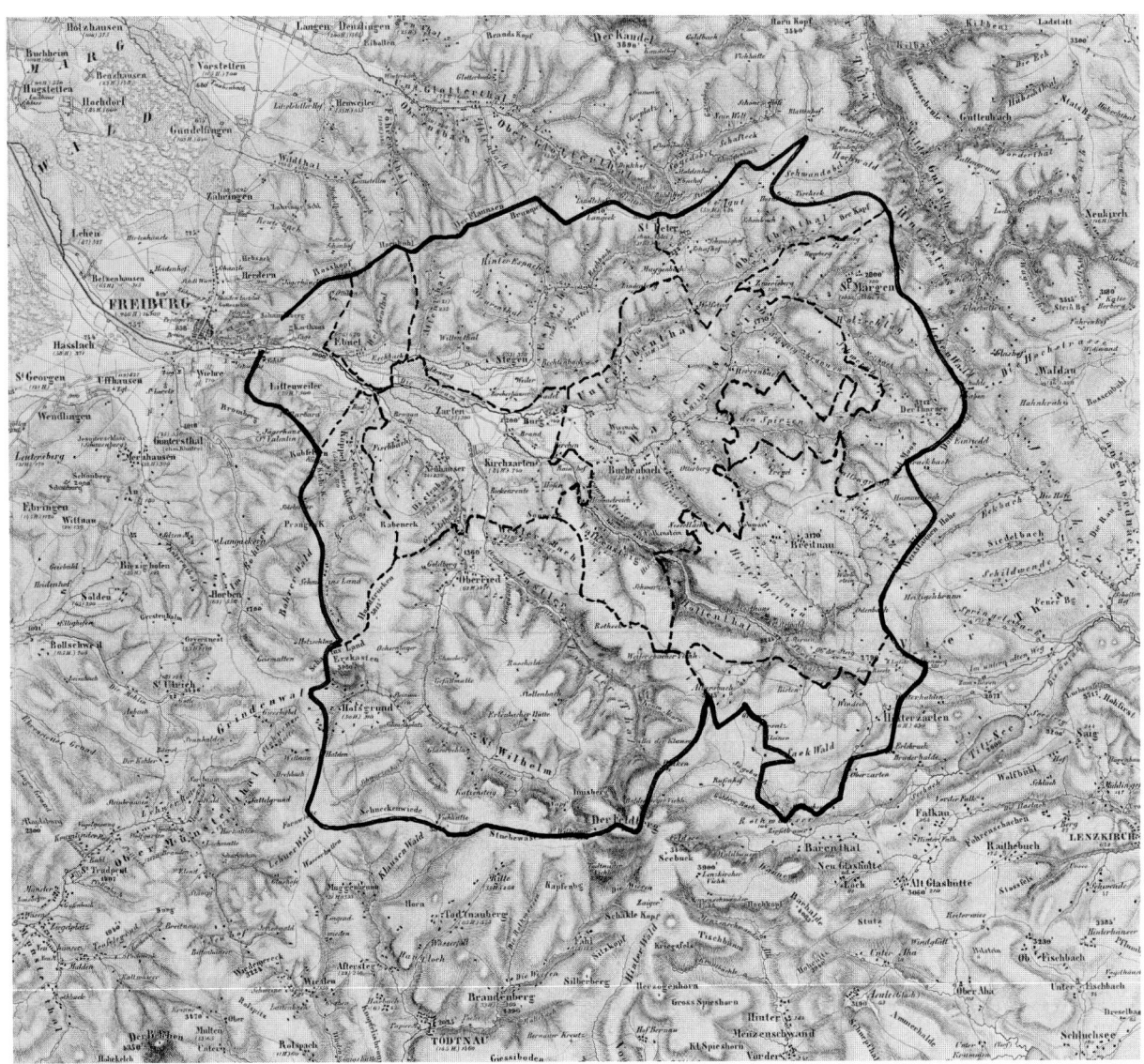

Das Einzugsgebiet der Dreisam oberhalb der »Freiburger Enge« – Ausschnitt einer Karte »Die Landschaft von Freiburg im Breisgau 6 Stunden im Umkreis« von 1838.
Neben den großen Talgemeinden Buchenbach, Kirchzarten, Oberried und Stegen umschließt die Kammlinie die alten Ortschaften Ebnet, Kappel, Littenweiler (heute Teilorte von Freiburg) und Gebietsteile der Höhengemarkungen von Breitnau, Feldberg, Hinterzarten, St. Märgen und St. Peter.
Zeichnung von Dipl.-Ing. Paul Schneider

mengebenden Zusammenflusses (auf 377,5 m Höhe) bis zum Pegel Ebnet (308 m Höhe) ein Gefälle von rund 70 m, und dabei beträgt die Länge des Flußlaufs von der Quelle zur Ebneter Meßstelle nur rund 5,4 km. Die genaue Berechnung ergibt da mit rd. 13 $^{o}/oo$ ein Gefälle, das weder der Unterlauf der Elz noch der der Kinzig, der Murg oder der Wutach – der wütenden Ach! – erreichen! In Freiburg verdeutlichen die zahlreichen, künstlichen, 1817 mit der Korrektion eingebauten Treppenschwellen am Schwabentor den Abschuß des Flußbetts. Die Steigungszahlen der Höllentalbahn sind ein ebenso erstaunlicher Beweis: zwischen Freiburg und Kirchzarten erreicht sie bereits die Steigung, mit der die Schwarzwaldbahn Offenburg – Villingen den gesamten Schwarzwald überwindet; oberhalb Kirchzarten bis Himmelreich sind bereits wesentlich ungünstigere Verhältnisse zu meistern.

Faszinierend ist das Bild, das sich dem Wanderer bietet, wenn er auf den Höhen am Freyel, am Hinterwaldkopf, am Otten die landschaftsprägenden, hölzernen Brunnen, jene Wiegen des Schwarzwaldkindes Dreisam, bewundert und zugleich im Weitblick die Ausmündung des erwachsenen Flusses ins oberrheinische

Meer erfaßt. Der weite Weg der Dreisam präsentiert sich hier in einer Art Zeitrafferperspektive in einem eindrucksvollen Zusammenschnitt. Dies gibt Anlaß zu Vergleichsüberlegungen. Blickt man vom oberen Turner aus einmal nicht in Richtung Dreisam, sondern rückwärts über die Wasserscheide in Abflußrichtung Josbach-Gutach-Wutach oder in Richtung Rothurach-Breg-Donau (wobei die wasserwirtschaftlich exakt vermessene Scheidelinie zum Einzugsgebiet der Donau zugegebenermaßen nicht am Turner, sondern in etwa 4,5 km Entfernung am Widiwandereck auf gleicher Höhe liegt), bietet der Vergleich mit der Dreisam neue Überraschungen: Den Abfluß vom Quellniveau auf die Höhe des Ebneter Pegels mit 308 m Höhe erreichen die Dreisamwasser über Erlenbach-Wagensteigbach-Dreisam schon nach etwa 23 km Wegstrecke; auf der Gegenseite des Turners legt das zur Wutach hin abfließende Wasser eine Strecke von rund 83 km zurück, bis es im Raum Dogern mitten im Rhein die Ebneter Vergleichshöhe erreicht; das der Donau zusickernde Wasser gar trifft auf diese gleiche Höhenmarke 308 m erst bei Stift Niederalteich in einer Entfernung zur Quelle von rund 600 km! Diese Darbietung wiederholt den Beweis der außerge-

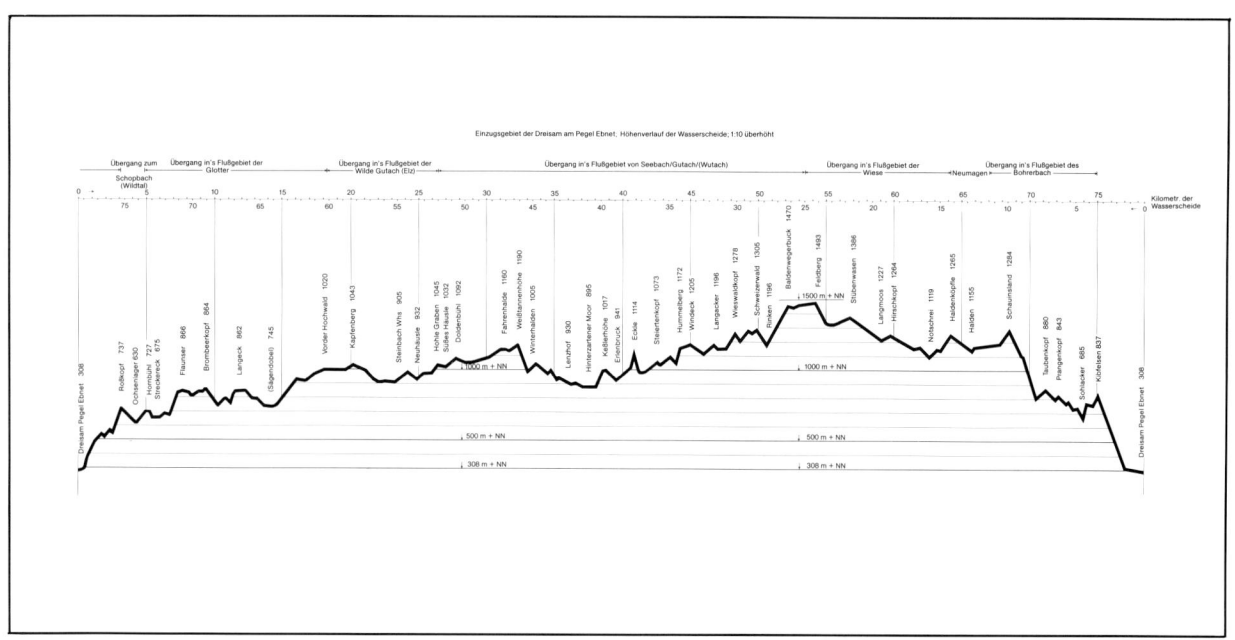

Die Kammlinie des Dreisamtals in ihrem Höhenverlauf
Zeichnung von Dipl.-Ing. Paul Schneider

Ausblick von den Dreisamquellhöhen am Falkenfreyel hinunter in das weite Talbecken und durch die »Freiburger Kluse« hinaus in die oberrheinische Ebene bis zu den Vogesen

wöhnlichen Einbruchskraft der jungen, unruhigen, steilangreifenden, aggressiven Dreisam in die flachgeneigte, ruhige Donauhochfläche.

Die Überschau über das Dreisamtal regt noch zu anderen Vergleichen an: wasserwirtschaftlich betrachtet umfaßt das Dreisamtal ein Flußgebiet von rund 260 Quadratkilometern (genau 258,2 km^2 oberhalb des Pegels Ebnet); die Fläche entspricht damit etwa der Hälfte des Bodensees, umfaßt ein gutes Drittel mehr als das

Sturzbach oder schon Wasserfall?
Absturz des Buselbachs oberhalb Hohebrücke

heutige Flächenmaß der Stadtgemarkung Freiburg, beinhaltet etwa das Doppelte des souveränen Staates Lichtenstein oder korrespondiert mit der Fläche des Kantons Zug in der Zentralschweiz.

Das System der Dreisamnebenflüsse ist so komplex wie der Talaufbau. Größere Gewässer sind der Eschbach, der oberhalb St. Peter entspringt, und der Ibenbach, der hoch am Kapfenberg bei St. Märgen seine Quellwasser sammelt; der Erlenbach ist der oberste Ast des Wagensteigbachs mit seiner Quelle am Hohlen Graben. Der Rotbach – »rot« genannt nach seiner Einfärbung vom Moorwasser des Hinterzartener Moores – kommt als Zartenbach aus dem Quellsee Mathisleweiher. Zastlerbach (Osterbach) und Brugga-St. Wilhelmer Talbach entstammen den obersten Hängen des Feldbergs, die Seitengewässer Buselbach und Hofsgrunderbach entspringen am Notschrei und Schauinsland.

Wer bei dem vielfältigen Talaufbau die Suche nach der »wirklichen« Dreisamquelle nochmals aufnehmen will, muß sich an mehreren Orten auf den Höhen des Dreisamtals umsehen; da stößt man auf die wohlbegründete Meinung, daß der Dreisamast Rotbach-Höllbach der echte Dreisamoberlauf sei; die »Höllentaltheorie« stützt sich auf die geologische Vorprägung des Bonndorfer Grabens. Gewässerexperten folgen vielfach der Höllentallinie, so stets das hydrographische Jahrbuch für Baden-Württemberg. Diese Deutung beschert der Dreisam den Mathislesweiher oberhalb Hinterzarten am Feldberg als attraktiven Quellsee. Schon 1903 weist denn ein Landschaftsführer für die Kurgäste von Hinterzarten den Weg über den Mathislesweiher »hin zum Quellgebiet der Dreisam«. Der Quellhorizont im Eschengrund liegt um ein geringes höher als der Hohle Graben, der direkte Konkurrent im Dreisamquellstreit. Nach der zweiten Meinung liegt die Dreisamquelle in den obersten Sickerwasser der nassen Wiesen beim Süßen Häusle am Hohlen Graben; diese Theorie setzt auf den Wagensteigbach bzw. – in seiner alten Namensform – Freudenbach oder Froedenbach. Alte und älteste Urkunden bekennen sich zu dieser These; die gewichtigste Fundstelle ist der Rotulus Sanpetrinus, eine für die Geographie des Dreisamtals im hohen Mittelalter wichtige Besitzbeschreibung des Klosters St. Peter. Dieses Frühzeugnis vermittelt die genaue Nachricht vom Dreisamursprung, vom »Dreisamspring«, genau »Treisimesprinc« mit der Ortsangabe »beim Hohlen Graben in der Nähe des Orts Bernhoupten«. Verläßliche Kundschaft ergab, daß man um dieses Renommee der Dreisamquelle in den Höfen am Turner durchaus auch heute noch weiß, allen voran auf dem Hof des Christen-Marti-Burs, dem das Quellgebiet zu eigen gehört. Josef Bader und einige Vaterlandsfreunde – Herausgeber eines geographischen Lexikons von 1847 – suchen die Dreisamquelle oberhalb der Ravennaschlucht in Breitnau: »Die Treisam stürzt hinter Breitnau über eine jähe Steilwand in ihr erstes Bett, drängt sich durch den schauerlichen Felsschlund des Höllentals ...«

Von geographischer Besonderheit bleibt das Adernetz der Bäche und Wasserläufe des Talbodens. So zählt es als ausgesprochene Merkwürdigkeit, daß Krummbach und Brugga erst kurz oberhalb Ebnet, der Eschbach sogar erst unterhalb Ebnet in den Hauptlauf der Dreisam einmünden. Durch die früheren Geschiebeaufschüttungen haben sich die Gewässer selbst gegenseitig »an die Talwand gedrückt«, so daß die Wasserstränge nicht auf kurzem Weg aufeinanderzufließen, sondern in langen Parallelwegen nebeneinander herziehen, obwohl doch die seitlichen Nebentäler schon oben bei oder noch oberhalb Kirchzarten den Talgrund erreichen. Von altersher verstärken zahlreiche kleine Wasserläufe, Bewässerungskanäle, Zu- und Umleitungen mit einem feinverwobenen Geäst verzweigter Wasseradern den Bildvergleich mit dem Adernetz der offenen rechten Hand. Die Wiesenwässerung ist eine alte Wassernutzung des Dreisamtals und mancherlei Namen erinnern an Runzen und Wuhre. Gewässerkundige Vorzeitforscher vermuten in den Dreisamtäler Wässerungsvorrichtungen eine keltische Hinterlassenschaft. Zur Errichtung von Floßstrecken für die Scheitholzflößerei wurde das Bachsystem sogar umgestaltet. Die Bachläufe waren zugleich die Kristallisationspunkte der gewerblichen Entwicklung des Tales; Kirchzarten konnte sich über die gewerblichen Kleinbetriebe am Osterbach als Talzentrum aufbauen, wie die Sägen, Schmieden,

Brunnen aus ausgehöhlten Baumstämmen sind die hölzernen Wiegen der Dreisam. Von der Höfener Hütte am Hinterwaldkopf schweift der Blick frei über Himmelreich und das Dreisamtal hinüber zum Kandel

53

Gerbereien, später die ersten industriellen Anlagen zeigen. Dreisamabwärts Richtung Freiburg standen die Schleifmühlen der Granatschleifereien, die eine Sonderstellung in der gewerblichen Vielfalt einnehmen; die Freiburger Kunstfertigkeit in der »Hantierung mit Steinen« war berühmt, und geschliffene Granaten galten als das beliebteste Ehrengeschenk. Eine zweite Freiburger Besonderheit bilden die vielgeliebten Bächle, die die Dreisam weithinaus in der Welt bekannt machten.

spieligen Reparaturen herauskehrt. Erst nach der badischen Landesvereinheitlichung gelang es, mit einer Dreisamregulierung zu beginnen. Vom Jahre 1817 an bis 1842 wurde der Flußlauf unterhalb Freiburg grundlegend umgestaltet, aber auch die Gefällsstufe am Schwabentor wurde mit komplizierten Pfahlwänden und Querholmen gesichert; selbst talauf erhielt die Dreisam bis gegen Zarten ein korrigiertes Flußbett; so geriet das Wildwasser mit seinen verschlungenen Flußarmen und

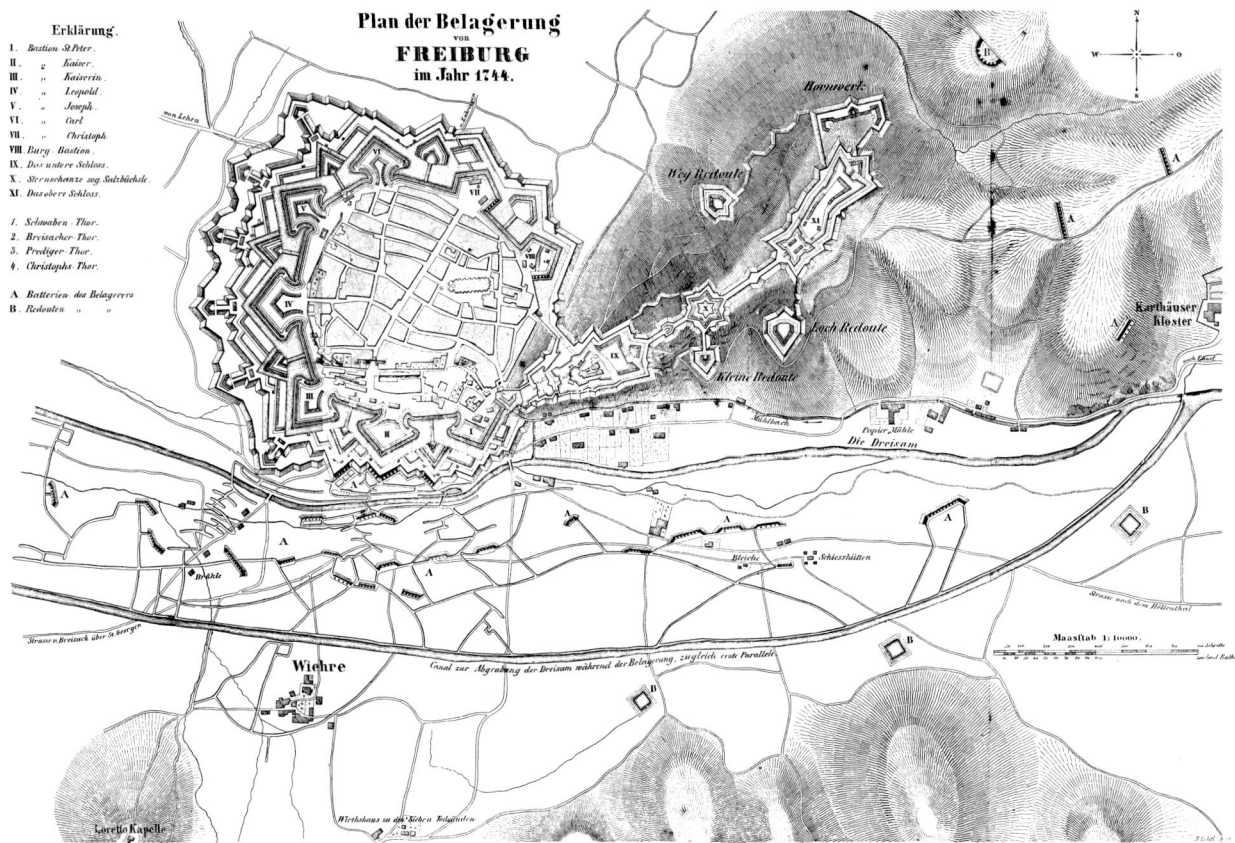

Während der französischen Belagerung Freiburgs im Jahre 1744 wurden das Bett der Dreisam abgegraben und der Fluß in weit ausholendem Bogen in einem Kanal umgeleitet
Plan aus »Geschichte der Stadt Freiburg« von Heinrich Schreiber, 1858

Ein Wildfluß wie die Dreisam bedurfte stets der herrschenden und gebietenden Hand, der dauernden Fürsorge, sollte vom Wasserlauf nicht Unheil ausgehen. Die »Talgenossen«, die Herrschaften des Talraums, hatten eine gemeinsame Verantwortung und waren zur gemeinsamen Unterhaltung des Bachlaufs und der Brükken verpflichtet; es überrascht, daß das Kloster St. Peter zu einem Viertel die Baulast der Dreisambrücke in Ebnet trug, wie Abt Speckle bei den wiederholten, kost-

Inseln schon vor über 150 Jahren in den zähmenden, lieblosen, einförmigen Bachkäfig, der sich jedoch für die Umlieger von höchstem Nutzen erwies. Das Verwaltungsregime billigt der Dreisam bis zur altbestimmten Gemarkungsgrenze Ebnet–Zarten die Rangklasse eines Gewässers I. Ordnung zu, was bei der Flußpflege Bedeutung hat. Eine Besonderheit aus Kriegszeiten sei angefügt: Im Jahre 1744 wurde der Dreisamlauf zur Erleichterung der Belagerung und Erstürmung von Freiburg

54

auf eine größere Strecke völlig abgegraben und der Fluß in ein militärisch bestimmtes Umleitungsbett verlegt.

Eine ungewöhnliche Referenz hat der Badische Staat der Dreisam erwiesen; als der Großherzog 1809 sein Land nach französischem Vorbild in »Departements« und »Präfekturen« organisierte, erhielt Freiburg eine solche »préfecture à la mode française«; als Dreisamkreis wurde diese Verwaltungsinstanz auf den Flußnamen getauft. Diese ungewöhnliche Rolle eines Schutz-

ließen zu einem Strom; »in solchen Tagen scheinen die Schwarzwaldberge sich ganz in Wasser auflösen zu wollen, aus jeder Falte rauscht ein Bach, alle Wege sind überströmt.« Wenn triefender Regen plötzliches Tauwetter begleitet und eine heftige Schneeschmelze auslöst, nimmt die Dreisam wildes Gebaren an. Von überfluteten Feldern, von eingestürzten Brücken, von unterspülten Häusern, von ertrunkenen Menschen und verendetem Vieh berichten die Talchronisten. Im 14., im 15.

Zarten nach dem zerstörerischen Dreisamhochwasser von 1896. Aus einem Zeitungsbericht von 1896

patrons badischer Verwaltungsagitation behielt die Dreisam aber nur bis zu einer neuerlichen Verwaltungsumreform im Jahre 1832.

Aufbrausen konnte die Dreisam schon immer einmal; man hat hier schon über drei Wochen ununterbrochene Regengüsse beobachtet, die die Dreisam anschwellen

Jahrhundert reißt die Dreisam alle Brücken weg und setzt das Land unter Wasser. Die Nachricht wiederholt sich; 1480 stand es besonders schlimm:

»Die Dreisam schwoll nach vorausgegangenen starken Regen am Magdalenen-Tag auf eine früher nie erlebte Weise an, riß beide Brücken und 17 Wohngebäude und Scheunen an derselben weg, und verursachte an Wein,

Getreide und Futter einen außerordentlichen Schaden. Auf der untern Brücke stunden viele Menschen und sahen dem Jammer und der Verwüstung des Flusses zu; da stürzte plötzlich die Brücke ein und 14 Menschen fielen in das Wasser«

Von 1778, 1793, 1801, 1806, 1812, 1824, 1896 sind neue Schreckensmeldungen verzeichnet. Das »Intelligenzblatt für das Land Breisgau«, ein Journal erbaulicher Betrachtungen und aktueller Tagesnachrichten, gibt ausführlichen Bericht über die Katastrophe von 1801: »Auf einen fürchterlichen Sturm von Südwest folgte gegen Mittag ein stromweiser Regen und gegen Abend ein schuhtiefer Schnee. Unsere kleine Treysam war durch diesen in den Gebirgen gähling geschmolzenen Schnee schnell zu einer fürchterlichen Höhe angeschwollen und richtete größere Verwüstungen an als im Jahre 1778. Ihre schlammigen Wellen wälzten ganze Sägeblöcke, Gartenhäuschen, Bäume mit Ästen und Wurzeln und Trümmer aller Art mit sich fort. Nichts konnte ihrer Wuth einhalt thun. Rechts und links stürzte sie aus ihrem Bett, überschwemmte und verschlang Wiesen und Gärten, so daß viele Bürger in einem halben Tag um ihre Liegenschaften gekommen sind. Auch aus dem Höllental, wo die Treysam zum Teil entspringt, laufen klägliche Nachrichten ein. In der Gegend von Falkensteig, Oberbuchenbach, Rain, Himmelreich und Untersteig war das ganze Tal von einem Berg zu dem andern völlig überschwemmt, der Hauptstrom verließ sein Bett und verläuft nun da, wo vorher die Straße gewesen ist.«

1802 notiert Abt Speckle im Februar: »Die Brücke zu Ebnet, welche erst seit 8 Tagen wiederhergestellt worden, war zum zweiten Mal zerrissen.« Dem zerstörischen Hochwasser von 1896 widmet die Buchenbacher Schulmeisterchronik ausführlichen Raum: »Der 8. März (Sonntag) – Ein schreckliches Hochwasser, das am Nachmittag immer bedenklicher wurde. Der Wagensteigbach gewann die Stärke eines reißenden Stromes, so daß ich mich an den Rhein bei Kadelburg (meinem früheren Anstellungsorte) versetzt glaubte. Brücken, Stege, sogar Häuser waren in größter Gefahr und die meisten bei Wagensteig bis Freiburg weggerissen und fortgeschwemmt. Der Bruder des ›Hauri-Burs‹ in Wagensteig wurde mit der Brücke fortgerissen.... Am 9. März frühmorgens wurde die Schwabenthor-Brücke in Freiburg (massiv und von Stein erbaut) weggeschwemmt, und hierbei fanden 2 Beamte, Landeskommissär Dr. Sigel und Stadtdirektor Sonntag bei Ausübung ihres Amtes den plötzlichen Tod in den Wellen der Dreisam. ...

Der Wagensteigbach trat schon am 8. März über die Ufer, und die Seitenbäche, namentlich der Spirzenbach, richteten großen Schaden an. Dieser riß beim Rombachhof die Poststraße auf etwa 200 m vollständig weg. Sein eigentliches Bett war ganz mit Geröll und wahren Felsblöcken ausgefüllt. ... Der Diezendobelbach kam ebenfalls zum reißenden Fluß angeschwollen mit donnerähnlichem Rollen die gewaltigen Steine und das Geröll mit sich schleppend herangebraust ...«

In Zarten wütete das Hochwasser besonders heftig. Neben der Brücke wurde ein Wohnhaus völlig zerstört. Die Fluten erfaßten hier das Bild eines kleinen Brückenheiligtums, trieben es ab und schleppten es über die erstaunliche Distanz von rund 20 km bis Neuershausen, wo die Tafel glücklich aus den Fluten geborgen wurde. Jüngst, 1965 beim Neubau des Anwesens, wurde dem Hl. Nepomuk – nunmehr als Sandsteinrelief – sein Platz an der Brücke von Zarten wieder eingeräumt. 260 m^3/s Wassermenge wälzten sich an jenem Unglückstage die Dreisam hinunter, so wird bestätigt. Dies wäre mehr als das Doppelte des seitdem in Ebnet beobachteten Höchstabflusses von 125 m^3/s im Jahre 1955. Nur 5,42 m^3/s beträgt demgegenüber der langjährige Mittelwert; extreme Trockenheit wie im Jahre 1971 hat andererseits schon dazu geführt, daß in den Pegelaufzeichnungen überhaupt kein meßbarer Abfluß mehr festgestellt wurde.

Waghalsige Wildwasserfahrer lassen sich gelegentlich vom Hochwasserreiz anspornen und versuchen sich auf einzelnen Dreisamabschnitten mit ihren Kajaks; dies ist die einzige Form der »Schiffbarkeit« des ungestümen Naturkinds Dreisam. Sein Fischreichtum wurde schon im 16. Jahrhundert gerühmt. Sebastian Münster beschreibt die Dreisam: »Es fleußt auch neben der Statt hin gar ein groß Fischreich Wasser / die Triesem genannt / entspringt nicht fern vom Ursprung der Thonaw.«

Sagenkundiges weiß von besonderen Gefahren zu berichten: »Tief in der Nacht fuhr ein Mann auf einem einspännigen Wagen bei Ebnet über die Dreisam. Erst als er drüben auf dem rechten Ufer war, wurde er inne, daß die Brücke abgedeckt und sein Fuhrwerk über das leere Gebälk gelaufen sei. Zum Dank für die wunderbare Errettung ließ er unweit der Brücke ein Heiligenhaus mit dem Standbild des Hl. Johannes von Nepomuk errichten.«

Fesselnd und faszinierend sind die kontrastreichen Stimmungswechsel der Dreisam, sind die Naturbeobachtungen an ihrem Ufer. Professor Konrad Guenther, ein außergewöhnlicher Naturlehrer, hat in den 30er-Jahren das Dreisamland mit allen Merkwürdigkeiten an Pflanzen, Vögeln und Schönheiten beschrieben. Mit der Beobachtung des Wasserhahnenfuß, der Grasmücke, des Labkrauts, des Gierlitz, des Seifenkrauts wird die Wanderung auf dem Dreisamdamm Richtung Ebnet »unter Führung von Professor Guenther« zum neuentdeckten Vergnügen:

»Es ist ein Genuß, der nie seine Anziehungskraft verliert, am Damm nun weiter nach Ebnet zu wandern, die schön geformten Schwarzwaldberge vor sich, den grünen Wald neben sich und die wundervolle Mischung von Wasser- und Wiesenduft um sich.«

»Wasser- und Wiesenduft« – ein vielversprechendes Merkmal des Dreisamtals!

Lockender Zauberkreis der Natur

Verlockend ist der Zauberkreis der Natur.

Frühling ist so recht ein Stichwort für das Dreisamtal. Wie eindrucksvoll ist das Jahreserwachen, wenn die ersten Frühboten fünf oder sechs Wochen im voraus das Rheintal anfliegen und die Sonnenhänge des Dreisamtals erobern. Das frühlingsfrohe Stimmkonzert weckt sogleich die Modenschau der lichtfiebernden Veilchen, der Schlüsselblumen, der Weißdornbüsche, der triebhaften Knospen voreiliger Wildkirschen. Der Frühling hat seinen ersten Starauftritt. Gewichtigen Schrittes durchmißt er den Talboden. Und während Feldberg und Hinterwaldkopf sich in ganzem Wintertrotz nicht aus

Frühlingszauber im Barockdorf Ebnet, Wintertrutz auf den Höhen vom Hochfahrn zum Feldberg

dem weißeisigen Schneegewand rühren, festigt sich unten schon der erste, grüne Jahresflaum der Grasmatten und der spitzelnden Winterfrucht. Forsythien brechen auf, die Lärchen zeigen ihr erstes Grün, während sich die Buchen an den Talhängen vor der hellen Entfaltung noch rot ummanteln. Doch dann stoßen die Birken die Blattspitzen auf, und zitronengelbe »Summervögeli« übernehmen den Premierereigen. Jetzt intoniert der Schleedorn den großflächigen Blütenkanon, in den Stimme um Stimme einschwingt bis zum Fortissimoeinsatz der alles übertönenden Rapsfelder. Der Frühling hat den Talgrund erobert; dann steigt er in stetem Schritt Treppe um Treppe, Absatz um Absatz, Stockwerk um Stockwerk die Talstufen und Bergkulissen hinauf. Noch umputzen sich die kahlschwarzen Bergsilhouetten und Talflanken mit Schneetupfern und einem Überzug aus Rauhreiftüll, aber schon wird in den unteren Talhängen knalliger Festschmuck aufgezogen, während nur eine halbe Stufe höher die hellen Birken zusammen mit den Lichtpyramiden wilder Kirschen den noch verhaltenen Akkord des Frühlingsliedes »weiß-licht-grün-frühlingshell« anschlagen. Abschnitt um Abschnitt klettert der Frühling. Die Stimmung erreicht ein

augenbetörendes Crescendo in die volle Kontrastlage, kurz bevor der Vollwinter die Schanzen und Bastionen auf der Höhe räumen muß und nur noch letzte Schneeflecken den Rückzugsposten halten, bereits unterwandert vom steigenden Saft. Selbst die Tannen melden sich in jugendheiterer Stimmlage eines helltönenden Kinderchors. Bald stehen drunten die Erdbeeren vor der Röte und die Bauerngärten im Sommerkleid, wenn in den Hochtälern um St. Wilhelm endlich die weißen Blüten wilder Pflaumen zusammen mit dem Bergginster und vorlaut auftändelndem Löwenzahn die gelb-weiße Kirchenfahne zu Fronleichnam hissen.

Unvergeßlich lebt die Landschaft im Wunder des Jahreserblühens. Konrad Guenther beschreibt das unvergleichliche Erlebnis einer Blütenwanderung vom märzblühenden Seidelbast in der Rheinebene hinauf zum Junitreff mit dem gleichen Frühlingsboten Seidelbast am Baldenweger Buck – es ist wie eine Ahnung des immerwährenden Frühlings.

Wer das Gespür für den »verstohlenen Kostümwechsel der Natur« entwickelt, kann Neues noch früher schauen, wird nach einem Gedanken Goethes »im streichenden Februarwind den kommenden Frühling rie-

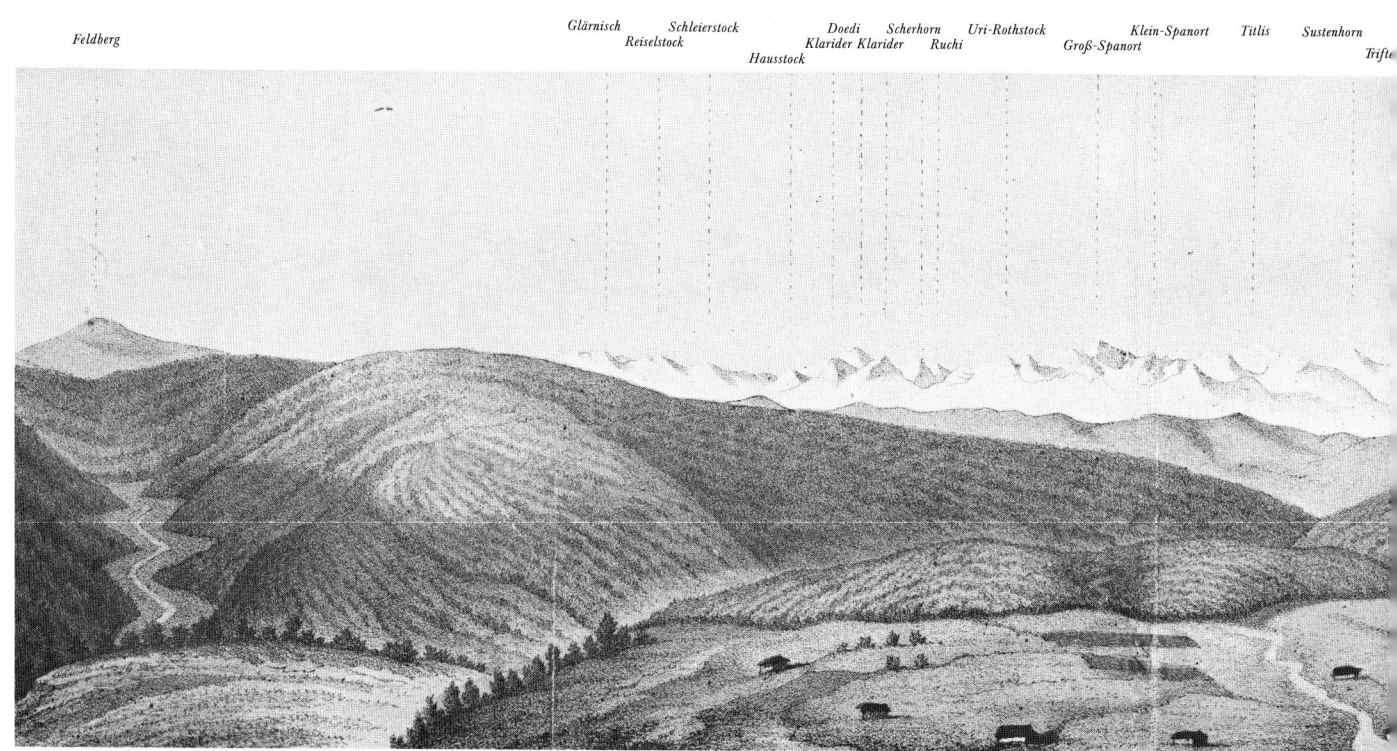

Feldberg   Glärnisch   Schleierstock   Doedi   Scherhorn   Uri-Rothstock   Klein-Spanort   Titlis   Sustenhorn
Reiselstock   Klarider Klarider   Ruchi   Groß-Spanort   Trifte
Hausstock

chen«. Wie verblüffend ist eine solche Begegnung mitten im vermeintlichen Winter, wenn die Atmosphäre nach langer Frostperiode sich auf Temperaturumkehr einstellt und der Wanderer, der einen der Hangwege des Dreisamtals emporstapft, urplötzlich stutzt, schnuppert, erregt prüft und im Aufstieg innehält: Jawohl, da ist er, der erdige Duft, der modrige Geruch des Erdbodens, des entfrosteten, frisch freigetauten Erdreichs; wenige Meter zurück – und die Natur steht in der eisig-frostigen Geruchsleere des Winters, zwei Sätze nach vorn – und der Frühling kündigt sich an.

Es gibt noch andere Anzeichen; mit feinem Gefühl für die Übergänge der Jahreszeiten schildert Anton Fendrich, wie er in loderndem Föhn und umbrechenden Tauwetter am Feldberg dem Frühling begegnet ist: »Schon lief das Wasser über den weichen Weg, über den Matten bedrängten Bodenquellen den Schnee von unten her. Zum ersten Mal spürte die befreite Erde den Odem der warmen Luft, vor dem Dorf bin ich dem Frühling begegnet. Ich kenne ihn genau, obwohl er jedes Jahr anders aussieht. Dieses Jahr war er eine hochgewachsene, junge Frau mit klaren, tiefblauen Augen. Sie trug ein grau-grünes Kleid, und auf dem Haar eine kleine Pelzmütze, in der Hand hielt sie einen Strauß Veilchen. Als sie leisen Schrittes an mir vorüber kam, lächelte sie ein ganz klein wenig. Ihr Kleid flog im Winde, Sturm und Regen störte sie nicht. Ich habe ihr lange nachgeschaut, aber sie hat sich nicht nach mir umgedreht. Ich bin sicher, daß es der Frühling war.«

Grau-grün angetan, den Pelz auf dem Kopf, doch Veilchen in der Hand, ist das nicht ein Frühlingsbild, so tiefsinnend schön wie die allegorische Frühlingsgestalt von Christian Wenzinger im Ebneter Schloßgarten.

Nur für den Waldbewohner ganz oben hat der langsame Frühlingseinzug Nachteile. »Bei uns ischts im Winter kalt und im Sommer au« zitiert Heinrich Hansjakob einen Wälder, »im Schwarzwald ist es sieben Monate lang Winter und fünf Monate lang kalt« meint der Volksmund.

Wie anders präsentiert sich der Sommer im Dreisamtal. Dunst liegt über dem Talkessel, atmosphärische Schwere, und das Land erscheint in pastellfarbenen, ausgewaschenen und abgetragenen Farbbehängen. Der Fotograf kennt diese hochsommerliche Vorblende, das schleiergefilterte Dunstlicht, das das Tal nur ganz selten frei gibt.

Die Alpensicht vom Schauinsland begeisterte zu allen Zeiten den Schwarzwaldwanderer
Ton-Lithographie von W. Creuzbauer, Karlsruhe, 1858

Alban Stolz berichtet vom Sommer:
»Ich stand unter einem Baum und ließ das wundersame Dämmern eines Sommermittags auf mich eindringen. Es ist so schleierhaft alles für Aug' und Ohr, leises Zirpen und Spielen weniger Vögel in den Zweigen, das Summen der Fliegen, das stumme Weben der Schmetterlinge, das Kochen der Berge in glühender Luft. Man sollte meinen, die Berge müßten alle tot sein oder schlafen in dieser glühenden Sonnendämmerung!«

Frühmorgens aber glänzt noch alles rundherum im Tau, in Lust und Freude, und es gibt kaum Schöneres als frischmutig eine jener großen Wanderungen zu unternehmen, die hier schon als klassische Touren gelten: den Weg von Kirchzarten über den Lindenberg nach St. Peter, den Aufstieg von Weilersbach über den Hinterwaldkopf zum Feldberg, die Talabwanderung von Hinterzarten und Breitnau über Nessellachen nach Buchenbach, den Kammweg Freiburg – Roßkopf – Flaunser, den

Frühjahrskontrast im Dreisamtal
Andauernder Westwind krümmt auch im Talgrund die freistehenden Pappeln zu »Windpappeln«

Schauinslandaufstieg Kybfelsen – Kohlerhau oder Dietenbach – Rappeneck – Hundsrücken, oder die Tagestour um das St. Wilhelmer Tal, den großen Wanderring von der Hohen Brücke zur Behaghelhütte, über Katzensteig, Stübenwasen, Feldberg–St.Wilhelmer Hütte, Immisberg, Tote Mann, Erlenbacher Hütte, Gfällmatte, Schneebergerhof zurück zur Bruggaklamm. Heinrich Schreiber schildert schon 1840 einen nächtlichen Feldbergaufstieg im Fackellicht von Oberried aus:

schleppten, um solche dann, fern von Menschen, in die Wildnis zu bannen. Gelangt man nun nach beschwerlichem Steigen zur Höhe, so verweilt man gewöhnlich noch in der St. Wilhelmshütte oder trägt einen Holzstoß zusammen und labt sich um das lodernde Feuer gelagert. Begierig erwartet jeder den Aufgang der Sonne und das einzige Schauspiel, das sich bald vor ihm entfalten soll. Welche Feder aber vermöchte es auszumalen, wenn sie nun wirklich hervortritt und der weite Schleier

Goldgelb wogen die Ähren vor der dunklen Kulisse des Hinterwaldkopfs

»Eigen und gespensterhaft ist hierbei der Eindruck, welchen die bleichgewaschenen Gerippe uralter Tannen längs des Weges machen. Man gedenkt dabei der ehemaligen Exorzisten, welche angeblich die bösen Geister in Büchsen unter schwerer Anstrengung hierher

der Natur abrollt, fern von den Gebirgen des Vorarlbergs bis über die Vogesen hinaus. Ein unnennbares Gefühl bemächtigt sich jeden Zuschauers, die Gesellschaft verstummt.«

Welche Empfindung der Bergsucher verspürt, wenn

61

er von den Höhen ums Dreisamtal weit hinausblickt über die Kuppen des Schwarzwaldes zu den Gipfeln der Vogesen, zu den Tafelzügen des Juras, zu den 100 bis 200 und mehr km entfernt liegenden Bergzacken der Schweizer Alpen, bleibt unsagbar; ein solches Erlebnis ist ein Höhepunkt jeden Wandertags im Dreisamtal. Selbst Fürstabt Martin Gerbert, sonst karg in seinen Naturberichten, teilt die Begeisterung über die Umschau vom Feldberg auf Wald und Berggipfel, die sich – nach Josef Bader – »nebeneinander erheben gleich den Wellen des bewegten Meeres.«

Schon entdeckt das Auge wiederum Neues: Im oberen Eschbachtal über den letzten Höfen, am Freyel, am Hang zum Diezendobel gerät der Wanderer in die Schönheit einer Wachholderheide. Hansjakob nennt diese Wachholdersträuche die »wahren Zypressen« des Schwarzwaldes und bewahrt ihnen zeitlebens eine besondere Sympathie. Als Kenner der Seele und der Landschaft überliefert Hansjakob ein Gespräch des Jahres 1901 mit einer Dreisamtälerin, die mit dem Sammeln des Wachholderreises ihr Leben fristet:
»Als ich an diesem Abend spazieren ging, begegnete mir ein altes Weiblein, das eine große Welle Wachholderreis auf dem Kopf der Karthause zu trug. ... Sie erzählte, das Reis sei für die Schwestern in der Karthause zum Räuchern des Specks. Sie hat es den Tag über gesammelt in Wittental und gen Abend noch herabgetragen. ... Ich wartete, bis sie zurückkam. Was habt ihr für euer Reis bekommen? war meine Frage. Antwort: ›A Mark un a Gläsle Wi un a groß Stück Brot; i bin wohl z'friede. ...‹ Ich forschte weiter und erfuhr: das alte Weible ist das ›Sohl-Andresen-Mareile‹; der Großvater hatte den größten Hof im unfernen Kapplertal, kam aber in den Kriegszeiten zu Anfang des vergangenen Jahrhunderts drum. Des Mareiles Vater war ein armer Holzmacher in Kappel. Sie selbst wurde nacheinander Hirtenmaidle und Dienstmagd. Als sie 23 Jahre alt war, hat sie ein Knecht entehrt und verlassen. Er kam aber ›als Straf‹ Gottes‹ bald unter einen Wagen und blieb tot. Ihr Kind ist jetzt schon 38 Jahre alt und Magd droben in Zarten im Dreisamtal. Sie selber sammelt seit Jahren ›Haberhälmen‹ (Haferspreu) und bringt sie den Leuten oben und unten im Tal, die keine haben und mit solchen Hälmen ihre Unterbetten füllen wollen. Dann sammelt sie noch Wachholderbeeren und Wachholderreis auf den Talhöhen und trägt sie den Leuten, die solche Ware bestellen, ins Haus. Mit diesem Handel fristet sie ihr Leben.«
Wer muß nicht, wenn er diese Hansjakob-Geschichte gehört hat, immer an das »Sohl-Andresen-Mareile« den-

ken, wenn er oben auf den Höhen zwischen den Wachholderbüschen einherwandert. Hansjakob zeigt sich dem Reckholder sehr zugetan, und während die Bauersleut hie und da äußern, man sollte ihn am besten ebenso wie den Ginster rechtzeitig ausreißen, damit er das Feld nicht überwuchere, hat sich Hansjakob schon 1900 für den Schutz des Wachholders eingesetzt; man liest es mit Staunen und zunehmender Sympathie für diesen eigenwilligen Pfarrherrn:
»Da stehen in einem lichten Föhrenwald die herrlichsten Juniperusbäumchen in ihrem lichten Grün und ihrer schlanken, eigenartig abgerundeten Gestalt, die echten Zypressen des Schwarzwaldes, und es ist Sünd und schad, daß sie gefällt werden zum Speck räuchern. Man hat ein Gesetz zum Schutz alter Denkmäler, und ich wollte, es gäbe auch ein solches für die Erhaltung schöner Bäume und Sträucher!«
Pfarrer Heinrich Hansjakob würde sich freuen: das Feldberggebiet wurde schon 1937 mit über 3000 ha Fläche in die Obhut des Naturschutzes genommen, der Schutzring um den höchsten Schwarzwaldgipfel war eines der ersten Schutzgebiete, und eines der größten dazu. Inzwischen ist der Natur- und Landschaftsschutz im Dreisamtal mächtig gewachsen, die Naturschutzgebiete Feldberg, Bisten bei Hinterzarten, Hinterzartner Moor (69 ha) und Erlenbrucker Moor werden durch die Landschaftsschutzgebiete Hochschwarzwald (über 13000 ha), Schauinsland (mit der Talflanke Freiburg–Notschrei), Schloßberg (mit den West- und Südhängen des Roßkopfs), Zartner Becken, Höllental–Wagensteigtal und Hochschwarzwald – Bereiche Breitnau, Buchenbach, Hinterzarten, St. Märgen und St. Peter – (ca. 14030 ha) ergänzt, neue Erweiterungen am Schauinsland und im Anschluß an den Feldberg bis zur Talniederung sind geplant. Diese Naturschutzbewegung hat aber ihren Gegenpol, die Natur ist »viel enger« geworden, seitdem so viele Menschen im Dreisamtal zugezogen sind, seitdem die Bedürfnisse des Sports, der Freizeit und Erholung immer mehr Land in Anspruch nehmen. Schon muß man sich damit abfinden, Teile der Naturschutzgebiete den Skiliften, den Skipisten, den Anfahrtsstraßen und Parkflächen, den Kiosken etc. preiszugeben, um vielleicht in weniger verlärmten Seitennischen des Tals einen Ausgleich zu suchen. Neue Notzelte in Form von Bannwäldern, Schonwäldern und Schutzwäldern werden aufgeschlagen, wo der Lebensraum seltener Tierarten, seltener Pflanzen bedroht ist, wo landschaftliche Zusammenhänge geschützt werden sollen, wo natürliche Wertbestände eine Absonderung von der üblichen Nutzung nahe legen. Vier Totalreservate wurden im

»Wachholderheide« am Freyel
Immer wieder öffnet sich der weite Umblick über den nahen Talgrund in die Ferne hinüber zu den Vogesen

Dreisamtal bestimmt, der »Napf« (108 ha) im oberen, trogförmigen Talschluß des St. Wilhelmer Tals behütet die großartigste, eiszeitliche Landschaftsform, die Bannwälder »Faulbach« (18 ha) und »Hirschfelsen« (20 ha) im St. Wilhelmer Tal überlassen auf Extremsteilhängen und Felspartien die Laubholz-Nadelholz-Mischbestände einer ausschließlich natürlichen Entwicklung, das Bannwaldgebiet »Conventswald« (17 ha) am Flaunser soll einen Spitzenbestand des Waldes zu Forschungszwecken isolieren. Unter den Schonwäldern sollen die Gebiete »St. Wilhelmer Eislöcher« und »Zastler Eislöcher« mit »Rauhhalde« nochmals eiszeitliche Reliktflora an wertvollen Standorten behüten. Bewirtschaftsbeschränkungen zum Schutz gegen Lawinen und Bodenerosion sind weitere großflächig angelegte Hilfsstellungen für die leicht verletzbaren Steilhänge des Dreisamtals.

Ob freilich Heinrich Hansjakob die beachtenswerte Bilanz schon gutheißen würde, weiß niemand zu sagen. Wetterte doch der streitbare »Kartäuser« seelentief auf-

brausend gegen den »Fabrikteufel im Dreisamtal« und gegen »jede Verschändung der heimatlichen Natur«. Wenn aber dann im Frühsommer die struppigen Ginsterstauden bei Oberried und an den Hängen des Rechtenbachtales ihr leuchtendes Gold zum Schmuckteppich ausbreiten, würde Heinrich Hansjakob dort seine Welt wiederfinden. Der blühende Ginster war ihm stets eine der liebsten Blumen.

Doch welche Fülle an Pflanzen, Blüten, Gräsern, Farnen, Stauden tut sich bei jedem Spaziergang auf! Die Flora der Freiburger Umgebung soll einen erstaunlichen Anteil aller Pflanzenarten Deutschlands umfassen. Wer Genaueres wissen will, greift vorzugsweise zum »Klassiker« Friedrich Oltmanns über das Pflanzenleben des Schwarzwalds, und dies allein schon wegen der 200 instruktiven Pflanzentafeln. Der Wanderer aber huldigt nicht ständig botanischem Übereifer. Hans Thoma freute sich in seinen Briefen auf die ersten Schlüsselblumen im Schwarzwald; Märzenbecher, noch hinter Buchenbach zu Hause, sind solche frühen Frohsinnsbringer, zusammen mit den weitverbreiteten Himmelsschlüsseln, die in diesem Himmelreich überall ausgestreut sind. Die kleinen Troddelblumen (Soldanella alpina) sprießen an den Schneerändern und läuten den Bergfrühling ein. Anemonen durchglänzen den Wald, ehe das Hochlaub den Schattenschirm schließt. Dann blühen die Wiesen auf, und Hahnenfuß, Löwenzahn, Wiesenschaum, Glockenblumen, Lichtnelken, Kuckucksnelken, Margeriten tun sich zur buntesten, schönsten Farbstimmung zusammen. Im genaueren Hinsehen entdeckt der Vorübergehende auch mancherlei Besonderheiten. Im Blumenhang prangen die dottergelben Kugeln der Trollblumen, am Waldrand steht eine Türkenbundlilie Wache, da und dort leuchten wie im Ibental Orchideen durchs Wiesengrün, Schwertlilien zeigen sich am Dreisamufer. Arnika, Besenginster, Flügelginster, der schon manchen Berghöhen und Kuppen seinen Namen »Ramsele« gegeben hat, Fingerhut, Weideröschen sind verläßliche Repräsentanten des landschaftlichen Pflanzenkleids. Die Silberdistel (Carlina acaulis), die jeden Herrgottswinkel im alten Schwarzwaldhof ziert, zählt bereits zu den Pflanzen, die eines zusätzlichen Schutzes bedürfen. Droben auf dem Schauinsland im Gegendrum und auf dem Diesenbühl hat sie – wie manchenorts im Schwarzwald – einen alten Stammplatz.

Der Feldberg nimmt auch für Pflanzenfreunde eine Sonderstellung ein. Schon Martin Gerbert rühmt Kräuter und allerlei heilsame Wurzeln. Alpendost, Alpenbärlapp, Alpenwildrose, Alpenlattich geben sich durch das Beiwort »alpin« als Schwarzwaldbesonderheiten zu erkennen. Größtes wissenschaftliches Interesse findet daher diese subalpine Insel im Mittelgebirge, die jüngste Feldberg-Monographie der Naturschutzbehörden widmet sich eingehend dem Refugium der Alpenpflanzen. Unter allen Feldbergsonderlingen gilt der Gelbe Enzian (Gentiana lutea) als unbestrittener Bergkönig. Die anschauliche Schilderung Konrad Guenthers stellt diese Seltenheit vor:

»Die kohlkopfähnlichen, lichtgrünen Blattbüschel sind uns schon im Juni aufgefallen, nun hat sich ein mehr als meterhoher und fingerdicker Stengel emporgetrieben, an dem in mehren Stockwerken übereinander grüne Blätter Schüsseln bilden, aus denen die leuchtend goldgelben Blüten in reicher Häufung herausschauen. Der Anblick ist prachtvoll, der gelbe Enzian überhaupt eine unserer stattlichsten Blütenstauden. Mächtig ist auch die Wurzel und kann mehrere Kilogramm schwer werden. Aus ihr gewinnt man in den Alpen den dort beliebten Enzianschnaps, während im Schwarzwald die Pflanze mit Recht unter Naturschutz steht!«

Der Wanderer aber hat seine Freude manchesmal auch an den bescheidenen Eigentümlichkeiten, etwa an der Kirschbaumallee zwischen St. Peter und dem Lindenberg, an einzelnen Parkriesen und Baumschönheiten am Sanatorium Wiesneck oder im Schloßgarten von Ebnet, an der Pracht stolzer Einzelgänger im Talgrund, am Gehölz entlang der Bachufer, an den tiefroten Vogelbeeren am Straßenrand und neben den Schwarzwaldhöfen. Auf den Schauinslandhöhen zeigen windverkümmerte, gekrümmte Sturmbuchen extravagante Wetterauffälligkeiten, aber selbst zwischen Zarten und Himmelreich finden sich solche seitgeduckten, windschiefen Stämme und Baumkronen als Wetterfahnen eines steten Westwindeinfalls.

In manchem Busch und Strauch aber zwitschert und pfeift und singt es, daß auch dies nur so eine Freude ist.

Gelber Enzian (Gentiana lutea) auf den Feldbergmatten

Weidenröschen (Epilobium angustifolium), Wegbegleiter in Waldlichtungen

Unscheinbares wächst am Wegrand

Schöne Pflanzen bringen immer neue Freuden in den Wandertag

»Ich wünsche Dir viele sonnige Tage, im Frühling viele Blumen und muntere Vögel und Kuckucke, die im Wald schreien« schreibt Hans Thoma 1863 seiner Schwester Agathe. Rotkehlchen, Meisen, Bachstelzen, Finken, Zippammern sind die munteren Begleiter des Spaziergangs. Konrad Guenther, noch immer unser Führer, zeigt den Bergfink und deutet auf den Zitronenzeisig, den er »eine Berühmtheit des Schwarzwaldes« nennt. Heinrich Hansjakob beobachtet im Winter 1901 die Raben, die ihren Dreisamtäler Tagesrhythmus haben, die damals wie heute abends dem Mooswald zufliegen, während sie morgens krächzmunter in die Wälder des Dreisamtals ausschwärmen. Mancherlei Greifvögel sitzen den langen Wintertag auf Kahlästen drunten im Tal, oft mitten im Getöse der Hauptverkehrsstraßen. Der Specht zeigt sich als lautstarker Bewohner des Waldes. »Die Spechte sind im Frühling Instrumentalkünstler«, sie trillern »lautschnurrende Töne aus den Ästen, die an Xyllophonmusik erinnern«. Der Schwarzspecht gilt als Zauberer, der den Umgang mit der geheimnisvollen Springwurz (dem Salomonsiegel) kennt. Versperrt man seine Nisthöhle gewaltsam, so öffnet er sie durch die Kraft der Springwurz – und mit dieser kann man dann selbst den Zugang zu schätzebergendem Gemäuer auftun. Daß in einer solchen Landschaft auch der Vogelschutz eine lange Tradition hat, ist vielleicht nicht überraschend. In der Zeit, da der berühmte Gregorius Reisch, ein »hayliger Mann«, Prior des Kartäuserklosters auf dem St. Johannisberg am Taleingang des Dreisamtals war, erließen Bürgermeister und Rat der Stadt Freiburg 1508 einen Schutzbrief, wonach »auch die vögelin, so züe Inen Ihr gotshuws Iren flugk vnnd wonung haben, nie uffgefanngen werden sollen«.

Unterwegs im Dreisamtal findet der Naturbeobachter immer neue Interessenpunkte. Berthold Auerbach ging in seinen Ebneter Tagen mancher Naturfrage nach: »Ich ging feldein den Weg nach Eschbach. Die Felder sind im üppigsten Gedeihen, der Gerste steckt bereits der Bart aus der Hülse, der Hanf steht dicht und schuhhoch, die Wicke ist wie ein grünes Gewirre, und über all dem schwirrt die Lerche, und sie hat mich zuerst wieder aus mir heraus gebracht.« … »Ich habe wieder beobachtet – ich werde Naturforscher darüber befragen –, daß mit dem Blühen des Roggens die Wachtel sofort zu schlagen beginnt. Jetzt ist draußen alles stumm, nur das Wehr im Bache rauscht gewaltig.«

Unmerklich und mit verhaltenen Zwischentönen leitet die Natur vom Sommer zum Herbst über. Wenn dann im Spätjahr im ebenen Breisgau emsiges Herbsten

einsetzt, möchte man da nicht im Dreisamtal Weinberge und Reben, Trauben und Wein vermissen? Die Geschichte korrigiert den Eindruck. Noch im Jahr 1880 standen entlang des Sonnenhangs Ebnet–Wittental–Stegen–Eschbach–Unteribental und am Giersberg bei Kirchzarten auf 13 ha Dreisamtäler Vorzugslage Reben, einzelne Gewannamen erinnern noch an die schon damals geschätzte Kulturpflanze. Dem Dreisamtäler Weißwein und Rotwein wird Gutes nachgesagt, er soll

Herbst im Himmelreich – Farbzauber voll Schönheit und Pracht

dem Ebringer – ein begehrter Markgräfler Tropfen – nahegekommen sein. Die Weinrebe hat sich seitdem zurückgezogen, und der Rebstock, der als Hausrebe noch Platz findet am Pfarrhof von Eschbach oder am Hinteren Bauernhof im Steurental, der am Hofkreuz des Schwabenhofs gedeiht, gilt eher als verirrter Sonderling. Auch Äpfel und Birnen wachsen im Triebklima der wärmenden Hauswand an manchem Hof des Hochlands, bis schließlich das zu oberst gelegene Dreisamtal dem Obst wie dem Korn eine natürliche Höhengrenze setzt.

Farbenfroh erblüht der Mischwald der Dreisamtalhänge, wenn der Herbst Einzug hält. Kräftig lodern die Buchen, die Ahorn, die Birken, die Lärchen zwischen den immerdunklen Tannen hervor. »Noch nie in meinem Leben habe ich eine so schöne Herbstfärbung der Wälder auf den Bergen gesehen wie hier« gesteht sich Berthold Auerbach, und ein anderer Literat bekräftigt:

»Es liegt im Anblick eine unbeschreibliche, edle Schönheit. Die Natur hat wohl vieles, was ungemein lieblich-schön oder großartig-schön ist, aber eine edlere Schönheit kenne ich nicht, wie sie das hohe Gebirge im Spätherbst und in der Abendsonne zeigt.«

Wieder öffnen sich dem Wanderer zwischen Talgrund und Berghöhe neue Erlebnisse. Wildtiere bleiben in der erschlossenen, stets von Menschen durchzogenen Landschaft durchweg scheu zurückhaltend. Es kann dennoch

wald, eine »letzte« Gemse wurde einmal ums Jahr 1882 im Höllental erlegt, wo der Bock lange Zeit als Sehenswürdigkeit im Gasthaus Posthalde gezeigt wurde. In den Jahren 1935 bis 1939 erneuerte man den Bestand, ließ aus der Steiermark allmählich 21 Gemsen kommen und setzte sie am Fuße des Feldbergs in neue Freiheit. Rasch haben sie die alpinen Hochtäler des Dreisamtals, die Zastlerhänge, die Talflanken des St. Wilhelmer Tals wieder in Besitz genommen, inzwischen werden bereits

Die letzte warme Oktobersonne entzündet auf der Stollenbachweide (Zastlertal) die Feuerglut des Herbstlaubs

passieren, daß gleich drei Schritte neben dem Weg ein Igel ungestört schmatzend auf Futtersuche tappst oder daß ein Rudel Gemsen, vom Wettersturz und Wintereinbruch überrascht, in die oberen Talkerben herunterzieht und in Hofnähe die unverschneiten Wiesen abäst. Das Zusammentreffen mit Gamswild hat etwas Wunderliches, das den Eindruck des geheimnisvollen Gebirges erhöht. Gamswild gab es schon früher im Schwarz-

über 600 Tiere im Schwarzwald gezählt, und wer achtsam ist, findet auch mancherlei Spuren des Gamswildes. Den Murmeltieren, denen man auch den Schwarzwald zur zweiten Heimat machen wollte, war die Landschaft zu unruhig. Die übrige Tierwelt ist noch immer artenreich vielfältig. Das Haselhuhn soll vorkommen, und auch der Auerhahn gilt um das Dreisamtal als heimisch. Mit Schutzwäldern versucht man den

Lebensbedingungen des Auerwilds entgegenzukommen. Das Wissen um den Weiterbestand der seltenen Tierart hat bereits erregenden Reiz, die Forstleute, Jäger und Naturpfleger geraten jedoch vollends in Verwirrung, wenn irgendwann einmal ein Steinadler auf einem Reviersausflug von den Alpen her gesichtet wird. Wölfe, Bären, Luchse erwähnt die ältere Talgeschichte, Auerhahn, Reh, Wildschwein und Hirsch waren die jagdbaren Tiere, die der Klosterjäger des hinteren

Schwarzwald geprägt. Seitdem ihr Geschick aus allerlei Gründen und unerforschten Ursachen bedroht ist, seitdem die Angst vom Tannensterben umgeht, gilt noch mehr als vor 100 Jahren das Bekenntnis der »Sympathie, welche an die Wehmut beim Scheiden eines geliebten Freundes erinnert.« Aber schon 1842 fürchtete man nach alten Forstberichten ein allgemeines Absterben, ein tieffassendes Entwurzeln der Weißtanne aus ihrem heimischen Boden im Schwarzwald.

Im Napf (St. Wilhelmer Tal)
Gamswild »versteigt« sich bei extremer Wintersrückkehr (20. April) bis ins »zahme Feld«

Meierhofs dem Wilhelmitenkloster Oberried schuldete. Aber die Tierwelt besteht ja nicht nur aus dem Hochwild; vielerlei Kleintiere bilden ein unscheinbares, aber lehrreiches Beobachtungsobjekt. Marc Twain beschäftigte sich auf seiner Schwarzwaldwanderung von 1878 vorwiegend mit der Waldameise.

»Im Herbst gedeihen die Zeitlosen« schrieb der 71jährige Hans Thoma nieder. Der Wald steht über allen Veränderungen des Jahres, der Wald hat in dem sonst quirrligen Szenenwechsel seine eigene, ruhige Stimme. Schon Berthold Auerbach fielen im Dreisamtal die großen Weißtannen auf. Kein Baum hat wie sie den

Als zeitüberbrückende Erzähler verdienen jene Tannenriesen ehrfürchtige Beachtung, die uns im Dachgebälk der Schwarzwaldhöfe, in den Deckenbalken der alten Wirtsstuben, im Gebälk des Freiburger Münsters gegenüber treten.

Bei allem Naturlob vermerkt Berthold Auerbach allerdings mit beginnendem Winter 1871:
»Machte ich einen herrlichen Waldgang. Solche Waldfrische, solche Stämme Weißtannen hauchen mich belebend an; heimgekommen las ich die Briefe und die Gespräche Goethes mit Felix Mendelssohn, und ich muß sagen, das ist noch mehr als alle Waldfrische!«

68

Zieht dann der Winter ins Land, steht der Wald schwarz und kalt, bis die ersten Schneeflocken neuen Zauberstaub über das Land streuen. Mancher Schriftsteller gestand nur zwischen den Zeilen ein, »daß unter den Jahreszeiten seine heimliche Liebe der Winter sei«. Heinrich Hansjakob, der trutzige Schwarzwälder, fühlt sich mit zunehmendem Alter dem Winter immer mehr zugetan. Er feiert die Schneetage im Tal der Dreisam als »blühende Winterpracht«:

Vorwinterlicher Reif liegt über den Schattenwiesen des St. Wilhelmer Tals

»Abermals mein Lieblings-Winterwetter: Ich marschiere heiteren Sinnes durch den blühenden Winter und die kalte Luft rings um die Karthause«. … »Ich dachte an das Wort des Psalmisten: Preiset den Herrn, denn er gibt Schnee wie Wolle«. … »Die Tannen blühten wie Kirschbäume in der Maiensonne«. »Überall blüht der Winter!«
Heinrich Hansjakob ließ sich vom Zauber der Natur einfangen:
»Ich gehe in den Wald und lasse mich beschneien!«

Blumen im Himmelreich

Frühling ist die stärkste Jahreszeit im Dreisamtal. Anton Fendrich, weitgereist und dadurch erst recht heimisch geblieben, ist sich dessen sicher:
»Ich hab' ihn, den Frühling, er wohnt am Oberrhein!«

»Die Blumen sind schön, und wir wissen es nicht«, so erzählt Anton Fendrich das Märchen von den Blumen im Himmelreich. Der Mensch, ins Paradies gekommen, staunt über all' die Schönheit, die ihm der Engel bereitwillig zeigt. Gar nicht genugtun kann er sich vor Verwunderung über die Blumen, die im Himmel wachsen. Als er sich lange genug verwundert hatte, sagte der Engel zu dem Menschen: »Seid ihr da drunten doch seltsame Geschöpfe. Genau die gleichen Blumen wachsen bei Euch auf der Erde, aber dort habt ihr nicht die Augen, sie zu sehen!«

In wem stiege nicht Jubel auf, wenn er das ganze Dreisamtal sich entfalten sieht als ein himmlischer Blütenteppich von herrlichster Pracht? Sollte es die Vielfalt der Blumen sein, die das Tal zum »Himmelreich« macht?

Die schönste Blumenwiese fand ich bei Oberried am Eingang des Zastlertals. Deshalb liegt für mich dort »Himmelreich«.

Unser Ehemals und Jetzt

Von Hans Thoma stammt der nachdenkliche Satz: »Der Augenblick ist oft so schwer zu verstehen wie die Ewigkeit.«

Die Geschichte ist Rätsel wie der Augenblick und die Ewigkeit. Vieles aus dem Zeitlauf bleibt unverstanden, unerklärbar, geheimnisvoll.
»An Überresten aus unserer reichen Vorzeit besitzen wir wenig mehr! Es ist des Schlimmsten und Guten davon das meiste bereits abgetan, und vom übrigen geht täglich ein Stück dahin!«

»Meine Stunde ist auch Deine Stunde!« – Unvermittelt schrillt Wehschrei ins Wohlbehagen. Droben auf den Spirzen erschlug der Blitz einen Menschen, ein Holzkreuz bewahrte eine zeitlang die Erinnerung, bis es dann selbst in den Stürmen vermoderte. Überall finden sich Gedenksteine im Land, Erinnerungszeichen, Mahnsäulen, Hoffnungssymbole. Ein schlichtes Hofkreuz am Schupphof in Buchenbach beklagt die drei im letzten Weltkrieg gefallenen Söhne des Hofbauern. Den Grabplatz des im März 1945 abgeschossenen amerikanischen Fliegers auf dem Ebneter Friedhof hat die Zeit überdeckt. Leid erbaute die kleine Vogesenkapelle auf dem Kapfenberg, stilles Schaudern gedenkt auf dem Lindenberg der Priester, die in NS-Zeit ihr Leben lassen mußten. »Mein Anteil ist der Herr! – Du bist's, der mir mein Erbe gibt!« schrieb Ignaz Speckle, entthronter Abt des entrechteten Klosters St. Peter, auf das Grabkreuz des Mönchsfriedhofs – und auf das Titelblatt eines 700-Jahr-Kapitels Dreisamtäler Geschichte. Alfred Döblin gerät ins Dreisamtal, einst beachteter Schriftsteller (»Berlin, Alexanderplatz«), deutscher Jude, von einem fremden Deutschland verworfen, mit der neuen Zeit nie mehr ganz versöhnt; krank und leise suchte er heilsame Linderung im Talland, doch sein Schicksal brennt Brandwunden wie ein Feuerball, wo immer er leuchtet. Allenthalben haben die Jahrhunderte das Erdreich mit Tränen getränkt. Was ist Geschichte? Was Schicksal? Was macht das Geschichtliche eines Tales aus?

Karl von Rotteck, der Freiburger Historiker und liberale Volkspolitiker, weiß um die Bedeutung des Lokalen und des Persönlichen für die Betrachtung im Großen: »Nichts ist so gering und unbedeutend, daß es nicht für die Aufhellung der Vergangenheit der Heimat irgendwie von Bedeutung wäre. Das heimatliche Interesse, welches zunächst der Empfindung angehört, verleiht auch dem Unscheinbaren seinen Wert.«

Zum Heimatlichen zählt auch die heitere Seite, die Landschaft läßt das Leben lachen. Da frönt in Kirchzarten der Pfaff-Salesi von erhöhtem Sockel weiter seinem Witz, da hält in Oberried und Zarten ein Urnarr Brunnenwache, und dort in Buchenbach zieht sich das Trachtenpaar ob der aufdringlichen Blicke folkloregieriger Fremder zu einem verstohlenen Tête-à-tête unter den weitgeöffneten Schirm zurück.
Eberhard Gothein verknüpft sinnfällig die Großpolitik mit den tagtäglichen Ereignissen im Kleinen: »Nie hätte ich mir soviel Interessantes von der Geschichte von nur drei Dörfern versprochen, und es ist doch nur natürlich, daß die Mächte, die die Welt im Großen bestimmen, sich in ihrer kleinen Wirksamkeit erst recht beobachten lassen!«

Eine kontinuierliche Zeiterklärung, eine lückenlose Talgeschichte ist jedoch in den Eingrenzungen einer überschauenden Betrachtung nicht möglich.
»Historical sketch« ist die treffende Bezeichnung für diesen Rückblick in die Vergangenheit; es ist eine Darbietung kurzer, effektvoller Bühnenszenen, »freier Stehgreifstudien« – im Vortrag nicht ohne persönliche Note, nicht ohne Witz pointiert.

Das Dreisamtal macht Weltgeschichte

In seiner allgemeinen Geschichte »von Anfang der historischen Kenntnis bis auf unsere Zeiten«, herausgegeben 1834, vermerkt Karl von Rotteck ein Ereignis aus dem Dreisamtal und erhebt es damit ins Überregionale, in den Rang der Weltgeschichte.

Es ist der Zeitraum der fünf Tage vom 11. zum 15. Oktober 1796, der das Höllental zum »weltgeschicht-

Heerzug durch die Schluchtenge des Höllentals
Lithographie von F. Piton und Alf. Touchemolin, erschienen um 1860 bei
E. Simon in Straßburg

lichen Engpaß« macht. Kriegszeiten herrschten, Frankreichs Truppen durchzogen das Nachbarland. General Jean Victor Moreau hatte sich mit der Rhein-Mosel-Armee an der Spitze von 40 000 Soldaten weit ins bayerische Gebiet hinein vorgeschoben. Der Vormarsch geschah im Zusammenspiel mit der Sombre-Meuse-Armee unter Marschall Jean Baptiste Jourdan. Dann wurde Jourdan im September bei Amberg vom österreichischen Heer unter Erzherzog Karl geschlagen und mußte über Würzburg zurückweichen, der Abzug wurde zur überstürzten Flucht. Moreau stand noch am 18. September – plötzlich ohne Deckung und Sicherung – nahe der Isar und Donau in Bayern. Er entschloß sich zum Rückzug.

Kämpfend erzwang sich Moreau die Rückkehr Richtung Schwarzwald, der zwischen dem Operationsfeld in Bayern und dem französischen Mutterland lag. Der Durchzug durch den Schwarzwald barg Risiken; die Pariser Regierung beschwor Moreau bereits, notfalls auf Schweizer Gebiet überzutreten und die Armee nicht aufs Spiel zu setzen. Moreau vermied die bekannten Kriegsstraßen und entschloß sich zum Durchmarsch durchs Höllental; noch nie zuvor war eine ganze Armee durch diese Schlucht hindurchgeführt worden. Noch 1707 hatte sich Marschall Louis Victor Villars mit dem bezeichnenden Satz »Bin ich des Teufels, um die Hölle zu passieren?« entschieden geweigert. Nun aber schien das Unterfangen ungefährlicher, nachdem der Ausbau der Höllentalstraße 1770 für die Durchfahrt der österreichischen Kaisertocher Marie-Antoinette vollendet worden war. Moreau wagte das Kabinettstück, die Überraschung gelang. 40 000 Mann zogen unbehelligt in langer, dünner Marschkolonne durch das enge Tal zur rettenden Rheinebene hinunter.

Interessante Einzelheiten der Marschordnung sind überliefert. Von Hinterzarten an, wo sich das Gelände verengt, ging das Zentrum im Tal voran, während die beiden Flügel den Weg über die Höhe rechts und links nahmen, um jeden Angriff auf die unten in der Talenge marschierenden Truppen abzuwehren. Am Hohlen Graben kam es dabei zu einem Gefecht, das Ringen um diese Höhenfestung unterstreicht – zum letzten Mal unter den alten militärischen Bedingungen – die Bedeutung der Schwarzwaldlinien und Paßbewehrung, die seit dem 30jährigen Krieg über den Schwarzwaldkamm und die Höhen des Dreisamtals gezogen worden waren. Den Durchbruch der Franzosen konnten die Schwarzwaldlinien 1796 nicht verhindern. Das kleine österreichische Kontingent, das die »Hölle« bewachte, wurde von der französischen Heeresflut über Himmelreich »herausgespült«. Zwar gelang es den Koalitionstruppen danach, den Franzosen den Weg nach Kehl abzuschneiden, die französische Armee überquerte bei Breisach und Hüningen den Rhein und zog sich ins Mutterland zurück; der Feldzug von 1796 war beendet.

Mit diesem Resumee setzt zugleich die lokale Geschichte ein, die die Ereignisse aus der weltpolitischen

Wochenschau, aus der Verkürzung in lehrbuchartige Tabellen und Stichworte zurückführt in die Dimension einer Schicksalswoche für die Tallandschaft. Was die Weltbetrachtung als erfolgreichen Rückzug in Ordnung und Zucht schildert, bedeutet, daß die durchziehenden Truppen zerstörten, brandschatzten, mordeten und raubten. Abt Speckle hält die unsäglichen Trauernachrichten fest, der Freiburger Münsterpfarrer Bernhard Galura bestärkt sie:

»An diesem Tag zogen die Franzosen, die gern Wien gesehen hätten, aber nur bis nach Schwaben gekommen waren, auf der Flucht durch das Kirchzartner Tal und Freiburg dem Rheine zu. Wenn man das Heer genauer sich ansah, erinnerte man sich der Schweden: alle Häuser, alle Dörfer auf ihrem Weg lagen in Schutt und Asche, die Gärten lagen brach und die Reben verödet. Daß in ganz Schwaben kaum etwas ihren Händen entging, was man nur greifen konnte, lehrte ihr Anblick. Kaum einer war beutelos. Auf Pferden saßen sie mit den undenkbarsten Gewändern; einer hatte ein schwarzes Meßgewand, ein anderer eine halblange Albe und Stola an.«

Bei Weilersbach kam es zu einem Gefecht, als einzelne französische Truppenteile von Alpersbach her über die Höllentalflanke, vom Hinterwaldkopf herab und durch das Zastlertal anrückten.

»In Freiburg sehen wir Feuerschein und hören wir Kanonendonner bei Oberried«.

Als ein Oberrieder Bürger, der Müller Mathias Dufner, innerhalb der Klostermauern einen französischen Offizier und Chirurgen erschlug, stand das Kloster in Gefahr, angezündet zu werden. In Hinterzarten hatten die Truppen die Kirche ausgeraubt, sie hatten das sickingische Schloß Erlenbruck geplündert, in Steig mehrere Häuser angezündet, die Oswaldkapelle geschändet und gefleddert. In Kirchzarten wurde das Talschloß erbrochen und bestohlen, der Talvogt mußte fast unbekleidet flüchten. Selbst die kleine St. Annakapelle bei Ebnet blieb nicht unverschont. Lokale Beobachter schildern den Zustand des Heeres mit rechtem Staunen: »Der größte Teil hatte keine Schuhe; bedeckt waren sie mit Bettüchern oder Teppichen, einige trugen Bauernkittel, andere Mäntel von allerlei Farben, man sah einige in Weiberkleider, einige in Chorröcke, auch in Meßgewänder gekleidet. Das ganze glich einer Maskerade.«

In den Talchroniken ist 1796 als Schreckensjahr verzeichnet. In der Kriegsliteratur wurde der Zug als heldenrühmliche Tat geehrt, alle Welt sprach plötzlich vom grauenerregenden, gefahrvollen Weg durchs Höllental. Nur der kommandierende Offizier des Marschblocks,

der das Höllental durchstieß, St. Cyr, erklärte später, wohl auch aus einer tiefsitzenden Rivalität gegenüber dem gefeierten General Moreau: »Die Passage durch das Höllental flößte einen Schrecken ein, den sie gar nicht verdiente.«

Mit dem militärisch beachteten Durchzug durchs Dreisamtal hat Moreau zugleich ein neues Kapitel der Verkehrsgeschichte des Tals begonnen. Neue Truppendurchmärsche folgten, die »Hölle« hatte ihre Schrecken verloren; schon 1813 im Koalitionsfeldzug gegen Napoleon rückten größere Kontingente russischer Einheiten durchs Höllental vor, Freiburg war damals für kurze Zeit Hauptplatz und Versammlungsort der Oberrheinoffensive.

Einen ähnlich sensationellen »Aufmacher« hat das Höllental nur noch einmal erlebt, an jenem 4. Mai 1770, als die erst 14jährige Tochter der Kaiserin Maria-Theresia, Maria-Antonie, auf ihrem Weg von Wien zu ihrer Hochzeit in Paris durchs Dreisamtal reiste. Daß dieser Besuch der österreichischen Prinzessin zu den Glanztagen der landschaftlichen Memoiren zählt, entschädigt vielleicht dafür, daß dieser Reiseetappe keine weitere geschichtliche Bedeutung zukommt. Der Convoi mit seinen 21 sechsspännigen Galawagen, 36 weiteren Kutschen mit 257 Begleitern und 450 Pferden – wie die Chronik berichtet – wurde schon im Tal zwischen Hinterzarten und Freiburg von den Abordnungen der 24 Gemeinden und den Trachtenmädchen in Schäppeltracht begrüßt. Man ließ sich den Empfang etwas kosten; »es gehen unglaubliche Kosten drauf.« Mit der Pracht handelte sich die Regierung in Freiburg immerhin »das höchste Mißfallen Maria Theresias an solcher unwirtschaftlichen Gebarung« ein. Der Einzug durch Triumpfbögen, Theateraufführungen, Ballettspiele, Empfänge und eine Illumination des Münsterturms mit mehr als 600 Fackeln sollten den festlichen Rahmen heben. Abt Michael Fritz von St. Märgen lobt die Schönheit der Illumination: »Man kann sich nichts Schöneres einbilden als dißes gewesen.« Ein Dreisamtäler, Franz Xaver Gaes, Sohn des Bruggatals, wird als »Erfinder« dieser geheimnisvollen chemischen Feuer gefeiert.

Schon im voraus hatte der landesfürstliche Besuch für Aufregung im Breisgau gesorgt. Das Dreisamtalkloster St. Märgen sollte mit der Überlassung von Betten die Quartierfrage lösen helfen: »Da Kloster nur 3 Better mit Matrazen hat, stellt sie Abt zur Verfügung« heißt es. »Heint habe 6 Better nacher Freyburg geschiket: 3 mit aller Zubehörde sambt denen Bettladen und Strohsäken und 3 andere ohne Bettladen, jedoch mit Madrazen. Es ist ein ganzer Wagen voll gewesen. Seynd bestimbt für die Ankunft der Dauphine. Gott gebe, ob und wie wir selbe wiederum bekomen.«

Als der Prunkzug eintrifft, ist Abt Fritz eher enttäuscht:
»Es waren nicht sonderliche viel Guttschen, aber sonst andere Wägen eine Menge, also daß auf jeder Poststation 300 Pferdt vonnöthen waren, dahero auch hießige Gemeind 8 Pferdt auf der Steig parat halten müßen.«

Das Dreisamtal hat bei dieser Kurzszene aus der weltbejubelten Fürstenhochzeit von 1770 sicherlich in höchster Verzückung gestanden. In Zarten widmete man dem Andenken der Begegnung mit der Kaisertochter unmittelbar am Reiseweg ein Wegkreuz, ein überdachtes Holzkreuz mit Arma Christi, wie die verdienstvolle Kleinarbeit der Flurkreuzforschung herausgefunden hat. Ein Stimmungsbild am Rande bleibt von kulturhistorischem Interesse:
»Der Herr Baron von Beroldingen, um die Unkösten dißer Feyerlichkeith zu ersparen, ist von Freyburg nacher Umkirch geraißet und allda geblieben, biß der Rumpel fürüber ware.«

Der Ruf des Kriegsruhms, der Glanz des Welttheaters hat sich auch im Dreisamtal längst abgeschliffen, die Lage normalisiert.

Rätsel Tarodunum
Frühgeschichte des Dreisamtals

Heimatkundlichen Geschichtszeugnissen nachzugehen ist auch dort von Wert, wo sich keine weltpolitische Dimension auftut. Man darf auf guten Widerhall zählen. »Auch die historische Kleinarbeit hat ihre Berechtigung und erfordert die Mitarbeit vieler Interessierter« – dieser Appell Josef Baders steht ohne Widerspruch.

Die Frühgeschichte des Dreisamtals beginnt ohne besondere Auffälligkeit – und sie verbliebe ganz und gar unscheinbar, gäbe es nicht das Rätsel Tarodunum, dessen bisherige Unlösbarkeit wie ein Dorn im Auge die Akribie der Dreisamtalforscher herausfordert.

Die vor den Tagen Tarodunums verflossenen Epochen, die Bronzezeit oder gar die Steinzeit, haben im Tal ihre vereinzelten Nachweise hinterlegt, die Spurensicherung ergibt nicht mehr und nicht weniger als in den meisten Tälern, Orten und Landschaften der Umgebung. Steinzeitliche Nachweise in Neuhäuser, in Burg, am Rainhof, in Hinterzarten beweisen nach Ansicht der Kenner wie Robert Lais (»Die Steinzeit im Schwarzwald«) bisher eher die Zufälligkeit der Funde denn gesicherte Erkenntnisse über Besiedlung, Kultur, Brauch-

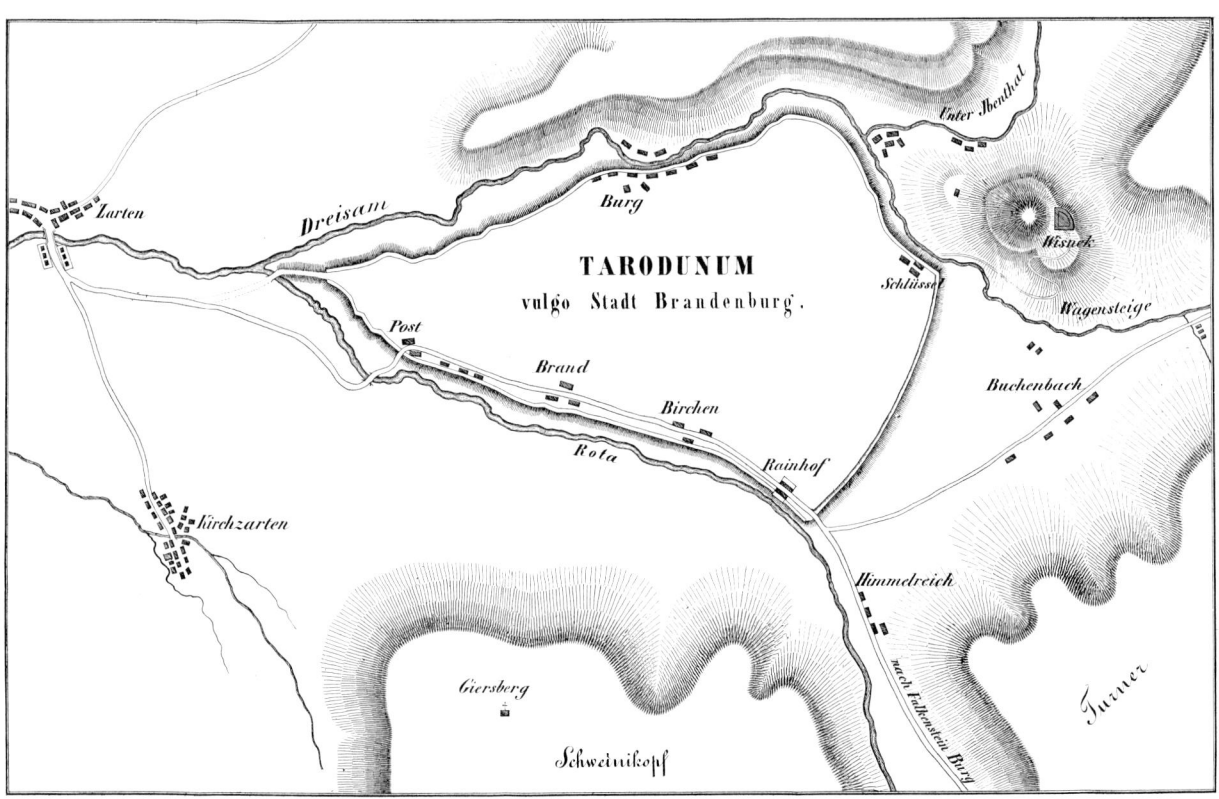

Einer der frühesten Pläne der keltischen Befestigungsanlage (»oppidum«) Tarodunum
Aus Heinrich Schreibers »Geschichte der Stadt Freiburg« von 1857

tum und Religiösität, Lebensgewohnheiten der ersten Dreisamtalmenschen. Mit dem Ende der Eiszeit mag es gewisse Umschichtungen gegeben haben, die Funde werden umfassender und reichen von der Sohle des Dreisamtals über die Gebirgsausläufer zu den höchsten Kämmen. Ein umschweifendes Jägerleben, selbst eine erste Begehung der Paßübergänge wird denkbar, ohne daß Anhaltspunkte für genauere Angaben bestünden. Fundstellen auf der grobkiesigen Niederterrasse unmittelbar am Rande des Hochgestades von Tarodunum lehren, daß der Messolithiker Fischfang betrieb und hier wohl auch das Wild bei der Tränke erlegte. Die Gunst dieser Landschaftspunkte im Talbecken ist offensichtlich.

Mit der jüngeren Eisenzeit (La-Tène-Zeit) drängt sich das Dreisamtal in den Vordergrund der Beachtung. Kelten besiedelten das Tal wie ganz Mitteleuropa, die Fragen nach dem »woher« bleiben im Dunkeln, wie die Neubeschäftigung der letzten Jahre mit der keltischen Vergangenheit Europas nochmals deutlich gezeigt hat. Neue Funde und ihre Auswertung zeichnen jedoch nach und nach ein immer eingehenderes Bild dieses hochkultivierten Urvolkes. »Die Kelten am Hoch- und Oberrhein« wird für die Landschaft zum ergiebigen Thema.

Das Dreisamtal kennt eine überraschende Fülle keltischer Orts-, Fluß- und Gewannamen, die von der wissenschaftlichen Forschung in dieser Vielzahl erst vor 10 Jahren zusammengetragen wurden. Diese Beobachtung spricht für eine starke keltische Urbesiedlung des Raums und weist auf besondere Umstände, die diese Namenskontinuität ermöglichen.

Aufhorchen läßt das berühmte geographische Werk des Mathematikers, Astronomen und Geographen Klaudios Ptolomaios, der – bei nicht genau bekannten Lebensdaten – der 2. Hälfte des 2. Jahrhunderts nach Christus zugerechnet wird. In seinen Ortsnamenslisten keltischer Großsiedlungen des damals römischen Dekumatenlands nennt er eine Stadtanlage oder Befestigung – oppidum – »Tarodunum«; wurde somit für die Zeit der Bestandsaufnahme des Ptolomaios, die auf die Jahre 73/74 n. Chr. zurückzudatieren ist, eine erwähnenswerte, eine nicht zu übergehende keltische Anlage »Tarodunum« aufgeführt, so ist unter diesem Namen sicherlich mehr zu suchen als der Zufallsfund einer Zufallshinterlassenschaft. Ptolomaios selbst gibt für dieses »Troja des Dreisamtals« Anhaltspunkte und Fährten, die jüngst von Rolf Nierhaus, seit Jahren um das Rätsel Tarodunum bemüht, neu ausgelotet wurden. Die von Ptolomaios angegebenen Merkmale und die listenmäßige

Reihung der Keltenplätze lassen danach eine Art Koordinatenbestimmung zu, die die Schatzsucher eindeutig ins Dreisamtal führt. Diese urkundliche Bezeugung einer Dreisamtäler Keltenstadt, eingereiht in die Namensliste wichtiger Keltenplätze, ist als älteste Talerwähnung für die Landeskunde gewiß spektakulär, als früheste Lokalnachricht für sich eine kleine Sensation. Aber wie beim »Mordfall ohne Leiche« steht die kriminalistische Spurensuche noch vor allerlei Ungeklärtem.

Immerhin gibt es ein »zweites Standbein« in der Suche nach Tarodunum. Aufsehen erregte 1815 die vom bekannten Naturwissenschaftler Professor Lorenz Oken erstmals dargestellte Namenskontinuität, die nach den Gesetzen der Sprachentwicklung von »Tarodunum« nach »Zarten« führt; diese »historische« Entdeckung blieb seitdem in allen sprachwissenschaftlichen Nachprüfungen erhärtet.

Dieses Vorwissen rechtfertigt den Schluß, die Keltenstadt des Dreisamtals in der großen Landzunge der diluvialen Terrasse zu identifizieren, die zwischen Zarten, Kirchzarten und Himmelreich, Stegen und Buchenbach von den eingegrabenen, tiefliegenden Bachläufen des Rotbachs und Wagensteigbachs umschlossen wird. Die Dreisambäche umfangen die nunmehr entschleierte Keltenanlage in einer natürlichen Geländestufe der eingegrabenen Flußrinnen bis auf die schmale Landbrücke nahe Himmelreich zwischen Rainhof und »Schlüssel«.

Nach dieser eingehenden Lokalisierung sollte man sich rasche Fundarbeit versprechen. Gerade Umgekehrtes ist der Fall, die Terrainbeobachtungen lassen Aufsehenerregendes noch immer vermissen, oder besser gesagt, die Unergiebigkeit der Fundlage ist das eigentlich Aufsehenerregende. So steht Tarodunum im Zwielicht seines großen Rufs und seines kleinbefundenen Vermächtnisses, die Keltenburg gilt »als die merkwürdigste und rätselvollste Hinterlassenschaft der La-Tène-Zeit in unserer Gegend«.

Gewiß tragen einige wenige Fundspuren die Schlußfolgerungen noch ein Stück weiter. Die natürliche Böschungshöhe der Flußufer, die bis zu 15 m ausmacht, war danach zur Keltenzeit künstlich überhöht und mit einer Randbefestigung verstärkt. Letztere bestand aus einer Frontmauer aus großen, unbehauenen Geröllen, wie sie immerhin noch zwischen Wiederlehof und der Wirtschaft »zur Birke« festzustellen sind; auf der Innenseite befand sich eine breite, rampenartige Hinterschüttung. War auf den Längsseiten der spitzen Dreiecksterrasse somit die natürliche Gestalt eine gute Vorgabe für die Befestigung, so bedurfte die kurze Ostseite, wo eine Geländestufe der Bachläufe fehlte, einer künstlichen Sicherung. Hier war die Terrasse durch einen etwa 700 m langen Wall und Graben gegenüber dem rückwärtigen Gelände abgegrenzt. Der Name Heidengraben deutet schon im Volksmund das lange Voralter und verweist auf vorchristliche, keltische Zeit. Die künstlichen Schutzbauten sind allerdings längst eingeebnet und allenfalls mit größter Vorstellungskraft und unbestimmtem Ergebnis erkennbar. Die Systemgrabungen von 1901 unter E. Fabricius konzentrierten sich auf die

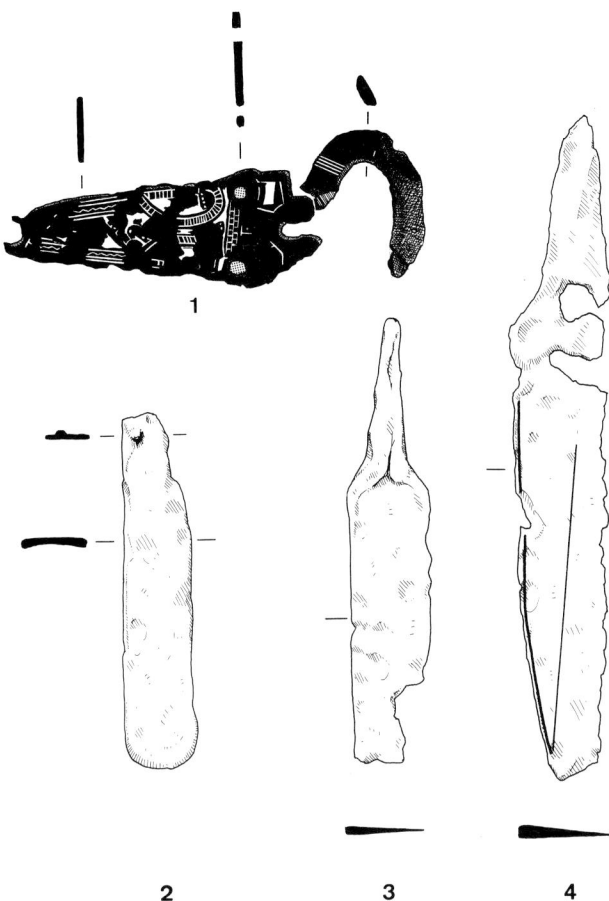

Tarodunum – Merowingerzeitliche Funde, die die Niederlassung alemannisch-fränkischer Siedler bei Zarten im 7. Jh. bezeugen:
1. Silbermessingtauschierte Eisenschnalle – 2. Eiserne Riemenzunge
– 3. – 4. Eisenmesser
Aus G. Fingerlin, Archäologische Nachrichten aus Baden 1982, Heft 29

Knickstelle in der Mitte des Heidengrabens, wo ein Straßenzug und ein Burgtor vermutet wurden. Es gelang, in der Mitte der Ostseite das Haupttor nachzuweisen. Andere, früher vermutete Zugänge wie eine von Heinrich Schreiber 1857 in seinem Grundrißplan noch eingetragene Aufstiegsrampe in der Nähe der Festungsspitze ließen sich nicht bestätigen. Puzzleartig setzen

sich die bisherigen Teilaspekte zu einer noch ergänzungsbedürftigen Gesamtschau zusammen. Erstaunlich ist die Riesengröße der Anlage, wenn man sie neben mittelalterliche Stadt- und Siedlungskerne stellt; die befestigte Fläche beträgt immerhin bemerkenswerte 190 ha, die Umgangslinie umfaßt etwa 6 km. Allerdings ist das Größenmaß für ein keltisches oppidum nicht unüblich; Tarodunum war allem Anschein nach sogar eine der kleineren keltischen Stadt- und Burganlagen.

Caesar hat in seinen Kriegsberichten aus Gallien mehrfache Schilderungen keltischer Fliehburgen und Stadtsiedlungen hinterlassen, die in ihrer Konstruktionsart mit »murus gallicus« (der keltischen Bauweise der Holz- und Erdwälle), der Form der Torbefestigung, der Größe des Innenraums mit dem hier zusammengetragenen Tarodunumbild übereinstimmen. Die Sitte, solche befestigten oppida anzulegen, verbreitete sich seit dem 2. Jahrhundert v. Chr. im Zusammenhang mit der politischen Lage. Es war eine Zeit des Umbruchs, da sich mit zunehmendem Druck germanischer Stämme aus Norden gleichzeitig ein römischer Expansionswille von Süden her aufbaute; Mitteleuropa wurde zum »internationalen Spannungsfeld«. Die oppida hatten daher mehrfache Funktionen; sie waren stadtartige Stammsiedlung, Mittelpunkt des Stammgebiets mit den Aufgaben der Verwaltung, Rechtsprechung, Religion, Handwerk, Gewerbe, Zoll- und Münzwesen, waren Wohnplatz des Adels und Versammlungsstelle für das Heer, und sie dienten wohl auch als Rückzugsbefestigung, als Zufluchtsraum einer ortsvertrauten Umlandbevölkerung. Wäre Tarodunum Stammeszentrum eines keltischen Volksstamms, etwa eines Teilstamms der Helvetier, gewesen, so sollte sich aus dem Lebenslauf eines solchen Gemeinwesens doch mancher Fundhinweis ergeben; Fundmaterial einer städtischen Zivilisation mit Gewerbe und Handel, Töpferei, Schmuckfertigung und Eisenverhüttung ist nicht, jedenfalls bisher nicht nachzuweisen.

Hat sich bei der Spurensicherung Tarodunums bislang vielleicht nur »Kommissar Zufall« zurückgehalten? Oder blieb der ganz große Grabungserfolg durch Unsystematik und unzureichende Flächengrabung versagt? Oder liegt es an Tarodunum, daß aus heutiger Perspektive keine besseren Erkenntnisse zu gewinnen sind? Stehen wir vielleicht vor einer Bauruine, einem nicht vollendetem Rohbau, einer nur geplanten und angefangenen Stadtsiedlung, die nie bezogen war, oder gar nur vor einer Rückzugsburg, vor einem unbenutzten Katastrophenschutzraum, über den die Katastrophe ohne geschichtliche Spuren und verbleibenden Nachweis hereinbrach? Aber hätte nicht schon allein der Bau der Fliehburg Fundspuren, Verlustgut der Bauzeit, Rückstände der Baukolonne hinterlassen müssen? Für jede Erklärung ist das bisherige Fundergebnis zu vage. Hat vielleicht die Erwähnung bei Ptolomaios als Gegenspiel zu den wenigen, örtlich gesicherten Erkenntnissen, die vom archäologischen Fachkundler Franz Fischer in den Badischen Fundberichten 1962 ausführlich beschrieben sind, doch zuviele Hoffnungen geweckt?

Die keltische Kultur entwindet sich mit der Überschüttung des keltischen Gebiets durch die römischen Zivilisationsgüter allgemein der weiteren Beobachtung. Die Tracht, der Kleiderschmuck, die Mode verschwinden, die keltische Sprache verliert sich, religiöse Gebräuche werden neu orientiert. Letzte, aufgespürte Keltensiedlungen wechseln unversehens vom freien Land in verteidigungsfähige Rückzugsbastionen, von Breisach-Hochstetten auf den Münsterberg, von Basel-Hüningen auf die Münsterpfalz. Könnte nicht doch diese keltische Schlußphase die Einrichtung einer rheintalnahen, im höhlenartigen Dreisamversteck geborgenen Fluchtburg erklären?

Wer sich bei diesem Streitstand vor Ort begibt, empfindet beim Gang über das Hochgestade oberhalb des Wagensteigbachs, am Prallhang des Rotbachs, beim Umschweifen in den Wiesenniederungen am Markenhof, beim Umblick unterhalb des Wiederlehofs, Rainhofs, Birkenhofs, beim Aufenthalt an der Dreisamquelle sehr rasch die Lagegunst der Keltensiedlung. Aber dann gibt es Spuren und Andeutungen, die die neugierige Wißbegierde bestärken; da erzählt ein Hofbesitzer, wie er bereits beim Versuch, einen Pfahl in sein Ackerfeld einzuschlagen, auf Stein- und Maueruntergrund stößt; da bestätigt ein Anrainer, daß die unterschiedliche Austrocknung der Matten am Heidengraben auf bodentiefe Veränderungen schließen lasse; da berichtet ein Angesprochener von Fundstücken, die in den ersten Nachkriegsjahren bei der Handausschachtung eines Hausfundaments gemacht werden konnten; da flüstert ein Hofbesitzer von selbstaufgelesenen Steinen, die so merkwürdig aussahen und vieldeutig schimmerten, daß er sie erst einmal in eigene Obhut nahm; wieviele echte oder nur vermeintliche Nachlaßstücke Tarodunums mögen so da und dort als häuslicher Vitrinenbesitz behütet werden – Splitter des großen Rätsels?

Hier im Gelände fühlt sich der Tarodunumsucher am wenigsten davon betroffen, daß der Paukenschlag des Ptolomaios ohne großen Nachhall verklungen ist; solange sich der Hobbyfreund das fantasievolle Ausmalen der keltischen Vorzeit erhalten kann, solange die Be-

schäftigung nicht eingeschienten Denksträngen folgen muß, solange das Puzzle noch nicht das unwandelbare Endbild fixiert, ist das Zusammentreffen mit der fremden Welt reizvoller als die Besichtigung eines vorpräparierten Archäologiemuseums; solange Fragen offenstehen, bleibt dem umherstreifenden »Wünschelrutengänger« im historischen Terrain der Reiz der gestellten und noch nicht gelösten Aufgabe. Das Suchbild hat andererseits klare Konturen: Gesucht ist die älteste und großflächigste, mauerumgebene Stadt bzw. Burganlage des Dreisamtals, die den Namen Tarodunum trägt.

Der Mythos einer strahlenden Keltenstadt Tarodunum hat möglicherweise manchen Forschungszweig mehr beflügelt als die nüchtern-systematische Frühzeitarchäologie; da zählt Josef Bader die vielen Dreisamtäler Burgen auf und weist ihnen die Bedeutung keltisch-römischer Wachposten, die Aufgabe eines Schutzrings um die Talstadt Tarodunum zu; da berichtet die naturforschende Gesellschaft 1952 von gewißlichen Beteuerungen eines Rechtshistorikers, der die Kanäle der Wässerungseinrichtungen im Zartener Becken auf keltische Zeit zurückführt – ohne sich mit Beweisen bewehren zu können; da sponnen sich zeitweise vage Vermutungen um einen keltischen Bergbau im Dreisamtal, da wurden die Straßenverbindungen dreisamtalaufwärts als Keltenaufstieg und Römerstraßen ausgegeben; solcherlei Mutmaßungen sind nicht widerlegt, aber auch durch Funde nicht bestätigt.

Daneben ergibt sich ein anderes, ebenso erstaunliches Resumee: liegt seit dem 1. nachchristlichen Jahrhundert mitten im Dreisamtal ein, wenn auch verschleierter, keltischer Großnachlaß, so scheint die Landschaft doch erst jetzt animiert zu sein, dieser voralemannischen Lebenswurzel tiefere Bedeutung beizumessen. Vielleicht hat das selbstsichere alemannische Bewußtsein den Faden zur keltischen Vorzeit doch allzu rasch durchschnitten. Im Dreisamtal gab es hierzu die Meinung, daß die alemannische Landnahme die keltische Vorbevölkerung in die oberen Talwinkel und Bergnischen verdrängte, der Talgrund aber von dem hochstämmigen, blonden Alemannenvolk in Besitz genommen wurde. Mancher wollte sogar die Wiesnecker und Kirchzartener am alemannischen Gepräge von den dunkelfarbeneren Wälderleuten aus Ibental, aus der Wagensteige, aus dem Höllental und Zastlertal unterscheiden. Die Forschungsergebnisse »zur Geschichte der Alemannen« besagen, daß von einer grundsätzlichen Verdrängung und Separierung der früheren Urbevölkerung durch die Alemannen nicht mehr ausgegangen werden kann; so hat es Roderich Straub als Fachmann in komplexen anthropo-

76

logischen Vermessungen der Skelettfunde und Schädelgrößen herausgefunden. Lokale Forschungsreihen im Dreisamtal fehlen allerdings; andererseits ergibt die Statistik 1840–1864 über die Körpergröße der Wehrpflichtigen, daß die kleinsten Rekruten weit und breit, keineswegs »germanische Hünen«, in Zarten beheimatet waren; zu 41% maßen die jungen Männer unter 1,57 m Größe. Bliebe nicht auch die Frage nach den keltischen Traditionen und Lebenswurzeln im Tal neu zu überdenken?

Der römische Zeitlauf des Landes zeigt sich da eher im Charakter eines Zwischenspiels, wenn auch für die respektable Spanne von über 250 Jahren. Für das Dreisamtal verläuft die Römerzeit ohne herausragende Großereignisse. Wenn Heinrich Hansjakob 1885 seine Dreisamtalwanderung mit der Bemerkung einleitet: »Soviel ist gewiß, daß die Römer unter den heutigen Tannen keine Luftkuren gemacht haben, und sehr wahrscheinlich unter den alten auch nicht«, ist dies kein Streitsatz gegen die Luftkuren im Dreisamtal. Tarodunum gerät nur nebenbei ins Blickfeld, sofern landeskundliche Beschreibungen hin und wieder vom »römischen Tarodunum« sprechen. Es läßt sich jedoch kein Bezug zu einer Großanlage in römischer Zeit finden; die weite Innenfläche wurde offensichtlich als normales Land bebaut. Inmitten des alten Plateaus nahe der Westspitze wurden Steine römischer Gebäude, Reste eines römischen Landhauses gefunden. Ebenso zeigte sich ein Straßenstück wohl römischer Abkunft. Funde eines römischen Mosaiks, die 1819 auf dem Freiburger Schloßberg »auf der jetzigen Ludwigshöhe gegen das Kirchzarter Tal hinauf« gemacht wurden, bestätigen immerhin Zeugnisse für ein gehobenes, römisches Kulturleben unmittelbar an der Schwelle des Tales. Die Funde von Tarodunum bleiben im bäuerlichen Lebensrahmen. Deutungen von Josef Bader, der in den Fundamenten der Klosterkirchen St. Peter und St. Märgen und im Kirchzarter Kirchturm römische Mauerreste vermutet, sind Wunschdenken. Auch die heute erhaltenen Spuren der Dreisamtalburgen gelten nicht römischen Ursprungs. Andererseits ist die Suche nach einer römischen Straßenverbindung durchs Dreisamtal von Breisach (Brisiacum) nach Hüfingen (Brigobanne) noch nicht aufgegeben, die Frage nicht vom Tisch. Gerade im Hinblick auf ergiebige Fortschritte der Römerzeitforschung im Umfeld hält es der Freiburger Denkmalpfleger Gerhard Fingerlin für angebracht, »die Frage weiter zu stellen«.

So ist die Römerzeit keine besondere Zeit für die Dreisamtäler Geschichte. Und doch knüpft der Geschichtsfaden der oberrheinischen Landschaft mit merkwürdiger Reißfestigkeit über Jahrtausende immer wieder an der römischen Ordnung an. Als Dekumatenland erhielt das rechtsrheinische Uferland im römischen Staat erstmals die absonderliche Stellung von »Vorlanden«, vorgeschobenen Außenposten, »exkommunizierten Randsphären«, die wie »moderne Knautschzonen« äußeren Prellstößen besonders ausgesetzt blieben, während sie gleichzeitig mit der »inneren Entfernung« fertig werden mußten. Dieser besondere römische Nachlaß fand bis in die jüngere Geschichte immer wieder seine Testamentsvollstrecker.

Umwälzungen im Zeichen der Zähringer Klostergründungen in St. Peter und St. Märgen – Die Blütezeit der Burg Falkenstein

Wenn um das Jahr 1000 der Filmschnitt der Zähringergeschichte beginnt, liegt die keltisch-alemannisch-fränkische Vorzeit weit zurück, besteht die gefestigte Lebensordnung des mittelalterlichen Reichs. Im Dreisamtal steht das Kloster St. Gallen schon über zwei Jahrhunderte in Besitz und großem Ansehen, die lange Verwaltungsperiode macht das Kloster zum ersten Talpfleger, zum Schöpfer der kirchlichen Neuordnung und Begründer der Großpfarrei Kirchzarten. Vögte betreiben die Klosterrechte St. Gallens oder Einsiedelns, Meier- und Dinghöfe bewirtschaften das Klostergut. Daneben bestehen vielzählige, kleine Territorialeinheiten des Ortsadels, der das Land beherrscht. Landsitze und Bauerngüter sorgen für die materielle Basis der Talbewohner und der berechtigten Herren im weiten Umfeld. Die Talordnung hat etwas »Provinzielles«, das Tal steht nicht unter einer einheitlichen Herrschaftshand, liegt nicht im Nahbereich eines großen Machtzentrums, ist eher vielfach geteilte Peripherie. Noch um die Jahrtausendwende werden Regalien wie das Bergrecht im Schwarzwald, der Wildbann am Dreisamunterlauf über beträchtliche Distanz an den Bischof von Basel vergeben.

Die Abseitslage ändert sich mit der Umsiedlung der Zähringer in den Breisgau. Sofort nach ihrer »Einwanderung« nehmen die Zähringer direkten Einfluß auf das Dreisamtal, und sie lassen es 1218 in völlig veränderten Verhältnissen und neuen Interessensphären zurück. Die Zähringer Zäsur bildet eine Zeitwende für das Dreisamtal.

Die Zähringer zählten um das Jahr 1000 zu den bedeutendsten Adelsfamilien; schon die Vorfahren hatten das Amt der Breisgaugrafen inne und standen zur Herzogserhebung an; Kaiser Heinrich III. verlieh den Zähringern die Anwartschaft auf das Herzogtum Schwaben – ohne Wort zu halten; 1061 wurde ein Zähringer indessen zum Herzog in Kärnten bestellt – ohne das Amt auszuüben. 1092 wählte die Adelspartei den Zähringer Berthold II. zum »Gegenherzog« in Schwaben – ohne daß er sich durchsetzen konnte. Dennoch erreichte das Geschlecht zweifellos mehr als einen »leeren Herzogtitel«. Die Zähringer hatten bei ihrer Übersiedlung aus ihrer Altbesitzung bei Weilheim unter Teck Großes mit der Landschaft vor. Die Erbschaft der rheinfeldischen Güter, die der von Berthold unterstützte Gegenkönig Rudolf von Rheinfelden den Zähringern hinterließ, gab diesem am Oberrhein zusätzlichen Besitz und damit neue Möglichkeiten. Der Entschluß zu einem Herrschaftsausbau, zu einer neuen Stammes- und Territorialpolitik, das ist das »Handgepäck«, mit welchem die Zähringer ihr Interessenzentrum in den Breisgau verlagern. Dies kommt ihren Ämtern in Burgund, in der Schweiz entgegen. Ihr Ziel bleibt, im Schwarzwald stärker Fuß zu fassen und den Oberrhein über den Schwarzwald hinweg mit der Baar zu verbinden, ein einheitlich-zähringisches Territorium aufzubauen.

Die Frage nach dem Reichtum der Zähringer wird oftmals volkstümlich beantwortet: nach der Überlieferung sollen die Zähringer als Köhler, als Nutzer der Wälder, als Ausbeuter der Silberschätze des Breisgaus reich geworden sein:

»Nun hat es sich in dieser Zeit begeben, daß ein solcher Köhler an einem gewissen Ort im Walde Holz geschlagen, den Haufen mit dortigem Grund und Boden bedeckt und solchen ausgebrannt hat. Als er nun die Kohlen wegräumte, fand er am Boden eine schwere geschmolzene Masse, und so er sie genau besichtiget, ist es gutes Silber gewesen. Also hat er fürder immerdar an demselben Orte Kohlen gebrannt, wieder mit derselben Erde bedeckt und abermal Silber gefunden; solches hat er auch bei sich behalten und einen großen Schatz Silber zusammengebracht.«

Als aber der Kaiser in Spannungen geriet ob seiner Herrschaft, »fügte sich der Köhler mit ettlichen Burden Silber zu dem Kaiser und begehrte an ihn, daß er ihm die Tochter gebe und dazu die Gegend umher; so wolle er ihm einen solchen Schatz von Silber überliefern, daß er damit sein Reich wieder gewinne.«

In nüchterner Betrachtung kennzeichnet die Zähringerzeit ein Machtaufbau in einer neuen, wegweisenden, modernen Politik der Entwicklung. Dazu zählt eine Burgenausrüstung des Landes, dazu zählen Städte- und Marktgründungen, dazu zählen Landgewinn und Neuordnung, dazu zählen Klosterneueröffnungen und ihr Einsatz in der Kolonisation, dazu zählt eine aufgeschlossene Verkehrspolitik mit Straßenbauten und Straßenbewehrungen. Der Ausbau der Burg und Herrschaft Falkenstein, die Einrichtung des Klosters St. Peter, die Stadtgründung von Freiburg, die Pflege der verkehrlichen Schwarzwaldklammer vom Dreisamtal zur Zähringer-Baar sind Dreisamtäler Akzente im großräumigen Konzept des Zähringer Staatsaufbaus. Wie auf dem Schachbrett scheint sich die Ausbaupolitik sinnfällig abzuspielen, bekommt jeder Zug seine taktische Aufgabe, hat jede Figur ihren Wert. In konsequenten Entwicklungsschritten erfährt die Aufbaupolitik der Zähringer einen dynamischen, fast militanten Start im Breisgau – und das Dreisamtal liegt mitten im »Bebenzentrum« eines neuen Unruheherds.

Eine geschichtswendende Begebenheit für das Tal berührt die nördliche Höhengalerie; dort auf den Vorhöhen des Bergkranzes ums Dreisamtal gründet Berthold II. von Zähringen 1093 das zähringische Hauskloster St. Peter und unterstreicht damit die Unumstößlichkeit der Herrschaftsverlagerung in den Breisgau, die Festigkeit des zähringischen Machtwillens. Papst Urban II. gab dem Kloster bereitwillig päpstlichen Schutz und eine Verfassung mit ungewöhnlichen Privilegien; schließlich zählten die Päpste die Zähringer zu ihrer Partei.

Von Anfang an war klar, daß die Klostergründung nicht nur zum Mausoleum eines machtbewußten Fürstengeschlechts bestimmt war, sondern in zähringischer Strategie Aufgaben der Kolonisation, der Erschließung bisher unwegsamer und unbebauter Landflächen im Schwarzwaldinnern zu übernehmen hatte. Eine frühe Gebietsbeschreibung des 12. Jahrhunderts im sog. »Rotulus Sanpetrinus« besagt, daß das Kloster noch weit außerhalb seiner Sichtweite die ganze Kammlinie des Dreisamtals vom Flaunser über Kapfenberg bis zum Hohlen Graben in seine Hand bekommt, daß sein Ausstattungsgut aber zugleich in die Talkerben hinunterreicht und einen großen Teil des unteren Dreisamtals mit seiner Grundherrschaft erfaßt. Wirtschaftsgüter –

St. Peter auf dem Schwarzwald – das »Hauptkloster des Dreisamtals«
Radierung von J.M. Schermer, Freiburg, um 1800

Lehenshöfe – in Eschbach, Unter- und Oberibental und Rechtenbach dienten dem Kloster als Anteil seiner Lebensbasis. Über eine 700-jährige Epoche hinweg ist das Höhenkloster damit zugleich Landeigner und Talherr im unteren Dreisamtal. Dem Talbesucher begegnet diese bedeutsame Herrschaftsposition in den Rechtsordnungen, den Dingrodeln und Polizeiordnungen von St. Peter für seine Talbesitzungen, in der Gerichtsherrschaft, dem Zehntrecht und Lehenssystem, aber auch in seinem fürsorgenden Engagement für Schule und Wohlfahrt in Eschbach, für ein geordnetes Leben im Tal.

Der Zeitlauf der Klostergeschichte zeigt wechselvolle Jahre, aber kontinuierliches Niveau. Am 1.7.1093 hielten Hirsauer Mönche in St. Peter Einzug, das Kloster war den reformatorischen Zielen von Cluny und Hirsau verpflichtet. Viermal brannte das Kloster ab und wurde neu errichtet, der letzte, barocke Neubau von 1724–1727 traf eine besonders glückliche Stimmung als Äußerung der klösterlichen Würde, der weltlichen Macht und der religiösen Freude. Seit 1528 besaß das Haus Österreich die klösterlichen Vogteirechte, St. Peter war mit seinen Gebieten in die vorderösterreichischen Lande inkorporiert. Über 713 Jahre blieb St. Peter ein blühendes Stift, dessen Abt im 18. Jahrhundert eine Führungsrolle der Prälaten im Breisgau errang. Der 56. Abt Ignaz Speckle mußte dann am 10. Oktober 1806 schwermütigen Herzens den schwersten Schicksalschlag in seinen Memoiren verzeichnen, die Aufhebung der weltlichen Herrschaft im Dreisamtal und die Auslöschung der klösterlichen Ordensgemeinschaft durch ein alles vernichtendes staatliches Dekret.

Die gängige Geschichtsdeutung stellt auch die Gegengründung des Hohenbergischen Klosters St. Märgen auf dem Schwarzwald in den Zusammenhang mit der Zähringer Entwicklungspolitik. Die Grafen von Haigerloch-Wiesneck, deren Nachfolgestamm sich Grafen von Hohenberg nannte, besaßen im Tal bereits umfangreiche Rechte als Vögte des Klosters St. Gallen und bedeutende Eigengüter, sie galten als gleiche Interessenten am Aufbau eines größeren, zusammenhängen-

79

den Territoriums im Schwarzwald wie die Zähringer. 1118 versuchten die Hohenberger, mit dem zähringischen Entwicklungsvorstoß gleichzuziehen; sie gründeten ihrerseits auf den Höhen oberhalb Wagensteig ein Augustiner-Chorherrenstift St. Marien und setzten damit den zweiten Akzent der Zähringer Zeit im Dreisamtal. Die Gründung gilt als Akt der Rivalität und Abgrenzung, die sich offenbarende Gegnerschaft der Zähringer und Hohenberger erschütterte das Dreisamtal ernsthaft.

Die Anfangsgeschichte des Klosters St. Märgen zeigt deutliche Parallelen zum Geschichtslauf St. Peters, auch der Lebensgang St. Märgens wird untrennbar mit dem unteren Dreisamtal verbunden. Wie St. Peter erhält St. Märgen die Stellung eines Talherren im Dreisamtal, die bedeutsame Position eines kleinen »Souveräns« in einem Territorium, das vom Hohlen Graben als höchstem Punkt bis in die Talniederung herunterreicht. Mittelpunkt des klösterlichen Landes war Zarten mit seinem Dinghof, weitere Besitzungen lagen in Kirchzarten, in Burg, Attental, Dietenbach, Birkenreute, Wagensteig, Erlenbach, in den Spirzen und am Turner. Die weiteren Schicksalslinien St. Märgens verlaufen jedoch wankend und schwankend und sehr viel ungünstiger als die St. Peters. Zur viermaligen Brandkatastrophe tritt ein mehr-

maliger Stillstand des klösterlichen Lebens, ein Todeskampf mit den eigenen Vögten, den Herrn von Wiesneck, die Auslagerung des Klosters nach Freiburg und schlußendlich der Verkauf der gesamten Talherrschaft an die Stadt.

Mit der Markt- und Stadtgründung Freiburgs 1120 setzt die Zähringerzeit noch einen weiteren, schweren Schicksalstein für das Dreisamtal. Die Stadt liegt zwar draußen vor dem Torabschluß des Tales, die zähringischen Gründer bestimmten sie jedoch zum Vorort ihres Staates, zur Kaufmannstadt, zum Wirtschaftszentrum und damit zum Einflußfaktor für das Umland. Mit der Zähringer Stadtgründung von 1120 ist dem Dreisamtal somit ein neuer, ein externer Bestimmungsfaktor erwachsen, das Tal ist in ein neues Kraftfeld geraten. Die Talgeschichte muß sich diesen Zusammenhängen stellen. Als Freiburg 1462 vom Stift St. Märgen auch noch weite Gebiete des Tales selbst erwirbt, gerät das Zentrum des Dreisamtals unmittelbar in städtische Hand und wird knapp 350 Jahre direkt stadtfreiburgisches Territorium.

Die Zähringerzeit ist die Zeit des Ausbaus der Herrschaft Falkenstein. Die Falkensteiner hatten sich als

Der Pfarrort St. Märgen nach der Aufhebung des Augustinerklosters   *Stahlstich aus dem Jahr 1850 von Fr. Hablischek nach R. Höfle*

Dienstadel im Dreisamtal in mehreren Positionen seß-
haft gemacht, sie waren wohl in größerem Umfange
vom Kloster St. Gallen mit Rechten belehnt. Im wesentlichen verwalteten sie jedoch als Ministerialen der Zähringer einen großen, geschlossenen Bezirk »auf dem
Wald«, den sie durch Rodung vom unteren Dreisamtal-
grund aus eroberten. Beidseitig des Höllentals erstreckte sich die Herrschaft Falkenstein vom östlichen Ende
des Zartner Beckens bis an den Titisee. 1148 entstand im
oberen Höllental bereits die St. Oswaldkapelle; nord-
wärts stieß das Territorium der Falkensteiner über Steig
und Breitnau bis zur Grenze von St. Märgen beim Turner und Hohlen Graben; nach Süden folgte die äußerste
Linie dem Seebach, stieg über den Feldsee auf die Höhen des Feldbergs, schwenkte zum Rinken, schloß
Zastler mit ein und erreichte über Weilersbach wieder
die Talebene. Dieser weite Herrschaftskomplex »an und
auf dem Schwarzwald« geriet später in die neureichen
Hände der Herren von Snewlin-Landeck und kam
schließlich durch Erbfall an die Freiherrn von Sickingen,
die die Machtstellung der Talherrn noch 1800 inne-
hatten. Weiteren, mehr zerstreuten Lehensbesitz hatten
die Falkensteiner in Kirchzarten, in Burg, Baldenweg,
Kappel, Weilersbach, Eschbach und Attental; die genauen Abgrenzungen sind gelegentlich fließend, die
Falkensteiner veräußern, verkaufen, verpfänden, verschenken Rechte und Güter im ganzen Tal. Zur Zähringerzeit waren die Falkensteiner wahrlich die »großen
Herren« im Dreisamtal. Sagen ranken sich denn um
Burg Falkenstein und ihre Geschichte. Beispiele wahrer
Ritterlichkeit sind überliefert; dies spiegelt sich in der
Volksmeinung, daß »noch heute der Ritter als freundli-
cher Alter erscheint und den Wanderer, der vielleicht
durch Irrlicht getäuscht oder von Kobolden geneckt
wurde, der auf wüster Heide oder in wildverwachsenem
Walde des Weges Spur verlor, auf den rechten Pfad zu-
rückbringt.«

Konrad von Falkenstein (»Ritter Kuno«), der im
»Münster« von Kirchzarten begraben ist, bewährt sich
als Idealbild des mittelalterlichen Ritters.
»Als der Hl. Bernhard von Clairvaux am Oberrhein das
Kreuz predigte, beschloß auch Kuno von Alt-Falken-
stein in's Heilige Land zu ziehen. Schon jahrelang hatte
er in kinderloser Ehe gelebt und hoffte zuversichtlich,
daß ihm der Himmel für seine Kreuzfahrt einen Erben
schenken werde. So nahm er denn schweren Herzens
Abschied von seiner Gemahlin Ida, brach zum Zeichen
gegenseitiger Treue den Ehering und überreichte ihr die
eine Hälfte mit den Worten, sie solle sieben Jahre lang
auf seine Rückkunft warten, nach deren Verlauf aber

*Die kunstbedeutsame Grabplatte des Ritters Kuno von Falkenstein, der 1343 in
der Kirche von Kirchzarten beigesetzt wurde.*

dürfe sie als zuverlässig annehmen, daß er gefallen und somit ihre Ehe aufgelöst sei. Unter bitteren Tränen beschwor ihm Ida, was er verlangte, und alsbald eilte Kuno, sich dem großen Heereszuge anzuschließen.

Aber Krankheiten, Mangel an Lebensmittel und das Schwert der Sarazenen richteten furchtbare Verheerungen unter den Pilgern an. Der Ritter Kuno selbst geriet in die Gefangenschaft der Türken. Zwar bot der Sultan, Geißel des Sklaventreibers über ihn schwingen. In solchem Elend vergingen sieben Jahre, als es endlich dem Ritter gelang, aus seinem Gefängnis zu entfliehen. Aber noch waren seine Prüfungen nicht zu Ende. Unkundig der Wege irrte er umher, und nur eine endlose Sandwüste breitete sich vor dem Ritter aus.

Erschöpft fiel jetzt Kuno in einen schweren Schlaf, und wie er aus beängstigenden Träumen auffuhr, in denen er

Die früher noch recht ansehnlichen Reste des Burgturms von Bubenstein. Im Mittelgrund hoch über dem Falkensteintummel liegt die völlig versteckte Burgstelle der Hauptburg Falkenstein
Aus einer Reportage über die Eröffnung der Höllentalbahn in der Illustrierten Zeitung vom Juli 1887

der den tapferen Kämpfer zu gewinnen suchte, demselben anfänglich die Hand seiner Tochter an; als jedoch Kuno diese mit Abscheu ausschlug, zwang ihn der ergrimmte Vater zu den niedrigsten Arbeiten, ließ ihn sogar wie ein Zugvieh vor den Pflug spannen und die sah, wie seine Gemahlin nach langem Widerstande nun doch gezwungen wurde, einem der übermütigen Nachbarn die Hand zu geben, da stand der Böse leibhaft vor ihm und bestätigte ihm grinsend, was er im Traume gesehen. Voll Sehnsucht nach der Heimat und der Gemah-

82

lin ging er schließlich auf den Vorschlag des Bösen ein, ihm seine Seele zu verschreiben, wenn er auf der weiten Fahrt in die Heimat einschlafe. Augenblicklich öffnete sich ein tiefer Spalt in der Erde, unter Flammen und Rauch stieg ein Löwe empor, den Kuno sofort bestieg, und auf dem er hoch über Meer und Land dahinflog. Aber der Weg aus dem gelobten Lande bis an den Schwarzwald ist weit, und unmerklich wurde, so sehr er sich auch dagegen sträubte, der erschöpfte Ritter vom Schlafe beschlichen. Aber sieh! da fliegt aus den Wolken ein Falke herab, der sich auf seinen Kopf setzt und mit Schnabel und Flügeln den Ritter wach erhält. Schon wurde der Münsterturm zu Freiburg sichtbar. Dann ging es flugs das Kirchzartner Tal hinauf, durch das Himmelreich in die Höllenschlucht, wo der Löwe, ergrimmt, um seine Beute gebracht zu sein, den Ritter am Fuß seiner Feste brüllend absetzte und verschwand. So einsam es nun in der Tiefe war, so lärmend ging es oben zu, wo sich bereits die Hochzeitsgäste dem rauschenden Jubel hingaben.

Da meldete der Torwart einen Pilger, der aus dem gelobten Land komme und um einen erquickenden Trunk bitte. Da füllte Ida trotz des Widerstrebens der Gäste einen Becher mit Wein. Den leerte der Fremde auf einen Zug und legte den halben Goldring zum Danke hinein. Wie nun der Torwart den Becher seiner Gebieterin zurückbrachte, da erblickte sie des Pilgers Hochzeitsgabe; voller Ahnung warf auch sie den sorgsam aufbewahrten halben Ehering in den Becher, und siehe! die beiden Hälften vereinigten sich zu einem untrennbaren Ganzen.

Da eilte sie überglücklich mit dem Ehering hinaus an die Pforte und sank, um Verzeihung und Wiederaufnahme flehend, vor dem längst tot geglaubten Gemahl nieder. Während dieser sie unter Freudentränen emporhob, zerstreuten sich die unberufenen Gäste, und nur der treue Falke fuhr fort, die Wiedervermählten zu umkreisen, ehe er in die höheren Lüfte zurückkehrte.

Fortan wurde ihnen auch reicher Kindersegen zuteil; ein Bild des rettenden Falken, schnäbelnd und mit geschwungenen Flügeln, nahm Kuno aus Dankbarkeit, wie noch alte Pergamentbriefe ausweisen, in sein und seiner Nachkommen Rittersiegel auf!«

Konrad von Falkenstein, Herr über Kirchzarten, starb am 13. Mai 1343 und fand in der Kirchzartner Kirche ein würdiges Grabmal. Das lebensgroße Bild des Kirchzartner Ortsherrn ziert ein Wappenschild mit dem schwingenden, rüttelden Falken. Anders als die Sage ist die Grabplatte ein realistisches Zeugnis der Dreisamtäler Welt. Die beeindruckende Ritterfigur gilt als authentisches Abbild der mittelalterlichen Ritterrüstung, als Zeugnis der Kunst der Harnischschmiede und als Dokument der Heraldik. Die Sage mag andeuten, daß der Falkensteiner vielleicht anfangs des 14. Jahrhunderts kämpfend ins Heilige Land pilgerte; »Kuno soll nach seinem Tode sogar heilig gesprochen worden sein«, fügt eine Fabel der Erzählung an.

Anders verläuft die Geschichte der jüngeren Generationen der Falkensteiner. Ende des 14. Jahrhunderts gel-

Felsenhoch gleich einem Adlerhorst verbergen sich die letzten Mauerreste von Burg Falkenstein

ten sie schlechtweg als Raubritter schlimmster Sorte. Gustav Schwab sieht zwar in diesen Geschichtsberichten noch Züge eines romantischen Gemäldes:

»Ein malerischer Fels, welcher die ganz zerfallenen Trümmer der uralten Burg Falkenstein trägt, schließt die grandiose Felspartie. Von ihr erzählt eine geschichtliche Sage, die des schauerlichen Bergspalts, dessen letzter Vorposten sie ist, vollkommen würdig erscheint, und von der sich der Berichterstatter, der sie aus dem Munde des Volkes vernommen hat, nur so viel erinnert, daß von wilden Rittern hier ein gefangener Knecht unmenschlich über die Zinnen gestürzt worden.«

Heinrich Hansjakob bäumt sich sogar mit ganzer Seelenentrüstung dagegen auf, wie doch die wehklagenden Greueltaten der Falkensteiner so milde bestraft worden seien.

Was also ist an der Geschichte, die so vielfältig untersucht, mit Urkunden belegt wurde – und die dennoch
zur Sage wurde? Der gravierendste Fall befaßt sich mit
der Heirat eines Mädchens des Kirchzartner Tales mit
einem Hintersassen von Freiburg; die Hochzeit erfolgte
gegen den Willen des Vaters des Mädchens und wohl
gegen die Vorstellungen der Herren von Falkenstein,
der die Familie zu leibeigen gehörte. Total verarmt – der
Mann war als Knecht ohnehin nicht begütert – mußte
das Mädchen nach Jahren bei ihrem noch immer zürnenden Vater um Unterstützung bitten; ein Kleidungs-
stück, das ihr vom Bruder ohne Wissen des Vaters mit-
leidvoll ausgehändigt wurde, gab der Vater als gestoh-
len aus; sein Schwiegersohn wurde darauf vor Gericht
gezerrt. Der auf der Wahrheit beruhende Freispruch
weckte umsomehr unversöhnliche Rache. Nach Beratung mit den Falkensteinern lauerte der Schwiegervater
nunmehr mit mehreren Kumpanen seiner Tochter und
ihrem Mann auf, überwältigte beide und führte sie gefangen auf die Burg Falkenstein. Die Tochter, die in diesen Handgreiflichkeiten übelst behandelt worden war,
hatte auf Burg Falkenstein eine Fehlgeburt; sie konnte
sich davon machen und trug das tote Kind nach Kirchzarten zum Begräbnis. Dann aber erhob sie Klage in
Freiburg. Die feindlich gesinnten Gesellen beratschlag-
ten derweil über ihren Mann und stießen ihn, nachdem
Ritter Dietrich von Falkenstein ihn ihnen überantwor-
tet hatte, von den höchsten Zinnen der Burg in die Talschlucht, wo er beim Sturz umkam. Seine Frau erfuhr
nach Tagen davon, suchte den Leichnam unter der Burg,
fand den Zerschmetterten und zog ihn den Weg hinauf
bis zur St. Oswaldkapelle im Falkensteiner Tal, wo sie
ihn beerdigte.
»Vmbe dis klein ding sint die vorgenannten grossen
mörde beschehen!«, schließt die Urkunde über diesen
Rechtsbruch in der unverstellten mittelalterlichen
Sprache, die Untersuchungsakten geben einen äußerst
exakten und plastischen Beschrieb.
 Weitere Untaten wurden bekannt, die Bilanz, das
Vorstrafenregister der Falkensteiner sieht sich aus diesem Blickwinkel recht unverbesserlich an. So wird berichtet, daß Ritter Künin gewalttätig eine von ihm begehrte Frau auf Schloß Falkenstein entführte, um sich an
der in der Gefangenschaft willenlos Gewordenen zu ver-
gehen. Ihr gelang es, nachdem sie sich scheinbar in ihr
Los fügte, den Freiburger Markt zu besuchen, wo sie
alsbald Alarm schlug; auf dem Rückweg verstreute sie
Erbsen als Wegmarkierung bis vor das Tor der Burg.
So konnten die Freiburger das Gewaltnest aufspüren
und das Burgtor aufsprengen, den Ritter unschädlich

machen. Diese Legende knüpft an den Vorfall an, daß
Ritter Künin lange Zeit mit der Frau seines Knechtes,
eines Mannes aus Wittental, der im Raufhandel von seinen Mitknechten im eigenen Haus umgebracht wurde,
Umgang hatte.
 Fälle der Wegelagerei und des Raubrittertums sind
endlich in einer Freiburger Anklageschrift an das Rott-
weiler Hofgericht zusammengestellt. Pfaffen aus dem
Gelderland, Rompilgern wurde ebenso Geld abgenommen wie einem Boten von Mailand, einem Kaufmann
aus Flandern, einem »Spediteur« auf dem Weg von Köln
nach Como, weiteren Rompilgern aus Holland und
Flandern. Fuhrknechte aus Munderkingen, aus Walds-
hut und Ehingen wurden des Transportguts Salz, Wein
und dergl. beraubt, Scholaren, Mönchen, Nonnen und
Juden wurde ihr Geld weggenommen. Der angeblich
gefallene Schandspruch »Schweig! Verzagte Minner
und barmherzige Räuber tun nie gut!« gilt als bester Beweis skrupelloser Kaltblütigkeit.

Dennoch bleibt einiges zur Verteidigung der Falkensteiner zu sagen. Schon die Anklage Freiburgs gibt Hinweise, die die meisten Vorfälle in den Zeitrahmen stellen: Es war die Zeit heftigster Auseinandersetzungen
zwischen dem herrschaftshungrigen Adel und neuarti-
gen Städtebündnissen zur Selbstbehauptung und zum
Verfolg eigener Territorialinteressen. Werner von Falkenstein war in diesem Streit »Diener des edlen Herrn
von Wirtenberg« geworden und unternahm seine Feh-
de- und Raubzüge von Burg Falkenstein aus im Rahmen
des Kriegsüblichen.
»Als ir wissent umb den krieg, den die herren und die
stette des bundes wider einander gehebt hant, – das nie-
mant die straße noch das tal für dieselb vesty Valkenstein uf noch abe gewandelen mocht, und wenne er die
begreiff, die zuo den stetten des bundes gehörtent, so
schatzte er sü, als in semlichen kriegen gewonlich ist.«
 Mißgriffe, eindeutige Maßüberschreitungen und
Exzesse finden auch nach heutigem Rechtsgefühl gewiß
keine Entschuldigung. Das mittelalterliche Fehderecht,
das Faustrecht, die Auswirkung der Leibeigenschaft
sind heute jedoch nur schwer verständlich. So muß man
wohl Josef Bader folgen, der vorsichtig die Korrektur
der »glatten Raubrittersage« einleitet. Auch Max Weber, der tiefblickende Talgeschichtler, macht in der 1966
von Guenther Haselier herausgegebenen Talchronik
deutlich:
»Die Raubrittergeschichten, die im Zusammenhang mit
der Zerstörung der Wilden Schneeburg erzählt werden,
dürften ebenso in den Bereich der Fantasie gehören wie

jene bei der Burg Falkenstein. Sicher aber spielte in beiden Fällen das Streben der Stadt nach der Herrschaft eine Rolle!«

Die Falkensteiner erduldeten wegen ihrer Mißgriffe, wegen ihres übertriebenen Faustrechts einen Achtspruch des Hofgerichts von Rottweil, zu dessen Vollstreckung die Bürger von Freiburg nach Falkensteig zogen und die Burg 1390 für immer zerstörten. Als 1414 die Nachkommen um eine Neubaubewilligung eingaben, wurde ihnen dies vom Rat der Stadt abgeschlagen: »hant darauff erkannt, daz man die vesti nit widerumb buwen sölle, nach den bösen, üblen, reuplichen und schädelichen getätten so darab beschehen sint.«

Diese Spätwirkung ist wohl weniger eine Folge der Rechtsverurteilung als eher Ausdruck politischer Durchsetzung der Stadt. Die Falkensteiner standen noch Jahre in Freiburg in ehrenvollen Ämtern, die Nachfahren wurden 1497 geradezu rehabilitiert, als zwei Falkensteiner den Himmel trugen, unter dem Kaiser Maximilian in Freiburg Einzug hielt.

Die Familie der Falkensteiner war jedoch in andere Nöte geraten, in eine ausgemachte wirtschaftliche Krise. 1272 verkauft ein Familienzweig von der Neuen Falkenstein den Kirchensatz von Kappel an die Freiburger Kommende des Deutschen Ordens, 1394 erwirbt Hanmann Snewlin von Landeck Güter auf dem Wald und im Kirchzarter Tal zu Pfand. Die Zerstörung der Burg im Höllental setzt ein Zeichen; nach dem Zwischenfall begann ein Ausverkauf des gesamten, auch über das Dreisamtal hinausreichenden Besitztums. Hanmann Snewlin von Landeck erwirbt 1407 die Dreisamtäler Ländereien, Burgstall und Turm zu Falkenstein mit Straße und Zoll zu Falkenstein und zu Burg, die Güter von Ebnet aufwärts bis zum Feldberg über Breitnau und Hinterzarten. Die Falkensteiner hören auf, eine reichbegüterte Familie des Dreisamtals zu sein, sie werden vom Freiburger Patriziergeschlecht der »Snewlin von Landeck zu Wiesneck« abgelöst – ein neues Geschichtskapitel des Tales beginnt.

Die Zähringerzeit bricht 1218 mit dem Tode des letzten Zähringerherzogs Berthold V. plötzlich ab. Die Zähringer Zeitzeichen wirken jedoch fort. Das Dreisamtal gerät im Verlauf der Zähringerzeit in neue Machtkreise, unterliegt einer vollständigen Veränderung seiner Geschichtsfaktoren, steht fortan im Bann neuer Geschlechter und im unmittelbaren Einfluß des Talklosters St. Peter, der Gegengründung St. Märgen und der »Dreisamtalhauptstadt« Freiburg.

Der Bindenschild Österreichs über dem Dreisamtal
Das »Land Breisgau« und seine Eigenheiten

Eine neue Zeitwende läßt die Zähringerzeit und die Unruhen der Zähringernachfolge vergessen; das Dreisamtal schmückte sich seit dem 14. und 15. Jahrhundert mit dem Bindenschild Österreichs. Unter der neuen Landesherrschaft genießt Vorderösterreich Privilegien und Freiheiten, die den Breisgau »zur allerfreiesten Landschaft der Christenheit« machen.

Wie es dazu kam, daß sich das Haus Habsburg im Breisgau ausbreitete, ist noch immer ein Geschichtsthema unter Historikern. Im Freiburger Raum stand Habsburg ja zunächst abseits, hier war Altzähringer Land; als die Zähringer 1218 ausstarben, folgten ihnen als Erben unter allerlei Einschränkungen der alten Zähringer Position die Grafen von Urach nach, die sich später Grafen von Freiburg nannten. In der Stadt und ihrer Umgebung hatten sich die Freiburggrafen durchgesetzt, sie waren vielfach berechtigt, waren Ortsherren und Lehnsherren, Vögte von St. Peter und Stadtherrn von Freiburg. Dann entwickelte sich jedoch zwischen Freiburg und seinen Grafen ein bitter-ernster Kampf und Krieg, der schließlich so hart geführt wurde, daß »in sieben Jahren um die Stadt kein Pflug in die Erde kam«. Die Freiburger ruinierten das Grafenschloß auf der Burghalde, wurden aber selbst in einer Schlacht vor Endingen ruiniert. Durch mehrfache Vermittlung, auch durch Unterstützung der Habsburger, verglichen sich die Kontrahenten. Die Grafen gaben die Stadt frei, tauschten sie gegen die Herrschaft Badenweiler, und Freiburg stand vor der Wahl eines neuen Stadtherrn. Die Selbstübergabe Freiburgs 1368 an das Haus Habsburg öffnete Österreich nach allen Zusammenhängen nicht nur die Stadttore, sondern auch den Weg in den umliegenden Breisgau: »Die Herrschaft Freyburg, und nach ihrem Beyspiele, die ganze Landgrafschaft Breisgau, begibt sich unter den Schutz der Herzöge Albrecht III. und Leopold III. von Österreich«, resümieren bestimmte Geschichtsquellen. Aber dies ist bereits eine Verkürzung der Abläufe; wichtig war der Besitz der Landgrafschaft im Breisgau, aber um diese stand es damals schlecht. Gerade erst war sie als Mitgift, als nutzbares Heiratsgut geteilt und gehandelt worden; als Eheisteuer war der untere Teil, die »untere Landgrafschaft« erst vor wenigen Jahrzehnten in die Hände der Grafen von Freiburg geraten, die diese Rechtsposition in der Ausgleichung mit Freiburg ausdrücklich für sich behielten. Aber da war eine etwas ältere Belehnungszusicherung Kaiser Karls IV., wonach die Herrschaft Freiburg und die Landgrafschaft für immer miteinander verbunden sein sollten; und dann ergab sich, daß die Grafen von Freiburg, nunmehr Herren von Badenweiler, auch diese Rechte alsbald an das Haus Österreich verpfänden mußten. Schließlich half Österreich auch mit faktischer Durchsetzung nach, wo Zweifel hätten aufkommen können. Bald schon übte Habsburg jedenfalls die Rechtsmacht des Landgrafen im Breisgau aus, dies war die entscheidende Grundlage für die entstehende sog. Landeshoheit im modern-staatsrechtlichen Sinne.

Bereits im 13. Jahrhundert hatte sich in ähnlicher Weise das berühmte Benediktinerstift St. Blasien dem Schirm Habsburg unterstellt; es galt seidem als »Liebling Österreichs«. Einmal im Land, verstand es Habsburg nunmehr, sich durch Landerwerb und Oberlehensherrschaft im Dreisamtal wie im Breisgau weiter auszudehnen. 1368 hatte sich Freiburg als Vorort der Landschaft unter österreichischen Schutz begeben, 1375 nahm Herzog Leopold die Vogtei über St. Märgen an, 1489 verkaufte die Familie Snewlin ihre Herrschaft Wiesneck an Österreich und erhielt sie zu Unterlehen zurück, 1528 unterstellte sich St. Peter österreichischer Huld, St. Wilhelm wird alsbald österreichisches Territorium. So gilt die österreichische Landesherrschaft im gesamten Talgebiet – mit Ausnahme geringer, späterer Zuerwerbungen – im 15. Jahrhundert bereits als gefestigt.

Waren damit die Breisgauer durchweg Österreicher geworden, so lebten sie nunmehr unter einer österreichisch-breisgauischen Landesverfassung mit bemerkenswerten Eigenheiten, deren Gewicht im Dreisamtal deutlich wird. Allein schon durch die räumliche Abgesetztheit genoß die Provinz ein eigenständiges Leben; das »Konglomerat von zusammengeklaubten und -gestuckten Herrschaften« ließ ein Staatswesen im einheitlichen Sinne in den vorderen Landen nie entstehen. Ritterschaften, Prälaten und Städte konnten sich in ihren Kleinterritorien als »Unterhoheiten« in einer herrschaftlichen Zwischenposition bewegen, hatten ihren eigenen, hoheitlichen Rechtsstatus, der die Dreisamtäler nicht nur zu »Österreichern«, »Vorderösterreichern«, sondern zugleich zu Untertanen der Herrschaften von Sickingen, von Kageneck, von Neveu, des Klosters St. Peter oder der Stadt Freiburg machte. Als »kleine Souveräne eines unsouveränen Ländchens« werden die Herrschaften zutreffend bezeichnet, die im Dreikurienlandtag der Prälaten, des Adels und der Städte und

Landschaften einen direkten Einfluß auf alle Verwaltungsgeschäfte der Provinz ausübten.

»Überall sonst, außer in der Gesetzgebung, im Gerichtswesen, in der Landesverteidigung, der Polizei, der Steuer, den Regalien mußte die Regierung mit den Dominien teilen«.

Die vorderösterreichische Provinz Breisgau besaß deutliche Züge der Autonomie und in der Versammlung der Stände ihr »regierendes Kollegium«. Den »Reichsunmittelbaren ebenbürtig« bezeichnete sich die breisgauische Ritterschaft, nachdem ihr seit 1567 im Gerichtswesen Vorrechte und seit 1666 ein eigenes Gericht, die sog. »Priminstanz« zugebilligt worden waren. Selbst die Mitglieder der obersten ernannten Provinzadministration wurden fast ausschließlich aus den Kreisen der landsässigen Adelsfamilien rekrutiert, und schließlich profitierte das Land von der habsburgischen Art staatlichen Umtreibens, die wesentliche Bereiche gerne grundsätzlich den Ständen allein überließ.

Die Provinzselbstbehauptung, die zur Provinzselbständigkeit hin angelegt war, wurde jedoch immer mehr zur Eigentümlichkeit, je mehr in allen Territorien rundum die absolute Stellung des einen Landesfürsten als Staatsverkörperung selbstverständlich wurde.

Auch in moderner Sicht bedeutet der Landständetag Vorderösterreichs eine höchst beachtenswerte Sonderlichkeit, eine politische Bühne der örtlichen Vertretung und Repräsentation, ein Forum der Diskussion und Mitentscheidung, eine Ebene des Aushandelns, ein Stand breiter Mitverantwortung, ein Organ der Mitentscheidung und der Machtbegrenzung – und damit etwas sehr Aktuelles, wenn die Landstände auch nicht dem heutigen Parlamentarismus entsprachen. Auf dem Weg »von der Ständeversammlung zum demokratischen Parlament« bleiben sie eine gewichtige Etappe, und Vorderösterreich steht mit seiner Verfassungsgeschichte sehr ansehnlich neben der bekannten württembergischen Tradition vorparlamentarischer Formen, die das Sprichwort im Auge hat, wenn es sagt:
»Nur Württemberg und England seien überkommene demokratische Gemeinwesen«.

Vorderösterreich besitzt eine gleichbedeutsame Einrichtung parlamentarischer Vorform.

Der »Große Rat« des Breisgaus umfaßte im 17. Jahrhundert, nachdem das »elsäßische Gestade« an Frankreich abgetreten worden war, 15 Mitglieder des Prälatenstands, etwa 25 Familien als Angehörige des Ritterstandes und 13 Städte und 6 Herrschaften als Stand der »Landschaften und Städte.« Den »Dreisamtälern« kamen wiederholt Führungsrollen in diesem Gremium zu.

Unter Abt Blasius III. Bender übernahm das berühmte Schwarzwälder Benediktinerstift St. Blasien im Jahre 1725 das verarmte Wilhelmitenkloster Oberried und seine Talherrschaft

Ölgemälde – eines von vier monumentalen Abtportraits – aus dem heutigen Pfarrhaus Oberried

Bezeichnend für die Verfassung und das Leben des Landes ist, daß hier keine glanzvolle »Hofburg« eines Residenten des Landesherrn entstand, daß aber dafür selbstbewußte Herrensitze, Stadtpalais, machtvolle Klöster und Stadthäuser errichtet wurden, kleine Glanzschlösser, wie kaum irgendwo sonst im Umland.

Die landständische Vertretung blieb andererseits vor

Fehlentwicklungen nicht verschont. Mit dem Bauernkrieg war offenbar geworden, daß die Bauernschaft in diesem Mitsprachesystem vernachlässigt war. Die »Kleinfürsten«, nicht die Landeseinwohner waren repräsentiert. Eine Mitvertretung im Dritten Stand wurde angestrebt, scheiterte jedoch. Ein anderer Mißstand wurde unter Maria Theresia ruchbar. Die ständige Re gierungsselbständigkeit hatte offenbar eine geordnete Finanzverwaltung untergraben, die Mißwirtschaft führte nahezu zur Verwaltungsunfähigkeit. Die Kriege mit ihren immensen Lasten spielten sicherlich eine Rolle, aber ebenso Sorglosigkeit im Finanziellen, eine Vielzahl widerstreitender Territorialmeinungen, ein Pat kleinräumiger Interessen; dies prägte zusammen mit der österreichisch-behäbigen Lebensart schließlich einen Verwaltungsstil, den Eberhard Gothein als »Zustand behaglicher Anarchie« kennzeichnet. So geriet die vorderösterreichische Selbstherrlichkeit schon vor ihrer gewaltsamen Beseitigung durch Baden im Jahre 1806 in eigenverschuldeten Verruf.

Die letzten Jahre des Bindenschildes über dem Dreisamtal beginnen schon vor der napoleonischen Neuordnung in einer Entfremdung des politischen Wiens von den Ländereien »draußen«, die noch immer auf die alten Beteuerungsformeln als »erstes und ältestes Patrimonium«, als »österreichische Stammlande« vertrauten. Nicht nur von Minister Cobenzl, Friedensunterhändler von Campoformio (1797) und Luneville (1801), sagt man, daß er gar nicht mehr gewußt habe, wo Vorderösterreich liege. Es gibt gescheite Ausdeutungen der Gründe, warum das Interesse Österreichs am Breisgau erlahmte, warum der Breisgau Österreich gleichgültig, wenn nicht lästig wurde. Der Sinn als Brücke nach Burgund, seine Aufgabe der Verzahnung und Verklammerung österreichischer Lande mit dem deutschen Reich gingen verloren, als Kaiser Franz II. auf die deutsche Krone verzichtete. Schließlich war der Breisgau im Kalkül der Arrondierungspolitik nur noch Tauschobjekt, »so wertvoll wie Oberbayern und Niederbayern«. Vorderösterreich war damit abgeschrieben, bevor dies in den Übergabeartikeln der Friedensverträge sichtbar wurde.

Diese Entwicklung konnte auch eine anhängliche Leutseligkeit des alten Kaisers nicht umstürzen. Im Breisgau zeigte sich noch lange eine geradezu uneinsichtige Ergebenheit, und die Wehmut um die alte Ordnung läßt sich vielleicht am ehesten mit dem Gefühl für den Wert eines »Unikums«, mit der Liebe zu einem »Oldtimer« vergleichen. Der Traum vom Wiederaufleben der österreichischen Vergangenheit, der »guten Zeit«, den Abt Ignaz Speckle und mit ihm viele andere träumten, blieb noch 10, 12 Jahre nach dem badischen »Einfall« wach, nährte sogar noch 1818 neue Hoffnungen. Die Erwartung blieb jedoch ein Trugbild. Abt Speckle verspürte eindringlich die Feindseligkeit einer Zeit, die ihm seine Welt genommen hatte. »Ich bin mir beinahe fremd daselbst« sagte er schon 1825 von seinem

St. Peter und dem neuen Staatswesen.

1816 werden durch Akt der badischen Finanzhoheit die alten, vorderösterreichischen Münzen außer Kurs gesetzt; als Begründung fügt die neue Administration an: »Weil sie keine Heimat mehr haben.«

Von der Paßwehr zur Schwarzwaldlinie
Kriegszeiten im Dreisamtal

»Obwohl es scheinet als hätte die Natur die schwarzwaldischen Gebirge zu einer vormauer und Rempart denen dahinterliegenden Ländern, vornehmlich aber dem schwäbischen Kreis als nächstangrenzender Provinz wider die noch stehende feindliche französische invasiones und Verheerungen setzen wollen ...«, beginnt ein Visitationsbericht des Jahres 1710 über die ausgedehnten Schanzungen im Schwarzwald mit dem Erkundungsziel, »in was für einem stand sich selbige Linie befinde, und bei einem attaquirenden Feind für avantage und desavantage zu besorgen«.

Zu derartigen zeitgenössischen Untersuchungen muß man greifen, wenn man auch nur einigermaßen die Bedeutung der Schwarzwaldpässe und Verteidigungslinien im nachhinein erfassen will, zumal in einer Zeit, da doch die Scharmützel und Schlachten von 1700 allenfalls spielerisch mit Zinnfiguren nachgestellt werden. Die Reste der Schwarzwaldlinien und Dreisamtalbefestigungen sind nur vereinzelt noch aufzuspüren, liegen versteckt, verfallen, überwachsen, eingeebnet – und bleiben dennoch für ein waches Auge von außerordentlichem landeskundlichen Interesse. »Schwedenschanze«, »Franzosenschanze«, »Linienweg«, »Schanzenhäusle«, »Alte Schanzen« sind immer wiederkehrende Flurnamen und Ortsbezeichnungen, die im ganzen Dreisamtal von Ebnet bis hinauf zum Hohlen Graben die Vielzahl solcher Wehrbauten dokumentieren.

Der geschichtliche Anfang der Dreisamtalverschanzungen liegt nach Auskunft von Kennern in einer kaiserlichen Anweisung von 1620, »die Pässe auf dem Schwarzwald also zurüsten, bauen, verhauen, versehen und besetzen zu lassen, daß sie unserm Haus und dem ganzen Land zu gutem Jetzo und künftigem sicherlich verwahrt werden mögen.«
Der Befehl führt unmittelbar zur Verwahrung des Falkensteiner Tals, zur Befestigung des Höllentalpasses und zu vergleichbaren Absicherungen des Wegs durchs Kinzigtal. Anordnungen ergehen, daß die Straßen

»von oben herab von der Neustadt durchs Josental und Turner bis in die Wagensteige oder St. Märgen zu auf den Eschbach oder Ibental mit gebührender Vorsehung verwahrt würden.«

Die Schwierigkeiten eines solchen Verteidigungsbaus verdeutlicht die Erwägung, daß die Arbeiten in Fron durch die Talbauern ausgeführt werden mußten, daß Wachdienst und Verteidigung vorwiegend der

de.« 1632 streckt der schwedische Feldmarschall Gustav Horn erstmals seine Hand gegen Freiburg aus, im Dezember 1632 überschwemmen Schweden den Breisgau, Freiburg wird ein erstes Mal belagert und genommen. Mit einer Geldzahlung von ungeheuerlichen 30 000 fl wurde für diesmal das Schlimmste abgewendet, »allein des Quälens, Stehlens und Plünderns, Verheerens und Brennens auf dem platten Lande war kein Ende.«

Spuren der alten Schanzen und Linien aus der Zeit der Franzosenkriege finden sich überall im Dreisamtal.
Viereckschanze am Haldenbuck (am Weg Breitnau – Nessellachen)

Landmiliz zukommen sollte. 1631 bewilligen die vorderösterreichischen Landstände »1000 Mannschaften und 150 Pferd sowohlen zu werben als 6 Monat lang zu unterhalten.« Für jeden wird täglich ein zweipfündiges Kommißbrot und ein Ensisheimer Maß Wein ausgegeben.

Der dreißigjährige Krieg bringt Elend und Jammer ins Dreisamtal. Schon 1620 muß man mit dem Mansfeldischen Vorstoß an den Oberrhein fürchten, daß sich »der ganze Kriegsschwall in die Vorlande ergießen wer-

Nach Abzug der schwedischen Haupttruppen steht das Land lange beiderseitigen Streifpartien offen; Schweden überfielen St. Peter, wo sie das vorhandene Vieh wegtrieben und alles verwüsteten. Die Kaiserlichen können das Land nicht mehr genügend schützen. Schon 1633 macht General Markgraf Wilhelm von Baden auf der Suche nach militärischer Stützung merkwürdige Erfahrungen:

»Der mürrische Generalissimus Wallenstein war etwas

übel disponiert. Er wie seine Hauptleute hatten keine rechte Kenntnis von der Lage in den Vorlanden.«

1634 mußte sich Freiburg ein zweites Mal den Schweden ausliefern. Das Land war schlimmer als im Vorjahr zugerichtet, alles bis auf den letzten Löffel wurde hingegeben. Wenige Felder waren bebaut, die meisten konnten nicht angebaut werden, weil die Soldaten der einen oder anderen Partei täglich streiften. Die Drangsale dauerten für Stadt und Land an; viermal wurde Freiburg im dreißigjährigen Krieg belagert und wechselte siebenmal die Herrschaft.

Besondere Ereignisse in der Wagensteige, die Vorfälle an der »Letze«, der Schutzwehr von Wagensteig, gehören in diese Zeit. Das Tal war an seiner Engstelle, vielleicht hinter der Talmündung des Spirzendobels beim alten Vogtshof, durch eine Befestigung abgeriegelt worden. Die Talgemeinden oberhalb der Letze übernahmen die Wache und genossen dafür Befreiung von der Quartiernahme. Da ließ 1637 ein Streit um die ungenügende Qualität der Brotabgabe die Soldaten auf die bisher ungeschorenen Höfe oberhalb der Letze aufmerksam werden. Piccolomini'sche Reiter verlangten am 17. und 18.10.1637 Einlaß, wurden aber zurückgewiesen. Es kam zu einer regelrechten Verschwörung der Bewohner der »Exklave« gegen die drohende Letzeverletzung durch die Kaiserlichen. Als diese erneut Einlaß in den Sperrbezirk verlangten, entstand ein Getümmel, Reiter wurden vom Pferd gestoßen, ein Knecht vom Turner durch einen Pistolenschuß verletzt, dann setzte eine unerbittliche Jagd auf die Soldaten ein. »Schlagt zu, sonst schlagen wir euch!« ermunterten sich die Bauern untereinander. Von den Soldaten blieben da 32 Mann tot zurück, 25 Pferde wurden weggetrieben und in den Spirzen bzw. den Schweighöfen untergestellt. Eine scharfe Untersuchung der Vorfälle bestimmte die Sühne; die Talbewohner mußten sich der Ersatzforderung des Obristwachtmeisters des Piccolominischen Regiments beugen und 1000 Reichstaler Entschädigungssumme zahlen. Die Hälfte davon gab die Herrschaft Sickingen, ein Viertel das Kloster St. Peter. Die Überlieferung steht als Beispiel für die unsäglichen Bedrängnisse der Kriegszeiten. Die Schilderung entstammt genauen Recherchen des Freiburger Historikers Heinrich Schreiber vom Jahr 1845, ähnliche Vorfälle meldet Pfarrer Gießler in der Oberrieder Chronik.

1638 gerät Freiburg für längere Zeit in die Hände des Herzogs Bernhard von Weimar. Die Geschichte vermerkt auch die Kuriosität, daß nach der Einnahme der Stadt der Oberrieder Prior Mathäus Deck mit Talbauern dem besetzten Freiburg auf eigene Faust zu Hilfe eilt; er stößt jedoch auf aufmerksame Posten, die ihn zurückschlagen; seine impulsive Aktion provoziert nur noch hartnäckigere Plünderungen, noch grausigere Verwüstungen in den anstoßenden Tälern. Gleich nach der Stadteinnahme schickt Bernhard von Weimar an die 2000 Mann zu Fuß und Pferd nach Falkensteig, um den Paß für militärische Bewegungen von allerlei Hindernissen und Befestigungswerken zu räumen. Schon 1639 zieht Herzog Bernhard mit seinem Hauptheer über den Hohlen Graben nach Villingen, dies dürfte zugleich einer der ersten großen Heereszüge vom Dreisamtal über den hohen Schwarzwald gewesen sein, wie sie im 17. und 18. Jahrhundert nur allzuoft vorkamen. Die geschichtliche Hoffnung Herzog Bernhards, zwischen den Blöcken Frankreich und Deutschland ein neues Herzogtum zu begründen, ist bekannt, Herzog Bernhard verstarb jedoch unerwartet 1639 in Neuenburg.

In Vorderösterreich machte man sich in diesen Kriegstagen bereits mit dem Gedanken vertraut, daß die Vorlande der Krone Frankreichs überlassen werden könnten. Der Feldzug der »chur-bayrischen-Reichs-Armada« unter Feldmarschall Franz von Mercy in den Breisgau und seine große Schlacht vor Freiburg vom 3.–5.8.1644 gegen Marschall Henri Vicomte de Turenne und Marschall Louis de Bourbon, Duc d'Enghien haben das Land und die Stadt vor dem Schicksal des Elsaß bewahrt. Dieser Kampf der bayerischen und französischen Heere gegeneinander gehörte zu den blutigsten Gemetzel des 30jährigen Krieges. Allein 10 700 Mann, darunter besonders viele höhere Offiziere, sind in diesen Tagen gefallen! Berühmt blieb der Einsatzbefehl Turennes: »encore mille« – »Noch Tausend«.

Von Turenne soll angesichts der Dreisamtäler Besonderheit der Plan erwogen worden sein, »alle Zugänge des Schwarzwalds zu besetzen, jede Zufahrt abzuschneiden« und so das feindliche Heer im Dreisamtal auszuhungern. Als es den Franzosen jedenfalls nicht gelang, im tosenden Kampf vor Freiburg die Überhand zu gewinnen, versucht Turenne in einer neuen taktischen Einstellung, der bayerischen Armee die rückwärtigen Verbindungen, die Rückzugslinie ins bayerische Mutterland abzuschneiden. Über einen Eilaufstieg durchs Glottertal will er als erster den Höhenkamm am Hohlen Graben besetzen. Mercy durchschaut den Schachzug rechtzeitig und zieht ebenso zum Hohlen Graben. So kommt es in jenem August 1644 geradezu zu einem offenen Wettrennen zweier Armeen um die Einnahme des Hohlen Grabens; die bayerische Armee eilt durchs Dreisamtal und wählt den Aufstieg über Stegen–Eschbach–St. Peter, über Burg–Ibental–St. Märgen und über

Buchenbach–Wagensteig–Hohlen Graben. Mercy erreicht die Höhen als erster, gehetzt muß er seine Bagage im Stich lassen, doch der Abzug ins freie Hinterland steht ihm offen. Die Schanzen mögen sich nicht in einem guten Zustand befunden haben, Mercy verweilt erst gar nicht, sondern eilt sofort weiter Richtung Villingen. Auch die Franzosen ziehen ab, auch sie haben mit dem großen Heer im ausgesogenen und ausgelaugten Breisgau keine Bleibe mehr. Burg Wiesneck wird von französischen Rückzüglern zerstört, das Kloster St. Peter angezündet. Der Westfälische Friede von 1648 sollte das Land beruhigen; die Geschichte aber muß eingestehen, daß die Zeit bis 1815 trotz der sich rasch aneinanderreihenden Friedensschlüsse eigentlich ohne Frieden blieb, die Franzosenkriege brandeten nirgendwo so wie im Rheinland und im Schwarzwald, am Oberrhein.

Neue Bedeutung gewinnt die Landschaftsbarriere des Schwarzwaldes, als die Franzosen 1677 Freiburg besetzen und im Friede von Nymwegen das Territorium mit den Talorten annektieren. Das Dreisamtal wurde damit zum am weitesten vorgeschobenen Punkt östlich des Rheins im französischen Staatsgebiet. Am Hohlen Graben stehen sich nunmehr die Mächte gegenüber,

und andauernde Grenzkämpfe kennzeichnen die lokalen Geschehnisse. St. Peter und St. Märgen geraten wiederholt »zwischen die Fronten«, 1678 geht das Kloster St. Märgen in Flammen auf. Die strategische Bedeutung dieser französischen Landnahme im Tal war augenfällig, da sich hinter der Gebirgsschwelle die freie Operationsmöglichkeit nach Osten in Richtung Bayern und bis vor Wien öffnet.

»Selbst bei Annahme schlechtester Wegverhältnisse stand einem Operationskorps von Kirchzarten aus nach zwei Stunden die Straße nach Wien offen.«

Wie wichtig Frankreich die Paßbesetzung war, zeigen seine Bemühungen um den weiteren Zugewinn der südlichen Dreisamtalhöhen und der Feldbergflanke. Dieses Gebiet war Territorium der »Oberrieder« und damit nicht Teil des an Frankreich abgetretenen Dreisamtals; das Wilhelmitenkloster war jedoch schon seit 1507 nach Freiburg gezogen und stand unter städtischer Vogtei. Frankreich bestellte seinen Interessen gemäß dem Wilhelmitenkonvent einen französischen Prior, der den Zugriff in das Klostergebiet des Oberriedertals vorbereiten sollte. Gerade dieser Schachzug wurde jedoch vereitelt, indem die Oberrieder am Gründonnerstag 1682

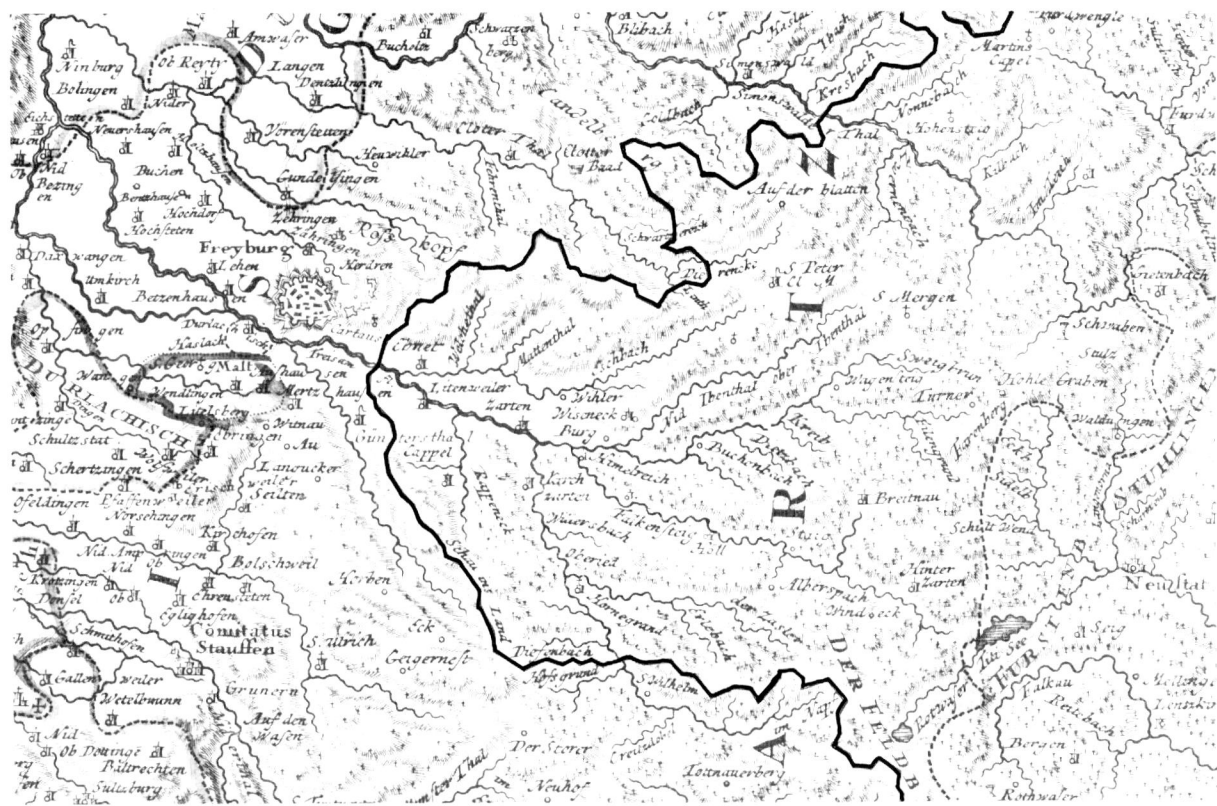

Die jüngere Schwarzwaldlinie riegelte das Dreisamtal im Westen in der »Freiburger Enge« ab. Ausschnitt aus der bekannten Breisgaukarte von Homann von 1718.

Freiburg »mit Sack und Pack« verließen und wieder hinauf zogen in das österreichisch verbliebene südliche Dreisamtal.

Die Schanzen und Linien im Dreisamtal wurden über die Jahrzehnte hinweg bis ins 19. Jahrhundert immer wieder erneuert und ausgebaut. Die Hauptfestung war der Hohle Graben, der wegen seiner strategischen Lage an der Hauptübergangstelle als Angelpunkt des Verteidigungssystems galt. Immer mehr wurden die einzelnen Paßbefestigungen ergänzt und zu einer Kette von Redouten und Schanzen ausgebaut, bis schließlich Markgraf Ludwig Wilhelm von Baden, der »Türkenlouis«, »kommandierender General der Kaiserlichen und Reichsarmee am Oberrhein«, ab 1692 den ganzen Schwarzwaldkamm mit einer einzigen, zusammenhängenden Schwarzwaldlinie überziehen ließ. Mit seinem neuen Oberrheinverteidigungskonzept entstand die über 160 km lange Schwarzwaldlinie vom Hochrhein bis nach Philippsburg.

Der Aufbau der Schanzen und Linien ist in verschiedenen Darstellungen berichtet; die Anlage bestand aus vier Abschnitten: Verhau – Graben – Wall – Weg. Verhau, das war ein meist 100 m tiefes Baumhindernis, als Verfäll, d. h. aus ganzen Baumstämmen angelegt, oder als Verhack eingerichtet, d. h. aus Geäst und zerhacktem Gestrüpp gebildet. Die Bäume wurden mit dem ganzen Astwerk übereinandergelegt, unter sich verklammert und tief im Boden verankert. Dieses Wegehindernis lag so tief, daß von der Randhöhe des dahinterliegenden Walls freie Sicht und freies Schußfeld gewahrt blieben. Am Verhau schloß sich ein ca. 3 m tiefer Graben an mit gut 5 m oberer Breite und steiler Böschung. Der Bodenaushub schuf auf der Gegenseite den Wall. Fußangeln, Pallisaden waren zusätzliche Hindernisse. Zwischen Grabensohle und Wallkante bestand ein Höhenunterschied von ca. 6 m. Hinter dem durchgängig mit Brustwehren versehenen Wall ermöglichten breite Wege eine rasche Verschiebung der zur Verteidigung aufgerufenen Truppen; eine nur geringe Wachmannschaft sollte feindliche Verbände jedenfalls so lange aufhalten, bis die regulären Verbände an den Angriffspunkt nach vorne gebracht werden könnten. In regelmäßigen Abständen waren die Linien mit Schanzen, Redouten und Posten ausgestattet. Im Innern der Schanzen stand ein Blockhaus als Wachhaus für die Besatzung. Allerdings verfielen die Bauwerke nur allzu rasch, verfaulte das Holz, stürzten die Wände nach, geriet das Schanzwerk in desolaten Zustand. Zugleich stellte sich das Problem, »die Schanzen und Verhaue dezimierten den Waldbestand, die Verfällung der ohnehin sehr eröffneten Wälder sei mehr schädlich als vorträglich.«

1707–1710 wurde die ältere Ostlinie der Schwarzwaldbefestigung durch eine zweite Westlinie ergänzt, die dem Talriegel Kybfelsen–Roßkopf folgte und den Kamm Feldberg–Schauinsland–Freiburg–Flaunser bewehrte. Diese »Freiburger Linie« lief von der St. Wilhelmer Hütte über die rechte Flanke des St. Wilhelmertals, querte das Tal unten in der Schlucht bei der hohen Brükke, stieg zum Schauinsland auf und folgte dem Kamm Kohlerhau–Sohlacker hinunter in den Talhals des Dreisamtals; dort durchquerte die Linie die Talenge in der Nähe des Nägelesees mit einer Talsperre vom Mösle, vorbei am Gasthaus »Zum Schiff«, zur Dreisam. Westlich der Kartause stieg die Linie wieder zum Roßkopf auf und zog sich über Flaunser und Ländle Richtung Platten, wo sie an die ältere Ostlinie anschloß. Damit war das Dreisamtal von einem rundum gezogenen Ver-

Ein wichtiger Teilabschnitt der großen Schwarzwaldbefestigung des 18. Jahrhunderts zog über die Dreisamtalhöhen im Osten, die zusammenhängende Verteidigungslinie folgte weitgehend dem Bergkamm.
Kartenausschnitt aus »Theatrum Belli ad Rhenum superiorem« von 1734 (Homann – Erben)

teidigungsring umgeben, war zu einem Festungskessel, zu einer Großfestung geworden. Dennoch gereichte das ungeheure Werk nie so recht zu militärischem Nutzen. Die erste Feuerprobe verlor die damals noch unvollendete Talsperre schon 1704, als der französische Marschall Camille d'Hostun, Duc de Tallard an Freiburg vorbei über den Heerweg Dreisamtal–Wagensteig–Turner nach Bayern vordrang. Tallard ließ einen 7000 Mann starken Truppenteil mit Reiterei auf einem neu gegrabenen Umgehungsweg Lorettoberg–Günterstal–Sohlacker–Kapplertal–Dreisamtal um das Schußfeld Freiburgs herumziehen, andere Truppenteile entkamen entlang des Waldsaums am Bromberg. Im spanischen Erbfolgekrieg 1702–1705 waren über 11 000 Mann Landsturm für die gesamte Verteidigungsfront eingeteilt. Die Linie bestand jedoch auch die zweite Feuerprobe nicht. 1707 war Markgraf Ludwig Wilhelm gestorben, Prinz Eugen von Savoyen hatte die Nachfolge angetreten. Sein Abschnittskommandant Marquis de Vaubonne gab bei einem französischem Ansturm unter Marschall Louis Hector de Villars die Verschanzungen am Roßkopf allzu schnell auf und hielt nicht einmal die Höhenfestung am Hohlen Graben, die mit 4000 Mann besetzt war. Freiburg mußte sich ein weiteres Mal französischer Besatzung übergeben.

Nach fachlichem Urteil hatten sich die ungeheuerlichen Verschanzungen des Schwarzwalds und des Dreisamtals militärisch nicht rentiert und waren kriegstechnisch spätestens um 1800 überholt. Freiburg war als »Hauptbefestigung« bereits 1744 aus dem Ring ausgebrochen. Die Vauban'sche Befestigung, die schon 1677 als »la dernière folie de Louis XIV« – »letzte Torheit Ludwigs XIV.« – bezeichnet worden war, wurde nach erneuter Stadteinnahme unter Marschall François Franquetot de Coigny 1744 wiederum von französischen Ingenieuren gesprengt und geschleift. Die Befestigung wurde – nach gewissem Zögern der österreichischen Kriegstechniker – nicht wieder aufgebaut. Die Belagerung von 1744 bleibt mit einer anderen, außerordentlichen, kriegstechnischen Leistung erwähnenswert: Marschall de Coigny ließ die gesamte Dreisam in wenigen Tagen über einen 2000 m langen, 33 Fuß breiten und 6 Fuß tiefen Kanal ableiten.

Die Schanzen im Schwarzwald werden in den Koalitionskriegen nach 1800 nochmals erneuert; Ignaz Speckle berichtet von ziemlich drastischen Schanzarbeiten in St. Märgen im Sommer 1815:
»Zu St. Märgen wird fortwährend geschanzt, ein Teil des Gottesackers wird zur Schanze verwandt, die Toten ausgegraben.«

Kriegszeiten haben dem Land auch später Spuren eingebrannt, als die Schanzen ums Dreisamtal bereits verrotteten. Der Oberrhein blieb über Jahrhunderte eine stete politische Krisenzone.

Der 1. Weltkrieg erinnerte sich der Strategie der Schwarzwaldlinien und Schwarzwaldsperren. Der Schlieffenplan, Operationsplan des deutschen Heeres zu Beginn des Krieges, ließ die Paß- und Gebirgsbefestigung auferstehen und bestimmte das Land zu Füßen des Waldes zum Brandherd eines kontinentalen Großbrandes. Friedrich Meinecke, der bedeutende Historiker, hat die Jahre 1906–1914 in Freiburg verbracht; im Nachhinein erschaudert er:
»Merkwürdig, wie unser Schicksal damals in Freiburg abhing von der Ausführung des großen Schlieffenschen Operationsplanes. ... er wurde bekanntlich verwässert und wir wurden vor einer Invasion bewahrt.«

Von einem Dreisamtäler Chronisten stammt eine schon zeitlose Besinnung aus den Kriegsjahren ums Jahr 1800:
»Heute unter dem Schutz des kaiserlichen Kommandos, morgen den Einfällen der Franzosen bloßgestellt ... und so ist der Krieg immer die Plage des Landes, man mag hernach freundliche oder feindliche Truppen haben.«

Neuanfang in Wirrnissen
Nur langsam wächst die Liebe zu Baden

»Und nun ist Breisgau nicht mehr Breisgau« resumiert der resignierende Abt des Klosters von St. Peter, Ignaz Speckle, in seinem Tagebuch, nachdem die Länderneuordnung des Presburger Friedens vom 26.12.1805 den Breisgau dem Großherzogtum Baden zugeschlagen hat. Die Geschichtsfakten sind rasch zusammengestellt: 1797 tauchen die ersten Gerüchte auf, der österreichische Kaiser werde den altösterreichischen Breisgau vertauschen; dann folgt eine beklemmende Zeit bangen Wartens und hektisch aufeinanderfolgender Überraschungen; endlich nimmt Kurbaden, inzwischen Großherzogtum, das Land in Besitz. Am 30.6.1806 ist die feierliche Huldigung an die neue Landesherrschaft. »Vom 1. September fangen die badischen Gesetze an«; »so ist nun die alte Breisgauische Verfassung dahin.« – Die neue Zeit hatte freie Bahn.

Die Geschichte erzählt gerade aus dieser Zeit zahlreiche Absonderlichkeiten. Habsburg führte über die Jahrhunderte eine glücklose Oberrheinpolitik und war der Verlierer der Zeit. In den napoleonischen Neuordnungsplänen wurde Vorderösterreich zeitweise international wie eine freie Verfügungsmasse gehandelt. Das Land wurde 1801 im Frieden von Luneville zerschlagen, das linksrheinische Fricktal am Hochrhein abgetrennt, der übrige Breisgau Herkules III., Herzog von Modena, Massa und Carrara zugeteilt als Entschädigung für dessen Länderverlust bei der Gründung der Zisalpinischen Republik. Von Rotteck stammt der Ausspruch, »die Breisgauer seien gleich einer Schafherde an einen bankrotten Italiener verhandelt worden.« Herkules war aber nicht gesonnen, diesen Ländertausch anzunehmen; so hielten sich ständig neue Gerüchte und Zweifel über die Zukunft – und die Franzosen blieben im Land! Mal hieß es, Modena sei doch zur Annahme bereit, mal erwartete man die Anektion durch Baden, mal fürchtete man den Zugriff Württembergs oder Bayerns, mal kursierten Gerüchte, der Breisgau könnte Republik und schweizerischer Kanton werden, mal nährten österreichische Freundlichkeiten die vage Hoffnung auf Verbleib bei Habsburg. Herkules hatte seine Gründe für die Ablehnung: der Breisgau war ihm zu klein und die ständische Verfassung des Landes war ihm zuwider. Überlagert wurde die Unsicherheit durch innere Streitfragen; aufgrund des Reichsdeputationshauptschlusses warteten die Malteser auf die Aufhebung der breisgauischen Klöster und darauf, mit deren Territorien abgefunden zu werden. In dieser Lage überstürzt sich plötzlich alles; gerade erklärt sich Herzog Herkules doch zur Annahme des – nunmehr um die Ortenau vergrößerten – Breisgaus bereit, kaum sind die Übernahmefeierlichkeiten am 2.3.1803 vollzogen, da verstirbt am 14.10.1803 Herkules von Este, »Herr des Breisgaus und der Ortenau«, die Spekulationen beginnen von Neuem. Nächstfälliger Erbe ist Erzherzog Ferdinand, Sproß einer Nebenlinie der Habsburger – aber gerade das galt ja als ausgemacht, daß das Land nicht bei Österreich verbleiben soll. »Ein König, ein Kurfürst und ein sich christlich nennender Orden streiten sich ums Land« – allenthalben setzt man schon auf den Zuerwerb. Napoleon teilte die Vorliebe für politische Arrangements durch Ehestiftung. Er entlobte Baden und Bayern, band Bayern durch eine neue Ehekombination an sich und ließ Baden seinen Wunsch der Vermählung Prinz Karls mit Fräulein von Beauharnais wissen. Gebietswünsche Badens kamen in den Sondierungen ins Gespräch, Napoleon bot den Breisgau als Mitgift an; als bemängelt wurde, daß

Stephanie nicht Angehörige der napoleonischen Familie, sondern nur angeheiratete Nichte des Kaisers sei, war Napoleon rasch entschieden: »Eh bien, je l'adopte« – er adoptierte sie. Die Weichen für das Schicksal des Breisgaus im Presburger Frieden waren gestellt. Im Land selbst waren die Wirren noch nicht beendet. »Die Württemberger fürchtet man wie die Hölle« klagt ahnungsvoll Ignaz Speckle; plötzlich galt als gewißlichste Nachricht, daß der Breisgau zwischen Württemberg und Baden sollte aufgeteilt werden. Im Januar 1806 erscheint völlig überraschend eine Königlich-Württembergische Besitznahmekommission in St. Peter, der Abt wird durch Handgelübte auf seine Majestät den württembergischen König eingeschworen. Weitere Nachrichten sind alarmierend: Das württembergische Kommando zieht eine Grenze vom Kandel, das Attental abwärts, nach Ebnet, quer durchs Dreisamtal und südwärts über den Schauinsland und Stohren auf den Belchen und von da bis zum Möhlinbach bei Rheinfelden. Die Württemberger nehmen eiligen Besitz von Zarten und stellen quer zum Dreisamtal ihre neuen Grenzmarkierungen und Hoheitstafeln auf. Knapp eine Woche später erscheint in St. Peter eine Malteserkommission, die das Kloster für den souveränen Malteserorden reklamiert. Auch diese Aktion ist ernst, die Malteser halten den Anspruch aufrecht, bis sie selbst in dem badischen Zugriff auf Heitersheim überrollt werden. Als dann am 31.1.1806 in Freiburg die badische Gesandtschaft einzieht, hält Württemberg seine Hand über das Dreisamtal, liegt ein Kommando württembergisches Militär in den Talorten. In diesem Moment notiert Ignaz Speckle: »Eine Trennung des Landes wird befürchtet, die Trennung der Gemüter ist bereits geschehen.«

Diplomatische Kanäle erst können die Lage klären. Ein Auslegungsstreit über den Presburger Frieden ist Anlaß der Krise; der Teil des Breisgaus, der »in den Württembergischen Besitzungen eingeschlossen ist und östlich einer Linie vom Schlegelberg zum Mohlbach liegt«, soll Württemberg zufallen, das übrige Land Baden gehören. Der badische Bevollmächtigte Freiherr von Reizenstein meint, daß sich auf seinen Karten derlei Angaben wie »Mohlbach« nicht fänden; Talleyrands topographische Karte war offensichtlich ebenso fehlerhaft. Der mit der Grenzfrage befaßte französische Bürokrat ließ durchblicken, die Grenzziehung sei »überschnellt« worden, da man ihm für die Aushandlung mit Bayern, Württemberg und Baden nicht mehr als 27 Stunden Zeit gelassen habe. Nunmehr fällt erneut Frankreich die Rolle der Abklärung zu, Speckle beobachtet einen französischen General und eine Kommission, die sich im Gelände um die Grenzziehung bemühen. Endlich gilt die Wasserscheide im umstrittenen Terrain als neue Markierung. Württemberg muß sich mit dem Erwerb von Villingen und Bräunlingen zufrieden geben und aus dem Dreisamtal wieder abrücken. Markgraf Wilhelm von Baden läßt seine Leser miterleben, wie eine solche Grenzziehung von Napoleon diktiert wird:

»Da es zwischen Baden und Württemberg wegen einiger Orte zu Differenzen gekommen war, habe man in Karlsruhe dem Kaiser bei seiner Ankunft bitter geklagt. Napoleon habe sich darauf sofort eine Karte geben lassen, die Grenze mit einem Tintenstift bezeichnet, und darauf hinweisend das Blatt mit den Worten zurückgegeben:

›C'est pour vous, et cela pour les autres! Arrangez-vous!‹« – Dies hier gehört Ihnen, und das hier den anderen! Richten Sie sich danach!

Nach solchen Vorspielen kommt es am 15. April 1806 zur feierlichen Zeremonie, in welcher der französische Intendant Monard das Land dem badischen Kommissär Hofrichter von Drais für den Großherzog übergibt; französisch werden die Ansprachen im Münster gehalten, die Zeichen dokumentieren, daß dieses neue Baden ein französisches Kind ist. Mit der vorläufigen Besitznahme durch Baden war auch das Kloster St. Peter bereits kurzerhand aufgelöst worden. Dem Prälaten wurde sogleich und eindringlich jede Ausübung irgendwelcher territorialer Rechte untersagt. Die Anordnungen gegenüber den anderen Landsassen waren nicht anders direkt und unverhohlen. Die alte Verfassung des Landes galt als automatisch außer Kraft gesetzt; die Klöster waren erloschen, die Landesrepräsentation gegenstandslos. Die Neuordnung entrückte jeden Gedanken der Provinzautonomie. Freiburg, das sich seit 1805 offiziell Landeshauptstadt nannte, erhielt in der neuen Verwaltung lediglich eine zentralistisch eingerichtete Unterbehörde, eine »préfecture à la mode française«. Mancher erinnerte sich da des Worts Talleyrands: »Nur wer vor 1789 gelebt hat, weiß eigentlich, was leben heißt!« Die Freiherrn von Sickingen, ehemals Herren zu Ebnet, Breitnau und Hinterzarten, verkauften ihren ganzen Breisgauischen Besitz und zogen fort; »sie wollten keinem anderen Herrn als dem Kaiser dienen«, gilt als Zeugnis ihrer Betroffenheit – und manche Gedankenbrücken sprechen dafür, daß sie es tatsächlich so meinten.

So begann für den Breisgau, für Freiburg und das Dreisamtal die badische Zeit als Neuordnung aus französischer Hand. Für Österreich blieb die Preisgabe der vorderen Lande ein Tauschgeschäft mit Wiedergewinn Salzburgs und des Innviertels. Badische Notizen decken 1818 noch weiträumigere Zusammenhänge der Streitfrage um den kleinen Breisgau mit dem politischen Geschick des Freistaats Krakau auf; im übrigen schloß russische Protektion auf dem Aachener Kongreß 1818 jedes Rütteln am badischen Besitzstand aus. Die Hoffnung auf Revision zerschlug sich. Baden seinerseits ging im Altösterreichischen nicht zimperlich gegen »Österreichtümelei« vor; als Breisgauer 1814 nach Basel wallfahrten, um Kaiser Franz eine Petition auf Rückkehr des Breisgaus zu übergeben, ließ die Regierung ein Regiment badischer Soldaten in Freiburg einrücken, »um die Freiburger mores zu lehren«.

Daß Baden da die Liebe der Breisgauer nur langsam gewinnen konnte, sollte nicht verwundern. Auch konfessionelle Vorbehalte waren nicht ohne Einfluß. Die persönliche Integrität des hochangesehenen Großherzogs Karl Friedrich gab Vertrauen in die Zukunft. So konnte Karl von Rotteck die Altösterreicher ermutigen: »Der Breisgau habe einen guten Fürsten verloren, um den besten zu gewinnen!«

Das Talbuch

Auf Wanderpfaden beidseits der Dreisam
Allerlei Wissenswertes am Wegrand

»Ausführliche und grundrichtige Beschreibung« nannten früher Reiseführer ihre genauen, umfassenden, liebenswerten, schon poetischen Landschaftsbilder. Zur guten Beobachtung gehört nicht nur der rechte Blick, nicht nur einfühlsames Empfinden, gehört manchmal auch etwas Behäbigkeit. Hermann Hesse, nobler Schriftsteller, gelegentlich auch Reiseerzähler, schreibt 1925 vom Glücksfall, im Eisenbahnwagen einem verstehenden Menschen, einem Herzensfreund zu begegnen, der

»mit dir aussteigt und an irgend einer hübschen Station dir nachsehen hilft, ob Gras und Blumen, ob blauer Himmel und Wolken noch vorhanden sind.«

Heinrich Vierordt äußert ähnliche Vorliebe für eine sinnentiefe Landschaftserfahrung:

»Ich fahre noch mit Leidenschaft in Bummelzügen und bin stets bekümmert, wenn die Fahrt sich zu Ende neigt.«

Der Gefühlsbegabte spürt die Wendung:

»Das Tor zur Heimat liegt bei den kleinen Bahnhöfen«

Das Talbuch folgt einem einprägsamen Programm: Wanderwege, unendliche Wanderwege durchstreifen das Dreisamtal und die Dreisamtalberge – und nur der Wanderer findet das Wissenswerte am Wegrand. Dort, unterwegs, knüpft sich wie von selbst die Zwiesprache mit der Landschaft, drängt sich durch irgend einen zufälligen Anstoß, einen Grenzstein, ein Wegkreuz, einen parkschönen Baum, ein Gemäuer, ein Haus, ein Zusammentreffen, einen Zuruf oder ein Tischgespräch das Gedankenspiel der Zusammenhänge, der Ausflug in die Geschichte auf, wie schon Christian Ludwig Fecht sich unversehens im Dreisamtal bestärkt fühlte, darüber nachzusinnen,

»ob das Vaterland, wenn der letzte Zähringer Berthold die deutsche Königskrone angenommen, gewonnen oder verloren hätte.«

Dort hinter Oberried mag sich die Frage nach dem Schicksal des Klosters der Wilhelmiten entzünden – und die Umschweife zu den Klöstern von St. Peter und St. Märgen schließt sich an – und niemand wird richten, ob auch der Ausflug auf den St. Johann–Baptistenberg zur Kartause gleiches Bedenken hätte anstoßen können. Drüben bei Baldenweg bröckeln Steinreste unter dem Wanderschuh, die Gedanken kreisen eine Weile über Burg Falkenbühl und entfliehen dann zu den Rittern und Burgen von Burg Wiesneck, Burg Falkenstein oder zur Wilden Schneeburg. In Burg am Wald fällt der Blick am Wagensteigbach auf die altertümliche Kienzlerschmiede, und schon entschlüpfen die Eindrücke zu den alten Schwarzwälder Handwerkerberufen, zu den Uhrmachern in Kirchzarten, zum Altarschnitzer in den Spirzen, zu den Köhlern von St. Wilhelm, zu den Glasbläsern in Falkensteig. Holzfäller, vielleicht droben am Hundsrücken tätig, geben das Stichwort – und die Neugierde überhüpft den Talgrund nach Wagensteig, nach Zastler, nach Kirchzarten, um überall die unsichtbaren Spuren einer unglaublichen Holzflößerei vom hinteren Dreisamtal nach Freiburg aufzudecken. Sonntägliche Eindrücke in Buchenbach lassen danach fragen, wie es mit dem gleichen Brauchtum in Oberried steht. So führt jede noch so alltägliche Wanderung zu weiterziehenden Gedanken und umschweifenden Umblicken, zu neu aufbrechenden Erkundungswünschen, zu Anstößen und Motiven, zu einer ganzen Kette von »Aufhängern« für umspringende Erzählungen, zu kleinen Rundflügen über das Tal. Das Wanderziel bestimmt das Thema, steht aber nicht allein im Brennpunkt der Erkundung.

Das hier aufgezeichnete Talbild versteht sich ohnehin nicht als vollkommene, lückenlose Talchronik, es folgt zufälligeren Fährten. Hans Thomas Eindringlichkeit, seine Freude am vielerlei, könnte den Weg begleiten: »Ich möchte alles wissen, was in der Heimat vorgeht. Ich möchte wissen, ob es Schnee hat und was die Geisen machen! Blühen die Beeren? – Ruft der Kuckuck im Wald? Hat's Busseli noch hie und da Streit mit den Hühnern?

Der »Talgang« der Gemeinden und Pfarreien
Ein Rundblick über Buchenbach ins weite Dreisamtal

Die überraschende Vielfalt des Dreisamtals zeigt sich auch in der Vielzahl seiner Namen; »Zartner Tal«, »Kirchzartner Tal«, historisch auch »Kirchzarter Tal«, »Dreisamtal«, »Zartener Becken« sind geläufige Bezeichnungen; einzelne Talanteile haben dazu noch besondere Rufformen wie die mehrfachen Vornamen eines gemeinsamen Familienstamms: »Wiesnecker Tal«, »Himmelreich«, auch »Ebneter Tal«, »Oberrieder Tal«, »Falkensteiner Tal«, »Ibental«, »Zastlertal« mehren die Großfamilie. Andererseits ist »Freiburger Tal« nicht gebräuchlich; Freiburger Urkunden sprechen oftmals einfach vom »Tal«.

Jeder Zirkelschlag besitzt seinen »Stechpunkt« in der Mitte; das Talrund des Dreisamtals, der Kreisbogen der Wasserscheide, hat seinen Drehpunkt ziemlich exakt am Frauensteigfels. Die ausgesprochene Aussichtslage rechtfertigt diese Hervorhebung; der Talgrund liegt wie eine Spielzeuglandschaft zu Füßen des Betrachters. Der Rundblick über Buchenbach ins weite Dreisamtal gewährt eine eindrucksvolle Talübersicht und präsentiert zugleich ein Talbildnis von reizvollster Perspektive.

Das untere Dreisamtal hat seine Augenfälligkeit in einem Bild der Weite und Großzügigkeit, in das die feingewobene Muster der Matten und Felder, der Bachläufe und Gehölze, der Dörfer und Siedlungen unregelmäßig wie in einen wertvollen Teppich eingestreut sind. Der Lebensraum ist verhalten getönt, unaufdringlich geordnet. Das alte Kirchzarten in der Talmitte wirkt eher bescheiden, der Flecken und Markt ist nicht zur

Blick über Buchenbach »ins Tal«.

alleindominierenden Silhouette aufgeschossen, die das Tal völlig überstrahlen könnte; eine gewisse »Dickwamstigkeit« bleibt indes auch hier nicht verborgen; aber selbst die freistehende Fremdenstadt Birkenhof fügt sich leidlich ins Laub der Umgrünung. Das Tal überzeugt schon auf den ersten Blick in modern durchwachsenem Habitus. Als Wanderführer sollte man vorbeugen; Josef Bader weiß um den allzu berechtigten Einwand:

»Ich werfe keinen Stein auf unsere Neuzeit, um die alte dadurch unbillig zu erheben. Die Bewegung ist ein ewiges Gesetz der Welt und der Fortschritt eine Wesensart der menschlichen Kultur.«

Nur ganz vorsichtig schränkt er den übersetzten Modernismus ein:

»Maß und Weise können den Fortschritt zur Streitfrage machen!«

In schönster Landschaft liegt das ehemalige Wilhelmitenkloster, der heutige Talort Oberried.
Blick über Oberried ins Zastlertal mit dem »alpinen« Gipfel des Rotecks

Selbst aus der Vogelschau vom Frauensteigfels muß man suchen, bis man die Talorte alle entdeckt. Vier modern gestaltete Gemeinden liegen in der unteren Talebene des Dreisamtals: Buchenbach (2819 Einwohner), Kirchzarten (8364 Einwohner), Oberried (2463 Einwohner) und Stegen (4217 Einwohner). Aber jede dieser 4 zeitgemäßen Gemeinden ist ja für sich nur eine taktische Einheit, vor wenigen Jahrzehnten bestanden im gleichen Talgrund noch 16 selbständige Dörfer, gewach-

Oberried hat Hofsgrund, St. Wilhelm und Zastlertal (eingegliedert jeweils 1974) aufgenommen und Stegen hat neuerdings die ehemals selbständigen Orte Wittental (eingegliedert 1974) und Eschbach (eingegliedert 1975) eingeholt. Die bereits nahtlos mit der Großstadt verwachsenen Talorte Ebnet und Kappel sind der Stadt Freiburg (eingegliedert 1974) zugefallen.

Gleitet der Blick sodann über den Talgrund hinweg auf die Höhengalerien des Dreisamtals, so entdeckt er

Kirchzarten – St. Gallus, die Hauptkirche des Dreisamtals, davor das respektable ehemalige Wasserschloß, von 1500 bis 1806 Sitz der Freiburger Talvogtei
Federzeichnung von F. Lederle von 1881

sene Ortschaften, die auch heute noch das Talbild bestimmen. So umfaßt das moderne Buchenbach auch die früheren Gemeinden Falkensteig (eingegliedert 1971), Wagensteig (eingegliedert 1973) und Unteribental (eingegliedert 1975), das heutige Kirchzarten umschließt Zarten und Burg (beide 1974 eingegliedert), das heutige

die Nistplätze der Berggemeinden St. Peter (2156 Einwohner), St. Märgen (1641 Einwohner), Breitnau (1606 Einwohner) und Hinterzarten (2197 Einwohner). Die Höhensiedlungen reichen zwar mit geringen Gemarkungsanteilen auch über die Wasserscheide des Dreisamtals »in fremdes Land« hinüber, sie ziehen sich je-

99

Spätsommerliche Idylle der Hochlagen ums Dreisamtal   Das Hannesleshäusle mit Blick auf Breitnau und den Roßberg

doch ebenso diesseits mit einzelnen Teilorten über die Waldstufe hinunter; Breitnau besitzt in den Bahnhöfen Hirschsprung, Posthalde und Höllsteig allein 3 Haltepunkte der Höllentalbahn auf eigenem Gemarkungsgebiet und ist dennoch nur über den »Hauptbahnhof« des Nachbarorts Hinterzarten verkehrsmäßig erschlossen – ein kleines Kuriosum.

Hat das Auge die alten Dreisamtalorte in ihrer Mehrzahl erst einmal ausgemacht, stößt der Blick auf weitere Kleinsiedlungen und nebenliegende Häusergruppen; Honoratioren und Schäppeletrachten von damals noch 24 selbständigen Gemeinden begrüßten 1770 Marie Antoinette auf ihrem gefeierten Brautzug durchs Höllental. Aber die Besiedlung des Dreisamtals ist noch

feingliedriger, die Orte liegen in einem Sternenkranz abgerückter Zinken und Weiler, oder sie bestehen überhaupt nur aus zerstreut liegenden Höfen. Von Oberried sagt die geographische Beschreibung von 1816:
»Die Vogtey umfaßt die Orte und Zinken Oberried, Föhrlinsbach, Geroldthal, Wittelsbach, Zipfentobel, Hörnigrund, Goldberg, Rabeneck, Ochsenlager, Meerswendi, Bergbrunn, Erlebach, Gefällmatten, Glaßer-

stand. Anhand von Urkunden, Nachrichten und Karten lassen sich eine ganze Reihe verschwundener Dörfer, aufgelassener Höfe, nicht mehr besiedelter Burgplätze nachweisen. Adolf Poinsignon, der geschichtsbeschlagene Stadtarchivar in Freiburg, hat 1887 noch insgesamt 29 eingegangene Orte und Siedlungsplätze aufgefunden. Hierunter stehen Ortsnamen wie »Misswende« und »Meerswende«, was ein »minderes« und ein »mehreres«

Joe Dunne »Dietenbach« (1980)

schlag, Holderschlag, Kazensteig, Steinwasen, Strohberg, St. Wilhelm und zählt 680 Einwohner.«
　Zählt man erst einmal die vielen eigenständigen Siedlungskörper des Tales vom Pfarrort über Nebenort, Ortsteil, Weiler, Zinken, Hofgruppe bis zum Einzelhof in der Einöde, so errechnet der Umblick die erstaunliche Vielzahl von 300 selbständigen Wohnplätzen in dem einen Talrund!

　Da überrascht, daß im Gebiet des Dreisamtals in früheren Jahren eine noch stärkere Siedlungsdichte be-

Schwende, einen Rodungsort am Ausgang des Zastlertals bezeichnet; ein Hofgut Burkarzlehen dürfte nahe des Attentals gelegen haben, das Hofgut Bernhoupten ist urkundlich wiederholt im Zusammenhang mit der Dreisamquelle am Turner belegt. »Banzenmoos«, »Gitzenhofen« sind verzeichnet. Von aufgelassenen Burgen berichtet die Kunde ebenso wie von mehreren, erst im letzten Jahrhundert abgerissenen Einzelhöfen.
　Die kleinräumige Absonderung in vielerlei Gemeinden und Ortsteilen bestärkte seit altersher im Volksmund die liebenswert-amüsanten Ortsneckereien und

»Trinkt, o Augen, was die Wimper hält,
von dem goldnen Überfluß der Welt!«
Aus Gottfried Kellers »Abendlied«

Blick vom »Eschbacher Eck«, der Anhöhe zwischen Eschbachtal und Steurental, nach Osten.

Löffelschmiede im Höllenthal

Eine altdreisamtäler Postkartensammlung

Ungenauigkeit unserer Kenntnisse der Christianisierungszeit hinweg. Die allerersten Zeugnisse christlicher Religiosität im alemannischen Volk datieren in die 2. Hälfte des 6. Jahrhunderts, von einzelnen, zumeist wieder verlorenen Religionsübungen in römischer Zeit abgesehen. Columban, Gallus, Fridolin haben sich in dieses heidnische Alemannien gewagt; Fridolin war geradezu »Propagandist« der Hilariuskirchen; St. Hilarius von Ebnet erfährt so eine frühzeitige Deutung.

700; noch von ihr, so will es die Legende, soll im Seitendobel des Dreisamtals die erste kleine Andachtsstätte errichtet worden sein; verläßlich ist der Rückblick bis ins Jahr 1300. Die Legende vom Wunderort im Dreisamtal findet auch in den elsäßischen Berichten seine Bestätigung, entspricht also nicht allein lokalem Kolorit.

Auch aus der Zeit der Gründung der Galluspfarrei Kirchzarten lassen sich noch keine urkundlichen Nachrichten auffinden. Im 8. Jahrhundert entstand nach fe-

Die Fridolinslegende auf einer Votivtafel aus der Fridolinskapelle beim Breitehof von 1600

Freskenschmuck der Wallfahrtskapelle St. Ottilien aus dem 16. Jh. (Kreuzigung, St. Christopherus, Bilder aus dem Leben der Eltern Mariens). Davor eine kunstvolle Pietà von 1500

Am Breitehof gleich außerhalb Ebnet hat sich mit der kleinen, um 1600 erbauten Kapelle eine echte Fridolinsstätte erhalten. Eine Votivtafel des ehemaligen Kapellenschmucks zeigt die bekannte Wunderszene aus dem Leben des »lieben heiligen sand Frütlein«: Der Heilige tritt mit dem in einem Rechtsstreit um Schenkungsgut als Zeugen zitierten Schenker vor Gericht; dieser – da längst verstorben – erscheint als Totengerippe.

Aber auch St. Ottilien gleich unterhalb Ebnet deutet aus der Legende der heiligen Odilia auf frühchristliche Traditionen. Odilia verbirgt sich nach der Geschichtsdeutung in einer Felsengrotte des Dreisamtals vor dem ihr in ungerechtem Zorn zürnenden Vater, und ihre Tränen, welche sie in der Kluft weint, rinnen als trostreiche, heilsame Quelle ans Tageslicht. Odilia starb ums Jahr

ster Meinung die Pfarreinheit, die das ganze Tal zusammenfaßte. Zusammenhänge deuten auf eine allgemeine Pfarrneueinteilung im jungen Bistum Konstanz. Hier im Dreisamtal richtete das Kloster St. Gallen die zentrale Großpfarrei ein und verwaltete sie annähernd 600 Jahre. St. Gallen spielt eine überragende Rolle in der Dreisamtäler Kirchengeschichte. Großer Güterbesitz machte das Dreisamtal der frühen Jahre zu einer »Dependance« des gerngesehenen und geschätzten Klosters am Bodensee, das noch aus der Zeit der alemannisch-fränkischen Machtkämpfe ein geradezu politisches Ansehen als »alemannisches Stammeskloster« genoß. Das St. Gallus-Patrozinium der Urkirche des Dreisamtals ist ein beredtes Zeugnis der frühen klösterlichen Talherrschaft. Das Wappen und Siegel Kirchzartens schließt sich mit dem St. Galler Symbol an; die Szene der St. Gallus-Legende mit dem friedlichen, dienstbar gewordenen Bären haben spätere Künstler in der Kirche in einem gotischen Schlußstein und im barocken Altargemälde wiederholt. Vom Jahr 765 stammt die erste schriftlich bezeugte Nachricht von neuen Güterschenkungen ans Kloster St. Gallen, der Schenkungsbrief ist zugleich die erste urkundliche Erwähnung der Mark Zarten. Der Textinhalt, ein gewisser Trudpert schenkt dem Kloster St. Gal-

Warum das Kloster St. Gallen im Jahr 1297 seinen ganzen Besitz, den Dinghof und Pfarrsatz, an die Freiburger Sankt-Johanniter-Commende verkaufte, ist noch nicht näher auszumachen. Die Johanniter als Nachfolger St. Gallens bleiben ihrerseits erneut über 500 Jahre die Inhaber des pfarrlichen Nutzungsrechts, der Zehntrechte, und des Pfarrbesetzungsrechts; erst 1806 verfiel ihre Rechtsstellung im Tal. Die Johanniter – Malteser – stellen somit den zweiten, großen »Kirchen-

St. Gallus in Kirchzarten (1980)
Radierung des Dreisamtalkünstlers Heinz Rausch

Die Kirche von Kirchzarten
Schmuckvignette aus dem 1. Band der Zeitschrift »Schau-in's-Land« von 1874

len Felder und Wald zusammen mit seinem Leibeigenen Waldkazo, läßt Raum für mancherlei historische Ausdeutungen. Weitere Schenkungsübertragungen folgen, Schriftzeugnisse der Jahre 761, 791, 816 und 848 verdeutlichen bereits das ursprünglich vage Anfangsbild. Bald entstehen neben der pfarrlichen Mutterkirche in Nebenorten und entfernteren Außensiedlungen Filialen und Kapellen. Die Zähringerzeit bricht mit ihren Neuakzenten in die Kontinuität der St. Galler Talordnung; St. Peter ersteht, und auch St. Märgen nimmt vor dem St. Gallischen Platz in Anspruch; ein päpstlicher Legat vermittelt wenige Jahre nach der Klostergründung St. Märgens die Abgrenzung gegenüber den Altzehntrechten der Talpfarrei St. Gallus von Kirchzarten. Erstmals sind Talgebiete von der Großpfarrei getrennt, »abgerissen« worden.

patron« des Dreisamtals, das Malteserkreuz erinnert vielfach an die zweite Kirchenherrschaft im Tal.

Bis zum Jahr 1631 blieb die kirchliche Einheit des Tals erhalten, sofern nicht doch schon mit Kappel und Ebnet frühe, eigenständige Kirchorte vorhanden waren. Ebnet zählt jedenfalls später wieder zum Pfarrsprengel Kirchzarten. Um das Jahr 1600 erreichte das Kirchspiel, »der Talgang«, eine Ausdehnung von über 42 verschiedenen Ortschaften und Weilern. Der Kirchzartner Pfarrherr Jakob Saur hat in seiner kleinen Pfarrgeschichte von 1936 eine solche historische Pfarreibeschreibung für die Zeit um 1500 zusammengestellt. Der Talgang zählte danach folgende Orte und Ortsteile:
»Kilchzarten, Höven, Attental, Breyd, Falkenbühel, Ballenburg, Baldenweg, Witental, Zarten, Wyler, Stegen,

Die Zeit der alten Talherrschaft ist abgelaufen – Wappen von Freiburg und Österreich neben der Sonnenuhr an der Südwestwand der St. Johanniskapelle in Zarten.

Moß, Rechtenbach, Nodlen, Wylersbach, Schlempenfeld, Mißwendi, Zastelberg, Burg, Brand, Eychen, Birchen, Reyn, Eschbach, Böglinsbach, Yban, Wolfstyg, Wagensteyg, Valkenstein, Bouchenbach, Ziegelhof, Biczenbach, Wisnegk, Erlach, Ebnit, Oberried, Gerenstal, Dietenbach, Wolfenbach, Grenczenbach, Stürental, Spircz, Nüvenhüser, Bickenrüti.«

Erst im Jahre 1631 erhält Ebnet in genau protokolliertem Ablauf seine Anerkennung als eigene Pfarrei; lange Zeit hatten die Ebneter reklamiert, daß die Entfernung nach Kirchzarten »bei der landläufigen Witterung« nur zu Unzuträglichkeiten auf Seiten der Pfarrkinder wie auf Seiten des »Frühmessers«, des Kaplans von Kirchzarten, führen müßte. Die Familie der Freiherrn von Sikkingen, die Ebnet zur Sommerresidenz und die Ebneter Kirche zur Familiengruft erkor, sicherte 1632 den materiellen Bestand der Pfarrverselbständigung.

Daß die Talentfernungen gelegentlich zu Unmut führten, ist auch anderweitig bezeugt. 1660 muß sich ein Pfarrherr von Kirchzarten, Pfarrer Antonius a Viviaco, verschiedener Anfeindungen erwehren, wozu die Versicherung gehörte, daß er sich für die Versehgänge einen Esel halte, auf diesem jedoch den schlechten, kaum gehbaren Weg ins Zastlertal gleichwohl nicht zurücklegen

könne, ohne die Heiligen Sakramente zu gefährden; es sei billig, daß ihm die Bauern bei einem Anruf zu einem Krankenbesuch ein Pferd stellten, »das den Weg gewohnt sei«.

Die ungewöhnliche Großform des Pfarrsprengels von Kirchzarten blieb bis ins 18. Jahrhundert erhalten. Noch 1780 rechnen 23 Vogteien mit 5000–6000 Seelen zur Pfarrkirche des Heiligen Gallus. Erst die Josefinische Reform brachte 1777 den Anstoß zur Aufteilung, zur Neubildung eigenständiger Kirchspiele in Oberried,

Das Innere der ansprechenden, neugotischen Kirche St. Blasius und St. Agatha in Buchenbach mit dem künstlerisch hochwertigen Schnitzaltar von 1903

Eschbach und Buchenbach. Mit der Auflösung der Klöster von St. Peter und St. Märgen mußten auch dort Pfarrstellen geschaffen werden, bald erhielt auch Hofsgrund seine eigene Pfarrversorgung. So entstand aus der einen Talpfarrei dann doch ein ganzer Kreis eigenständiger Ortskirchen. Rund 150 Jahre später wurde unter dem Druck der gewachsenen Bevölkerung eine nochmalige Pfarrneugliederung beschlossen und das nördliche Dreisamtal mit Attental, Wittental und Zarten, Stegen, Rechtenbach und Unter- und Oberbirken zur neuen Pfarrkuratie Stegen vereinigt. In biblischer Zwölfzahl zeigen sich nunmehr die Dreisamtalpfarreien; im Talgrund finden sich

die Pfarrei Buchenbach (St. Blasius und St. Agatha)
    mit der Nikolauskapelle in Wagensteig,
    der Nikolauskapelle in Falkensteig,
    und der Kapelle der Schmerzhaften Mutter auf dem
    Kreuzberg,
die Pfarrei Ebnet (St. Hilarius)
    mit der St. Wendelinskapelle,
die Pfarrei Eschbach (St. Jakobus der Ältere),
die Pfarrei Hofsgrund (St. Laurentius)
    mit der Josefskapelle auf der Halde,
die Pfarrei Kappel (St. Peter und Paul),
die Pfarrei Kirchzarten (St. Gallus)
    mit der Muttergotteskapelle auf dem Giersberg,
die Pfarrei Oberried (Krönung Mariae)
    mit der Kapelle Maria Königin in St. Wilhelm
und die Pfarrei Stegen (Herz-Jesu)
    mit der Sebastianskapelle bei Schloß Weiler
    und der St. Johanniskapelle in Zarten.
Auf den Talhöhen trifft man auf
die Pfarrei Breitnau (Johannis der Täufer),
die Pfarrei Hinterzarten (Mariae Himmelfahrt)
    mit der St. Oswaldkapelle in Steig,
die Pfarrei St. Märgen (Mariae Himmelfahrt)
    mit der Ohmenkapelle (Judas Thaddäus und Engelsfest),
    der Nikolauskapelle in der Klausmatte
    und der Wolfgangkapelle auf dem Turner
und die Pfarrei St. Peter (Apostel Petrus)
    mit der St. Ursulakapelle
    und der Wallfahrtskapelle der Mutter Gottes vom
    Lindenberg.

Aber noch lange Jahrzehnte überdauerte die einstige Großpfarrei St. Gallus in einer neuen kirchlichen Einheit, der Regiunkel »Tal und Wald«, die Zerstückelung der alten Talpfarrei von Kirchzarten. Auch die neuen Pfarrorte blieben Kirchspielorte, bis die letzte Gemein-

dereform die Kirchspielverfassung weitgehend verdrängt hat.

Auffallen muß in dieser kleinen Kirchengeschichte des Dreisamtals, daß das Tal über die Jahrhunderte als vorderösterreichisches Territorium stets ausschließlich katholischen Glaubens blieb. Die Regierung wachte sorgsam über die konfessionelle Einheit; in der Bergbaugeschichte findet sich die Belehrung, daß »nur bey ermangelung katholischer dafür acathol. Gewerken belehnt werden dürfen«, und das »nur bey anstellung röm.-cathol. Huthleut und übriger Arbeiter.«

Es sollte dennoch nicht überraschen, daß auch das Dreisamtal von der Reformation nicht unberührt blieb. In der Kartause regte sich der Geist Luthers und fand Anhänger in Mönchen, die später in Straßburg Unterschlupf suchten. In den schwedischen Jahren des 30jährigen Kriegs wurde auch in Freiburg evangelischer Gottesdienst gehalten, im Münster evangelisch gepredigt. Noch eine andere Maßnahme bewahrte dem Breisgau die konfessionelle Geschlossenheit; durch Absicherung der breisgauischen Stände aus dem 16. Jahrhundert waren Zuzug und Niederlassung von Juden ausgeschlossen. Als Kaiser Josef am 1.10.1783 das Toleranzedikt der konfessionellen Gleichheit vor dem Gesetz verkündigte, gaben die breisgauischen Stände die Verordnung reicht widerwillig zur Bekanntmachung und fügten von sich aus den beredten Kommentar an:
»Hierauf ist bei allenfalls vorkommenden, in unserem rein katholischen Breisgau noch sehr entfernt scheinenden Fällen genauestens zu achten!«
Man wurde sogar bei Kaiser Leopold mit Gegenbemerkungen vorstellig:
»So zähle man im ganzen Breisgau nicht nur keinen Ort, sondern auch mit alleiniger Ausnahme eines erst im Jahre 1788 der Stadt Freiburg wider ihren Willen aufgedrungenen lutherischen Frisörs keinen Bürger in den Städten noch einen Untertanen in den Dörfern, der nicht katholisch wäre!«
Man hätte, so bemerkt Eberhard Gothein, immerhin den vom Rheinland zugezogenen protestantischen Professor der Universität und liebenswürdigen Dichter Johann Georg Jacobi hinzufügen sollen, der zu Abt Speckles Erstaunen 1803 als Universitätsrektor an der prälatenständischen Konferenz teilnimmt. Jacobi, mit einer Schwarzwälderin aus St. Peter verheiratet, war so etwas wie ein »Aushängeschild« des Protestantismus in Freiburg, zumal in den gewandelten Zeitverhältnissen unter einem protestantischen Großherzog. Erst im 19. und 20. Jahrhundert wuchs im Dreisamtal eine

Fronleichnam in Buchenbach – Brauchtum und Religiosität verbinden sich in der althergebrachten, feierlichen Fronleichnamsprozession

nichtkatholische Bevölkerung heran. Heute haben die protestantischen Gläubigen in den beiden evangelischen Gemeinden, der Heiliggeistgemeinde Kirchzarten-Oberried und der Versöhnungsgemeinde Stegen-St. Peter ihren religiösen Mittelpunkt und ihre Heimat im Tal.

In Buchenbach stößt die Kirchengeschichte auf eine Besonderheit. Jährlich feiert hier die Gemeinde am Dreifaltigkeitssonntag ein Jahresgedächtnis für den Römischen Kaiser Friedrich Barbarossa, gestorben am 10.6.1190, vor bald 800 Jahren. Das Jahrgedächtnis »pro Frederico Romano Imperatore« entstammt zweifellos uralter, kirchlicher Tradition, jedoch nicht örtlicher Überlieferung; die Stiftung wurde um 1800 nach der Auflösung zahlreicher Klöster im Zuge der kirchlichen Neuordnung, auch im Zuge der Neuverteilung dotierter Einkünfte, vom ehemaligen oberschwäbischen Kloster

Langnau auf die Pfarrei Buchenbach übertragen. Die Pflege des Brauchtums hat dennoch etwas Anziehendes, das Historische fasziniert auch in den Seitensprüngen der Zeit.

Wollte sich der Besucher von geschichtlicher Neigung im Dreisamtal in historischen Ortskernen umsehen, wollte er idyllische Winkel und Gassen durchziehen, sich auf ansehnlichen Plätzen mit ehrgebietenden Glanzfassaden umtun, mag er sich enttäuscht glauben. Eine solche Vorstellung berücksichtigt nicht den Entwicklungsfaden des Dreisamtals, verkennt das wesentliche Bild der Hofstreulage und der Talkettensiedlungen, die wie im Ibental, in der Wagensteige oder in Falkensteig ein prägendes Ortsbild kaum zulassen. Die Erwartung müßte ebenso bedenken, daß nach den Zerstörungen des Bauernkrieges der Ortskern von Kirch-

113

zarten wiederholt in den Kriegen des 17. und 18. Jahrhunderts litt und zum Großteil 1807 niederbrannte. Nicht anders wurden in Ebnet am 26.9.1874 die Holzhäuser durch Großbrand zerstört, das Gewachsene vernichtet.

Das heutige Siedlungsbild des Tals gibt sich entgegen einer erhofften Antiquitätenschau unhistorisch modern, zeigt sich sogar in manchem Blick eher unbekümmert auftrumpfend bis selbstverachtend neuzeitlich. Die wirklichen Schönheiten des Tals liegen nicht an der Straße, werden nicht nach vorne gezerrt wie die Lockvogelauslagen im Schaufenster.

Das Tal hat seine Erkennungszeichen. St. Gallus in Kirchzarten ist mit dem gedrungenen Kirchturm, dem kantigen Satteldach, dem zeiteneinfangenden gotischromanischen Bauklang das Landschaftssymbol. Andere Wahrzeichen des Tales sind seine Menschen. Berühmtheiten hat das Tal hervorgebracht, begabte Persönlichkeiten und Talleute »von rechtem Schlag«. Einer der ersten geschichtlich faßbaren Dreisamtäler lebte zeitweise auf Schloß Wiesneck, ist Albrecht von Haigerloch und Hohenberg, den man »die Stütze des Reiches und ganz Schwabens« nannte. Ebnet hat seinen Herold im einflußreichen Generalsuperior des Ordens der Salvatorianer Bonaventura Schweizer (1893–1968), St. Peter feiert in Prälat Benedikt Kreutz seinen ehrenwerten Sohn, der ab 1920 Präsident des Deutschen Caritasverbandes war. Oberried erinnert sich gerne an den Kirchenhistoriker Prior Ambros Eichhorn, einen der bekanntesten Mönchsgelehrten der sanktblasianer Schule; Pfarrer Josef Saier, der die Ötigheimer Festspiele gründete, findet in Kirchzarten heraushebende Würdigung. Im Altenvogtshof zu Wagensteig kommt 1932 der Bauernsohn Oskar Saier zur Welt, den die Berufung zum bischöflichen Hirten von Freiburg und Metropoliten der oberrheinischen Kirchenprovinz bestimmt. Wahrzeichen sind Sinnbilder, Richtpunkte, Meßlatten, um eine Landschaft tieffassend zu verstehen.

An den Vögten, wie die Bürgermeister vor 1832 genannt wurden, ist »Dreisamtälerisches« zu sehen. Die gewählten Bauern amteten oft selbstbewußt und unbeeindruckt landamtlicher Aufsicht. 1879 legte der Hummelbauer Johann Gremmelspacher in Eschbach sein Amt nieder »infolge staatsbeamtlicher Fuchserei«. Andere Bauern ließen sich vergeblich zur Kandidatur für den Bürgermeisterposten auffordern; 1879 drohte das Landamt, weil kein Kandidat zum Amtsantritt bereit war, man »werde einen Unteroffizier setzen!« Selbstsicherheit verrät die stolze Parade des Heiniburs von

Eschbach, der 1851 aus irgendwelchen Vorfällen seines Postens entsetzt wurde und den großherzoglichen Amtmann abblitzen ließ:

»Wenn ich auch des Amts enthoben werde, bin ich immer noch der Heinibur, wenn Du aber des Amts enthoben wirst, bist Du gar nichts mehr!«

Menscheln tut's allemal; in der scheinbaren Abgeschiedenheit des obersten Kapplertals beschäftigt sich der Altbauer des Marxenhofs mit seiner veränderten kleinen Talwelt; früher hat er nach altem Brauch mit der St. Josefsglocke der Kapelle die Tagzeiten geläutet, das Ave Maria verkündet, den Lebensrhythmus geordnet: morgens um halb fünf, mittags um elf und abends um halb acht Uhr war er zur Stelle und zog am Glockenstrick; er tut's nicht mehr, gibt er zu verstehen, »'s het au do Nochbere!« – und er sagt es nicht wehmütig und nicht zeitverbittert. »Wo der Mensch, da ist die Welt«. Das Dreisamtal zeigt sich dem Lebensgang gewachsen.

Von Rodeln, Rechten und Gerichten
Zarten als Schlüssel zum Dreisamtalarchiv

Es mag ungewöhnlich erscheinen, neue Eindrücke des Dreisamtals ausgerechnet im Talarchiv suchen zu wollen. Aber die Frage, »wie das so kam und warum jenes so

Der – noch heute erkennbare – Dinghof in Zarten
Federzeichnung von F. Lederle (1885)

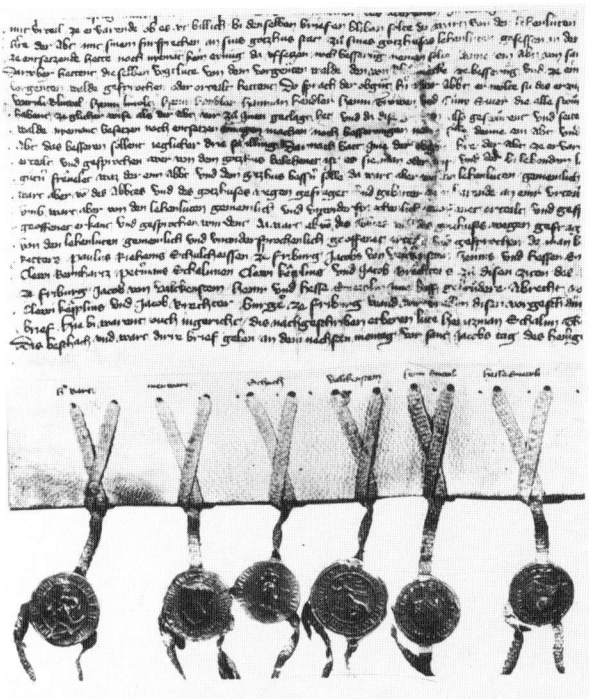

Dingrodel von Zarten aus dem Jahre 1397
Ausschnitt der Originalurkunde mit alten Siegeln
Besitz des Stadtarchivs Freiburg

ist«, erfordert manches vertiefende Stöbern im Staub der Zeiten; schon nach kurzem Blättern in den Folianten des Tals zeigt sich, daß das, was das Talarchiv behütet, ein zeitfrisches, unvergilbtes Lebensbild des Tales vom Mittelalter bis zur Schwelle der jüngsten Jahre enthält.

Da liegen in bunter Reihe die Rechtsbücher, die Dingrodel der zahlreichen Kleinterritorien; die Weistümer des 13. und 14. Jahrhunderts von Oberried, Zarten, Kirchzarten und Attental, die »Grundgesetze« des 15. und 16. Jahrhunderts aus Stegen, Eschbach, St. Peter und vielerlei Gesetzesrollen wie das Freiburger Talurbar von 1502 vermitteln in formatfüllenden Filmszenen ein unverfangenes Geschichtsbild des bäuerlichen Rechtsstands im Dreisamtal.

Mittelpunkt des althergebrachten Rechtsalltags war das mehrmals jährlich stattfindende Dingericht. »Ze Zarten in dem Hoff« fanden solche »gedinge« statt, Zarten war angesehener Gerichtssitz, »Residenz des Talrechts«. Zarten öffnet auch den Zugang zu den Alturkunden; der Rechtshistoriker findet in den notierten Details manchen zeitüberlebenden Anknüpfungspunkt. Blättert der Archivforscher weiter, trifft er in den Rodeln, der Spruchsammlung der Talverfassung, auf allerlei Paragraphen des Strafrechts, des Vormundschafts-

rechts, des Ausländerrechts und Asylrechts, des Abgabenrechts, des Wege- und Straßenrechts, des Wasserrechts, des Lebensmittelrechts, des mittelalterlichen Fron- und Dienstrechts, ergänzt durch Bestimmungen der herrschaftlichen Schirmpflicht und des Geleits »bis mitten des Rheins und auf den Schwarzwald«; da zeigt sich die bäuerliche Rechtsordnung mit Fronpflicht, Zehntpflicht, Drittelspflicht, Bestfall, Abzugsgeld, mit Einzug von Eiern und Hühnern – das mittelalterliche Steuersystem war mindestens ebenso kompliziert wie die moderne Erhebungsordnung. Allein das theoretische Gerüst wirkt lebenserfüllt, sobald es den unmittelbar greifbaren Rechtssätzen der Talrodel entfließt.

Was da zum Frondienst für die herrschaftliche Heuernte festgeschrieben ist, steht klar und unkompliziert im St. Märgener Dingrodel und bildet ein einfach formuliertes, werktägliches Dienst- und Arbeitsrecht, das ohne Verdrehen und Deuten beim jährlichen Dingtermin zu jedermanns Verständnis verlesen und von den Untertanen beschworen werden konnte.

»Man sol ouch dem gotzhus von ieglichem lehen in den vorgenanten ampten gen ierlichs zwen froner, einen zu höwent und den andern zu sniden, . . .«

Wenn das Gotteshaus gebiete, dann sollen von jedem Lehen die notwendigen Arbeiter gestellt werden zum Grasschneiden und Heuen; das Aufgebot soll so rechtzeitig erfolgen, daß man einen Taglöhner im Tal oder im Nachbartal anheuern mag. Das Aufgebot erfolge bei Schönwetter oder bei Regen, sobald es zum gebotenen Zeitpunkt regnet, sollen die Froner nicht kommen; wird die Arbeit jedoch begonnen, so wird das Gotteshaus die Froner am Morgen und zu anderen üblichen Zeiten mit Weck und Brot und Rotwein verkösten. Auch bekommt jeder Brot zum Nachtmahl, und die Froner sollen so früh nach Hause entlassen werden, daß sie noch bei Tag heimkommen. Die Froner sollen aber bei Kräften sein, daß sie den Arbeitstag auch durchhalten möchten. . . .

In ähnlicher Weise bestimmt der Rechtsrodel, wie von der Bauernschaft der Zehntwein von Malterdingen oder Merdingen nach St. Märgen zu führen ist. In gleicher deftiger Rechtssprache werden auch die spezifischen Gebote und Verbote der Rechtsgemeinschaft des Dreisamtals geregelt:

»Wer den krumben das wasser vergummert, oder verschüttet anders denne er billich sol, oder wasser darus slecht, da er den vischen schaden tut, der besseret ein pfunt dem herren. . . .«

Wer über sein Recht das Krummbachwasser nutzt, Wasser entnimmt und ableitet, so daß ein Fischsterben entsteht, zahlt Strafe. Wenn aber Trockenheit herrscht und Wassernot eintritt, so soll eher die Brugga trocken liegen als das Dorf Kirchzarten ohne Wasser sein.

Selbst die Benutzung bestimmter Wege schreibt das Rechtsbuch vor; die Bewohner des Oberrieder Tals sollen den alten Weg über Neuhäuser talab fahren. Für den Viehtrieb der eigenen Bauern von Kirchzarten, für den örtlichen Verkehr müssen Straßen offengehalten und gepflegt werden; Hindernisse im Weg soll man beseitigen dürfen, und das soll ohne Zorn geschehen. Ein Pfad ums Dorf muß stets in der Breite aufgelichtet sein, daß eine Frau ein Tuch Heu auf dem Kopf tragen kann. Richtet unbewachtes Vieh Schaden an, soll der Bannwart zunächst bis zu 3 Stunden nach dem Vieheigentümer rufen und erst, wenn er sich noch immer nicht meldet, das Vieh in Gewahrsam nehmen und in den Schutzhof treiben.

So schafft das Talarchiv unerwarteten Zugang zu einem reichen Talgestern und der unverstellten Lebensordnung der Voreltern. Die Naturalzinsen, die Abgabepflichten an Hafer und Korn, an Eiern und Hühnern, am Anteil am Schlachtvieh, die Fronpflicht mit Gespann und Pflug, der Handdienst mit Axt und Hacke sind genauestens bestimmt, die Allmendnutzungen geregelt, gewerbliche Vorschriften der Hygiene oder des Handelsbrauchs aufgezeichnet. Die Aufseher sollen auf dem Markt zu Kirchzarten »unter den Lauben« darüber wachen, daß nur Rechtes zum Verkauf kommt »wie in Freiburg«, es sei Brot, Fleisch, Salz oder anderes Gut. Selbst der Fleischbeschau gelten schon Paragraphen, notgeschlachtetes oder von Finnen befallenes Vieh darf nicht angeboten werden. Besondere Rechtsvorbehalte werden deutlich; die Herrschaft von Kirchzarten nimmt sich heraus, jährlich zu Weihnachten und zu Pfingsten mehrere Fuder Bannwein in Monopolverkauf auszuschenken – damals eine lukrative Einnahmequelle. Wer seinen Anteil nicht trinkt oder nicht abkauft, erhält ihn nach Hause geliefert, wer ihn auch dort nicht entgegennimmt, bekommt ihn unter die Treppe geleert. Die Einrichtung der Mühlen, das Mahlrecht, war ein ähnliches herrschaftliches Monopol. Schon 1342 wurde im Gebiet von St. Peter den Untertanen verwehrt, anderswo mahlen zu lassen als in der herrschaftlichen Bannmühle. Der Mahlzwang fiel erst mit der Klosteraufhebung im Jahr 1806. Das berühmte Symbol des Schwarzwalds, die Schwarzwälder Mühle, hat somit in manchen Tälern eine erstaunlich junge Geschichte; eine große Zahl der sympathischen »Mühlen am rauschenden Bach« ist erst in der ersten Hälfte des 19. Jahrhunderts unter den neuen Freiheiten entstanden. Eine bemerkenswerte

Rechtsfügung steht im Oberrieder Dingrodel von 1607: in Hofsgrund soll der Dieselmuothof, die spätere Wirtschaft zur Halde, niemanden zurückweisen, jeden Besucher nach Bezahlung verköstigen:

»Es soll ein offener wirt in Hofsgrund sein, und einem Jeglichen daselbst Fleisch, Käse, Wein und Brot für sein Geld verabreichen. Wollte derselbe sich weigern, so mag der Gast sein Geld auf das Faß legen und selber nehmen, soviel es beträgt«.

In direktem Vergleich der Dreisamtäler Rechtsbücher untereinander offenbart das Talarchiv auch anzeigbare Unterschiede der Rechtsverfassungen in den einzelnen Herrschaften. So überrascht die Beharrlichkeit der strengen Beachtung der Rechtsbezirke; noch 1793 unterschieden sich Kirchzarten und Zarten, beide damals schon 300 Jahre unter Freiburger Herrschaft. »Die Kirchzartner sollen ihr Recht behalten, aber nicht gegen Zarten erstrecken«.

Auch dem Stadtrecht wird unter Berufung auf »des Tales Brauch« der Eingang ins Dreisamtal verwehrt. Über die Alltäglichkeiten hinaus vermittelt die Summe der Rechtssätze eine geschlossene, bis ins Detail ausgefeilte Lebens- und Sozialordnung des Dreisamtals. Der große Dingrodel für das St. Petrinische Eschbach von 1465 gilt, wie der Ortschronist meint, sogar als eines der vollständigsten Bauernrechte, die aus jenen Tagen überliefert sind. Gewisse Grundlinien fallen besonders ins Auge. Eine relativ große Freiheit der Bauern im Dreisamtal ist vermerkt, sie besitzen ein allgemeines Verfügungsrecht und Verpfändungsrecht ihrer freien Eigentumsgüter »auf drei laubriß«, d.h. auf 3 Jahre. Bei der Josefinischen Verfassungsänderung der Aufhebung der Leibeigenschaft kann daher Talvogt Dr. Schwarz recht kurzgefaßt kontern:

»Leibeigenschaft habe im Dreisamtal nie bestanden, deswegen habe sie auch nicht aufgehoben werden können.«

In anderen Talgebieten finden sich Beweise der Leibhörigkeit, wie die Polizeiordnung des Gotteshaus St. Peter auf dem Schwarzwald von 1582 aussagt; war die Leibeigenschaft auch vorwiegend als »zusätzliche Rentenquelle« zu werten, so zeigt sich doch in der Summe aller Lasten an Zehntrechten, Fallrechten, Abgabepflichten eine harte Zeitwirklichkeit, hie und da eine ausbeuterische Knebelungspraxis, die das bäuerliche Leben zur »ägyptischen Fron« werden läßt. Ignaz Speckle selbst gibt in seiner Einschätzung manches Stichwort aus einer zeitverfangenen Voreingenommenheit: »Wenn der Bauer nicht muß, bewegt er weder Hand noch Fuß« gilt ihm als gängige Bauernregel, und »was ich heute nicht tue, verrichtet ein anderer morgen« deutet er als Tagestaktik des fronenden Bauern.

Manches Rechtsverfahren der alten Zeit bleibt den späteren Generationen völlig verschlossen und unverständlich. Abt Michael Fritz berichtet 1769 von der Abstrafung einer Ehebruchsaffaire:
»Mai 16. ist der Sch. M. wegen begangenem adulterio sambt dem verfiehrten Maitle für die Kirchthür gestellet worden. Er mit einem Strohmantel, einer schwartzen Kertzen in der Rechten und einer Ruthen in der linken Hand, das Maitle aber so noch ziemlich jung mit dem Strohe Crantz und einer Ruthen in der Hand. Ware auch viele fremde Leith allhier, dan es war feria III post Pentecostes«.

Vagabunden, Umherziehende, Landstreicher erhalten 15 Stockhiebe und werden mit abgeschorenem Haar außer Landes geschafft. Noch 1875 wird für Bettler körperliche Züchtigung empfohlen. Zugleich werden Bettler in ein eigens geführtes »Bettlerbuch« eingetragen. Bei der Rekrutierung versucht die Herrschaft regelmäßig, sich der unliebsamen Landessöhne zu entledigen. »Dieser Tage wird bei uns rekrutiert. Voraus wurden zween Erzfrevler ausgehoben wegen Raufereien, Unbotmäßigkeit etc.« Erwähnenswert scheint da eine Nebenbemerkung eines Strafrechtsprotokolls: »... da kein Zuchthaus im Lande ist. ...«

Als ganze Besonderheit verwahrt das Talarchiv die Nachtwächterordnung von Zarten aus dem Jahr 1841; an 11 Stellen im Ort hat der Nachtwächter den Stundenruf zu singen:
»Bei jedem Stundenruf hat der Nachtwächter nachzuspüren, ob nirgends keine Feuersgefahr vorhanden oder ob sich nirgends verdächtiges Gesindel aufhalte, die Unruh oder Gefahr drohen. ...«

In Buchenbach und weiteren Talorten läßt die geographische Lage einen sinnvollen Nachtwächterdienst erst gar nicht zu:
»Eine Nachtwache besteht hier nicht wegen der zerstreuten, isolierten Höfen und Häusern in den Tälern und auf den Höhen«.

Aus Archivstaub entsprießt Leben; die wohlbehüteten Archivgüter der Dreisamtäler Schatztruhe lassen das Tal in der Lebendigkeit seiner Altverfassung auferstehen. Der Besuch im Talarchiv lohnt sich.

Ranken um Ritter und Ruinen
Burg Wiesneck und das Dreisamtäler Burgenland

Um 1495 schuf der Prior der »Dreisamtäler« Kartause, Gregor Reisch, die erste Enzyklopädie des menschlichen Wissens, die Marguerita philosophica. Die Illu-

Freiburg und das Dreisamtal
Illustration aus Gregor Reischs »Marguerita philosophica« von 1495

stration zum Kapitel »Regen« zeigt eine Stadtansicht von Freiburg mit dem Blick ins Dreisamtal, eine Vogelschau über die Dächer der Stadt ins Talland. Dort präsentieren sich die Kartause, Wirkungsstätte Reischs, und die Wasserburg Kirchzarten. Das Tal ist durch die Attribute Kloster und Burg geprägt.

Das Dreisamtal als Burgenland anzusprechen überrascht vielleicht selbst Kenner. Nirgendwo im Talrund finden sich ansehnliche Trutztürme oder zeitgezeichnete Mauerzinnen, die auch nur annähernd ein Burgenklima erspüren ließen. Die genaue, unbeirrte Nachsuche erhellt Unerwartetes: 16 Schlösser bzw. Burgplätze hat Eduard Schuster, der sorgfältigste Erkunder badischer Burgen, in seinem Inventar von 1908 aufgereiht.

Der Talbewunderer, der auf dem Freiburger Schloßberghügel den klassischen Dreisamtalblick auf sich wirken läßt, steht bereits auf einem Burgplatz, auf dem sich einst eine der schönsten Festungen in Deutschen Landen erhob. Gleich vis-a-vis auf der Gegenhöhe des Kybfelsens stand im Mittelalter eine zweite, bedeutende Talriegelbefestigung; sie gilt als eine der höchstangelegten Höhenburgen und damit als Sonderling ihrer Zeit.

Wenn der Dreisamtalwanderer sodann in das Talbekken vorstößt, kommt er nach kurzer Wegstrecke hinter Ebnet an den weiten Talmund von Wittental; kaum vermutet er hier eine Burgstelle, den alten Standort von Burg Falkenbühl. Das Wirtschild »Zum Falken« gibt vielleicht den direktesten Hinweis; die unerklärbare gewanngroße Erhöhung mitten im Wiesengrund bleibt unzugänglich-schweigsam. »Von der Burg ist in der Geschichte nicht viel zu finden«, lautet der Kurzbescheid Eduard Schusters, andere Alterwähnungen widmen der früheren Rebenpflanzung am Burghügel mehr Aufmerksamkeit als den »spärlichen Überresten der Burg«. In der Ortsgeschichte von Stegen wird ein Junker Conradt von Falkenbühl genannt, eine andere Urkunde sichert »den Burgfrieden in dem Schloß zu Falkenbühl«. Eine Verbindung derer von Falkenbühl zu den Herrn von Falkenstein gilt als sicher; die Falkensteiner, Lehensmänner der Zähringer, erbauten anfangs des 12. Jahrhunderts ihre Felsenburg im Höllental; nach gängiger Annahme hatten sie ihren Wohnsitz zuvor nördlich von Zarten am Gebirgsrand. Die Lage des Burghügels Falkenbühl paßt nach umsichtigen Prüfungen vorzüglich zu einem Adelssitz im Altsiedlungsland. Andere Deutungen knüpfen an die Wortverwandtschaft »Falkenbühl« und »Falkenstein« an, Fragen bleiben auch hier offen.

Bei solcher Unwegbarkeit verwundert nicht, daß sich manche Sagen um Ritter und Ruinen ranken. Spuklichter erscheinen den Vorbeiwandernden zur Nacht, Gesichter tauchen aus dem Nichts, die sich in Brandfackeln verwandeln und in Gebrause und Getöse mit dem Nachklang versinkenden Geldes verflüchtigen. Als ein Hirtenjunge unweit des Bankenbrunnens Wertstücke, die ein Schaf erscharrte, an sich nahm, stellt sich alsbald der Schatzhüter, ein Jäger – oder Ritter? –, der einen glänzenden Schild von Kupfer trägt, neben den kleinen Landstörer und droht mit bösen Gebärden. Späteres Nachgraben erbrachte kein Geld, förderte nur »wertlosen« Erzstaub zutage.

Bei solchem Erkundungsstand bleibt vage, wie man sich Burg Falkenbühl vorstellen darf. Eine frühe Schilderung zeichnet einen Wohnturm,
»einen starken Gevierturm, daneben eine Kapelle und wahrscheinlich etwas Stallung, von einer Ringmauer mit Graben in ovaler Form umzogen, so daß auf der Vorderseite ein kleiner Vorhof gebildet wurde«.

»Aufgebaut und abgerissen, das ist alles, was wir wissen!« ist ein alter Liedvers, der solche Burgenrätsel treffend beschreibt. »Aufgebaut und abgerissen« bleibt auch für Burg Falkenbühl offensichtlich das einzig Verläßliche des in die Zeittiefen versunkenen Lebenslaufs.

Noch vager, noch ungewisser sind die Nachrichten über Burg Neufalkenstein. Adolf Poinsignon belegt die Burg aus dem Archivgut. »Walther von der nüwen Valckenstein zu Capelle« verkauft das Gut Kappel an die Freiburger Kommende des Deutschen Ordens. Josef Bader will die Burg nahe der unteren Gemarkungsgrenze Kirchzartens am linken Ufer des Krummbachs geortet haben, dort, wo in den meisten topographischen Karten die Bezeichnung »ehemaliges Schloß« eingetragen ist. Ein rätselvoller Gewannname »Klösterle« kommt hinzu. Immerhin gibt es einfühlsame Geländebeobachtungen:

»An der Stelle, wo das ehemalige Schloß gestanden haben soll, erhebt sich in einem Kreis von 50 Schritten Durchmesser der Rasenboden etwa 1 m hoch aus der weiten Mattenebene. Das von diesem Ring eingeschlossene Terrain ist vertieft und von gleichem Niveau wie das außerhalb des Rings liegende Gelände. Der Platz wäre gut gewählt für eine Burg, denn er bildet den höchsten Punkt der weiten Talfläche zwischen den beiden alten Straßen von Freiburg nach der Falkensteig und nach dem Oberrieder Tal. Der Weiher, der etwa die Burg umgab, fand reichliche Speisung aus einem hart nebenan vorbeifließenden Seitenarm des während des ganzen Jahrs nie trocken liegenden Krummbachs.«

Weitere Dreisamtalburgen hüllen sich in den dichten Nebel geschichtlicher Unzulänglichkeit. Am Galgenbühl bei Burg ist selbst in neuesten Wanderkarten der Hinweis »ehemalige Brandenburg« vermerkt. Eduard Schuster beteuert bereits 1908, »daß davon keine Spur zu finden ist«. Poinsignon beschreibt dagegen vor rund 100 Jahren »auf dem Köpfle« vor dem Galgenbühl erkennbare Fundamentmauern eines ehemaligen Turmes und berichtet vom Hörensagen weiterer Mauerreste auf dem nörlich anschließenden Bergkegel. Er sieht jedoch selbst gewichtige Zweifel:
»Für beide Bauten kenne ich keine urkundlichen Belege, die Benennung ›Brandenburg‹ beruht auf keinen geschichtlichen Unterlagen, da es eine Burg Brandenburg in dieser Gegend niemals gegeben hat.

Offenbar steht die Benennung in Beziehung mit der sagenhaften Stadt Brandenburg, welche die nimmerruhende Fantasie des Volkes erst in unserem Jahrhundert, als die gelehrten Hypothesen von Tarodunum unverstanden zu ihm drangen, eigens errichtet hat. Der Name Brandenburg, der vor 80 Jahren noch ganz unbekannt in unserer Gegend war, ist durch Vereinigung der beiden Hofgemarkungen ›Brand‹ und ›Burg‹ erst in der Mitte unseres Jahrhunderts im Kirchzartner Tal aufgekommen.«

Noch haben die Burgenforscher nichts entschieden; Andeutungen reichen vom Römertum bis zum vermuteten Stammsitz der Herren von Weiler, die im »Rotolus Sanpetrinus« genannt werden. Das Resumee einer Besichtigung von 1936 bleibt vage:
»Heute ist noch eine deutlich sichtbare Burganlage zu erkennen mit künstlich eingeschnittenem Graben und oben auf dem Kegel eine viereckige Anlage von 4–5 m im Geviert. Auf der einige Minuten entfernter und höher liegenden Kuppe läßt sich wohl auch eine alte Burganlage vermuten, doch bestimmte Anhaltspunkte sind nicht mehr zu erkennen. Der Fernblick von diesem Punkt ist allerdings einzigartig.«
Wieder schallt das Lied über den Burghügel: »Aufgebaut und abgerissen, das ist alles, was wir wissen!«

Nicht zu lokalisieren sind die in Berainen und Dingrodel erwähnten Burgen von Dietenbach und Wittelsbach. Das Inventar der badischen Kunstdenkmäler vermutet auch in Oberried einen weiteren Burgplatz, ohne Anhaltspunkte zu geben. In St. Wilhelm sind Gebäudereste neben dem vorderen Meierhof verbürgt; sie gelten als Burgsitz des Herrn von Thengen oder entstammen dem ersten Klosterbau des Wilhelmitenklosters aus dem 13. Jahrhundert. Bekannt ist, daß die Wilhelmiten im 30jährigen Krieg ihre Habseligkeiten, Wertsachen und Urkunden in einen festen Turm in St. Wilhelm flüchteten, ihr Hab und Gut aber dennoch verloren, weil Verräter den versteckten Platz den Schweden preisgaben.

Von anderen Burgen und Schlössern berichtet die Sage. In der Bergrippe zwischen Höllental und Zastlertal liegen die Höhen Roteck und Schwarzeck nicht weit voneinander, beides sagenumwobene Burgstellen.

Noch grausamer und verruchter als andere Schänder zeichnet die Überlieferung den letzten Burgherren von Roteck. Er soll in frevlerischer Quällust die Dorfbewoh-ner aus dem Tal in seine uneinnehmbare Feste hoch über Felsen geladen haben, um sie nach prunkender Bewirtung auf einer kleinen Außenkanzel, als »Rosengarten« verschönt, am gähen Absturz auszusetzen. Die Qualen des Hungerns wogen die Angst vor dem sicheren Absturz über den Felsenschroffen in den darunterliegenden See auf; lebend kam so oder so keiner der Gäste davon. Eines Tages aber schwang sich ein nach gleicher heuchlerischer Art verköstigter und dann in den Rosengarten verstoßener Bursche wagemutig über die Felsen hinweg, noch ehe der Hunger seine Kräfte verzehrt hätte. Er stürzte in den See, versank – und wurde von einem wohlgesonnenen Wassergeist ans Ufer getragen; dieser riet ihm, sich zu verbergen, bis daß er mit Horden auftauchender Reiter das Schloß werde rächend zerstören können. Innert 14 Tagen erschienen die fremden Ritter und erstürmten mit übersinnlichen Kräften das Schloß und zerstörten es zur Unkenntlichkeit. Der Burgherr selbst stürzte sich über den Rosengarten hinab. Da wurden Schloß und Garten und See von der Erde verschlungen, und auch die Ritter verschwanden wieder. Selbst das vom Unhold befreite Dorf ist inzwischen versunken. Flache Seen und Feuchtstellen gab es nach alten Karten noch lange bei Oberried, und vielleicht haben Ortsbezeichnungen wie »Schloßfelsen« im Zastlertal und »Kasteleck« am Weilersbacher Taleingang das Spiel der Fantasie beflügelt.

Auf der Gegenseite des Rotecks gegen das Höllental stößt der Wanderer nahe der Bildtanne völlig überraschend auf verbröckelte Steine, auf einen Haufen versteckter Trümmer. Hier stand allerdings kein Schloß, sondern ein ehemals besuchter kleiner Wallfahrtsort, die Kapelle Schwarzeck. Sie soll an die Errettung eines Kindes erinnern, das sich hoch oben oberhalb des Schulterdobels verlaufen hatte und 3 Tage und 3 Nächte unter einem Felsen aushielt, wo es jeden Morgen von einer weißbekleideten Frau besucht und mit Essen versorgt wurde. Die Bauern der Umgebung sollen noch 1880 treulich versprochen haben, die Kapelle wieder aufzubauen. Von einer Burgstelle am Schwarzeck ist nichts zu finden.

Nicht alle Dreisamtäler Burgen und Schlösser sind so wenig zugänglich. Das barocke Herrenhaus Ebnet erklärt seine Baugeschichte freimütig, und der Gebäudekomplex der Kartause, die zuletzt den Adelsfamilien von Baden und von Türckheim als Wohnschloß diente, sperrt sich nicht gegen aushorchend tiefe Blicke der Talhistoriker.

Das ansehnliche Wasserschloß der Talvogtei Kirchzarten fällt besonders von Freiburg her dem Besucher ins Auge, ein eckiger, dreigeschossiger Bau in Hufeisenform, von schmucklosem Stil und massig-monumentalen Proportionen. Selbst auf der Schauseite bleibt das Gemäuer mit seinen bescheidenen Fensterflächen verschlossen und abgekehrt. Im Innenhof steht als einzige Zierde ein achteckiger Treppenturm mit der rhythmisch spannungsvollen Gliederung der schrägen Fensterge-

beginnt sogar schon im 13. Jahrhundert mit Nachrichten eines Burgsitzes verschiedener Ortsherren von Kirchzarten, unter ihnen der Familie von Falkenstein. Das scheinheilig-schlichte Talschloß verdient jedoch historische Aufmerksamkeit als Amtssitz des stadtfreiburgischen Talvogts, als städtischer Verwaltungskopf im Dreisamtal in den Jahren 1497 bis 1806.

Ein weiteres, nach dem Verfall des Ringgrabens fast unkenntliches Wasserschloß verbirgt sich im Schloßgut

Die Talvogtei in Kirchzarten
Federzeichnung von F. Lederle (1881)

wänder im Takt des aufsteigenden Spindels. Die Wassergräben um das Schloß, schon auf der Talansicht Gregor Reischs von 1495 hervorgehoben, sind längst verschüttet und nicht mehr zu erkennen. Der Türsturz am Treppenturm bietet mit der Jahreszahl 1621 historische Hilfe, ein Wappenpaar Österreich-Freiburg deutet Größeres an. Der historische Zutrag über das Gebäude

Birkenreute in der kleinen Talbucht zwischen Giersberg und St. Johannisberg. Schloß Weiler zählt ebenso zu den unscheinbaren Herrensitzen des Dreisamtals mit dem zurückgezogenen Auftreten einer wohlhabenden Parkvilla.

Volkskunde und Sagenwelt beschäftigen sich umso lieber mit den Felsenhorsten, den schaurigen Burgrui-

120

nen von Burg Falkenstein im Höllental oder der Wilden Schneeburg im hinteren Bruggatal oberhalb Oberried. Der karge, gänzlich verrottete Ruinenrest Falkensteins bietet vielfachen Stoff für großartige Geschichten der mittelalterlichen Lehens- und Lebenskrisen des Ritterstandes. Als »feurige Männer« umziehen die Ritter nach der Sage um Mitternacht das Schloß, den »Schauplatz ihrer Verbrechen«. Der Ausblick von den Zinnen des Burgfelsens bietet eine raubvogelmäßige Sicht auf das

Der Geier seinen Raub verzehrt,
Da kehrten einst die Freuden häuslich ein.
Ihre Zinnen sind zerfallen
Und der Wind streicht durch die Hallen! ...«

Nur rund 500 m talabwärts befand sich auf gleich schwindelerregender Felsenhöhe eine zweite Burgstelle, die Trümmer verraten allerdings bescheidenere Ausmaße. Hier befand sich eine Vorburg von Burg Falkenstein, ein Wachtturm, Bubenstein genannt, der mit der

Der Schneeberger Hof mit der Ruine der Wilden Schneeburg
Kreidelithographie von F. Lederle (1884)

quirrlige »Menschenklein« im Talgrund; das Ruinenfeld ist über die Jahrhunderte zu Geschichtsstaub zerfallen. Vom Dichter Johann Georg Jacobi stammen die versonnenen Verse eines romantischen Burgreims:
»Da, wo die stolze Burg, verheeret,
auf kahl gewordnem Felsen steht, ...
Und auf zerbrochner Zinne, wild,

benachbarten Hauptburg in enger Beziehung stand und deren Schicksal teilte. Die exponierte Steillage direkt oberhalb der Höllenschlucht läßt auch heute noch die Bedeutung der alten Paßbefestigung ahnen, die spärlichen Überreste geben jedoch keinen Anhalt mehr vom wehrhaften Anblick der Doppelburg Falkenstein und Bubenstein.

121

Ein anderer »Abenteurerstreifen« schildert Stolz und Sturz der Wilden Schneeburg im Oberrieder Tal bruggauaufwärts nahe St. Wilhelm. »Räuberschloß«, »Räuberfelsen« heißt eine Felsnadel oberhalb des Schneeberger Hofs, schon der Name regt zu allerlei Fantasien an. An dieser das Tal abriegelnden Engstelle mag im 13. Jahrhundert zur Hut des Bergbaus und zur Überwachung des »Silberwegs« von Todtnau und dem Schauinsland nach Freiburg eine Schutzburg entstanden sein. »Einsam und wildschön« wird die Lage geschildert, aber niemand würde die Burg nach Augenschein finden, gäbe es nicht die handfesten Beweise wie die Urkunde von 1302, die »die neue und wilde Schneeburg« bezeugt. Vermutungen suchen die Burggründer im Kreis der Freiburger Patrizierfamilie Snewlin, aber selbst neuere Forschungen haben das Dunkel kaum erhellt. Die Burg stand bald im Besitz einer Familie Kolmann, ein Geschlecht, das zu Unrecht längere Zeit zum Stamm der Snewlin gerechnet wurde. Die »Pseudo-Snewlin« Kolmann waren die »Eisen- und Kohlenbarone« des Dreisamtals. Allerlei Querelen zwischen den Rittern und den Mönchen des Klosters St. Wilhelm deuten sich an; mit verkehrt herum aufgenagelten Hufeisen sollen die »Schlaumeier« des Klosters mitunter die Schneeberger Ritter getäuscht haben; tatsächlich umgingen die Mönche wohl gelegentlich den Talweg, der an der Wilden Schneeburg vorbeiführte, auf einem Schleichpfad über die Höhen des Ochsenlägers, der dann auch später noch »Pfaffenweg« genannt wurde.

Ernsthafte Kontroversen sind 1300–1315 zwischen der Familie Kolmann und der Stadt Freiburg belegt. Die Schneeberger geraten ins Zwielicht, als sie Bürger von Offenburg und Gengenbach abfingen und einkerkerten. Der Fall wird durch eidliche Versöhnung, Urfehde, bereinigt. Aber schon 1314 bildet sich eine neue Großallianz breisgauischer Adliger, unter ihnen Graf Konrad von Freiburg, mit den Bürgern der Stadt gegen die Kolmann-Brüder von der Wilden Schneeburg. Als einer der beiden in städtische Gewalt fällt, preßt ihn der andere durch Geiselnahme Freiburger Kaufleute frei. Ein nochmalig geschlossener Friede hält nicht. 1315 rotten sich die Freiburger aus irgend einem Anlaß zusammen, ziehen ins Bruggatal und nehmen die Wilde Schneeburg ein, wobei ein Verteidiger tödlich verletzt wird. Sagen schmücken den Vorfall aus: Eine Magd soll durch Zeichen verraten haben, daß die Herren genüßlich bei Tisch säßen und daher Gegenwehr nicht zu erwarten wäre. Der »Auslöser« des Exekutionsgangs blieb dunkel. Die Freiburger aber haben sich mit ihrem spontanen Handstreich offensichtlich in flagrantes Unrecht ge-

setzt, ein Schiedsspruch verurteilt sie, den verwüsteten Besitz zum unversehrten Wert zu übernehmen; selbst der Verlust des Knechts und das erbeutete Gut sind in der Entschädigung zu berücksichtigen. Die schöne Mär vom »Raubritterunwesen« der Kolmann zerrinnt damit in ihren Hauptanklagepunkten. Das Augenmerk richtet sich vielmehr auf die neuartige Erscheinung einer aggressiven städtischen Umlandpolitik. Mutmaßungen einiger Dreisamtalforscher suchen den wahren Grund des Zwists in kleinkrämerischen Umgehungen des städtischen Durchgangszolls und im neuen Herrschaftsstreben der Stadt. Für Freiburg war der teure Entschädigungsfall seltsamerweise kein »schlechtes Geschäft«, sondern der Anstoß für den Zusammenkauf eines ganzen Territoriums, zum Erwerb der Herrschaftsgebiete des Klosters St. Märgen und des Kirchzartner Banns. Die Wilde Schneeburg hat bei jener Zerstörung vom Jahr 1315 außer wenigen mörtelverbackenen Mauersteinen nichts Sichtbares hinterlassen. Die Erzählungen von Raubrittertum und Wegelagerei fanden im 18. Jahrhundert ein abenteuerliches Nachspiel, als sich Georg Schweitzer aus Kirchzarten – der »Schweitzer-Jörg« – als Schmuggler in den Ruinen und Felsen festsetzte.

Noch erwartet Burg Wiesneck, die bedeutendste Altdreisamtäler Burg, den Besuch. Der Burgplatz am vordersten Sproß des Kappenecks ist landschaftlich so ausgesucht und von solcher Schönheit und Umsicht, daß man sich keine bevorzugtere Prachtlage vorstellen kann. Strategische Bedeutung wird dem Burghügel nachgesagt, die Besatzung kontrollierte wohl unschwer jeden Verkehr, der durchs Wagensteigtal und Falkensteigtal rollte. Die Wiesneck genießt eine wahrlich gunstvolle Lage.

Die Anzeichen für das Bestehen der Burg verlieren sich bald in der mittelalterlichen Vorzeit. Archäologische Fundstücke der Steinzeit und älteren Bronzezeit geben zwar Nachrichten von Dreisamtalmenschen, die in der Nähe der Wiesneck lebten und jagten; keltische und römische Fundorte liegen nebenan, zumal die noch überraschungsträchtige Keltenburg Tarodunum. Eine Burg entsteht dennoch vor den forschenden Augen erst im Mittelalter ums Jahr 1100. Ein Graf Adalbert von Haigerloch wird als Wiesnecker ausgemacht, die Vogteirechte über den Besitz St. Gallens im Kirchzartner Bann haben das Geschlecht von außen ins Dreisamtal gezogen; nun waren die Wiesnecker bestrebt, sich über weiteren Rechtserwerb und Landzuwachs in der Gegend heimisch zu machen. Die Identität der Grafen von Haigerloch und Wiesneck wurde sogar erst in jüngeren

Forschungen zuverlässig ergründet; die Grafenfamilie der Wiesnecker starb schon 1162 aus, an ihre Stelle trat im Erbgang ein Familienzweig der Zollerngrafen, die sich ab 1170 Grafen von Hohenberg nannten. Die Hohenberger übernahmen die Hinterlassenschaft der Wiesnecker und reihten auch den Klosterstifter St. Märgens, Bruno von Haigerloch, mit der Namensform Graf Bruno von Hohenberg in ihre Tradition ein.

Mit dem Zähringer Zuzug im 11. Jahrhundert schlittert Burg Wiesneck in eine schlimme Krise. Daß die

Kaiserliche«; nach solcher Erwägung hat Zähringen 1121 die Konfrontation auf die Spitze getrieben und Burg Wiesneck als Hausgut eines Kaiserlichen zerstört. Kirchenhistoriker fanden allerdings, daß der Gedanke, die Klöster als »Wehrmacht« weltlicher Parteikämpfe zu werten, überstrapaziert wurde; »es gibt viele Beispiele eines gedeihlichen Zusammenwirkens der beiden Stifte St. Peter und St. Märgen.«

Wodurch also die Wiesnecker den Zähringern so entscheidend »in die Quere kamen«, ist urkundlich nicht

Burg Wiesneck vor der Zerstörung im Jahre 1525
aus Eduard Schuster, »Die Burgen und Schlösser Badens« 1908

Burg Wiesneck im Jahre 1620

Wiesnecker den Neuzudringlingen abhold waren und dem Zähringer Expansionswillen argwöhnten, kann eigentlich nicht überraschen; dachten doch auch die Wiesnecker an den Ausbau eines »Dreisamtäler Hausgebiets«, eines eigenen, zusammenhängenden Schwarzwälder Territoriums, die Rivalität war somit offenkundig. Eine Dreisamtäler Lesart der Geschichtsepoche deutet denn auch die Gründung des Klosters St. Märgen 1118 durch die Wiesnecker als provokative Behinderung der zähringischen Entwicklungsabsichten; St. Märgen wurde zum Wiesnecker Stachel im Fleisch der Zähringer Schwarzwaldpolitik. Nach solcher Meinung hat Zähringen 1121 die Provokation beantwortet und Burg Wiesneck zerstört.

Eine andere Lesart sieht in den Dreisamtäler Hauskämpfen der Wiesnecker und Zähringer eher den Eklat einer gegensätzlichen großpolitischen Parteiung im mittelalterlichen Investiturstreit »Hie Papsttreue – hie

auszumachen. Der Investiturstreit, der die Zähringer sehr engagiert auf päpstliche Seite stellte, hatte seinen Höhepunkt überschritten, als die gewaltsame Enthebung Kaiser Heinrichs IV. durch seinen Sohn König Heinrich V. 1106 neue Machtakzente setzte. Auch die Zähringerstürme mit der streitbaren Behauptung ihrer Wahl zum Gegenherzog in Schwaben hatten sich um 1100 gelegt. Wohl spielte in allen diesen Parteiungen das Kloster St. Gallen einen ernsthaften Widerpart gegen die Zähringer, Zähringen und St. Gallen scheinen in besonders hartnäckigen Gegensätzlichkeiten verfallen. 1086 war Berthold II. von Zähringen mit einem Kriegszug im Thurgau eingefallen und hatte St. Gallen genommen und geplündert; indessen besetzte Abt Ulrich von Eppenstein, Exponent der Kaiserlichen, im Jahr 1102 den Konstanzer Bischofstuhl des Zähringers Gebhard, Vorreiter der päpstlichen Partei, mit einem Gegenbischof. Ob sich der Zähringer Zerstörungszug ge-

123

gen Burg Wiesneck, dem Sitz des St. Galler Vogts im Dreisamtal, auf diesen Partei-, Haus- und Familienzwist stützen könnte, steht als Vermutung auf unsicheren Füßen. Bleibt das Gespür eines eher lokalen »Revierkampfes«, einer Demonstration der neuen Dreisamtäler Platzmacht gegen allzu offenkundige Ambitionen eines Rivalen. Herzog Berthold »zwang alle die von dem Brisgöw umb den Schwartzwald sitzende under sin herschafft«. Das Faktum bleibt; nur kurze Zeit nach der Gründung des Klosters St. Märgen sprechen Urkunden

Spärliche Mauerreste kennzeichnen heute den Burgplatz der einstmals bedeutsamen Dreisamtäler Burg Wiesneck

ohne weitere Schilderung des Vorfalls vom »zerstörten Schloß Wiesneck«.

Einige Generationen später verloren die Hohenberger ihr Interesse am Dreisamtäler Gut, das sie nicht hatten ausbauen können. Zu einem Stammschloß war Burg Wiesneck ohnehin nicht geworden, sie bleibt »Zweitwohnsitz« der Hohenberger Grafen. Burg Wiesneck erlebte jedoch unter Graf Albrecht von Hohenberg (gestorben 1298) niveauvolle Tage; der Burgherr pflegte die damals bedeutsame Kunst des Turnierreitens und die Freude des Minnesangs. Als heiteres Schlußbild der Hohenbergerzeit trägt die Erinnerung den Klang wundersamer Minne ins Dreisamtal. – Wer möchte nicht unter den quälenden Burgtrümmern auch heute der minniglichen Zeit besondere Sympathie schenken?

Im Jahr 1293 veräußert Graf Albrecht von Hohenberg seinen Besitz,

»die burg und Herrschaft ze Wiesenecke im Zartental und die vogtie über das Kloster ze sante Marienzelle mit lüthen und gütern, gerichten und rechten und gewohnheiten an holz und feld, an Aeckern, Reben und matten, an Wassern und Fischenzen«,

um gutes Geld an den Freiburger Kaufmann und Ritter Bernhard Turner; der Sog des Stadtpatriziats dringt weiter ins Dreisamtal vor. Die Turner hielten sich nur kurze 15 Jahre im neuen Besitz; 1318 geht die Burg Wiesneck in die Hand des größten und bedeutendsten Patriziergeschlecht Freiburgs über, gerät an die Familie Snewlin, »die Rotschilds des Breisgaus«. Die Snewlin verkörpern eine neue Dynastie von »Industrierittern«, die mit Geld umzugehen wußten. In konsequentem Kaufmannsinn waren sie gewillt, ihre Vogteiberechtigungen gegen St. Märgen auszuschöpfen, und sie gerieten über die Rechtsausbeutung in Streit mit dem Augustiner-Chorherren-Stift, der Zweikampf prägt eine Dreisamtäler Epoche.

Umfangreiches »Seelgut« St. Märgens war nach der Stiftungsurkunde und alter Überlieferung unvogtbarer Besitz, von der Vogtei ausgenommen, was die Wiesnecker Snewlin so nicht gelten ließen. Ein Schiedsspruch Freiburger Amtsträger entschied parteilich, die städtischen Honoratioren waren gegenüber den Snewlins schon nicht mehr unvoreingenommen. Auf Grund päpstlichen Schutzrechts kassierte Papst Johannes XXII. den Freiburger Spruch. Da versuchten es die Wiesnecker mit Faustrecht und Gewalt; die Vögte vertrieben die Mönche, nahmen deren Habe, schunden die Klosterleute, so daß das Feld unbebaut verwilderte; St. Märgen verfiel,

»in der Kirche wucherte im Chor um den Hochaltar das Unkraut dicht empor, und Spinnen, Kröten und Nattern fanden darin ihr Nest.«

Nach kurzem Einlenken verlegte sich die zweite Snewlin-Generation darauf, ihre Position durch einen erpressten Vertrag zu sichern. Der junge Snewlin nahm den St. Märgener Abt mit drei weiteren Kanonikern gefangen und führte ihn nach Wiesneck in Verwahr. So wurde die Burg zum Gefängnis, das der Abt erst nach Abschwören jedes Widerstandes verlassen durfte. Papst Klemens VI. entband die Bedrängten des Eids und belegte seinerseits Johann Snewlin, den Sohn des schon im Kirchenbanne verstorbenen Johannes Snewlin, mit dem Bann.

»Alle Sonntage verlasen die Pfarrer den Bannbrief von der Kanzel, da kroch Herr Johann zu Kreuze!«,

schildert Josef Bader den Wiesnecker »Krimi«. Ein neues Schiedsgericht brachte 1348 kurzzeitig Streitstillstand. Dann wagte Johann Snewlin das Äußerste. Seine Mannen überfielen Abt Konrad von St. Märgen an der Straßenabzweigung talaufwärts von Ebnet und erschlugen ihn. An jener Stelle unter den vier Linden stand bis ins vorige Jahrhundert die St. Annakapelle, an die das jüngst renovierte Kruzifix erinnert. Der Abtmord markiert den absoluten Tiefstpunkt der Auseinandersetzung – wenn er so tatsächlich geschehen ist. Der sorgsame Kirchenhistoriker Wolfgang Müller sieht gewisse

Dieser Zweikampf ist für das Dreisamtal nicht allein eine handfeste Rechtsstreitigkeit zweier Kontrahenten; die Streithähne teilen sich immerhin die Territorialherrschaft eines großen Gebiets, und es will fast verwundern, wie in diesen 170 unsäglichen Klosterjahren zuträgliche Lebensbedingungen im Tal, eine geordnete Rechtssetzung mit den Dingrodeln des 14. Jahrhunderts, eine funktionierende Rechtsprechung mit den jährlichen Meiergerichten geschaffen wurden.

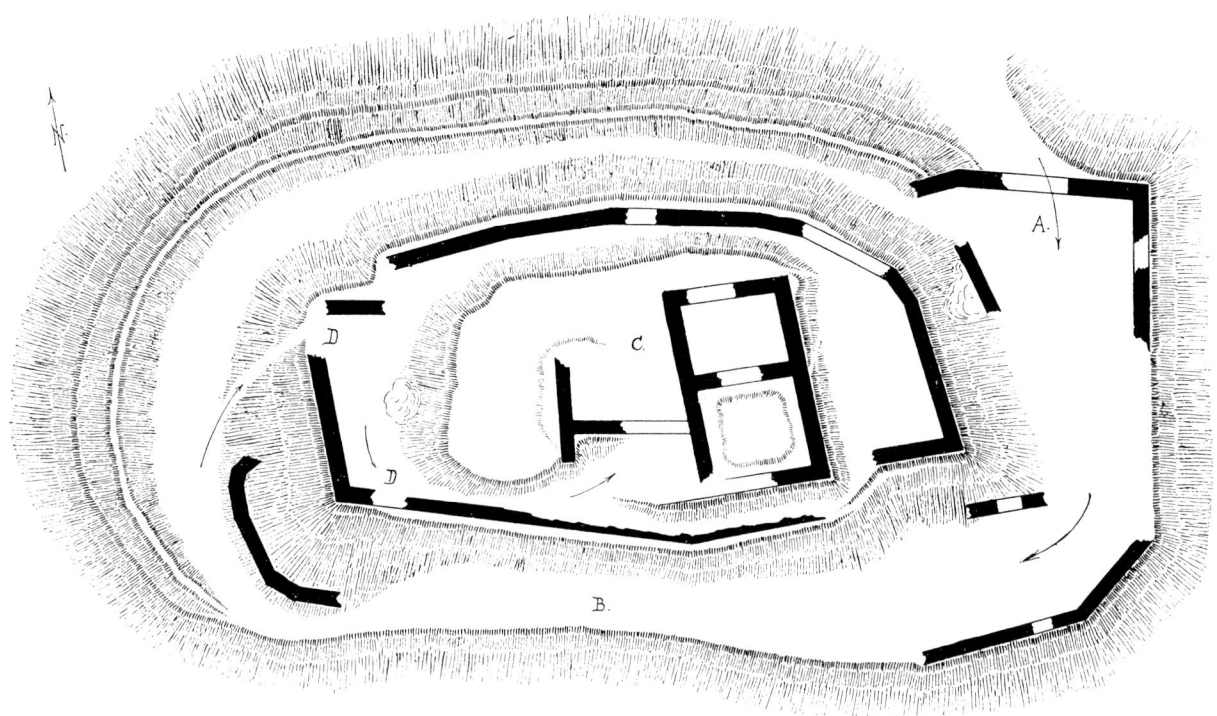

Die Burgruine Wiesneck (Grundriß) im Jahre 1899
Zeichnung von C.H. Baer aus »Die Kunstdenkmäler des Großherzogtums Baden« von 1904

Zweifel an der überlieferten Ungeheuerlichkeit. Das Kloster St. Märgen hat seine innere Ordnung in dieser Streitepoche völlig verloren. 1385 – nur 4 Jahrzehnte nach dem Prälatenmord von Ebnet – wird Abt Berthold im eigenen Konvent ermordet. Schon orientiert sich das Kloster durch eine Union mit der Freiburger Augustiner-Chorherren-Niederlassung Allerheiligen zur Stadt hin; selbst die Annahme der Obervogtei Österreichs bringt St. Märgen keine geruhsame Entwicklung. Als die Snewlin Burg Wiesneck und die zugehörige Vogtei über St. Märgen an das Freiburger Geschlecht von Blumeneck verkaufen, setzt sich der Streit auch mit den neuen Vögten fort. 1401 wird Abt Johannes von den Blumeneckern bei Merdingen ergriffen und ermordet.

1430 brannte zu allem das Kloster St. Märgen ab und blieb in seinen Trümmern liegen. 1450 kam die halbe Burg Wiesneck mit den Vogteirechten über St. Märgen an einen neuen Ast der Familie Snewlin zurück; nachdem sich sogleich auch der alte Streit wieder einstellte, räumte St. Märgen das Feld. 1462 verlegte der Abt den Konvent endgültig nach Freiburg in das mit St. Märgen bereits unierte Stadtkloster Allerheiligen und verkaufte das gesamte Gründungsgut des Klosters,
»den Dinghof zu Zarten, das Gut Birkenreute, den Hof zu Burg, den Hof zu Attental, zu Wagensteig, das Tal des Erlenbachs«,
»alles, so wir zuo Sant Märyen und im Zartental oberhalb dem nüen Graben ob Freiburg gelegen und zu

Bernhoupten gehept haben«,
insgesamt 80 Höfe, 90 Erblehen und 300 Juchert Wald
für 4800 rheinische Goldgulden an die Stadt Freiburg.
Ausgenommen blieb nur die Kirche in St. Märgen und
eine geringe Ausstattung für die pfarrliche Seelsorge.

Freiburg brachte es fertig, im gleichen Jahr auch die
Vogtei und die Gerichtsrechte zu Zarten, zu Geroldstal
und Wittental, Schweigbrunnen und Wagensteig von
Hans Snewlin von Landeck zu Wiesneck zu erwerben.
Durch die beiden folgenbedeutsamen Schritte gelangte
die Stadt in den Besitz eines großen Dreisamtäler Territoriums und wurde 1462/63 für annähernd 350 Jahre
zum wichtigsten Talherrn. Der Landesmacht Österreich
kam die wirkungsvolle Umlandpolitik Freiburgs recht
ungelegen und sie zögerte bis zum Reichstag von 1497,
die Erwerbungen gutzuheißen.

Das Kloster St. Märgen und die Burg Wiesneck lösten
so nach 344jähriger Schicksalsverkettung ihre geschichtlichen Bindungen. Zunächst blieb die Burg
Wiesneck in den Händen der Freiburger Familie Snewlin von Landeck zu Wiesneck. 1489 unterstellen sich die
Wiesnecker der Österreichischen Oberhoheit, Erzherzog Sigmund gibt die Burgherrschaft als Lehen an Junker David Snewlin zurück; das Dreisamtal rechnet diesen Burgherrn zu den farbigsten Persönlichkeiten seines
Geschichtslaufs.

Da überzieht der Bauernkrieg das Tal. Schon 1524 lassen sich Aufrührerscharen an der Falkensteig blicken.
»Es steht wild, seltsam und sorglich da oben«, konnte
man nach den Plünderungen und Gewaltakten von
Stühlingen, St. Blasien und dem Hegau hören. Am Dreisamtalkamm verliefen sich die Scharen nochmals, St.
Trudpert geriet in den Strudel. Im Frühjahr 1525 wurde
es ernst. Die Schwarzwälder Haufen zogen ins Dreisamtal und verbrüderten sich mit den Bauern gegen die Herren im Tal und gegen die Stadt Freiburg. Den Talbauern
wird später die Schuld am Scherbenhaufen angelastet;
man fand, daß »des Davids von Landecks Untertanen
heftig darauf dringen, den Haufen in das Breisgau zu bewegen«, und folgerte, »wo die unsern nit gewesen, wär
Hans Müller mit seinem Hauffen nit ab dem Wald her-
abgezogen.«

Über die Höhen von St. Märgen und St. Peter kam der
Aufruhr wie flammende Lava herabgeströmt, er glühte
sich Schneisen des Sengens und Brennens auf dem Weg
ins Tal. Durch schmeichelndes Taktieren und herrenge-
mäße Bewirtung retteten sich die Klöster St. Peter und
St. Märgen auf die bäuerliche Gesinnungsseite; beim
Eintreffen im Dreisamtal warfen sich gleich die ersten

der Aufrührer auf Schloß Wiesneck, »stürmten's, gewannen's, plünderten's und verbrannten's auf Sonntag
Cantate, den 14. Mai«. Die soziale Rechtfertigung des
Bauernaufruhrs, die Notwehrlage des Bauernstands
umschreibt die Sage vom Untergang der Burg Wiesneck:

»Der letzte Wiesnecker sah einst den Markenbauern
unweit des Schlosses mit einem prächtigen Gespann
sein Feld pflügen, und sogleich war die Habgier des Ritters geweckt. In eigener Person befahl er dem Bauern,

Bauernscharen vor Burg Wiesneck 1525
Illustration aus der Zeitschrift »Schau-in's-Land« von 1876

seine Pferde auszuspannen. Demütig bat ihn dieser darauf, er möge ihn nur noch bis zum Ende des Ackers fahren lassen; die Bitte wurde ihm arglos gewährt und der
Ritter begleitete das Gespann bis zur bezeichneten Stelle. Dort ergriff der Markenbauer seinen Karst und erschlug den Wiesnecker. So soll das Raubnest herrenlos
geworden und dann von den Bauern zerstört worden
sein. Heute noch sucht man nach den verborgenen Waffen und Schätzen«.

Der Zug der Bauernmacht richtete sich vornehmlich
gegen Freiburg, »denn hier fänden Fürsten, Prälaten und
Adel mit Leib und Gut ihre Zuflucht, und keine Stadt sei
heftiger gegen die Bauern«. Der Kampf um Freiburg geriet zum Mittelpunkt des Bauernkriegs am Oberrhein.
Wie in einer Sternfahrt trafen sich 12 000 Bauern von

allen Seiten, der »Aufmarsch ist ein strategisches Meisterstück«. Die Talbauern sind heftig an dieser Unternehmung beteiligt. Des Ulrich Kindhansen Sohn aus Burg gesteht später vor seiner Hinrichtung, er habe den Bauern geraten, geholfen und sie unterwiesen, wie sie schießen sollten. Das Kartäuserkloster fällt beim Vormarsch in die Hände der Bauern, die es – wie zahlreiche andere Schlösser und Güter der Umgebung – plündern und zerstören. Überraschend schnell gelingt es der Bauernschar, auf dem Schloßberg Fuß zu fassen. Von

Grün-, gelb- und braunglasierte Gesimskachel aus dem Schutt der Ruine Wiesneck. Ende des 15. Jahrhunderts
aus »Schau-in's-Land«, 1883

oben her beschießen und überrumpeln sie die Stadt. Sie hätten »wellen den Kilchenthurn alhie dem zu Kilchzarten glich machen«, gesteht Ulrich Kindhansens Sohn; offensichtlich wurde der Münsterturm auch getroffen, wenn auch die Nachricht, »daß der Helm des Münsters herabgeschleudert wurde«, allzu großspuriger Überschätzung entspringt. Am 23.5.1525 öffnete sich die erschreckte Stadt Freiburg den Bauern und schloß eine »christliche Vereinigung« mit den Rebellen. Eine Brandschatzung wird vorwiegend von den geflüchteten Prälaten und Adligen zur Sicherung ihrer Güter auf dem Lande bezahlt. Schien die Einnahme Freiburgs ein Sieg, so verschlechterte sich das Befinden der Bauern ohne kriegerische Niederlage durch die Zerschlagung der Bauernmacht bei Bergzabern, Weinsberg und Frankenhausen; die zunächst verzagten Herrschaften gewannen die Oberhand. Markgraf Philipp von Baden bemühte sich im Bunde einiger oberrheinischer Städte um eine nachsichtigere und gewaltmildere Konfliktlösung.

Österreich setzte jedoch auf harten Kampf, und Freiburg, das sich am 17.7. von seinem Bruderschaftseid lossagte, ließ sich zu einem wahren Strafgericht im Dreisamtal verleiten. 600 gedungene Knechte überzogen in zaglosem Züchtigungszug das Tal, die Stadt hat »etliche der Buben mit dem Schwert richten lassen, etlich vierteilet und die übrigen, so die minder schuld getragen, aus dem Land verwiesen«.

Selbst die Nachbarstädte Straßburg, Basel, Breisach und Offenburg verwandten sich eindringlich für die Talbauernschaft; dennoch richtete die Stadt in fast alttestamentlichem Vorgehen »Zahn um Zahn« – »Hof um Burg«; unnachsichtig wurden, wie der Denkmalpfleger Franz Meckes im neuesten »Schaubild des Schwarzwaldhofs im Dreisamtal« dartut,
»viele der alten Heidenhäuser im großen Bauernkrieg des Jahres 1525 durch eine Freiburger Exekutionsmannschaft vernichtet.«

Auch der Pfarrer von Kirchzarten, Ulricus Wesinger, wird der Machenschaften mit den Bauern bezichtigt und vertrieben. Auf Ungnad mußten sich auch hier die Bauern der Österreichischen Hoheit wieder unterwerfen, neue Treueide schwören und die Verdammnis zu Schadensersatz und Strafgeldern hinnehmen. Die Rädelsführer blieben von jeder Amnestie ausgeschlossen, es begann eine Zeit der Bauernhetze und Menschenjagd. Der sog. zweite Offenburger Vertrag geriet zum Unterjochungsdiktat. Die Herrschaften, auch die Talherren des Dreisamtals, die Stadt Freiburg, das Kartäuserkloster, das Kloster St. Peter, das Kloster St. Märgen, die Wiesnecker und alle übrigen bezifferten ihren Schaden auf vieltausend Gulden. Ein eigenes Häuserverzeichnis gab Aufschluß über die festgesetzte »Straf für Brand- und Plünderungsschatzung«. Die Liste gibt anschauliche Hinweise auf den Zustand der Ortschaften, in denen zum Teil kein Anwesen unbeschädigt blieb. So steht das Resümee: Zuerst ruinierten die Bauernscharen, dann die Freiburger das Tal.

Die Regierung von Ensisheim gab fürsorglich ein abschreckendes Beispiel gegen neue Aufruhr mit der Hinrichtung vieler Rädelsführer; unter ihnen waren auch Hans Mentz, Hauptmann im Kirchzartner Tal, Lenz Seger aus Ebnet, Hans Walch und der jung Peter Frey »aus denen von Freiburg« gefaßt worden.

Burg Wiesneck trug längere Zeit die Brandspuren jener Bauernrevolution. Die Burgherren hausten wohl eine zeitlang in Freiburg und auf Schloß Falkenbühl, bevor sie das Schloß um die Jahre 1600–1620 wiederaufbauten. Eine Gemäldetafel der Schloßkapelle von Schloß Weiler, ein Bild des Kirchenpatrons St. Sebastin,

127

übermittelt die einzige Ansicht der Burg Wiesneck vor ihrem Untergang im Bauernkrieg.

Beinahe wäre Burg Wiesneck noch in einen zweiten Bauernkrieg geraten. Wegen des »Bösen Pfennigs«, einer Sondersteuer, gärte es am Hochrhein und Aufmüpfigkeit ergriff 1613 die Spirzenbauern und die um den Turner. Am Benediktswäldchen in der Nähe des Turners formierte sich eine Verschwörung, die Anzettler zählten auf Unterstützung von Buchenbach, von Ibental, von Waldau, dem Jostal und der weiteren Umgebung; Sankt Peter wollte man überrumpeln, Weiler, Birkenreute, Kirchzarten und Ebnet ausplündern, in Villingen das schwere Geschütz erbeuten und gegen Freiburg ziehen, »um die vielen Studenten, welche alles verteuern, aus der Stadt zu treiben«. Noch ehe der Stichtag heran war, kam der freiburgische Talvogt den Dingen auf die Spur. Der Aufwiegler, Martin Heizmann, Knecht des Spirzenbauern Wolf Schwer, entkam, wurde geschnappt, nach St. Peter ausgeliefert, unter Folter verhört und 1613 enthauptet. »Es hätte leicht auch anders ausgehen können auf dem St. Peterschen und Freiburgischen Schwarzwald«, kommentiert Josef Bader die »Trinkwasenverschwörung am Stüble beim Turner«.

Burg Wiesneck entstand nach den bauernkriegischen Zerstörungen erneut für kurze Zeit zur beachteten Burg. Mit der letzten Seite des Geschichtsbuchs erscheint nochmals eine neue Wiesnecker Herrschaft. Friedrich von Sickingen, der Enkel des bekannten Reichsritterführers Franz von Sickingen, heiratet über die Hochzeit mit Anna Snewlin von Landeck 1568 zugleich in den Dreisamtäler Besitz »an und auf dem Schwarzwald« ein. Der 30jährige Krieg macht der Burg jedoch unwiederbringlich den Garaus. In den Stunden der ungeheuerlichen Schlacht zwischen den Armeen Frankreichs und der kaiserlich-bayerischen Heermacht von 1644 vor Freiburg wird Burg Wiesneck von einem französischen Kommando zerschlagen.

Burg Wiesneck hat ihre Dreisamtäler Geschichte damit beendet. Wer den ganz im Wald versteckten Burgplatz sucht und sich im Schloßareal umsieht, wird sich in den geringen Mauerresten kaum zurecht finden. Schon das Verzeichnis der Kunstdenkmäler von Baden resigniert:
»Auch über den ehemaligen Zweck der wenigen noch vorhandenen Mauerreste etwas Bestimmtes zu sagen ist nicht möglich.«
Nach allen Nachforschungen bestand die bedeutendste Burg des Dreisamtals aus einem mächtigen, von Zinnen gekrönten Hauptturm, an den sich ein bescheidenes

Wohngebäude anschloß. Die Anlage war mit einer Ringmauer mit Schießscharten und Wehrgang umgeben. Schemenhafte Mauerreste und eine einzelne Ruinenwand des Hochturms markieren heute, 300 Jahre nach der Zerstörung, die Burg in museumshaften Relikten. Die umliegenden Ortschaften nahmen die verlassenen Mauern gerne zum Steinbruch; drunten beim Gasthaus Himmelreich schmückt sich die Zehntscheuer des 16. Jahrhunderts auf ihrer nördlichen Giebelseite mit mehreren, künstlerisch behauenen, gotischen Fenstergewänden. Man vermutet, daß sie der ehemaligen Burg Wiesneck entstammen. Rudolf Geiger, der Redakteur der Wiesnecker Geschichtsbriefe, macht auf weitere kunstgewerblich ansehnliche Fenstersteine von Burg Wiesneck im früheren Kornhaus, der heutigen Kapelle beim Sanatorium Wiesneck, aufmerksam. Erwähnung verdienen auch einige versprungene Ofenkacheln, die ebenso als Beweisstücke künstlerischer Handwerksfertigkeit gelten. Es sind Fragmente eines hellgrün glasierten, runden Ofens, die Ornamente zeigen in plastischer Gestalt einen schildhaltenden Engel sowie Fabel- und Wappentiere. Schließlich bewahrt das Wiesnecker Archiv eine Kanonenkugel des 30jährigen Kriegs, letzte Erinnerung an eine der bedeutungsvollsten Burgen des Dreisamtals.

Es liegt nahe, nochmals im Sagenbuch zu blättern. Talerzählungen wissen von verborgenen Schätzen und geheimnisvollen Zeichen. Hellen Tags läßt sich zu Wiesneck ein Burgfräulein sehen, gleich einem hellen Lichtstreifen, der mitten auf dem Gemäuer steht oder das Gebüsch durchdringt. Niemandem tut die Erscheinung etwas zuleide; wer sich aber in böser Absicht nähert, den umschlingt unversehens das Dorngebüsch so fest, daß er schier nicht mehr herauskommt, daß er in unerklärlicher Angst, blutend an Händen und im Gesicht, mit zerrissenen Kleidern entflieht und sich noch unterhalb des Turms vom herabbröckelnden Mauerwerk bedroht fühlt. Zu einem Hirtenjungen, der sich als Einzelgänger nahe der Burg aufhielt, fand das Burgfräulein ihr Zutrauen. Mit Gesten zeigte sie ihm eine Stelle, wo sich Silbermünzen im Gemäuer verbargen. Dem jungen Freund blieb die Geistergunst so lange gewogen, bis er entgegen der auferlegten Verschwiegenheit plauderte. Seitdem hat sich die Burgjungfrau nicht mehr gezeigt, und der Spuk verwischte ihm jede Erinnerung an Ort und Stelle des Schatzgrabs. Ein Hort der Wiesnecker soll andererseits in den Schanzen bei Höfen verborgen gewesen sein; Männer, die ihn gefunden hatten, wurden jedoch von Getöse und Gerumpel und einem schneeweißen Hahn erschreckt und ließen ab – niemand konnte seitdem den Spukschatz erlösen. Gegen aufdringliches, eigensüchtiges Ausgraben ihres Reichtums weiß sich Burg Wiesneck zu wehren. Drei Schatzgräber, unter ihnen der Knecht, der den armen Hirtenjungen zum Ausplaudern gezwungen hatte, versuchten geradezu systematisch mit Wünschelrutengang, mit Tiefgrabungen, mit Zauberformeln, Beschwörungen und Hokuspokus an die Verborgenheit der Burgschätze heranzukommen. Ein Windstoß narrte sie, löschte ihre Laterne, dann aber donnerte furchtbares Brüllen in ihre Ohren, und sie sahen die zottigen Tatzen des Höllenhundes, der sie mit feuersprühenden Radaugen anglotzte. Anderntags fand man die Abenteurer bewußtlos in den Trümmern der Burg, zwei von ihnen waren tot, den dritten hatte dumpfer Wahnsinn gepackt. So mag es ratsam sein, von allzu tiefem Schürfen und Umgraben in Wiesnecks Vergangenheit abzusehen.

Die Burgen des Dreisamtals, von denen dieses Kapitel handelt, sind eingestürzt, verfallen, zur Unkenntlichkeit zerbrochen. Die Wilde Schneeburg wurde 1315 erobert, Burg Falkensteig 1390 ausgehoben, Schloß Wiesneck 1525 durchgeschüttelt und 1644 zerstört. Die Befestigung auf dem Freiburger Schloßberg ward 1744 als letzte der Dreisamtalburgen geschleift. Aber nicht nur die Burgen, auch die Geschlechter und Familien, die sie einst gründeten und besiedelten, sind vergangen. Abt Ignaz Speckle, selbst der letzte einer Reihe von 56 Äbten des abgegangenen Klosters St. Peter, hatte ein feines Gespür für die Lebensänderungen, die einen Umbruch der Jahrhunderte bedeuten. 1802 notierte er beim Todesfall des vorletzten Familienmitglieds aus dem Geschlecht der Snewlin:
»Unser Kloster hatte ehedessen unaufhörlich Kämpfe mit den Herren Snewlin; nun seien beede Parteien ihrem Ende nahe!«
So verrinnt das Leben in die Geschichte.

Im Glanz der kleinen Residenz
Ein Grandseigneur erbaut Schloß Ebnet
im Dreisamtal

Mit raschem Schwenk wechselt die Talerzählung erwartungsvoll zur barocken Festspielkulisse von Ebnet. Aus den mittelalterlichen Wehrburgen sind gefällige Herrensitze, aus den rüstungsschweren Burgrittern elegante Schloßherren geworden, Zeitgünstlinge des barocken Lebensstils. Den Reichsunmittelbaren ebenbürtig fühlten sich die breisgauischen Adelsritter, die in Vorderösterreich ihre vielfachen Verfassungsprivilegien genossen, und sie bauten den Reichsunmittelbaren ebenbürtige Landschlösser und Herrensitze. Schloß Ebnet atmet die Atmosphäre der kleinen Residenz.

Die Herrschaft Sickingen schließt an die Geschichte von Burg Wiesneck an. Die Heirat des Freiherrn Friedrich von Sickingen mit Anna Snewlin von Landeck zu Wiesneck brachte die Sickinger um 1600 in den Besitz von Ebnet, Wiesneck, Baldenweg und der Höhen des Schwarzwalds. Die Familie orientierte sich jedoch vorwiegend nach Freiburg und in die Nähe der Stadt nach Ebnet. Dort befand sich eine Landvilla in bescheidenen Proportionen; das alte Herrenhaus ist auf dem Hochaltarbild der Ebneter Kirche, gemalt von Berhard Altenburger, in einer Nebenszene abgebildet. Anfang des 18. Jahrhunderts zeigten die Sickinger Neigung zu einer repräsentativen Lebensart mit standeswürdigem Aufwand, mit stilvollen Herrschaftsgebäuden, mit einer kleinen Talresidenz inmitten ihres Territoriums. Die barocke Kirche, zweiter Anziehungspunkt des freundlichen Barockdorfs Ebnet, wird 1720–1725 anstelle einer alten gotischen Kapelle erbaut und mit einer Familiengruft für das Geschlecht der Sickinger versehen. 15 Familienangehörige werden in dieser Grablege bestattet werden.

Die herausragendste Gestalt der Sickingischen Barone und die bedeutendste Persönlichkeit des Dreisamtals jener Tage ist Ferdinand Sebastian Reichsfreiherr von Sickingen (1715–1772), ein Grandseigneur mit dem beeindruckenden Titel:
»Herr zu Ebnet, Hohenburg, Orschweier, Wiesneck, Baldenweg, an und auf dem Schwarzwald, Miterbherr der Reichsherrschaft Landstuhl Mitteilherr zu Riegel und Littenweiler, k.k. wirklicher geheimer Rat und Kämmerer, Präsident der Ritterschaft im Breisgau und Präsident der breisgauisch-kombinierten Prälat- und Ritterständischen ersten Instanz.«

Christian Wenzingers geniale Handschrift in Schloß Ebnet
Zeichnung in »Schau-in's-Land«, 1892

Dieser Repräsentant eines neuzeitlichen, selbstsicheren Niveauadels entschließt sich, die alte Landvilla Ebnet zu einer prächtigen Sommerresidenz auszubauen. 1748 beauftragte er den renommierten Basler Architekten Johann Jakob Fechter mit der Bauplanung für das neue Herrenhaus; nach Vorlage des Risses kann sich der Bauherr mit dem nüchternen, eher schlichten Barockstil, wie er von Fechter am Basler Münsterplatz in mehreren Stadtpalais verwirklicht wurde, nicht anfreunden. Der barocke Landfürst entschließt sich zu einem Umbau, noch ehe der Neubau begonnen hat. »Der berühmte Herr Wenzinger«, wie man den Künstler schon zu seinen Lebzeiten nannte, erhielt den Auftrag zur Weitung des baulichen Horizonts, zur Gestaltung eines stilvollen, kleinfürstlichen Residenzhofs. Von Wenzinger durfte sich der Bauherr vornehmlich einen flotten Wurf barocker Größe versprechen, Wenzinger hatte sich als weitgeschätzter Barockmaler und virtuoser Bildhauer empfohlen; Architektur war für ihn eher eine

»Liebhabereibeschäftigung« – Herr Wenzinger bewies auch in diesem »Geschäft« besonderes Format. Von ihm erhielt das Ebneter Schloß die weitläufigere, gestrecktere, freundlichere Proportion mit der reichgegliederten, heiteren Gartenfront und mit der gewünschten Ausdruckskraft des vorderösterreichischen, standesfürstlichen Lebensgefühls. Der Austritt des Gartensaals, die zweiarmige Freitreppe, der geschmackvoll geschwungene Balkon mit der lustigen Fratze als Auflager sind glänzende Schmuckstücke, der ganze Bau bekommt durch das Dreiecksfeld mit den Wappen der Familie einen betuchten, würdigen Rahmen.

Das kleinräumig-monumentale Treppenhaus, die merkwürdig vorgebaute Stiege, spiegelt die Wende der Baugeschichte. Der Baumeister will sich den mit der Neuplanung entstandenen Mehraufwand nicht anrechnen lassen:

»ward die stegen vor dem Haus nach des H. Fechters Riss accordiert, welche aber hernach auf des H. Wenzingers Modell gemacht worden, wiewohl ich von Anfang dessen deutlich genug zu verstehen gegeben, daß ich solche um den Accord nicht machen könne.«

Aber schon der Schick des Treppenanstiegs im Innern verdeutlicht die geschmackvolle Eleganz des Wenzingerbaus. Die Wohnräume präsentieren sich in bedeutungsvoller Behäbigkeit, bestärken einen bestechenden Kunstrang. Stilvolles Mobiliar, leises Geticke verhalten prunkender Uhren, bestuckte Decken, würdige Öfen mit keramischer Zier, schwungvolle Leuchter, Wappen und Vasen, bewegte Bilder barocker Größen in protzenden Posen, behütete Bücher zeigen auch heute noch gediegenen Aufwand. Fantasien, Allegorien, Festträume und Götterspiele zieren, umranken, durchschweben das große Deckengemälde des Hofstaats der blumenstreuenden Naturgöttin Flora, in die sich das Portrait der Schloßherrin Maria Anna Sophia einschmeichelt. Im Stuck des Deckenfrieses sind die Vier Jahreszeiten modelliert, ein Lieblingsthema Wenzingers, der dem Winter mit eigenwillig-kautzigen Zügen den Ehrenrang zuweist. Gunstvoll und allergnädiglichst schaut da selbst Maria Theresia auf das anmutige Tänzeln des Hoflebens im kleinen Vasallenschloß.

Neben Christian Wenzinger hat der Bauherr mit dem Maler und Stukkateur Benedikt Gambs als Schöpfer des großen Deckengemäldes im Gartensaal einen der Besten des Breisgaus berufen. In St. Peter hatte dieser schon den großen Bibliotheksaal mit »bestaunten und prachtvollen, vielbewunderten Deckengemälden« ausgestattet. Abt Philipp Jakob Steyrer wußte, was er dem berühmten Maler schuldig war; »er bekommt 250 fl. dafür, ein geringer Preis, wenn man es vergleicht mit der Mühe und dem Kunstwert.« Der Abt gibt sogar ein Draufgeld; Benedikt Gambs hat solches auch in Ebnet verdient, sein Werk ist »von Kunst und Eleganz«. Als 48-jähriger heiratet Gambs in Ebnet das Zimmermädchen des Freiherrn von Sickingen; 1751 erhält er das akademische Bürgerrecht der Freiburger Universität, er verstirbt jedoch nur 9 Tage nach dieser »ehrenvollen Einbürgerung« im Ebneter Schloß und wird in seiner Dreisamtäler Wahlheimat begraben. Sein Ebneter Prachtwerk

der kleine Prunkbau eine solche Zauberstimmung vorderösterreichischer Lebensfülle, daß sich der bedachtsame Besucher nur leise, fast untertänig-verstohlen dem Herrenschloß nähert, in welchem ihn alsbald in wunderlicher Zeitverschiebung der Freiherr persönlich zu empfangen scheint. Wie zauberisch klingt die barocke Heiterkeit, wenn neckische Lieder und brilliante Cembalomusik den Festsaal mit Jubeltönen der bravourösen Barockkomponisten durchhallen; ist es nicht, als spräche nun Ferdinand Sebastian Freiherr von Sickingen,

Das Ebneter Ensemble von Schloß, Schloßpark und dörflicher Umgebung atmet noch heute – sieht man vom bedrückenden Straßenverkehr ab – die Atmosphäre der reizvollen Schloßansicht von 1800. Diese Harmonie zu erhalten ist ein wichtiges Anliegen der Denkmalpflege. (Das idyllische Ölgemälde ist Eigentum des Ebneter Schloßherrn)

erlitt rund 200 Jahre später bedrückende Schäden, als zu Ende des 2. Weltkrieges die Eschbachbrücke unmittelbar vor dem Schloß gesprengt wurde. Eine moderne Bilderergänzung versteckt den Bruch nicht ungeschickt.

Äußerlich durch eine lange Mauer dem neuzeitlichen Lebensgedränge und Verkehrsgetöse entrückt, birgt

Herr zu Ebnet, wohlwollend und weitsichtig von seiner Welt, von seinem Dreisamtal? Neue Wonne scheint zu wachsen:

»Der Frühling ist gekommen, die Liebe kam mit ihm.«

Schon durchwandern die Augen den einladenden Schloßgarten. »Im französischen Stil angelegt«, galt er bereits um 1750 als Sehenswürdigkeit. Die Attraktion war eine Orangerie, ein Pomeranzenhaus, »jene in fürstlich-adligen Residenzen beliebte Spielerei, die den Ehrgeiz hatte, den zauberischen Süden im rauhen Norden heimisch zu machen.«

Manchesmal hielten sogar Reisewagen auf ihrem Weg, um den weithin berühmten Schloßgarten zu besichtigen. Nach heutigem Zeitgespür gilt eher die natürlich-verwachsene Parkgestalt mit den prachtvollen, wuchtig ausgewachsenen Bäumen als Anziehungs-

Schneegestöber gönnend. Von Christian Wenzinger – vielleicht unter Zupacken seiner Werkstatt – stammen die den alten Schloßpark schmückenden Skulpturen der Vier Jahreszeiten, der unbestrittene künstlerische Hausschatz des Schloßguts Ebnet. Wieder stellt sich vergängliches Vergessen ein, wähnt man, Christian Wenzinger persönlich zu begegnen, wenn am Ende des Parks der Bildhauer Peter Gutmann als »Wenzinger-Eiferer« seine Sinnbilder aus dem gleichen rötlichen und gelblichen Sandstein meißelt.

Schloß Ebnet, der »schönste, barocke Herrensitz des Breisgaus«

punkt. Mitten unter den ausladenden Ästen lustwandeln, wie ehedem die Fürstlichkeiten, graziöse Rokokodamen in Frühlingsgrün und strahlendem Sommerabendlook, gibt sich ein kräftiger, unbekleideter Jüngling freudenvoll der vorherbstlichen Sonne und Wonne hin, während drüben ein mit Pelzmantel und Stiefel tief winterlich vermummter älterer Herr durch die Allee stapft, sich den Winterspaß eines Spaziergangs im

Mit Ferdinand Sebastian Reichsfreiherr von Sickingen hat das Ebneter Schloß seine Höhe erklommen. 1769–1772 schuf der Grandseigneur in Freiburg ein neues Stadtpalais, das 1944 unter zerstörendem Bombenhagel zugrunde ging. Auf den Höhen um die Dreisamquelle am Mathislesweiher bauten die Sickinger das Jagdschloß Erlenbruck, die Ebneter Barone waren die »Herren der Dreisam«. Als Ferdinand Sebastian 1772 starb, überzog ein Erbstreit die Familie und entfremdete Schloß Ebnet den Nachkommen. Reichsgraf Casimir von und zu Sickingen orientierte sich bereits nach Würzburg und in die österreichisch-ungarischen Zentrallande. Sein Sohn Wilhelm (1777–1855) erlebte den Zusammenbruch der vorderösterreichischen Eigenständigkeit und die Aufhebung der landesherrlichen Stellung des breisgauischen Adels. Wilhelm verkauft schon 1804 das Lehen Wiesneck an die Familie von Andlau-Birseck und 1809 den übrigen breisgauischen

waren badische Protégés, sie standen in engsten Beziehungen zur großherzoglichen Familie, der sie als Reisemarschall, Kammerherr, aber auch in politischen Ämtern als Staats- und Finanzminister, Geheimrat und Hofmarschall dienten. Sie verschmerzten umso leichter, nach neuer Staatswirklichkeit nicht mehr Talherr des Dreisamtals, sondern nurmehr »schlichter Schloßeigner« zu Ebnet geworden zu sein. Die Familie Gayling von Altheim war protestantisch, auch das änderte manche überkommenen Bezüge; äußerlich wahrnehmbar

Steinmetz Peter Gutmann kopiert die berühmten Wenzinger-Figuren der Vier Jahreszeiten von 1748/49 aus dem Ebneter Schloßgarten

Ebnet um 1730 – Dorfansicht mit Kirche und früherem Sommerhaus der Freiherrn von Sickingen.
Prospekt aus dem Hochaltarbild der Pfarrkirche St. Hilarius von F.B. Altenburger

Besitz an die neue Landesherrschaft, den Großherzog von Baden. Die Reichsgrafen von und zu Sickingen zogen sich, wie es heißt, nach Österreich zurück, »weil sie nur dem Kaiser untertan sein wollten«; ganz authentisch sind die Beweggründe des Abzugs nicht bekannt. Die Zäsur führte jedenfalls nach Einschätzung von Geschichtskennern zu einer Verarmung des Breisgaus, das niveauvolle Leben der Landschaft wurde »in die Enge einer mittelstaatlichen Interessensphäre« gepfercht. Die Familie von Sickingen lebte später in Wien, wo 1956 die letzte Namensträgerin verstorben ist.

1812 wechselt der Besitz des Schlosses Ebnet an die altfreiherrrliche Familie Gayling von Altheim, die ihre Güter im Unterelsaß verloren hatte. Die neuen Herren

wurde die kleine Schloßkapelle, noch rund 20 Jahre älter als der Schloßbau selbst, zur Küche umgebaut. Erst 1958 wurde sie für eine neue kirchliche Nutzung freigemacht. Selbst der lustvolle Schloßgarten wurde im Sinne des neuen Zeitgeistes seiner barocken Pracht entkleidet und in nutzbare Felder verwandelt; die Spielerei des Pomeranzenhauses ging dabei endgültig verloren.

Nach den Jahren der Umgewöhnung zeigten sich jedoch bald neue Sympathien. Die Familie Gayling von Altheim fand Zugang zum Ebneter Ortsleben und der Freiburger Gesellschaft. In einem jüngsten Aktensturz hat der Ebneter Archivpfleger Paul-René Zander sogar ausgegraben, daß die heutige Schloßgeneration über eine weibliche Abstammungslinie eine direkte Verwandtschaft mit der Familie Snewlin von Landeck verbindet, eine Beziehung, die eine kontinuierliche Familiengeschichte bis ins Jahr 1348 begründet. So blieb die Tradition gewahrt.

Persönliche Erinnerungen sind oft von ansprechender Geste. Frau Elisabeth von zur Mühlen, die 1932 die Sikkingergruft zur würdigen Grabstätte erneuern ließ, ist manchem Ebneter noch als Schloßbesitzerin bekannt. Der ganze Liebreiz der Familie Gayling von Altheim wirkt in Erzählungen, die die Zeit überstrahlen. Franz Prinz zu Sayn-Wittgenstein, Kenner des Landes und des Dreisamtäler Adels, behütet eine solche kleine Anekdote:

»Der Baron liebte es, in irgend einer Wirtschaft beim Wein zu sitzen, aber er sprach mit niemandem. Befragt, warum er immer so allein und langweilig für sich säße, antwortete er: ›Wenn ich mein Schöpple trunke hab, dann sumselets so angenehm!‹ «

Das Abschiedsbild von Schloß Ebnet setzt auf die heitere Seite des Lebens.

Eleganz des Rokoko – Deckengemälde von Johann Benedikt Gambs (1750) im Gartensaal des Ebneter Schlosses. In der anmutigen Figur der Göttin Flora verbirgt sich die Gattin des Schloßherrn, Maria Anna Sophia Freifrau von Sickingen-Hohenburg

134

Die Herren über Himmelreich und Hölle
Was sich in Schloß Weiler bei Stegen versteckt

Wie eine Oase zieht der Park von Schloß Weiler den Blick auf sich; ein dichter Bewuchs hochgeschlossener Bäume ragt gewichtig-dunkel aus dem flachen Taldunst auf, schwebt wie ein wundersam-spriesender Dachgarten über dem immer weiter ausufernden Häusermeer.

dert zuschreibt und kaum die Konturen eines Schlosses zeigt. Das Gut Weiler bleibt in jeder Einzelheit bescheidener, kleinmütiger als Schloß Ebnet.

In baulichen Einzelheiten soll das heutige Gebäude ins 15. und 16. Jahrhundert zurückgehen. Nur Vermutungen suchen Zusammenhänge der Hausgeschichte mit der Keltenstadt Tarodunum oder denken an Verbindungen zur römischen Talepoche. Ein mittelalterlicher Ortsadel ist urkundlich erwähnt, die Herren von Weiler stehen dem Geschlecht der Falkensteiner nahe; Lehens-

Schloß Weiler in Stegen um das Jahr 1900   Aus Eduard Schuster »Die Burgen und Schlösser Badens« (1908)

Aus der Nähe fällt eher das weiß-gelbe Farbenspiel des modernen Kirchenrunds ins Auge, dringt Betongrau durch die grüne Kulisse. Die aufgeputzten Zierwappen am Portal, wie Orden auf die Brust des Eisentores geheftet, verbreiten Feierlichkeit und Festtagsstimmung. Wie zurückgedrängt verweilt da im Hintergrund ein schlichter, rechteckiger, dreigeschossiger Herrschaftsbau, der seine äußere Gestalt sichtbar dem 18. Jahrhun-

herren waren die Zähringer, später die Grafen von Freiburg, bis sich die territoriale Oberhoheit Österreichs durchsetzen konnte.

Die »Meier von Weiler« sind frühe, namentlich genannte Gutsbesitzer, die Familie starb jedoch Ende des 15. Jahrhunderts aus. 1486 wird das Lehen an die Freiherrn von Reischach vergeben. Sie bauen den Meierhof zum ansprechenden Wohnschloß und Herrensitz um. In

Rechtsbüchern wie dem Dingrodel »von Weyler, Yba und Stegen« von 1510 schreiben die Reischachs ihre Herrschaft fest, alte Grenzaufzeichnungen aus den Tagen des Junkers Jopp von Reischach machen deutlich, wie vielverschlungen die separaten Herrschaftsrechte und »Staatsgebilde« ineinander griffen. Vielenorts fallen im Tal alte Grenzsteine mit eindrucksvollen Wappenzeichnungen auf; am Hohlen Graben steht noch heute ein »Vierländerstein«, im ganzen Tal finden sich ähnlich markante »Landteiler« mit den Wappen der

Alter Grenzstein mit dem Wappen der Familie von Reischach

Moser, Reischach, Snewlin-Landeck oder Kageneck; vor dem neuen Rathaus in Stegen hat ein solcher altgedienter Herrschaftsmarker mit dem Wappenbild der Reischachs, dem Kopf eines wilden Ebers, seinen Museumsplatz gefunden. Noch andere Nachrichten wecken das Interesse für die Epoche der Reischachs, dem vielversprechenden Geschichtsabschnitt des nördlichen Dreisamtals. 1517 stiftet Hans von Reischach eine »ewige, immerwährende Meß- und Priesterpfründe« für die Kapelle »zu Weiler in meinem Schloß im Kirchzartertal«. Als ältestes kirchliches Gebäude einer weiten Umgebung wird die Kapelle bezeichnet, in einzelnen Bauteilen wie dem Chorraum scheint sie wesentlich älter als die im Bau eingeschlagene Jahreszahl 1504. Gebeine wurden schon um die Kapelle herum geborgen, das Bestehen eines Begräbnisplatzes spricht für eine frühe und relativ selbständige kirchliche Kultstätte. Wie-

derholte Renovierungen vertuschen allerdings das altersentsprechende Patina.

Der kleine Kirchenraum ist dennoch eine Kostbarkeit. In der Kapelle versteckt sich ein unerwarteter Kunstschatz, eine Sammlung mehrerer altdeutscher Flügelaltäre und eines höchst bemerkenswerten Bilds des Kirchenpatrons Sebastian. Die Sebastianstafel aus dem 16. Jahrhundert ist einer der wenigen direkten Geschichtszeugen des Dreisamtals; in dem etwas unbeholfenen Hintergrund sind die Hauptattraktionen des Tals der damaligen Zeit portraitiert: Burg Wiesneck, Schloß Weiler und Kirchzarten. Inschriften ersetzen die spiegelgenaue Abbildung, dennoch läßt die einfache Gestalt Rückschlüsse auf den Baubestand der Zeit kurz vor der Bauernkriegszerstörung zu. Der »Hochaltar« stellt einen Kruzifixus in den Mittelschrein, eine Schnitzerei, die zu den vorzüglichsten Arbeiten zählt. Das Arrangement mit den gemalten Flügeln und den gotischen Ranken- und Ährenornamenten gilt als meisterliches Muster eines mittelalterlichen Prachtaltars. Eine Madonna strahlt aus dem Mittelfeld des rechten »Seitenaltars«, Holzstatuen der Heiligen Sebastian und Wolfgang stehen im Blickfang des linken »Seitenaltars«, Gestalten von hervorragender Charakteristik. Die Altarwerke werden der Augsburger Kunstzeit um 1500 zugeschrieben, sie kamen eher zufällig als Liebhaberstücke der späteren Schloßherren, der Grafen von Kageneck, ins Dreisamtal; die Sebastianskapelle nimmt mit diesem außergewöhnlichen Wertbestand den Charakter einer beachtenswerten Kunstsammlung, den Rang eines kleinen »Kunstmuseums« an.

Die Adelsfamilie von Kageneck wurde um 1700 Träger des Weilerschen Lehens, das zwischendurch – nach dem Aussterben der Familie von Reischach – Besitz des erzherzoglichen Sekretärs und Freiburger Universitätslehrers beider Rechte Justinian Moser geworden war. Die Freiherrn von Kageneck, ab 1771 Grafen von Kageneck, blieben auch nach der badischen Übernahme der Landesherrschaft als Grundherrn von Stegen und als Schloßeigner im Lande, das Gut ist noch heute Familienbesitz. Daß die Mutter des österreichischen Staatskanzlers Fürst Clemens von Metternich eine Baronin von Kageneck war, erregt die Aufmerksamkeit der Geschichtsstunde für dieses Geschlecht.

Alfred Graf von Kageneck hat sich selbst sehr mit der vorderösterreichischen Adelsgeschichte befaßt und manche Züge einer landschaftlichen Eigenheit herausgestellt. Zu diesen bezeichnenden Besonderheiten zählt der rasche Wechsel der Adelsfamilien im Breisgau; von den alten einheimischen Geschlechtern erlebten keine sechs das 18. Jahrhundert. Andererseits kannte die Zeitgeschichte geradezu »Schübe des Zuzugs« neuer Adelsgenerationen, etwa aus dem Elsaß; die Zuwanderer verschmolzen immer wieder neue Impulse mit alten Traditionen.

Die Geschichte der herrschenden Familien im Dreisamtal ist mit dem ständigen Wechsel der Geschlechter, mit der Vielzahl und Kleinräumigkeit der Herrschaftsgebiete und mit mancherlei Überschneidungen der Herrschaftsrechte, aber auch mit den gegenläufigen Erscheinungen, den fortwährenden, verwandtschaftlichen Verbindungen der verschiedenen Adelszweige so mannigfach, daß selbst Rechtsdissertationen von einem Besitzwirrwarr, einer Verwirrung und Undurchschaubarkeit des Lehens- und Rechtswesens sprechen. Der »Zankacker« bei Stegen unterhalb des Galgenbühls war Streitobjekt zwischen den Herrschaften Weiler und Freiburg, er ist ein sprechendes Zeugnis örtlicher Verhaderungen und Verhedderungen der Herrschaftsinteressen.

Als vorzügliche Schnitzarbeit vielbeachteter, altdeutscher Flügelaltar von 1500 – einer der Kunstschätze der Sebastianskapelle von Schloß Weiler in Stegen

Allen Dreisamtäler Adelslinien und Herrenge-schlechtern nachzuspüren, läßt der eingegrenzte Rahmen der überschaubaren Talkunde nicht zu. Allzu ausladend wäre die Betrachtung der Schicksalsfolge dieser »kleinen Souveräne ihrer unsouveränen Ländchen«. Als 1806 das Land Breisgau der neuen Landesherrschaft Baden huldigte, waren im Dreisamtal ein gutes Dutzend solcher »Talherrn« betroffen; nach geschichtskundiger Zusammenstellung waren dies die Familien
der Grafen von Kageneck mit der Herrschaft Stegen,

der Freiherrn von Neveu mit der Herrschaft Dietenbach,
der Freiherrn von Manikor mit einer Teilherrschaft von Oberbuchenbach,
der Freiherrn von Wittenbach mit einer Teilherrschaft von Unter- und Oberbuchenbach,
der Herrn von Altstetten mit einer Teilherrschaft von Unterbuchenbach;
Zum prälatischen bzw. städtischen Stand zählen im Dreisamtal

Schloß Weiler in Stegen
Rekonstruktionsversuch nach dem Sebastiansgemälde aus dem 16. Jahrhundert
Eduard Schuster, »Die Burgen und Schlösser Badens« (1908)

der Freiherrn von Sickingen mit den Herrschaften Ebnet, Breitnau und Hinterzarten,
der Freiherrn von Schackmin mit der Herrschaft Weilersbach,
der Freiherrn von Pfirdt mit den Herrschaften Falkensteig und Steig,

die stadtfreiburgische Talvogtei mit den Gebieten St. Märgen – Zarten und Kirchzarten,
das Kloster St. Blasien mit dem Gebiet des Priorats Oberried und
das Kloster St. Peter mit seinem Besitz in Eschbach und Ibental.

Das Kloster St. Märgen dagegen besaß seit dem 15. Jahrhundert kein eigenes, mit Hoheitsrechten verbundenes Territorium mehr.

Die Momentaufnahme vernachlässigt die üblichen, raschen Herrschaftsfolgen. Weilersbach gibt ein Beispiel kurzfristiger Veränderungen. 1792 geriet es nach dem Tode des Freiherrn und Generals Heinrich von Schackmin in gleich doppeltem Erbgang an den Neffen Nicolaus Anton de Joli de Morey de Nancy. Andere Talteile kannten gelegentlich ähnlich rasche Geschlechterwechsel.

Von 350jährigem Bestand war dagegen die Freiburger Talherrschaft, die sich von Attental über Zarten, Burg, Kirchzarten, Dietenbach, Geroldstal und Birkenreute, Himmelreich und Wagensteig nach St. Märgen und auf den Turner erstreckte. Der gerichtsgedungene Entschädigungskauf der Wilden Schneeburg machte 1315 den Anfang des neuen Besitztums im Tal; 1462/63 erwarb die Stadt die ganze grundherrschaftliche Ausstattung des Klosters St. Märgen, dazu die Vogteirechte über dieses Gut. Der Zusammenkauf weiterer Rechtspositionen war Zeugnis einer neuen, erfolgreichen Umlandpolitik der Stadt; man wird später urteilen, die Stadt habe das Gebiet St. Märgens zu einer Spottsumme und unter allerlei Machenschaften erworben, auch hinterher jede Freigabe und jeden Rückkauf hintertrieben. »Der Rat von Freiburg müsse schon sehr darauf versessen gewesen sein, diesen interessanten Besitz zu erhaschen«, ist heutige Historikerüberzeugung. In geschickter Beharrlichkeit gelang es der Stadt Freiburg 1492/96, auch die Gerichts- und Hoheitsrechte über Kirchzarten und die Talmitte zu erlangen; eine ausgemachte Verquickung der überkommenen Herrschaftspositionen ermöglichte ihr diesen »Gelegenheitskauf«. Nach der früheren ansehnlichen Ära der Falkensteiner als Herren über Kirchzarten war der Hauptort des Tals im 14. Jahrhundert in neue Hände übergegangen, aber »durch Erbteilungen, Heiraten, Käufe, Verkäufe, Belehnungen innerhalb der Familien von Snewlin und Blumeneck war allem Anschein nach ein heilloses Durcheinander der Besitzungen und Berechtigungen« entstanden. Ums Jahr 1400 lebte der Ort unter der Herrschaft des Edelknechts Hans von Tigesheim (Schreibweise auch: Hans von Digesheim), der eine Snewlin-Tochter geheiratet hatte; er ließ das Kirchzartner Rechtsbuch, den Dingrodel von 1395, aufzeichnen, das umfassende Einblicke in das vielfältige Alltagsleben des Tales gewährt. Hans von Tigesheim wurde alsbald von den Blumeneckern beerbt, die Besitzrechte der verschiedenen Linien dieses Geschlechts bleiben verwoben und verworren; Kirchzarten bietet das Bild einer gespaltenen, geteilten, von mehreren Rechtsträgern gemeinschaftlich ausgeübten Ortsherrschaft. Aus verschiedenen Händen erwarb demgemäß Freiburg nacheinander Rechtsanteile, bis es 1496 zur neuen, alleinigen »Obrigkeit allhie« wurde, zum neuen Territorialherren über Kirchzarten. Dieser Zuerwerb bot der Stadt eine wichtige Entfaltungsmöglichkeit, die Herrschaft Kirchzarten wurde alsbald Mittelpunkt des städtischen Territoriums im Dreisamtal.

Die Sebastianstafel der Schloßkapelle von Stegen aus dem 16. Jh. – im Hintergrund des Altarbilds finden sich – z.T. unbeholfene – Darstellungen von Burg Wiesneck, Kirchzarten und Schloß Weiler

Weitere Ankäufe rundeten schließlich das inzwischen respektable städtische Gebiet ab, 1493–1556 fielen das Attental, das Ritter- und Hofgut Birkenreute, das »Löwenlehen« – das Gut Himmelreich – und die Erlenhöfe der Stadt zu und vergrößerten das Verwaltungsgebiet der Talvogtei Kirchzarten.

Für den Zeitgang nach der Ausdehnung Freiburgs ins Tal sind eigenständige, geschichtliche Nachrichten des Dreisamtals spärlich, das Tal steht in Zeitkoppelung mit der Stadt. Wichtigste Einrichtung der Freiburger Herrschaft war die Talvogtei, bedeutendste Person der Freiburger Talvogt; ursprünglich Talschaffner, Wirtschaftsverwalter, wird der Talvogt immer mehr zum Verwaltungsbeamten; schließlich war der jeweilige Amtsinhaber gebildeter Jurist, meist gut bewandert »in des Tales Brauch«, oft genug aber auch ansehnlicher Vorkämpfer der Bürokratie, berichtsseelig, scharfdenkend und freiburg-eingenommen. Im Einzug der Steuern und Gefälle, in der Überwachung der Feld-, Flur- und Waldordnungen, des Wildbanns, in der Durchsetzung der Gewerbeordnung, in der Regelung des Holzeinschlags usw. hatte das Amt des Talvogts Gewicht, zur guten Amtsführung sollte er mit den Talbewohnern »kein Vieh und keine Rebstecken« gemein haben. Daß ein Talvogt »mehr die schlechten Wirtshäusle« liebe, wird nur bei Gelegenheit behauptet.

Den Talvögten vorgesetzt war ein »Ausschuß des Stadtrats« von Freiburg; »Talpfleger« hießen zwei mit der Oberaufsicht beauftragte Ratsherren, »Amtsleute über das Tal«. Sie und das Stadtregiment mußten sich gelegentlich fehlendes Umlandverständnis und mangelnden Takt vorwerfen lassen; selbst Ignaz Speckle bestätigt gewisse Benachteiligungen, »weil auf dem Lande die Ordnung nicht war«. Bekannt ist die Ausrede eines Ratsherrn und Talpflegers von 1560: »er khomme nit hinuß«. Ein positiver Zug der städtischen Talherrschaft ist die Zurückhaltung gegenüber dem alten Recht und Brauch. Freiburg hat sich offensichtlich entsagt, das Dreisamtal »völlig umzukrempeln«, so daß eigene Rechtstraditionen selbst mit örtlich abgesetztem Akzent erhalten blieben.

Als Baden 1806 die vorderösterreichischen Lande annektierte, wurde das städtische Dreisamtal aus seinen Bindungen zu Freiburg gerissen. Für die klösterlichen Besitztümer ergab sich die gleiche sofortige Handlungseinschränkung. Dem Abt von St. Peter wurde am Tage der Besitznahme klar erklärt, daß er sich künftighin jeglichen Eingriffs in die Verwaltungsgeschäfte, jeglichen Einflusses in die bisher ihm gehörenden Herrschaftsgebiete zu enthalten habe.

Großmütiger wurden zumindest nach außen die niederadligen Herrschaften behandelt. In bescheidenem Umfange verblieb dem landsässigen Adel eine grundherrliche Position, die sich nach der sog. Grundherrlichkeitsverfassung von 1807 und mehreren abschwächen-

den Rechtsergänzungen auf persönliche Vergünstigungen und geringfügige Mitwirkungen in Polizei- und Gemeindedingen beschränkte.

Mit kleinen Lockungen wurde die umwälzende Wende schmackhaft dargeboten. Die Grundherrn erhielten nach »gnädigstem Geruhen des Großherzogs« eine eigene Adelsuniform, die vom Oberst-Kammerherramt bis hin zur weißen Weste und den vergoldeten Knöpfen genauestens angemessen wurde. Vielleicht überstrahlte der zeremonielle Glanz die Einsicht, daß mit der Eingliederung des Tals in das Land Baden eine wesentliche Besonderheit der Landschaft verloren gegangen war. Wenige Jahrzehnte später wurden auch die letzten Feudalrechte des Adels aufgehoben.

Allzu großen Respekt zollte man im Badischen den Fürstendienern und Amtsleuten ohnehin nicht. »Warum die Amtsleute grüßen? Gott verdamm sie!«, erfährt Josef Viktor von Scheffel als Volksmeinung bei seiner Reise durchs Badnerland.

Im Bann der Orden und Klöster
St. Wilhelm und die »Oberrieder im Walde«

»Wollt ich arbeiten, ich wär ein Wilhelmer worden«, gilt als Losung der Wilhelmiten. Fast möchte man meinen, dieser Leitspruch habe eine schnurrige Schwarzwälder Schattierung. Einen Platz so recht zum Arbeiten hatten sich die Wilhelmiter ausgesucht, als sie 1253 mit dem Waldkirchlein Maria Kron (Corona Sanctae Mariae) ihre erste klösterliche Keimzelle in der Weltabgeschiedenheit des St. Wilhelmer Tals einpflanzten. Sie mußten jedoch

»die schauerliche, kaum zugängliche, in rauher Luft und steinigem Erdreich gelegene, von hohen, dicht bewaldeten Bergen und schroffen Felsen umschlossene Wildnis« bald wieder verlassen, weil beinahe nichts in der harten Einöde gedieh und es fast unmöglich war, sich in der langen Winterzeit mit der nötigen Nahrung zu versorgen. Als abstoßend und feindselig empfanden auch spätere Zuwanderer die Urwelt des Hochtals; noch 1830 haderte ein Forstmann mit seiner Behörde, weil ihn

»das traurige Los getroffen, entfernt von der zivilisierten Menschheit in St. Wilhelm wohnen zu müssen.«

Mit den heutigen Augen darf man das geschichtliche Bild der klösterlichen Bleibe in St. Wilhelm ohnehin nicht betrachten. Das Erleben der Berge und Wälder hat sich seit dem Mittelalter grundlegend gewandelt. Die Rauheit des Tales dagegen beruht auf handfesten geographischen Eigentümlichkeiten. Daß die Höhenmarke des ursprünglichen Klosterplatzes im St. Wilhelmer Talgrund beim vorderen Meierhof (730 m) der Hochterrasse um das Kloster St. Peter hoch über der Talebene (720 m) oder den Gipfeln der Bergausleger um das Tal wie dem Roßkopf (737 m) oder Maria Lindenberg (727 m) gleichkommt, ist selbst für gewitzte Talkenner eine unerwartete Wendung. So verwundert es nicht, daß die

ersten zaghaften Jahreszeiten des Jungklosters zum Überlebenskampf wurden gegen die Unbill des Berglandes.

Wundersame Wegzeichen führten die Frömmigkeit in die »gottverlassene« Gegend.

»Als einst Bauern von Oberried nach dem Walde gingen, um ihr nötiges Holz zu fällen, erblickten sie auf einem der Waldhügel hell glänzende Lichter und hörten ein liebliches Geläute. Dies ereignete sich öfters, so daß die wundersame Erscheinung Aufsehen erregte und zu

Das eiszeitlich geprägte, urtümliche Feldberghochtal von St. Wilhelm. Auf der kleinen Anhöhe einer Rückzugsmoräne (vor den Häusern im Mittelgrund) stand von ca. 1250 bis 1630 das Wilhelmitenkloster Maria Kron

141

Ohren der Herren von Thengen, welche die dortige Gegend von der Abtei St. Gallen zu Lehen trugen, gelangte. Herr Rudolf von Thengen, damals Domprobst zu Straßburg, deutete die Erscheinung in seinem frommgläubigen Sinn als die Altarlichter und den Chorgesang einer Klosterkirche und erblickte darin die göttliche Aufforderung zur Errichtung eines Gotteshauses an dem wunderbaren Orte.«

Domprobst Rudolf von Thengen bewog 1238 einige Nonnen des Zisterzienserklosters Günterstal, »die Nähe der geräuschvollen Stadt Freiburg zu verlassen und sich in der stillen Abgeschiedenheit des Waldtals anzusiedeln«. Die Nonnen ertrugen jedoch die Verlassenheit kaum 6 Jahre. Klimatisch-katastrophale Erfahrungen spielten eine Rolle, vielleicht auch der Wegzug des Initiators und Förderers Rudolf von Thengen.

Nach mehrjähriger Pause wagten die neuen Lehensträger Konrad von Snewlin und Ludwig von Munzingen einen zweiten Versuch und beriefen mit den Wilhelmiten einen neuen, einen »geradezu süddeutschen« Ordenszweig in das hintere Tal am Feldberg. Der neue Stiftungsbrief von 1252 erweitert den Klosterbesitz, Oberried und Vörlinsbach und die Distrikte um Brugga und Buselbach bilden nunmehr den Grundstock der Ländereien, später kommen Hofsgrund, Güter in Geroldstal, das Zehntrecht in Wittelsbach und manches andere Nutzrecht hinzu. Aber auch die Wilhelmiten resignierten und verließen 1264 St. Wilhelm; sie verlegten ihr Kloster nach Freiburg in die Vorstadt nahe des Breisacher Tores. Das doppelte Scheitern der Klostersiedlung ist sicherlich das deutlichste Zeichen für die Ungunst der Ausgangslage. Erst nach 3 Jahren fand sich mit Johann von Urberg ein charakterstarker, abgehärteter Mann, der das Hochtal mit einigen Begleitern wieder bezog. So entstanden innert weniger Jahre fast nebeneinander zwei Klosterzellen der Wilhelmiter-Eremiten, die »Wilhelmiten in der Stadt« und die »Wilhelmiten im Walde«. Gemeinsam wurden sie schon bald Oberrieder genannt. Auf dem berühmten Vogelschaubild Freiburgs aus Merians Topographia Alsatiae von 1663 ist der Klosterkomplex der Stadtwilhelmiten kurzerhand »zun Oberrüettern« benannt.

Wer sich den Wilhelmiten zuwendet, stößt zunächst auf eine Merkwürdigkeit besonderer Art. Die Ordensgeschichte tut sich offensichtlich schwer, die eigene Gründung aufzuhellen. Immer wieder werden Geschichtsbeziehungen der »Weißmäntler« zu Herzog Wilhelm von Aquitanien, Grafen von Poitiers, hergestellt, ein Irrtum, »in dem der ganze Wilhelmitenorden bis in das 18. Jahrhundert befangen war.« Aber »nichts

hält sich so hartnäckig wie eine Legende«; Pfarrer Gießler findet die überholte Deutung auch in Oberried in der Bilderzählung einer Glasscheibe von 1892, die den südlichen Flügel des Kreuzgangs schmückt.

Die Gründungslegende stützt sich inzwischen auf einen Heiligen Wilhelm vom Maleval, der 1157 in der Toskana in der Nähe von Grosseto verstarb. Seine Lebensbeschreibung bleibt noch immer voller Rätsel; sein Lebensbild wird in neuesten Heiligengeschichten so zusammengefaßt:

Die kleine, 1966 erbaute Kapelle »Maria Königin« steht heute anstelle des ehemaligen Wilhelmitenklosters an dem Ort, »da unsere Frau Maria gnädig ist«.

»Unbekannter Herkunft, läßt sich nach ungebundenem Jugendleben in eine unabnehmbare Rüstung einschmieden und pilgert mit darüber gelegtem Bußgewand 1145 nach Rom und ins Heilige Land. Zurückkehrend läßt er sich in der Einöde Maleval bei Siena nieder und stirbt dort 1157. Papst Innozens III sprach ihn 1202 heilig. An seinem Grab stifteten seine Schüler den Orden der Wilhelmiten, der sich auch in Südwestdeutschland ausbreitete und Wilhelm als den Großen, den Eremiten, verehren ließ.«

Eine andere Gründungsgeschichte des Wilhelmiterordens verficht vor rund 100 Jahren ein Freiburger Professor, der den Namensgeber in Wilhelm dem Seligen, seit 1069 Abt des Klosters Hirschau (Hirsau) vermutet.

Die Beobachtung der Benediktinerregel war den Wilhelmiten vorgeschrieben; ihre innere Zucht war streng, die asketische Entsagungsbereitschaft hatte sicherlich auch beim dritten Gründungswagnis des St. Wilhelmer Klosters großes Gewicht. Daß die Anlaufjahre schwer waren, besagen die Auseinandersetzungen mit den Wilhelmiten in der Stadt um die »Mitgift«; es geht um einen Kelch, einen Tisch, einige Leinwandstücke sowie 2 Mark Silber. Im Gegenzug entsteht bald Streit um die Gastfreundschaft, die die »Oberrieder aus dem Walde« in der Stadt etwas zu oft in Anspruch nehmen.

Nach den ersten »Durstjahren« wurde das Kloster von Gönnern unterstützt und durch Schenkungen der Gründungspaten und mancher Adelsherrn, darunter einer adligen Dame Adelheid von Attental, reich begütert – wobei Josef Bader einwirft, es habe wohl bei aller Frömmigkeit keines allzu großen Opfers bedurft, eine solche Wildnis zu verschenken. 1289 erhielt das Kloster die »Rüti«, den Platz »Reute« und das heutige Hofsgrund, das Kloster reichte bis auf die Schauinslandhöhen. Zum Güterbesitz erwarb das Kloster auch Zinsen, Abgaben, Rechte und Vermögenswerte in »Vörlinsbach, Geroldstal, Oberried, Kappel, Littenweiler, Minderbach, Reichenbach, Mindschwende, Gitzenhofen und Berlachen«.

Die Geschichte der Kultivierung des Tales ist mit der klösterlichen Wirtschaft verbunden. Mit 100 Stück Vieh barg der große Meierhof ansehnlichen Reichtum; im oberen Wilhelmer Tal, auf den Schauinslandhöhen von Hofsgrund, in den Talbesitzungen bei Oberried und Kappel sorgten weitere Wirtschaftsbetriebe für den alltäglichen Bedarf des Klosters. Der Meierhof gab 100 Gulden baren Geldes an Zinsen, 100 Pfund Anken, 50 weiße und 50 Geiskäslein, er hatte zu Ostern ein Kitzlein und im Herbst einen Rehbock zu liefern; dazu gab er den Zehnten der Frucht. Der Meier hatte jährlich 15 Klafter Holz aufzubereiten, den Fischweiher zu warten, die Viehhütten im Erlenbach und am Feldberg zu unterhalten und jederzeit sein Roß zum Vorspann zu geben. Sonderabgaben trafen den Klosterjäger. Die Bauern aber besaßen ihre Güter »frey,ledig, eigen, nach herren recht«, das Oberrieder Leben kannte keine Leibeigenschaft. Die Dinggerichte bezeugen eine Rechtsmilde, die Klostervorsteher hatten offenbar gegenüber den Untertanen eine glückliche Hand. Bei den Drittelsabgaben verlangte das Kloster statt des »scharfen Drittels« nur den »leichten Drittel«, d.h. den »vierten Pfennig«. St. Wilhelm schuf sich eine gute Ordnung.

Von großer Bedeutung war für das Kloster stets der Waldbesitz und seine Nutzungsberechtigungen. Pfarrer Gießler berechnet an Hand alter Handrisse des 18. Jahrhunderts den klösterlichen Wald auf 2346,27 ha. Es ist nur allzu verständlich, daß das Kloster mißtrauisch über das Holzungsrecht des Bergbaus und die Waldnutzung der Bergknappen wachte. Die Geschichte des Talklosters kennzeichnen über Jahrhunderte Streit und Zwist mit dem Bergbau um den rechten Umgang mit dem Wald.

Auch die innere Ordnung des Klosters scheint – im Vergleich mit den Reibereien St. Märgens mit seinen Vögten – anfänglich gefestigt. Im Überblick über die Dreisamtalentwicklung mag überraschen, daß die Geschichtssuche so ausschließlich die Klostergründungen von St. Peter und St. Märgen mit politischen Motiven verbindet, daß das Drehbuch der Dreisamtäler Vorzeit den dritten »Klosterstaat« so völlig aus dem Mitspiel in der Landerschließung, der Verkehrssicherung, der politischen Machtauseinandersetzung entläßt. Sicher sahen nicht erst die berechnenden Franzosen des 17. Jahrhunderts die Tragweite der Klosterherrschaft zwischen Talgrund und Schwarzwaldgipfel.

Ernsthafte Bedrohungen des klösterlichen Lebenslaufs entluden sich in wiederholten Unglücksfällen. 1396 legte eine gewaltige Feuersbrunst das Kloster in Asche, 1412 brannte die Kirche nieder, das Feuer ließ die Glocken zusammenschmelzen und vernichtete alle Gebäulichkeiten mit Inventar. Der zweimalige Verlust innert einer Generation ruinierte die wirtschaftliche Basis, die Brüder mußten die Bevölkerung Freiburgs anbetteln, um zu überleben. Noch nahm Mitte des 15. Jahrhunderts das Haus Österreich die Wilhelmiten zu Oberried in seinen Schutz und erteilte dem Prior den Titel des »erzherzoglichen Hofkaplans«; Freiheitsbriefe von 1457, 1498 und später sicherten den Oberriedern die Gunst Habsburgs sowie mancherlei Rechte und Freiheiten.

Bald aber wurde den Wilhelmiten im Walde »ein laxes Leben« nachgesagt, die Abgeschiedenheit und Verarmung wurden zur Gefahr für die Ordnung im Kloster. Im Jahr 1507 erzwang Ordenszucht eine Zügelung des zersetzenden Zerfalls; der Provinzial der alemannischen Ordensprovinz aus Straßburg hob nach rund 250jährigem Leben und Überleben das Kloster der »Oberrieder im Walde« als selbständige Einrichtung auf und verband alle Rechte und Besitztümer mit dem Freiburger Kloster der »Oberrieder in der Stadt«. 1523 trifft die alte St. Wilhelmer »Waldklause« ein zweiter Schlag, als die gesamte Ökonomie duch Feuer zerstört wird; allein 120 Stück Vieh verbrannten. So erinnert kaum mehr als der Name des Tales St. Wilhelm an die großen Stunden eines respektablen Schwarzwaldklosters. Mit der Neuordnung geriet auch der alte St. Wilhelmer Besitz unter den Einfluß der Stadt Freiburg, die die Schirmvogtei über das Freiburger Kloster besaß und jetzt auf die neue Einheit ausdehnte. Schon 1507 erscheint die Stadt in ihrer Schirmrolle bei der Fronleichnamsprozession in Oberried und hält für das Kloster Gerichtstag. Der ruinöse Niedergang erfaßte allerdings nunmehr auch das Freiburger »Mutterhaus«, als im Bauernkrieg, vor allem aber im 30jährigen Krieg die wichtigsten Wertstücke und Vermögensgüter durch kriegerische Beutezüge verloren gingen. Als 1644 das kaiserlich-bayrische Heer zur Entsetzung der Stadt das Dreisamtal herabstieß, waren wenige Stunden zuvor die Vorstädte gesprengt und zerstört worden. Kenner der Freiburger Geschichte sehen in jener Belagerung und ihren Folgen den eigentlichen Beginn des Niedergangs von Alt-Freiburg. Das Wilhelmitenkloster ward vollständig vernichtet.

»Unser Kloster hat Schulden im Überfluß; es ist kein Getreide vorhanden, denn es wurde nichts gesät; deshalb ist auch nichts zu erwarten. Unsere Untergebenen sind durch die Kriege beraubt, zugrundegerichtet, vertrieben. Wer wird uns helfen?«

Eine neue Problemzeit fällt in die französischen Jahre 1677–1698. Das Dreisamtal war in jenen Tagen Grenzland und Frontgebiet zwischen dem deutschen Reich und der Krone Frankreichs; Frankreich hatte das Freiburger Territorium einschließlich seiner Talherrschaft anektiert. Die Wilhelmiten gerieten in bedrückende Bedrängnis, da ihr Kloster in der französischen Stadt Freiburg gelegen war und die Stadt die Schirmvogtei ausübte. Frankreich sah hierin Chancen, sich des Oberrieder Territoriums vom Tal hinauf zum Feldberg »auf kaltem Wege« zu bemächtigen. 1678 stellten die Frazosen eigenmächtig einen französischen Prior aus Grafental in Lothringen namens »de la Serre« an die Spitze des Klosters, welcher sich sogleich daran machte, in Oberried und Kappel zu amtieren, Gefälle und Zinsen einzuziehen. Andererseits erklärte Kaiser Leopold die Wilhelmiten der Kastvogtei der Stadt Freiburg ledig und sicherte ihnen neue kaiserliche Privilegien und finanzielle Hilfen zu; da entschieden sich die Wilhelmiten am Gründonnerstag des Jahres 1682 zu einem neuen Anfang, sie zogen »mit Sack und Pack« aus Freiburg aus und wichen in ihr Territorium, das österreichisch verbliebene Oberrieder Tal, zurück. Der Schachzug reizte die Franzosen noch mehr, sie belästigten und peinigten die Oberrieder, 1683 ließen sie an Gebäulichkeiten und Gut nichts, nicht einmal Material im Wert von 3 Kreutzern zurück. Selbst der Klosterwald wurde von den Sol-

daten kurzerhand abgeholzt. Dennoch faßten die Wilhelmiten in Oberried Fuß.

1683 ließen sie sich endgültig im vorderen Tal in der heutigen Ortschaft Oberried nieder und bauten ein neues Kloster, ohne das eine klösterliche Gemeinschaft nicht existieren kann. Der Bauplan stammt vom Franziskanermönch Vitus, einem »trefflichen Baumeister«; der Neubau des Klosters wurde Mitte 1687 bezogen; mit dieser vierten Klostergründung wagten die Oberrieder einen nochmaligen Aufstieg. Oberried erwuchs sogar

Das Kloster »Maria Kron« in Oberried
Schmuckvignette aus dem 1. Band der Zeitschrift »Schau-in's-Land« von 1874

zum Ordensoberen, der Fürsorge für das kleine Kloster Sion in Klingnau an der Aare und das Kloster Porta Mariae in Mengen in Oberschwaben übernahm. Aber die finanziellen Verhältnisse ließen sich nicht mehr sanieren. Unter dem Eindruck der desolaten Verfassung verwandten sich weltliche und kirchliche Instanzen für eine Inkorporation des Wilhelmitenklosters in eine andere, florierende, intakte Ordensgemeinschaft. »Wegen der Armut« nahm das Kloster St. Blasien schließlich die Wilhelmiten an. Eine Generation nach der Oberrieder

Wiedergründung, im Jahr 1724, wurde die Einverleibung vereinbart und 1725 durch Papst Benedikt XIII. bestätigt. Damit wurde das selbständige Dasein des Dreisamtäler Klosters der Wilhelmiten nach fast 500-jähriger Lebenszeit beendet, St. Blasien wurde neuer Talherr im Dreisamtal.

Der springende Hirsch, das Wappenbild St. Blasiens, schmückt alsbald die herrschaftlichen Siegel, Grenzsteine, Wappentafeln, das Emblem St. Blasiens erscheint auf Bildern und Gemälden der Zeit. Mit be-

sien wurde Oberried in den Strudel der Josefinischen Kirchenreformen und – als diese überstanden waren – in den Vernichtungskampf der Klosteraufhebungen hineingerissen. Die aufgeklärte Zeit sah in den Klöstern keine sinnfällige Einrichtung mehr. Dabei stand St. Blasien mit an vorderster Stelle der wissenschaftlichen Bewegung, und Oberried war nach altem Privileg des Wilhelmiterordens stets für den im großen Pfarrsprengel überforderten Kirchzarter Pfarrer in der Pfarrseelsorge tätig geworden. Im Nachhinein findet sich heute wieder

Das ehemalige Klostergebäude von Oberried mit der heutigen Pfarrkirche Mariae Krönung im farbenfrohen Frühlingsputz der Bergnatur

sten Leuten besetzte St. Blasien das Priorat Oberried, eine ganze Anzahl späterer fürstlicher Äbte der großen Abtei gingen zuvor durch die »Oberrieder Schule«. Gegenüber den neuen Untertanen gebarte sich St. Blasien vielleicht etwas forscher und konsequenter als die wilhelmitische Milde. Noch im Jahr der Anektion erließ das Kloster eine neue Waldordnung – bei der waldgeprägten Landschaft gewissermaßen ein neues Grundgesetz des erhofften Wohlstandes.

Aus seinen neuen Erwartungen als Priorat von St. Bla-

manches Wort der Rechtfertigung der klösterlichen Dienste:
»Die Säkularisation traf die Klöster nicht in einem Zustand, die ihre Auflösung hätte rechtfertigen können«.

Dennoch setzte sich in den damaligen Köpfen die Meinung fest, »daß Mönche den Staaten und der menschlichen Gesellschaft an sich höchst schädlich seien«. So wurde auch das Priorat Oberried mit der Aufhebung des Klosters St. Blasien 1806 eine Beute Badens. Für die geistliche Seelsorge war unter Josef II. 1787 in

Oberried eine weltkirchliche Pfarrei errichtet worden, der neuen Zweckbestimmung als Pfarrkirche, Pfarramt und Rathaus verdanken wir in heutiger Zeit die Erhaltung des markanten Oberrieder Klostergebäudes und der trefflichen Kirche, die in Kürze das 300jährige Zeitjubiläum begehen kann.

Schon äußerlich zeigt sich ein hinter die prunkvolleren Barockklöster St. Peter und St. Märgens zurückreichendes Alter durch die völlige Schlichtheit, fast Anspruchslosigkeit des klösterlichen Gesamtbildes. Dennoch unterstreicht die von allen Seiten, von allen Höhen harmonisch wirkende Einbettung Geschick und landschaftsgerechte Empfindung. Wirkt das Kirchenschiff als einfaches Langhaus mit den eher klotzigen Stützmauern der Südseite von außen bodenschwer, so überrascht das Innere mit »barockem Schmiß« und kunstvoller Detailqualität. Ein massiger, betonender Triumpfbogen trennt Langschiff und Chorraum; der Hochaltar nutzt diese bauliche Vorgabe; bewußt ist sei-

Der große Barockaltar von Oberried
Die bewegten Figuren der Heiligen Blasius und Benedikt, die Putten und Engelsköpfe schuf um 1727 »der berühmte Herr Christian Wenzinger«, Bildhauer in Freiburg.

146

ne Dimension so eingerichtet, daß er im zentralen Blick des Kirchenschiffs den Durchbruch des Triumpfbogens gerade ausfüllt – gewiß keine ungeschickte Harmonie. Als Werk Christian Wenzingers gilt der Altar, vielleicht war es sogar das erste Werk des jungen Künstlers, wie Pfarrer Gießler vermutet. Wenzinger schuf die 2 großen Statuen des Hl. Benedikt und des Hl. Blasius zu beiden Seiten des Mittelteils, dazu die Engelsfiguren und Engelsköpfe. Das Hochaltarbild ist eine Vision der Herzensliebe Jesu und Mariae, die die Herzen der Menschen

Das ungemein packende Leidenskreuz von Oberried – jährlich wallfahrten die Dreisamtäler am Fest Kreuzerhöhung (14. September) zum »schwarzen Christus«, zum »wundertätigen Kreuz« von Oberried

mit Liebesfeuer entzünden. Die große, von einem Engel gestützte Krone über dem Altar veranschaulicht den alten Klosternamen »Mariae Kron«. Das Marienbild des rechten Seitenaltars hat seine Sage; dem Anfang des 16. Jahrhunderts zugeschrieben, soll die Muttergottes einst in einem alten Schrank bei der Orgel unbeachtet gestanden haben, bis Pfarrer Wendelin Ott (Oberrieder Pfarrer von 1833 bis 1867) durch inständiges Klopfen auf das Verlies und die künstlerisch bedeutsame Marienstatue aufmerksam wurde.

Das älteste Zeugnis des früheren Wilhelmitenklosters ist das bedeutende Wallfahrtskreuz des 15. Jahrhunderts, im Volksmund »der bärtige Heiland von Ober-

ried« genannt. Der lebensgroße Korpus zieht in seinem naturalistischen Leidensbild das Gemüt des Kirchenbesuchers in seinen Bann, dieser leidende Christus trifft auch die Seelensprache des modernen Menschen, dem die barocken Verspieltheiten der Mönche, Äbte, Nonnen und Engel eher fremd sind. Das ungemein menschliche, gottwürdige Holzkreuz trägt tiefdringende Spannung in den Kirchenraum; die realistische Leichenfarblosigkeit, das ausquellende Blut, die krampfentstellten Hände, der Kopf mit den langgewachsenen Haaren, die ergreifenden Gesichtszüge des Leidenden, das schonungslos bestürzende Bild des Todes stellen den ganzen christlichen Ernst gegen die puttenumjubelte, gelöste Freudenstimmung des barocken Himmels, die den Hochaltar umschwebt, die die festliche Zeremonie fahnengeschmückter Prozessionen durchdringt, die die Wallfahrten und Wallfahrtsstätten des Dreisamtals überströmt. Nur »einen ebenbürtigen Zeitgenossen« hat dieser Christus von Oberried, so meinen Kunststimmen, den Gekreuzigten des Isenheimer Altars von Mathias Grünewald, das weltbewunderte Gemälde von Colmar.

Immer hat dieses außergewöhnliche Kruzifix im Volke Anlaß zu Legenden gegeben. Das Haar soll von selbst aus dem Holzkorpus herausgewachsen sein und immer wieder nachwachsen, sagt man. Ein Pater, der einst zweifelte, verletzte nur leicht die Christusfigur und sofort trat Blut aus; ob des Schreckens starb der Überraschte am Blutsturz im Kloster, wo noch jahrelang Blutflecken den Vorfall verewigten; erst Pfarrer Gießler beseitigte die Spuren, weil es ihm lästig war, »immer den Fremden, die den Blutfleck sehen wollten, das Zimmer zeigen zu müssen«.

Geschichtlicher ist die Legende, die davon berichtet, wie Oberried in den Besitz des großen Christus gelangte.

»Vor vielen Jahren kam das Christusbild vom Rhein her die Dreisam heraufgeschwommen bis Freiburg, wo es aufgefischt und in einer Kirche aufgestellt wurde. Es wurde bald weit bekannt und vielbesucht …«

Frevler wollten nach der Legende das Kreuz beseitigen; als sie die Holzfigur ansägten, floß Blut. Nun verbreitete sich der Ruhm umso rascher. In einem zweiten Anschlag versuchten Missetäter, das Bild in der Nähe der Dreisam in einer tiefen Grube zu versenken. Wie sie es auch anstellten, immer schaute der Kopf über den Grubenrand. So wurden ein Bauer und seine Frau aus dem Dreisamtal auf den begrabenen Christus aufmerksam, gruben ihn aus und luden ihn auf ihr Gefährt. Von dem Moment an waren die Zugtiere vor dem Wagen nicht mehr zum Halten zu bringen, bis sie den Platz des Klosters und der heutigen Kirche erreicht hatten. Hier wurde das Kreuz unter einem kleinen Schutzdach aufgestellt und später in die neu gebaute Kirche übertragen.

Die Legende ist eine volkstümliche Ausschmückung geschichtlicher Zusammenhänge. Die Wilhelmiten waren stets besondere Verehrer des Kreuzes und hatten schon im 13. Jahrhundert ein Ewiglicht »in unserer Kilchen vor dem hl. Crütze«. 1481 stiften die Wilhelmiten in der Stadt einen Kreuzaltar, 1489 ist bereits die Wallfahrt zum Heiligen Kreuz erwähnt. 1682 nahmen die Oberrieder bei ihrem Auszug aus Freiburg das Kreuz als kostbaren Besitz mit ins neue Kloster nach Oberried. Die Nachforschungen nach dem Ursprung des Kreuzes, nach dem Künstler und Holzschnitzer des 15. Jahrhunderts führen wahrscheinlich ins Elsaß. Damit fände auch die Überführung »dreisamaufwärts« ihre Erklärung.

Sehr bald war das ungewöhnliche Kreuz auch in Oberried Gegenstand der Verehrung. 1726 ist es als »wundertätiges Kreuz« bezeugt; 1890 wird die Wallfahrt zum Heiligen Kreuz von Oberried durch Breve des Heiligen Vaters bestätigt.

Aber nicht nur der Kruzifixus, der ganze Leidensweg Christi lädt in den qualitätsvollen Bildern des breisgauischen Barockmalers Simon Göser zur nachempfindenden Betrachtung ein. Auch diese Bildreihe Simon Gösers, dessen Urheberschaft der unbestritten erstrangige Kirchenhistoriker Hermann Ginter bestätigt hat, steht auf einem künstlerisch weithin beachtenswerten Niveau. Die anspruchsvolle Charakterisierung der Klosterkirche von Oberried als ein »beispielhaftes Baudenkmal von schlichtem und doch bezaubernd schönem Barock« verdient volle Anerkennung.

Die Geschichte hat sich auch in manchen anderen Zeitzeichen niedergeschlagen. Im ehemaligen Kloster bewahren vier großformatige Glanzportraits der Fürstäbte von St. Blasien der Jahre 1720–1764 die Erinnerung an eine direkte Landschaftsbeziehung des Oberrieder Tals zum berühmtesten Schwarzwälder Benediktinerstift.

Ungewöhnliche Fügungen und einzigartige Geschehnisse, Drangsale wie besondere Gunststunden, bestimmen den individuellen Schicksalsweg des Wilhelmitenklosters von Oberried – und doch bleibt das unstete Auf und Ab beispielhaft für den Lebensgang der Abteien, die den Dreisamtäler Schwarzwald schmücken.

Wer fühlte sich bei seinen Ausflugsfahrten ins Dreisamtal nicht erwartungsvoll von den Zwillingsklöstern des Waldes St. Peter und St. Märgen angezogen? Der

Qualitätvoller Kachelofen im ehemaligen Refektorium des Klosters Oberried

schönste Doppelprospekt des Schwarzwaldbarocks fasziniert in der glückhaften Stimmung des heiteren Ensembles schwungvoller Landschaftskonturen und jubilierender Himmelspracht. Es bedarf hier schon eines »sehenden Auges«, um unter der nobel restaurierten Glanzpolitur die Unterschichten des Klostergeschicks freizulegen, um in die Tiefen der bedrückenden Zeitkrisen und Existenzkämpfe vorzudringen.

Das Augustiner-Chorherren-Stift St. Märgen, ursprünglich St. Peter ebenbürtig, geriet schon bald nach seiner Gründung in eine benachteiligte Entwicklung; der Kampf mit den eigenen Vögten, den Wiesnekkern, die das Kloster doch fördern und schützen sollten, dauerte 150 Jahre und war zermürbend und zerstörend. Mehrfach stand das Kloster vor dem Nichts. 1370 gab es bereits »halb auf« und zog sich »mit einem Fuß« in eine Union mit dem Freiburger Allerheiligenkloster zurück; 1430 brannte zu allem Unglück die Heimstatt in St. Märgen ab, es folgte der Ausverkauf. Die Güter, das St. Märgener Territorium im Dreisamtal erwarb die Stadt

Freiburg, die Konventualen zogen 1462 aus, auf dem Wald verblieb nur eine pfarrliche Seelsorgestelle. Fast 270 Jahre dauerte ab da der Unterbruch des klösterlichen Lebens auf den Schwarzwaldhöhen. Aber selbst die Freiburger Zeiten zeigten einen betrüblichen Verlauf. Und doch rafften sich die »St. Märgener« nochmals auf, mit dem Elan eines Neugründers begann der tatkräftige Andreas Dilger, ein Chorherr aus Kreuzlingen, zuerst in Freiburg die Wiederbelebung, dann wandte er sich dem alten Klosterort St. Märgen zu, wo gerade erst 1704 die Pfarrkirche zum vierten Mal vom Feuer verzehrt worden war. Optimismus, Glaube und Wagemut ließen einen Neubau entstehen, der fortan die Ungunst der Vergangenheit überstrahlt.

Mit dem Vorarlberger Baumeister Johannes Mathies hatte der zweite Klostergründer einen Könner gefunden, der mit geschickter Hand eine musterhafte barocke Komposition verwirklichte. Mathies stellte als architektonische Besonderheit die beiden Türme an die Seiten des Chores, eine bemerkenswerte Baugliederung, die vom üblichen »Münsterschema« abweicht. 1723 war das entscheidende Jahr des Neuanfangs in St. Märgen, das alte Gnadenbild wurde in feierlicher Prozession in die neue Kirche auf den Schwarzwaldhöhen verbracht. Dieses romanische Muttergottesbild aus dem 12. Jahrhundert stammt noch aus dem Erbbesitz der ersten Gründermönche, es ist das älteste Gnadenbild der Freiburger Diözese. Das neubelebte Kloster erwuchs nunmehr in kurzer Zeit zu hohem Ansehen, wenn auch die ehemalige Herrschaftsstellung, die Territorialmacht als »Talherr« nicht wieder erlangt wurde. Die Aufnahme des St. Märgener Abts in den Breisgauischen Prälatenstand im Jahre 1770, nur rund 40 Jahre nach dem Neuanfang, bezeugt Rang und Achtung, andere Ehrenstellungen in der Freiburger Universität kamen hinzu.

Kirche und Kloster waren entsprechend anspruchsvoll konzipiert, künstlerisch niveauvoll, baulich repräsentativ erstellt worden. Kunstbedeutsam waren die Malereien des Münchner Asamschülers Joseph Fiertmayer, der 3 Altarblätter und die Deckenfreskos schuf; andere Künstler gaben in den anschließenden Jahren auch dem Klosterbau ansehnlichen Schmuck, der beliebte Simon Göser malte das Refektorium aus. Die schönste Barockausstattung verdankt St. Märgen jedoch dem virtuosen Schwarzwälder Matthias Faller – dem »Herrgottsschnitzer des Schwarzwalds« –, der 1735 als Bruder Floridus der Klostergemeinschaft beigetreten war. Wie ein Phönix erhob sich das Kloster in diesen gedeihlichen Jahren über die früheren Zeitwirren hinaus, doch mitten im Höhenflug bereitete ihm das Großherzogtum Baden am 29. August 1806 den gewaltsamen Untergang. Seitdem stehen Kirche und Kloster ohne mönchisches Leben, ein Schatten fällt da auf den heute gerne vorgezeigten Erbschatz. Was die zerstörerische Zeit des 19. Jahrhunderts zunächst noch zurückließ, fiel 1907 einem schrecklichen Brand zum Opfer; ein Blitzschlag äscherte am 12. September 1907 die Kirche und das ehemalige Kloster ein. In hektischen Rettungsaktionen wurden einige Wertstücke den Flammen entrissen; die Bilder und die Augenzeugenberichte der Katastrophe, die jüngst Johannes Weber gesammelt hat, sind beklemmend. Wundersam will es da scheinen, daß nochmals Neues entstehen konnte. Vieles blieb unwiederbringlich verloren, vor allem die berühmte Silbermannorgel. Das altverehrte Gnadenbild wurde zum Mittelpunkt der Neugeburt; aus dem ehemaligen Kloster, das einfühlsam nachgebaut wurde, entstand eine schmuckreiche Wallfahrtsstätte. Mit den geretteten guten Fallerfiguren bleibt St. Märgen ein echtes Schwarzwälder »Schatzkästlein«, der Stolz der Landschaft.

Blickt man von den St. Märgener Höhen hinüber nach St. Peter, dann findet man dort in der Zusammenschau der Zeiten vieles ungleich besser; schicksalbedingt fiel St. Peter die »Paraderolle« unter den Dreisamtäler Klöstern zu. Ein großer Reliquienbesitz – u. a. Reliquien des Apostels Andreas, des Täufers Johannes, des Nothelfers Sebastian und der beliebten St. Ursula – machte den Ort weithin populär, so daß sich schon früh allerlei volkstümliche Erzählungen über die Heiligenverehrung und den Erwerb der vielen heiligen Gebeine bildeten. Bereits im 12. Jahrhundert – es war die Zeit der Kreuzzüge – erhielt St. Peter Partikel des Kreuzes Jesu; diese wurden im 18. Jahrhundert in ein vorzügliches Barockkreuz übertragen, die kunstvolle Kostbarkeit des romanischen Kreuzes, das die Partikel bis dahin barg, konnte leider nicht erhalten werden.

Auch die Abtei St. Peter hatte über die Jahrhunderte ihre Tiefen durchzustehen; viermal brannte das Kloster nieder. Mit dem 18. Jahrhundert schwang sich das Benediktinerstift jedoch zu sichtbarer Größe und weitstrahlender Bedeutung auf. Das Kloster engagierte daher auch die angesehendsten Künstler, als der Konvent eine anspruchsvolle, zeitgemäße Barockanlage errichten wollte. Peter Thumb, der begehrteste Vorarlberger Barockbaumeister des Breisgaus, schuf 1724–1727 die neue Kirche und fügte den harmonischen Konventsbau an, das Gesamtbild gedieh zum schönsten barocken Ensemble des Landes. Beste Meister wurden auch für die Ausstattung gewonnen wie Joseph Anton Feuchtmayer, Franz Joseph Spiegler, Christian Wenzinger; wer im Breisgau Rang und Namen besaß, arbeitete für die neue Abtei. St. Peter gelang es, einen Glanzpunkt der Kunst, einen Glanzpunkt der religiösen Verklärung, einen Glanzpunkt der weltfürstlichen Standesrepräsentation zu verwirklichen. Zum Gelingen des Werks fronte das ganze Tal, wie der versierte Kunstführer von Hermann Ginter überliefert:

»Es halfen also mit: 1. Die Kirchzartner, Statt Freyburgische Underthanen 2. Baron-Nevische im Thal 3. Baron Kageneckische im andern Yben-Thal 4. Baron Sickingische zu Ebnot und Espach 5. Praelat St. Blasianische zu Oberriedt 6. Die Cammeralische in Glotter-Thal und Neukirch 7. Die Statt Freyburgische zu St. Mergen.«

Als aber die Zeit nichts mehr wissen wollte von Klöstern und Mönchen, konnte selbst die Grablege der Zähringer, der Vorfahren des regierenden großherzoglichen Hauses, das Kloster nicht vor dem Untergang bewahren. Der 10.10.1806 brachte den Entscheid der endgültigen Aufhebung; die Vertreibung der Patres, die Verschleuderung des Guts begann. Schon bestand ein Abrißplan für die gezielte Zerstörung der Klostergebäude. Daß dann doch das Gesamtbild des großen Benediktinerstifts erhalten wurde, verdankt St. Peter der Einrichtung des Priesterseminars der Erzdiözese Freiburg, das 1842 in die zeitverrufene Klosterpracht einzog und zum neuen Hüter St. Peters wurde. Gelegentlich aber munkelt man noch von »umgehenden Mönchen« und »vergessenen Schätzen«.

Mit der Freiburger Kartause versteckt sich ein weiteres, fast übersehenes Dreisamtäler Kloster in der schönen Lage einer Seitennische des St. Johann-Baptistenbergs. Die Stadtnähe gab den Kartäusern allerdings schon zur Gründungszeit nie die Chance eines weltabgewandten Eremitendaseins. 1345 ließen sich die Kartäuser hier nieder, die Stiftung geht auf Ritter Johannes Snewlin den »Gresser«, Bürgermeister von Freiburg, zurück. Heinrich Hansjakob, der spätere Jahre in der Kartause zubrachte, hat die Geschichte dieses Gotteshauses originell und lebendig geschildert. Die Vorgänge um Burg Wiesneck waren vielleicht der »Auslöser«, die Kartause ist nach volkstümlicher Interpretation eine Sühnestiftung der Familie Snewlin. Das Kloster hatte bald weiten Besitz im ebenen Breisgau, in Littenweiler und im Kirchzartner Tal. 1378 gewährte Herzog Albrecht von Österreich »wegen besonderer Liebe und Begierde für den Orden« den Schutz Habsburgs. Mit der Gründung der Freiburger Universität mehrte sich die wissenschaftliche Neigung der Kartäuser. Gregor Reisch, Prior des Klosters von 1502 bis 1525, ein »hayliger Mann«, blieb der herausragendste Kartäusermönch

dieser Dreisamtäler Klosterniederlassung. Im Bauernkrieg und in den nachfolgenden zahlreichen Kriegszügen geriet das Kloster schon aus seiner Nähe zur Stadt in ständige Mitleidenschaft. Nicht Armut, sondern Reichtum wurde ihm jedoch zur großen Gefahr. Als die Kartäuser 1751 von einem Landschreiber in Lüttich ein ganzes Vermögen erbten, brachte sie dieses Geld an den Rand des Ruins; das Kloster verleugnete den echten entsagenden Kartäusergeist. Wohlleben zog ein, und »Meerfisch und Burgunderwein« kamen selbst auf die

Die Kartause
Zeichnung von J. Kühn aus »Schau-in's-Land«, 1884

Werktagstafel des Klosters. Der Prior Benedikt Kayser (1742–1756) ließ vor das alte Klostergebäude einen stattlichen, dreiflügeligen Barockbau setzen, »der selbstbewußt ins Dreisamtal hinunterschaut«, ganz »im Stile eines reichen Benediktinerstifts«. Wie ein barocker Herrensitz präsentiert sich das »Klosterschloß« mit seinem Innenhof und einer Ehrentreppe zum Mitteltrakt der dreiflügeligen Anlage. Das bare Geld war da bald aufgezehrt, schon wurde die Schuldenlast des Klosters zur »Kartäuseraffaire von Freiburg«.

Innerer Zwist verfeindete alsbald die wenigen Mönche untereinander, Machtkämpfe prägen das Bild der letzten Tage. Details der Tragödie sind von dem beschlagenen Kartausekenner Suso Frank überliefert; die eine mönchische Partei flieht mit Unterstützung eines Ebneter Dorfwirts aus dem Kloster und entweicht bis ins zwinglianische Diessenhofen in der Schweiz; Klosterchaise und Klostersiegel werden später zurückgegeben, Silberlöffel und Gerät hatten die Mönche unterwegs bereits versetzt. Die Flüchtlinge auszuliefern, lehnte die Schweiz ab. Andererseits wies es der Kartäuserprior von Ittingen im Kanton Thurgau weit von sich, »die vier ansteckenden Böcke unter meine gute Herde aufzunehmen«. Da kam ein neues Unglück hinzu; am

14.1.1780 brannte es im Freiburger Kloster, das Feuer vernichtete das Kirchenschiff und die Bibliothek. Heinrich Hansjakob weiß Episodenhaftes um die Feuersbrunst:

»Einer der wenigen Mönche, die noch da waren, Josef Bader, ein Freiburger Kind, hatte ein Kohlenfeuer neben die Kirchenuhr gestellt, damit diese bei der großen Kälte nicht stehen bleibe, und so den Brand verursacht.«

Als die Ausreißer im April 1781 in die Kartause zurückkehrten, war deren Schicksal bereits entschieden. Die Überzeugung von der Nutzlosigkeit der kontemplativen Klöster hatte den kaiserlichen Entschluß zur völligen Aufhebung der Kartause ausgelöst, die Zuchtlosigkeit den Entscheid erleichtert.

Käufer des alsbald ausgeschriebenen Anwesens war Freiherr Anton von Baden, ein vorderösterreichisch-landsässiger Adliger, der in der barocken Prälatur seine standesgemäße Residenz als Präsident des Breisgauischen Ritterstandes einrichtete. Für die alte Klosteranlage hinter dem Prälatenbau hatte er keine Verwendung, sie wurde abgerissen. Als Herrensitz ging die Kartause 1830 an den Freiherrn von Türckheim über, sie wechselte bereits 1879 ein weiteres Mal und kam in die Hände eines »durch Viehhandel reich gewordenen Holländers«. 1894 konnte dann das Städtische Heilig-Geist-Spital die Kartause als Alters- und Armenheim übernehmen.

Mehrere Wertstücke der Kartause finden sich heute im Augustinermuseum in Freiburg, u.a. zwei künstlerisch herausragende Glasfenster von 1513 bzw. 1516 aus der Roppsteinwerkstatt; Kunstsachverständige erblicken in der von Hans Baldung Grien entworfenen Scheibe des Hl. Hieronimus eines der letzten Glasbilder, in dem noch einmal die kraftvollen Farbakkorde der mittelalterlichen Fenster aufleuchten. Die Scheiben gerieten bei der Klosteraufhebung in die verschiedensten Hände, bis sie 1897 auf einer Auktion in Köln zurückersteigert werden konnten.

1897 zog mit Heinrich Hansjakob ein würdiger »Kartäuser« in das Prälatenzimmer ein. »Als ich«, schrieb Pfarrer Hansjakob in seinen Eindrücken der Tage in der Kartause, »zu den Fenstern hinaus das Dreisamtal mit seinen herrlichen Waldbergen bis hinauf zum Feldberg sah, war ich entzückt.«

Unbeobachtet, abgeschirmt von aller Öffentlichkeit findet das ehemals reiche klösterliche Leben des Dreisamtals auch heute noch mit dem 1933 eingerichteten Kloster der Unbeschuhten Karmelittinnen in Kirchzarten-Dietenbach eine religiös wertvolle Fortsetzung.

Im Tal der Bergbauern und der Schwarzwaldhöfe
Bäuerliches Leben in den Talwinkeln von Oberried, Wagensteig und anderswo

Das Dreisamtal ist bäuerliches Land; nicht Prunkschlösser oder Probsteipaläste, nicht Zwingmauern oder Handelshöfe, nicht Pracht und Macht prägen das Tal so sehr wie die waldeigenen, verschlossen-selbstbewußten Schwarzwaldhöfe, die diese Landschaft um den Feldberg und am Ufer der Dreisam zum unvergleichlichen Schwarzwald machen. Künstler und Fotografen haben dafür einen Blick.

»Bäuerliches Dreisamtal« – die Kurzformel weckt Erinnerungen an das Motiv des Pfänderlehofs eingangs von Zarten, wo sich tagtäglich vor der alten Hofkulisse ein gutes Dutzend »Vorzeigeschweine« auftrittsgewandt zur Dreisamtäler Zuchtschau postieren; das gleiche Stichwort bringt das zeiterschundene Altengesicht des Gäsenhofs in Oberried, des Falkenhofs in Wagensteig, des Hugmichels in Eschbach, des Fußenhofs in Geroldstal zum Leuchten, der Merkvers vom »bäuerlich geprägten Tal« läßt den bewunderten Bilderbogen des Ruhenhofs in Buchenbach, des Glaserhansenhofs in Zastler, des Hinterbauernhofs in Steurental, des Sohlhofs in Kappel, des Wiederlehofs in Brand, des Hugenhofs in Attental, der Hofgruppen von Hofsgrund und Wiesneck, der Einzelgänger in Ibental und St. Wilhelm vor dem Auge vorüberziehen, die Diareihe beeindruckt mit den wohlgestalteten Höfen der Talwinkel von Oberried, Wagensteig und anderwo; das Motto deckt zugleich die ganzen Sehnsüchte auf nach dem Schönheitsideal der Fremdenprospekte und Grußpostkarten. Wer aber nicht gleich wegschaut, sieht auch die Verdrießlichkeit des kaum mannshohen Hofstalls oder die Schinderei des Heuens von Hand am Hang; Sentimentalität wäre keine gute Beimengung für den Einblick ins Tal der Bergbauern und der Schwarzwaldhöfe.

Die alten Höfe sind zu Recht der Stolz der Landschaft. »Wohlständige Gebäude, die im Schuppenpanzer glänzen«, nennt 1868 Ludwig Steub die Höfe des Dreisamtals und offenbart damit bereits eine gewichtige Wandlung; der alte Hof lag unter einem dichten Strohdach; aber schon 1833 beklagten sich heimatliche Landschaftskenner, daß z.B. in Buchenbach

»kein Haus mehr mit vollem Strohdach vorhanden sei, daß das Stroh durch die Schindel abgelöst werde.«

Später wurde die Schindel, die im Ausbleichen das Dach mit dem typischen, silbrigen Glanz überzog, zum markanten Hofmerkmal. Inzwischen gilt eine neue Klage dem völligen Verschwinden des Schindeldachs. Die »häßlichen Ziegel« und die oft noch häßlicheren Dachplatten aus Asbestzement sind der notwendige Tribut an den unvermeidlichen Fortschritt.

Aber noch steht ja der Hof in seiner einmaligen, unverwechselbaren, kunstvollen Form, in der er »in natürlicher Übereinstimmung aus dem Boden herauswächst«. »Künstler« nennt Hans Thoma die Hofbauern, »deren Schaffen durch Naturgesetz geleitet erscheint«.

ser« nennt schon Josef Bader 1834 die steinernen Gebäude, die seit dem ausgehenden 18. Jahrhundert neben den Althöfen errichtet werden. »Herrische Häuser« mit auftrumpfendem Gehabe haben sich auch in jüngerer Zeit ungeniert im Tal ausgebreitet.

Der urtümliche Schwarzwaldhof war zu allen Zeiten für Künstler und Fotografen das beliebteste Motiv des Dreisamtals. Ihre ganz auf fotogene Einstellungen ausgerichteten Bildausschnitte übersehen dabei leicht, daß sich unter den vielen Höfen des Tales doch wesentliche

Durch das »Ifahrtshus« wird das Heu in den gewaltigen Dachraum des Hofs eingebracht

Beim »Schöchle«, dem Zusammenrechen und Häufeln des Heus. Am Bartelshof in Wagensteig

Auch Karl Luckscheiter, ein wahrhafter Vorkämpfer der Erhaltung des Schwarzwaldhofs, bewundert dieses angeborene Künstlerbewußtsein:

»Man wird hierbei oft versucht zu glauben, daß unsere alten Zimmerleute die einfachen, großzügigen Linien der Dachform den benachbarten Bergen geradezu abgestohlen hätten.«

Wer sich die alten Höfe in unverfälschter Lage anschaut, findet dieses Lob bestätigt. Die Einbettung des Schwarzwaldhauses in seine Umgebung begründet die Harmonie der überkommenen Kulturlandschaft. Die Einpassung des Hofs in die Natur macht zugleich deutlich, warum die neue Architektur in ihrer modernen Fasson der Akzente und Betonungen, des willkürlichen Zuschnitts im Tal besonders »aneckt«; »herrische Häu

Abweichungen, ja sogar ganze Hoftypen feststellen lassen. Schon Rudolf Schilling, der sorgfältige Beobachter und Hofzeichner, der 1915 seine große Bestandsaufnahme »Das alte malerische Schwarzwaldhaus« veröffentlichte, hat den Formenreichtum in Bildern eingefangen und die »Höhenhäuser« solchen »der Täler« gegenübergestellt. Hermann Schilli, bis zu seinem Tod 1982 der eigentliche Hofpfleger unserer Tage, hat nach genauen Merkmalen vier Hofarten geprägt, die er als »Schwarzwälder Heidenhaus«, »Schwarzwälder Heidenhaus jüngerer Form«, »Zartener Haus« und »Schauinslandhaus« unterschied.

»Heidenhaus« nannte der Schwarzwälder die urige Erstform des Holzhofs, die bereits zu Ende des 15. Jahr hunderts feststand. Der Besuch beim Hugmichelhof in Eschbach vermittelt charakteristische Einblicke. Der Hof ist von der Straße, vom Talboden, selbst von der gegenüberliegenden Talseite nur als bodengeducktes, hohes Dach erkennbar. Auch beim Näherkommen zeigt sich die Hauswand nur als niedriger Sockelkranz unter dem überstehenden Walmdach. Eine Klappe an der Stirnseite und der darunter gehäufte Mist lassen erkennen, daß hier in Talrichtung der Stall untergebracht ist. Erst von der Seite zeigt sich ein größerer Schlitz zwischen Dach und Erdboden, aber die Übermacht des Daches wird nicht gebrochen. Der Wohnteil des Hofs liegt wie versteckt unter dem überstülpten Dachhut auf der Bergseite des Hauskerns, direkt in das abfallende Gelände gedrückt. Die markante »Ifahrt«, die den hangoberen Walm unterschlupft, führt schon über der Wohnzelle mit breitem Tor in den Dachraum auf die »Fahr«, wohin selbst große, beladene Heuwägen eingebracht werden können. Die »Schwerlasteinfahrt« auf der Walmseite bestimmt bei diesem Hochständerbau die

Der Hugmichelhof in Eschbach, als Heidenhaus älterer Form (16. Jh.). Zeugnis des ältesten Haustyps des Schwarzwaldhofs

Firstrichtung quer zum Hang und die an einen Höhenzug angelehnte Hofstellung. Talseits gibt der Stall dem Wohnhaus eine schützende Isolierung gegen Wind und Kälte, die Vorratslagen an Heu und Stroh wärmen zusätzlich die Stuben von oben. So vermißt man nach heutigem Geschmack im heimelnden Haus und unter dem alles umschließenden Eindach eigentlich nur die schöne Talsicht. Irritieren mag den Beschauer allenfalls die Jahreszahl 1754 am Türsturz; der Hof zeigt in seinen Merkmalen, daß die Bauzeit früher liegt. So weiß Hermann

durch die vielen, kleingliedrigen Fenstersprossen, durch die scheckige Blumenreihe am Fenstergesims und den Holzstoß unter der Fensterbank. Den jüngeren Hof charakterisiert im Innern eine Drehung von Stall und Wohnteil, eine neue Zuordnung der Wohnräume zur Hofausrichtung. Die Wohnstube schaut nunmehr frei ins Tal, während der Stall sich in den unterfangenen Abhang einduckt. Wer genau beobachtet, sieht auch eine freiere Lage des Hofs im Gelände; manches Dach folgt nunmehr der Hanglinie, steht nicht mehr aus-

Der Fußenhof von 1754 in Geroldstal, Beispiel eines Heidenhauses jüngerer Form

Detailzeichnung »Hausecke des Fußenhofs in Geroldstal« aus R. Schilling, »Das alte malerische Schwarzwaldhaus« von 1915

Schilli in Einzelheiten von einer Versetzung des Hugmichels zu berichten, die Jahreszahl zeigt das Datum des Wiederaufbaus an. In allen Charakterzügen bestätigt der Hugmichel die Einschätzung dieses Haustyps als »herb, schwer, geduckt, aber heimelig warm«. Das Heidenhaus kennt sogar seine Sagen, die Erwartung, »E' Heidehus dunndert kei Blitz« gründet vielleicht auf die tiefkauernde, bodengebundene Gestalt.

Eine grundsätzliche Wandlung macht das Heidenhaus zum Hoftyp »jüngerer Form«, auch wenn es »dem Körper und der Seele nach« das gleiche Haus geblieben ist. Der Fußenhof in Geroldstal zeigt von weitem das gewohnt mächtige Dach, aber schon aus der Ferne fällt talseits eine mehrgliedrige Fensterfront über Eck auf, ein neues Hofbild, das seine Offenheit sogleich mildert

schließlich querhangs. Auch im Zierrat wird der spätere Hof reicher, Galerie und Balkon sind zu ihrem Gebrauchswert Schmuckelement geworden, Kragbalken, Kopfbänder, Türstürze, Fenstergewände und andere Bauelemente zeigen Schwung und barocke Linie. Hofkapellen, die nunmehr überall entstehen, geben dem Hof das bewunderte Bild der Komposition. Daß sich an diesen Höfen in den vergangenen 200 bis 250 Jahren manches veränderte, gehört zu den Voraussetzungen, daß sie überhaupt überlebten. Die Zeichnungen von Rudolf Schilling aus der Jahrhundertwende blicken bereits wieder in eine weitabliegende Vergangenheit.

Die untere Talebene in ihrer wirtschaftlich begünstigten Lage erbaute sich Höfe mit zusätzlichen Eigenheiten, die nach Hermann Schilli als eigene Variante, als

»Zartener Haus« angesprochen werden. Anders als auf dem Hochwald lebten die Talbauern nicht nur von der Feld-Graswirtschaft, sondern waren zugleich ansehnliche »Kornbauern«. Ein erweiterter Platzbedarf schuf noch größere, noch ausladendere Häuser, und der Talraum verband die Hofplätze mehrerer benachbarter Güter zu Hofgruppen und größeren Siedlungen. Diese eigenartigen Ortsbilder beieinander gekuschelter Dachrücken wie in Wiesneck oder Zarten haben leider schon ab dem 19. Jahrhundert durch die Einstreuung

Ein Hof des Dreisamtals – Zeichnung von R. Schilling

Der Hinterbauernhof von 1713 – im Steurental gelegen – verkörpert ganz das reizvolle Bild des alten Schwarzwaldhofs

155

von Neuhäusern und Fremdkörpern viel ihrer Ursprünglichkeit verloren.

Der Dreisamtäler Hof übertrifft alle übrigen Schwarzwälder Hofformen an Größe und Majestät. Der Pfänderlehof zeigte noch lange – bis zu einem jüngst abgeschlossenen Umbau – die Eigentümlichkeiten dieses Haustyps. Der Hof liegt ganz in der Ebene, offensichtlich hat aber die Windrichtung, die freie Einfallsseite der Weststürme, die Grundrißeinteilung be-

bei allen Zartener Häusern, der Reesenhof am Ortsausgang von Zarten zeigt ein augenfälliges Beispiel; der Altenvogtshof in Wiesneck bewies ebenso seine statischen Anfälligkeiten, wie der Hofbauer dem Besucher erzählt. Hermann Schilli ist der Meinung, daß mit der Dachkonstruktion des Zartener Hauses »die äußerste Grenze des Möglichen« erreicht war. Das Dach des Dreisamtäler Hofs verdient gleichwohl höchste Bewunderung; der Blick in das Gebälk des großen Zartener Hau-

Hof in Himmelreich
Zeichnung von R. Schilling

stimmt. Der Stall übernimmt den Windschutz, der Walm des Dachs ist auf der Wetterseite wiederum weit zum Boden herunter gezogen, er schließt das Haus nach Westen ab. Der Wohnteil im Osten ist behäbig, die außergewöhnliche Haustiefe läßt eine Dreiraumteilung des Grundrisses an der Stirnseite zu; nebeneinander reihen sich Wohnstube, Küche und Libdigstube zu einer Breitfront unter dem weit ausladenden Walm. Von zweckmäßiger Schönheit zeigt sich die umlaufende Galerie vor den Kammern des Obergeschosses, die sich ganz in das Dach hineinstemmen. Der Walmvorsprung mit über 5 m Überhang bietet selbst Erntewägen einen geschützten Stellplatz. Mit diesem architektonischen Wagnis haben die Hofbauern des Dreisamtals die Stabilität der Hochkonstruktion des Dachs allerdings bereits überschätzt. Allein der Winddruck verursachte da und dort gefährliche Verschiebungen des Gebälks. Als aber die Strohdeckung abgenommen wurde und Schindel bzw. Ziegel aufgelegt werden mußten, war man genötigt, wegen des Mehrgewichts den weiten Vorbau zusätzlich zu unterpfosten; dieses nachträgliche Abfangen des Walms mit mehreren, freien Ständern findet man

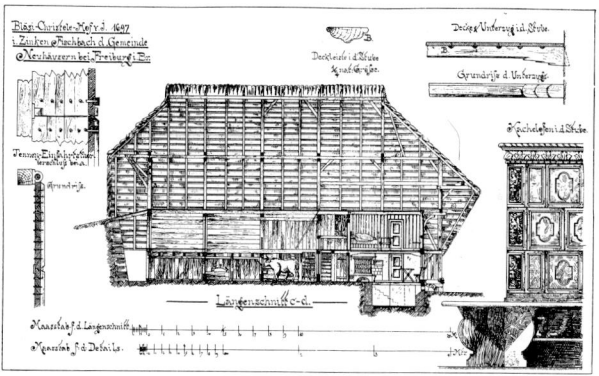

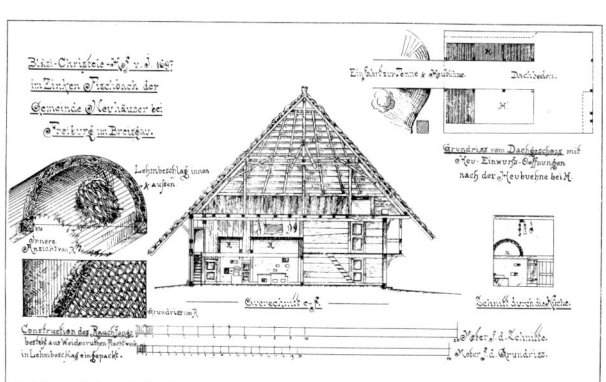

Der Bläsi-Christele-Hof von 1697 in Fischbach
Konstruktionsaufnahme von 1897 in der Zeitschrift »Schau-in's-Land«

erstellt, liegt er nicht »am«, eher »im« Hang. Seine wetterkonforme Stellung bedingt auch den Zugang zum Wohnteil von der Stirnseite her, eine eigenartige »Notlösung« für den Grundriß des Schwarzwaldhofs. Das Steilgelände läßt eine Hausstellung querhang nicht zu; damit unterliegt auch die »Ifahrt« hoftypischen Eigenheiten. Sie öffnet die Dachseite gegen den Berghang mit einem eigenständigen kleinen Anbau, dem »Ifahrtshus« mit abgewalmtem Satteldach; über die »Ifahrt«, den »Denn« erreicht man eine quer über die Haustiefe geleg-

schungen der Hofnamen und ihrer Geschichte erfordern ein Studium für sich.

Daß sich bei solchen Individuen eine Beschäftigung mit dem Detail bezahlt macht, zeigen die Hausinschriften in den Schriftzeichen am Türsturz, zeigen die Zierelemente der Bemalung und des Brandschmucks, wie sie beim Sohlhof in Kappel erhalten sind. Auch den Nebengebäuden des Hofs gebührt ein genaues Hinsehen; Mahlmühle und Sägmühle, Backkuchi, Speicher, Altenteil, Bienenhaus stehen in freier Ordnung und doch har-

Der Küchlehof in Schlempenfeld – Beispiel des Dreisamtäler Nebeneinanders von ursprünglichem Holzhaus (Hof von 1763, heute als Ökonomiegebäude genutzt und später hinzugebautem, steinernem Wohnhaus (1807)

te Brückentenne – die Zwänge bedingen eine veränderte Raumeinteilung. Die Doppelhöfe des Schauinslands haben mehrere solcher »Ifahrten« an einer Dachseite geschaffen, die Wiederkehren geben der Hausform ein charakteristisches Aussehen. Unabhängig von solchen Unterscheidungsdetails fallen jedoch am ehesten die bescheidenen Ausmaße des Berglerhofs ins Auge. Die Natur ließ den Bergbauern am Schauinsland nicht mehr als Viehzucht und Milchwirtschaft zur Lebensgrundlage.

Neben den dargestellten Grundtypen unterschiedlicher Schwarzwaldhöfe finden sich mancherlei Einzelformen und Abwandlungen, schließlich war jeder Hof ein individuelles Werkstück. Zu seiner Eigenheit gehört auch der Hofname. Jeder Schwarzwälder Hof hat einen eingesessenen Eigennamen, der ihn über die Jahrhunderte begleitet und der nicht mit den Generationen oder zufälligen Besitzänderungen wechselt. Genaue Erfor-

monischer Proportion um das große, alles überragende Hofdach. Die Detailfreude entdeckt an jedem einzelnen Kleingebäude liebhaberische Besonderheiten, Fingerzeige für neue Studien, für weitere Wanderziele.

Im Resumee verdient das Schwarzwaldhaus achtungsvollen Respekt: erwies sich der Hof doch in den sehr unterschiedlichen Voraussetzungen vom Tal bei Ebnet zu den Höhen des Schauinslands als wandlungs- und anpassungsfähig – gleichwohl blieb der Grundcharakter in erstaunlicher Harmonie und Einheitlichkeit gewahrt.

Erst die technische Entwicklung erzwang Veränderungen von Grund auf; die Bauvorschriften der österreichischen Verwaltung und die ersten Auflagen der 1764 eingerichteten Brandversicherung verlangten schon Ende des 18. Jahrhunderts den Ausbau des Wohngeschosses in Stein, setzten im Talgrund der Dreisam den Übergang zum Steinhaus durch. Mit Beginn des 19. Jahrhunderts endet im Dreisamtal der Bau der schönen,

160

Aussichtsreicher Rastplatz am Kappeneck zwischen Buchenbach und Unteribental.
Der Blick schweift über den Maierhäuslehof und Unteribental hinauf zum Lindenberg (727 m); unmittelbar darüber äugt aus der Ferne der Kandel ins Tal; links streckt sich der Höhenzug Langeck – Brombeerkopf – Flaunser Richtung Roßkopf nach Westen.

ses bleibt insgesamt die wohl großartigste Perspektive des Schwarzwaldhofs.

Nochmalige Kleinabweichungen führen zu einer weiteren Sonderform des Dreisamtäler Hofs. Im dreiraumtiefen Wohnteil rückt die Küche nach Innen, ihre Stelle nimmt eine Kammer ein; die Libdigstube daneben gewinnt an Größe, sie wird an der Firstseite des Hofs unter den Dachvorsprung hinaus verlängert, um 1 bis 2 m unter das Dach vorgebaut. Die Firstseite des Hofs zeigt

hin zu einer detaillierten fachkundigen, ungemein feingestrichenen Konstruktionsaufnahme und Bestandszeichnung. Heute sind solche originalen Risse eines echten Schwarzwaldhofs bereits kulturhistorische Dokumente von großem Wert.

Ein völlig abweichendes Bild bietet der landschaftsgebundene Hof des Schauinslands. Am Weg zum Zinken Gegendrum stößt der Wanderer urplötzlich auf ein

Schauinslandhöfe in der Winterpracht des ausgeprägten Schneebergs

damit eine gebrochene Linie, das Hofbild erhält eine neue Charakterform. Dieser Hoftyp könnte nach seiner weiten Verbreitung im Oberrieder Tal als »Oberrieder Bauart« bezeichnet werden.

Ein Hofbesuch beim »Bläsi-Christele-Hof« in Fischbach zeigt die bedeutsame Silhouette eines alten Dreisamtalhofs; allerdings verbirgt sich das Althaus mit dem ursprünglichen Holzgerüst von 1697 heute hinter einer erst kürzlich erfolgten Neuummantelung und Erneuerung der äußeren Schale. Kenner hatten noch zu Beginn des Jahrhunderts darauf verwiesen, daß im »Bläsi-Christele-Hof« einer der wenigen urwüchsigen Althöfe bis dahin unversehrt erhalten geblieben war, der noch nicht durch An- und Ausbauten den ursprünglichen Charakter eingebüßt hatte. Diese Einschätzung führte immer-

Hofdach, das ohne jeden Zwischenschlitz aus dem Boden wächst und bergseits überhaupt keine Hauswand erkennen läßt. Beim Schauinslandhaus ist der auf der Wetterseite gelegene Walm des Wirtschaftsteils bis auf den Boden herab gezogen, der seitliche Dachvorsprung gegen den Berg wurde ähnlich bis auf die Stützmauer, die den anstehenden Hang abfängt, verlängert und dort ebenso ebenerdig aufgesetzt. Das Haus ist berg- und wetterseits ganz in die Erde versenkt. Der zwischen Hauswand und Hangstütze gewonnene, überdachte Zwischenraum findet als zusätzlich geschützte, wettersichere Nutzfläche alltägliche Verwendung. Der Schniederlehof in Hofsgrund ist bestes Lehrbeispiel für das Schauinslandhaus. Erbaut vermutlich vor 1680, nach einem Umbau 1766 in seiner heutigen Form

malerischen, aus Holz geschaffenen Schwarzwaldhöfe. So wurde zum treffenden Merkmal der Talgegend, daß hier ab 1800 neue, quaderhafte Steinhäuser als Wohngebäude neben den Althöfen errichtet wurden und daß die ehrwürdigen Holzbauten als Scheuer und Stall, als Wirtschaftsgebäude von Nutzen blieben. Das dreisamtaltypische Nebeneinander vermitteln die Bilder des Küchlehofs in Schlempenfeld, des Jockelshofs in Wiesneck, des Wiederlehofs in Brand so wie der Anblick des Falkenhofs in Wagensteig oder des Sohlhofs in Kappel.

Malerischer Speicher mit Dachreiter am Fußenthomashof in Rechtenbach

Mit Erstaunen sieht man, wie beschlagen der Schwarzwälder die Geschichte seines Hofs kennt und wie gehaltvoll er die Vergangenheit, die Vorzeit des Anwesens zu erzählen weiß. Die Hofgeschichte ist eines der spannendsten Kapitel der lokalen Heimatkunde. Gelegentlich zusammengestellte, publizierte Hofchroniken, etwa des Markenhofs, des Hofguts Himmelreich sind Beispiele örtlich vielsagender Geschichtsquellen.

Zu den Besonderheiten des Schwarzwaldhofs und seiner Vergangenheit zählt die Erbfolge der Generationen, das eigentliche Erbrecht der Schwarzwälder. Der Satz »Viele Brüder – schmale Güter« hätte den Schwarzwaldhof in seiner landschaftlichen Extremlage rasch ruiniert. Als unzerteilte Gesamtheit hinterließ der Hofbauer seinen Besitz; ca. 5000 geschlossene Hofgüter lagen nach alten Nachrichten zwischen Murg und Dreisam, das Dreisamtal gehörte im wesentlichen zum Hauptverbreitungsgebiet des geschlossenen Erbrechts, wenn es auch zugleich die Südgrenze des Rechtsbrauchs

war. Nach einem badischen Verzeichnis von 1921 lagen zu Anfang dieses Jahrhunderts allein in den Talorten 142 unteilbare Güter, und weitere Höfe blieben gewiß in freier Verfügung unzerschlagen. Der jüngste Sohn, den der Schwarzwälder »Hofengele« nennt, war nach Wälderrecht Erbe. In dieser Begünstigung des Jüngstsohnes sieht man eine Gegenwehr gegen das drückende Besteuerungssystem des sog. Drittels, nach welchem die Nachlaßsteuer für jeden Hofübergang zum wirtschaftlichen Krisenfall wurde. Das »Minorat« verminderte die Zahl der Erbfälle, verlängerte die Besitzzeiten, ersparte dem Familienverband über die Jahrhunderte zu Lasten der Grundherrn ein Vermögen. Die sonderbare Erbfolgeregelung beeinflußte damit zugleich tiefgreifend die sozialen Lebensbedingungen des Bauernhofs, die bäuerliche Lebenswelt; Geschwisterprobleme belasteten diese Form des Generationswechsels, an der Einrichtung wurde dennoch nicht gerüttelt.

Als aber 1786 Josef II. in den österreichischen Landen das allgemeine Gesetzbuch einführte, kam es im Dreisamtal beinahe zum Aufruhr. Die Stabvögte des Tals und solche des Schwarzwalds erhoben erbitterte Klagen bei den Behörden und forderten die Wiederherstellung »des Tales Brauchs und Rechts«. Der Schwarzwälder verwarf das »fremde römische Recht« des allgemeinen Gesetzbuchs und stand zur uralten deutschen Gewohnheit und Talverfassung. Das neue Güterrecht fand ebenso Anstoß, weil es der altschwarzwälder Gütergemeinschaft entgegengesetzt war. Gütergemeinschaft, Minorat, geschlossenes Hofgut blieben den Schwarzwäldern das ihrer Situation angepaßte, angemessene, »bessere« Recht.

Unversehens wird die Betrachtung des Schwarzwaldhofs zu einer Besinnung über die Zeitverwitterung. Wurden seit Beginn des 19. Jahrhunderts keine Höfe im wahren alten Bild mehr erbaut, so bleibt gleichzeitig ein steter Abgang der Althöfe zu bemerken. Allzu vielen Holzhäusern wurden die natürlichen Gegenkräfte Wind, Schnee und Blitz zum Verhängnis. Blitzschlag äscherte schon manchen der behütenswerten Kulturschätze ein. Eine detaillierte Waldkalkulation St. Peters für einen Gemeindeteil von 9 Bauernhöfen rechnete 1785 immerhin damit, daß im Schnitt alle 5 Jahre einer der Höfe abbrennen könnte. Bei Brand und Blitz waren die Hofbewohner und das Vieh im strohgedeckten Holzhaus stets besonders bedroht. Max Föhrenbach, Dreisamtäler Amtswalter, hat 1870 eine solche Katastrophe miterlebt:

»Von der Gefährlichkeit des in der Umgegend noch

häufig verwendeten Strohdachs konnte ich mich bei einem großen Brand in dem nahen Ebnet überzeugen. Daselbst war am hellen Tage in einem mit Stroh bedeckten Bauernhaus Feuer ausgebrochen, und vom Winde getragen, auf andere Strohdächer übergesprungen. Die gesamte Strohmasse eines solchen Daches glitt plötzlich und gleichzeitig zur Erde herab, legte sich gleich einem feurigen Walle um das Haus und versperrte die Ausgänge desselben. Vergeblich versuchte der noch in seiner Wohnung verweilende Eigentümer, den Flammengür-

Brandkatastrophen sind von Kirchzarten, von Ebnet vermerkt. Im nahen Neustadt brannten 1817 gar 42 Häuser und der Kirchturm aus; »Die Schindeldächer entzündeten sich vom Feuer bloß durch die Hitze ohne Wind«. Maria Lindenberg aber überstand 1889 einen Blitz, der durch die Kapelle fuhr, ohne Schaden anzurichten.

Der Zeitgang stempelt den Altbestand der Schwarzwaldhöfe zum unersetzbaren Kulturgut, zum Museumsbesitz. Die Zahl der denkmalgeschützten, wohlbehüte-

Hofbild um 1900 – Rothenhofbauer Schneider ließ sich mit seiner Familie vor bald 100 Jahren vor seinem damaligen Hof im Kleinen Tal in Kappel fotografieren
Fotografie im Besitz von Herrn Erwin Steiert, Kappel

tel zu durchbrechen. Ehe ihm Hilfe gebracht werden konnte, versank er vor meinen Augen in der lodernden Glut«.

Die Chronik der Brände, die jeder Dreisamtalort verwahrt, ist erschreckend. Nachrichten, wahllos herausgegriffen, bezeugen den Tod einer Bäuerin und ihrer 6 Kinder im brennenden Rombachhof von Oberried, bestätigen den Tod von 2 Kindern, der Bäuerin und einer Magd im brennenden Kirnermartishof in St. Peter. Größere

ten Höfe im Gebiet des Dreisamtals ist nach wie vor respektabel; man muß sich dennoch damit abfinden, daß ein Abschied von den alten Hofbildern über kurz oder lang zwangsläufig ist. Seitdem dieses Dilemma bekannt wurde, befaßt man sich mit dem ungelösten Problem, wie man das Dreisamtal auch bei seinen neuen Bauten im altgewohnten, typischen landschaftsgebundenen Gepräge erhalten könnte. Schon 1912 trat Karl Luckscheiter mit der Mahnung »Rettet den Schwarzwald vor

162

weiterer baulicher Verunstaltung« an die Öffentlichkeit. Der Volksschriftsteller Heinrich Hansjakob ließ diesen Mahnworten einen aufrüttelnden, flammenden Aufruf folgen:

»Daß man doch endlich sich dazu aufraffe, dem Schwarzwald seine alten Höfe zu erhalten und neue nur so zu bauen, daß sie zum Schwarzwald, zu seinen Bergen und Tälern passen.«

Dieser Appell von 1915 trifft die heutige Lage wie vor zwei Menschenaltern die damalige.

Freilich hat der Hofbauer seine Last, wenn er seinen neuzeitlichen Betrieb im Jahrhunderte alten Holzbau einrichten, seinen lebendigen Beruf nach marktgerechten Ansprüchen in der altgedienten Wohn-, Stall- und Versorgungseinheit unter dem einen großen Dach verrichten will. Allein der Bau des Milchkühlhäusles oder eines neuzeitlichen Futtersilos wird bereits zum Problem, der notwendige spezialisierte Maschinenpark nötigt zu allerlei Kompromissen und mancherart Anbauten, die Hofbilder unterliegen erzwungener Wandlung.

Schwellweiher und Mühle beim Bartelshof in Wagensteig.
Der Blick geht über den engen Dobel von Schweigbrunnen hinüber zu den Anhöhen um St. Peter und zum Kandel.

163

Im gleichen Zuge geraten die alten, nutzentledigten Nebengebäude, die Mühlen, das Backhäusle, die Scheuern in Verfall – oder in die Hände der Städter; die verfremdenden Zweitwohnungen und Feriensitze sind die »Wüstungen« unserer Tage.

Wer sich das Leben auf dem alten Hof vorstellen will, bedarf auch heute schon der Anschauungshilfen. Welche Wandlung sich in Stube, Kammer, Küche, Stall innert einiger Jahrzehnte vollzogen hat, zeigt am deutlichsten der Rundgang im Schniederlehof; persönliche Liebhaberei des engagierten Hofbehüters ermöglicht die instruktive volkskundliche Lehrstunde im einzigen Hofmuseum des Tales. Von Max Föhrenbach stammt eine Hofschilderung, die das Leben der Schwarzwälder vor 100 Jahren umschreibt:

»Die Häuser waren noch zumeist mit Stroh gedeckt, besaßen in der Mehrzahl noch keine Kamine, sondern sogenannte Hurten (Rauchlöcher), und wenn an den Winterabenden der Bauer mit Weib und Kind, mit Knechten und Mägden in der Stube um den großen Kachelofen saß, diente der in eine eiserne Gabel gesteckte Kienspan zur Beleuchtung.«

Getreidemühle des Bartelshofs in Wagensteig – Mahlwerk und hölzerne Antriebsräder

Kernstück des Schwarzwaldhofs ist – oder war – der Kachelofen in der Stube. Neben dem Feuerplatz des Küchenherds war der Kachelofen die einzige Feuerstelle im Haus. Schon deswegen war der Kachelofen mit der ringsum geführten Ofenbank der Mittelpunkt des Lebens auf dem Hof. In allen alten Erzählungen und Sagen hat der Ofenplatz seine Bedeutung. Mit dem Stubenofen war jedoch vielfach eine kunstvolle Nutzung der Abwärme des Küchenherds verbunden, die »Kunscht«, ein mehrstufiger getreppter »Tribünensitz« mit »Warmhalteplatten« aus rötlichen, braunen oder farbig getönten Specksteinen als Sitzbänken. So gemütlich die Wärme des Reiswellenofens in die Stube strahlte, so kalt blieb es außerhalb im übrigen Haus. Allenfalls wurde die Wärme der Stube durch Klappen in den Decken und Wänden in die obere Kammer weitergeleitet. Hans Thoma erinnert sich noch 1877 an seine Wintertage im Schwarzwaldhof:

»Der Winter kommt also doch noch, heizt gut ein, friert nicht. Ich denk noch daran, wie ich fror bei Euch!«

»Kälte«, »Frieren« treibt oft durch die Erinnerung Thomas wie umgekehrt die rückbesinnende Empfindung der »Behaglichkeit« des Kachelofens. Aus seinen Alterserzählungen erfahren wir von Hans Thoma: »Es gibt eben kaum etwas Behaglicheres als den Schwarzwälder Kachelofen, bei dem man sich Geschichten erzählt, wenn es draußen stürmt und schneit.«

Hauskalender als Neuigkeit auf das kommende Jahr überliefert.

Am meisten hat sich die Küche verändert. Die Bäuerinnen des Schwarzwaldes arbeiten nicht weniger maschinengewandt als die Stadtfrauen. Welche Unterschiede aber zeigt die alte Rauchküche, ein innenliegender, kaum erhellter Raum ohne Abzugskamin. Der Rauch des Herds verfängt sich in einem Gewölb, der »Rauchhurd«, einer flachen Tonne aus Holzflechtwerk, mit Lehm bestrichen. Die Hurt entfeuert, kühlt den

Alte Schwarzwälder Stube – »Kunscht« und Herrgottswinkel im Schniederlehof auf dem Schauinsland

Freude verbreitet es, wenn man im Dreisamtäler Rundgang einen Hof entdeckt, der zur Wintersvorkehr noch Wellen einfährt zum Heizen des Kachelofens und der einen sauber gesetzten Holzstoß vor den Fenstern unter dem weiten Dach liegen hat. Kleine Veränderungen sagen oftmals sehr viel. In wie wenigen Wirtsstuben findet man noch den echten Schwarzwälder Kachelofen? Dort, wo er steht, animiert er zur Wiederkehr, wenn die Abende lang werden und der Frost vom frühen Heimweg abschreckt.

Der Kachelofen umsorgte das häusliche Wohl, die geistige Richtung bestimmte jedoch der Herrgottswinkel. In jedem Hof hat das Kruzifix seinen gepflegten Ehrenplatz, zumeist im Eck zwischen den Fenstern, dort, wo Tisch und Sitzbänke stehen, wo sich die Hofkinder aufhalten und ihre Schulhefte beschreiben, wo Bäuerin und Bauer ihre Zeitung lesen, wo früher die Bibel lag und wo man die Weltbegebenheiten diskutierte, die der

Heißrauch, der dann nach unten ausquellend als Warmrauch das ganze Haus durchstreicht und zwischen den Strohlagen des Dachs entweicht, das ganze Haus mit schwarz glänzendem Ruß überziehend. Der langsame Weg des Rauchs war nützlich, er förderte die Haltbarkeit des Holzes, trocknete die eingebrachte Nässe und wärmte die Nebenräume. Vorzeitlich, altertümlich mutet diese Rauchküche an, staunende Fragen begleiten die Erklärungen auf dem Schniederlehof; noch unvermittelter ist das Staunen, wenn der Besucher erfährt, daß ganz in der Nähe drei Schwarzwälder Schwestern eine solche Rauchküche noch ohne wesentliche Umbauten nutzen und bewahren. Jeder Schwarzwälder hängt an seinem Eigen, keiner gibt Vergangenes leicht auf, – der eine vielleicht noch schwerer als der andere.

Der zweitwichtigste Raum des Hofes ist der Stall; dort steht der Reichtum und Stolz des Hofbauern und Viehzüchters. Der Blick in den Stall vermittelt zugleich

165

einen Eindruck, wie eng das Zusammenleben von Mensch und Tier – Wand an Wand – unter dem einen großen Hofdach angelegt ist; die Nähe ist zugleich Schlüssel zu allerlei Brauchtum; der Hofbesucher mag erschrecken, beim Hofrundgang plötzlich oben im Gebälk einen Stierschädel zu entdecken; offenbart sich hier der geheime Heidenglaube des Wälders? Böse Geister soll der Ochsenschädel bannen, der vornehmlich von dem Zugtier stammt, das dem Bauern beim Hausbau das nötige Holz beigeschleift hat. Viele Erzählungen

ranken sich um diesen Aberglauben. Aber der Hofbauer beantwortet mit solchem Abwehrzauber ja nur die Unwägbarkeiten, die den Wälderalltag so bedrohlich direkt und doch undeutbar, unfaßbar umwittern.

Gern gesehenen Gästen zeigt der Bauer freimütig den Stall, wie er ihn vor Ungebetenen gerne verschließt. Als der Markgraf von Baden 1772 St. Peter besucht, führt man ihn zum Wirtschaftshof der Abtei, »das Vieh zu beschauen«. »Ware'ner scho im Stall?« wurde noch vor we-

Die originale, urtümliche Rauchküche des alten Schwarzwaldhofs, wie sie sich in einigen wenigen Höfen über die Jahrhunderte erhalten hat. Der Schniederlehof auf dem Schauinsland läßt die Besucher freimütig »in die Kochtöpfe gucken«

nigen Jahren der Besucher einer bäuerlichen Schwarzwaldwirtschaft gefragt, noch bevor er einen Wunsch äußerte. »Ich wünsch Euch Glück im Stall« gilt als gern gehörter Gruß, wenn ein Fremder in den Stall eintritt. Zuchtauszeichnungen an der Stalltüre bezeugen, daß die Dreisamtäler Viehzucht respektable Leistungen vollbringt. Schon Sebastian Münster stellt in seiner geographischen Weltbeschreibung des 17. Jahrhunderts die Viehzucht der Schwarzwälder besonders heraus: »Es hat reich Bawren: dan einer wol zwölff Küh außwin-

Der Viehschlag, der auf den Schauinslandhöhen, in den hohen Talgegenden um den Feldberg und dem südlich anschließenden Schwarzwald gezüchtet wird, ist die »Hinterwälderin«. Diese anspruchslose Hinterwälder Viehrasse ist besonders klein gebaut, die Tiere erreichen kaum 1,45 m Höhe, das Gewicht der erwachsenen Kuh beträgt vielleicht 6 oder 7 Zentner. Die »Hinterwälder« bleibt die kleinste Viehrasse Deutschlands. Sie galt aber auch wegen ihres leichten Gewichts, ihrer Anspruchslosigkeit im Futter, ihre Lebhaftigkeit, ihrer

Keine Attrappen! – Schinken, Speck und Würste räuchern im Rauchabzug des Schniederlehofs in Hofsgrund

Der Ochsenschädel im Dachgebälk des Schwarzwaldhofs – heute volkstümliche Tradition, einst Zeichen eines alten Aberglaubens

tern mag / darum so zeucht es viel Vieh / und besonder gut Ochsen.«

Aus vielerlei Gründen finden sich heute allerdings nicht mehr die großen Stückzahlen, die noch vor wenigen Jahren Staunen machten.

Ausdauer und Zähigkeit, ihrer beträchtlichen Milchleistung so richtig als die geeignetste Rasse für den hohen Schwarzwald. Wo die Hinterwälder Kühe daheim waren, erklärt dies auch vielfach die kleinen Maße des Viehstalls. Ein größeres Talgebiet beheimatet die »Vor-

167

derwälderin«, den Wälderschlag. Die Tiere sind deutlich größer, die Kuh mag schon 10 Zentner erreichen. Inzwischen begegnen dem Spaziergänger neben den alteingesessenen neue Rinderzüchtungen aus gelegentlich untergemischtem deutschem Fleckvieh, oder man trifft das schwarz-bunte Niederungsvieh. »Gut – aber empfindlich!« meint ein Besitzer der »preußischen« Herde kurz angebunden.

»Auf dem Schnerzenhof sind es 43 Stück. Auch aus Eschbach werden Leute aufgeboten, um dort das Vieh zu verlochen, insgesamt 30 Mann.«

»Auf dem Scheuerhof alle 33 Zugochsen und 2 Kühe umgestanden – und nun zeigt sich diese Krankheit auch auf dem Hornhof!«

Solche Notzeiten haben das Dreisamtäler Brauchtum ganz entscheidend mitgeprägt.

Hof am Zehnwald (Breitnau) – An hellen Tagen überspringt der Blick das Höllental (Löffeltal) und gleitet über die Hinterzartner Höhen Windeck-Bistenkopf zum Feldbergmassiv

Was es für die Viehzucht bedeutet, daß über unermüdliche Anstrengungen in den Nachkriegsjahren die TBC-freiheit der Ställe erreicht wurde, kann sich nach kaum 3 Jahrzehnten schon heute fast niemand mehr vorstellen. Viehseuchen sind der Schrecken des Hofs. Als General Moreau 1796 seinen Rückzug durchs Höllental unternahm, hinterließ er eine der grauenhaftesten Viehseuchen, die das Dreisamtal je befiel. Ganze Bestände wurden ausgerottet:

Die Tiere auf dem Hof haben ihre Namen wie Hübschi, Goldi, Bluemi, Blänki, Resi, Sterni, Strüßi, und der Bauer steht mit ihnen in vertraulichem Umgang. Das »per Du« bedeutet, daß das Tier auch am Geschehen auf dem Hof, am Leben der Familie Anteil erhält. Will man Glück haben, so muß man den Tieren die Familienereignisse mitteilen; vor allem die Bienen, die engsten Lebensfreunde, werden sofort von allen Ereignissen verständigt; stirbt der Hofbauer, so muß man ihnen den

Tod ansagen; »Euer Herr ist tot, jetzt bin ich Euer Herr« gilt als überlieferter Text aus Buchenbach und Wagensteig; in Wagensteig wurde der Todesfall sogar dem Schnittlauch erklärt, damit dieser nicht eingehe.

Vom Dreisamtäler selbst, vom Wälder, sagt man, er sei »gutherzig, ausharrend, von munterer Laune, arbeitsam, größtenteils wohlhabend«. Die Charakterdeutung ließe sich mit den Attributen »selbstbewußt, anpassungsfähig, genügsam« ergänzen. Die eine und andere

Vortreffliche Schweinezucht am Breitehof bei Zarten

Auffälligkeit mag die allzu summarische Reihung ergänzen. Freie Bauern saßen im Dreisamtal, stolze Bauern, Selbstbewußtsein prägte den Umgang mit der Obrigkeit. Sicherlich aber waren die Schwarzwälder eines nicht, nämlich »hinterwälderisch«. Offener Handelsgeist beflügelte ihren Viehhandel, ließ Glasträger und Uhrenträger in die Welt gehen. Ihr Gewerbefleiß war sprichwörtlich. Die Gewandtheit der Schwarzwälder in fremden Sprachen erregte schon früher Staunen. Ludwig Steub widmet dieser Wälderkunst eine charmante Episode:

»Während wir so am Fenster schauten, geschah es, daß wir plötzlich hinter unserm Rücken ein englisches Gespräch erklingen hörten. Sollte Herr Benjamin Disraeli oder Lord John Russel mit Dienerschaft unangemeldet im Stern erschienen sein? Ach nein, des war nur der Wirt vom Bärental und der von Todtnau, die sich in fremder

Sprache über ihre häuslichen Angelegenheiten zu unterhalten begannen.«

Eine zweite gewichtige Eigenschaft bleibt die Genügsamkeit. Abt Ignaz Speckle bestätigt die Bescheidenheit in schwerer Zeit:

»Elend und Mangel ist auf dem Schwarzwald größer und doch der Jammer und die Bettelei geringer, weil die Leute genügsamer sind.«

Die allgemeine Zufriedenheit mit dem Schicksal weiß auch Max Föhrenbach zu bestätigen:

Begehrter Dreisamtäler Bienenhonig – Bienenstand in Buchenbach

»Der an sich so ruhige und friedliche Schwarzwälder pflegte nur bei zwei Anlässen des Teufels zu werden, an Fastnacht und bei politischen Wahlen.«

Hans Thoma weiß, worauf es den Wäldern selbst ankam. Ihre guten Eigenschaften charakterisieren sie mit »schaffig und huusig«.

Für die Beschlagenheit gibt es genügend Beispiele. Reinholf Flamm hat zahlreiche Anekdoten als »Schwarzwälder Schnurren« gesammelt. Von den Einheimischen ist da einmal die Rede, und von einem Zugereisten, der sich gerne gegen ein Dankeschön alle erdenkbare Gefallen erweisen ließ. Einem der Wälderbauern, der dem »Besonderen« eine Fuhre beigefahren hatte, waren wohlfeile Dankesworte zu wenig:
»Mei Roß frißt Hafer – un kei Dankeschön!«

Alban Stolz hat den grundsätzlichen Blick für das, was den Wälder ausmacht:
»Ich schaue in die so einfache Mechanik ihrer Seele.«

169

Brauchtum zwischen Tracht und Jeans
Die Hochzeit im Kirchzartner Tal

Der vorderösterreichische Breisgau – zu dem das Dreisamtal zählte – besaß Lebensart. Bei aller Alltagsarmut war man im Feiern nicht kleinlich und im Festen nicht karg. Der Dreisamtäler hing an seinen Wallfahrten und Patroziniumsfesten, an seiner Kirchweih wie an den weltlichen Feiern und Festbräuchen. Die Aufhebung bestimmter Feiertage durch Josef II. um 1770 empfand er geradezu als Bedrohung seines Lebensstils.

»Es sind kraft deßen viele Feyrtäg abgestellet worden. Die Handwerksleith sollen ihre Handwerksheilige Patrone nicht mehr am Werktag feyren, sondern am darauffolgenden Sonntag, z.B. die Maurer den hl. Rochus. Der gemeinde Man hat sich darüber entsetzet.«

Die alten Feiertage waren dem Dreisamtäler weiterhin heilig. Als die Obrigkeit mit dem Verbot ernst machen wollte, stieß man wie 1771 in St. Peter auf Widerstand:

»Hat Herr Oberambtmann zu St. Peter alle Knecht in der Herrschaft zusammenberufen in der Absicht, selben zu befehlen, daß sie an denen abgesetzten Feyrtägen arbeithen sollten. Die Bauren Buben waren alle beysammen. Er fragte den nächsten, welcher bey ihm stunde, ob er arbeiten wolle. Dißer gabe zur antworth: Nein. Der Oberambtmann befahle, man solle ihn in die Gefängnis führen, bis er zu arbeithen verspreche. Worauf alle geantwortet, das laßen wir nicht zu und auf den H. Oberambtmann eindringend haben sie ihn zu fliehen genöthiget. Er ist auch noch durch die Kuchelthür entrunnen. Die Buben aber sind miteinander fortgezottlet.«

Mit Verwunderung entdeckt der St. Peterner Abt im Jahr 1800 bei einem Straßburgaufenthalt die »Lebensqualität des Breisgaus«:
»Der Luxus in Straßburg ist bei weitem nicht so groß noch so frech als in Freiburg.«

Dem Potsdamer Schriftsteller und Journalist Theodor Mundt fiel solches noch stärker auf; er beobachtet 1839 die »aufgeregte, sinnliche Lebenslust des Breis-

Brautpaar und Bauernmädchen aus dem Kirchzartner Tal
Lithographie von Lucian Reich aus Bader, Badische Volkssitten, 1844

170

gaus«, »der mit seiner Lebensgenießlichkeit vielleicht die üppigste österreichische Provinz geworden war.«
»Im Breisgau geht es immer lustig und sorglos zu, unbekümmert überläßt man sich der Heiterkeit der Stunde, und die schönen Frauen, deren es in allen Ständen gibt, verleihen dem Leben Reiz und Farbe durch ein offenes und zutrauliches Wesen, wie man es sonst in Deutschland nicht findet. Besonders aber wird hier noch auf gut österreichisch gegessen und getrunken.«

Röcke herrschen unter dem Mannsvolke beider Gegenden vor, nur findet man im Treisamthale die bunteren Farben, welche die katholischen Bevölkerungen überall im Lande von den evangelischen schon äußerlich unterscheiden.

Neben dieser altherkömmlichen Männertracht erscheint aber im Treisamthal noch eine andere von neuerem Geschmacke, welche dieselbe allmählig verdrängen wird, weil sie wohlfeiler und bequemer ist. Sie

Wie vor 100 Jahren gehen die Buchenbacherinnen in ihrer alten Tracht am »Herrgottstag« zur Fronleichnamsprozession

Andere hoben zur gleichen Zeit die »übertrieben eingerissene Lüsternheit in der Kleiderpracht« hervor.

Das Landvolk des Dreisamtals ging bis ins letzte Jahrhundert in seiner charakteristischen Taltracht. Das freundliche Aussehen der Dreisamtäler ist in zahlreichen Bildern der Zeit, Originalgemälden, Stahlstichen, Xylographien festgehalten, die Tracht gilt gewiß zu Recht als besonders schmucke Kleidung. Vor mehr als 100 Jahren, im Jahr 1863, hat Josef Bader ein feingezeichnetes Bild der Dreisamtäler Tracht aufgenommen:
»Die altherkömmliche Tracht des Thalvolkes hat große Aehnlichkeit mit jener im Hanauerländchen, wenigstens die männliche. Schwarze Lederhosen, weiße Strümpfe, kurze rothe Westen, kurze weiße Jacken, schwarze Filzhüte oder grüne mit Pelz verbrämte Sammetkappen, und weite mit Oerlinger ausgeschlagene

besteht einfach in weiten Langhosen und einem langen Rocke von blauen Wollentuch mit aufstehendem Kragen und über Rücken und Schultern hängendem Mantelstücke.

Der Taglöhner in diesem nüchternen und der Thalbauer in jenem malerischen Aufzuge – sie stehen sich gegenüber wie Leute aus zwei völlig verschiedenen Gegenden Deutschlands. Wie gesagt aber, nach zwei, drei Menschenaltern wird aller Unterschied verschwunden sein.

Unterscheidend an der weiblichen Tracht im Treisamthale sind die lange, gefältete grüne Jüppe und der besonders breitkrempige, kreidenweiß getünchte Strohhut mit schwarzer Bandbelege um die niedere Gupfe und am Rücktheile.

Charakteristisch dürfte es auch erscheinen, daß das

171

Treisamthaler ›Weibervolk‹ eben nur Hüte und daneben gar keine Hauben trägt. Die Wälderinnen sind mit beidem versehen; im breisgauischen Rheinthale aber findet man bei Frauen und Mädchen wieder nur Hauben und keine Hüte«.

Wie Josef Bader befürchtete, war die ältere Männertracht des Dreisamtals bald aufgegeben, aber auch die einfachere verschwand alsbald ganz aus dem Talbild. »Auffallend ist es, daß das weibliche Geschlecht, welches in den Städten im Wechsel der Moden nicht genug wetteifern kann, auf dem Lande viel strenger an der alten Tracht festhält als das männliche«, notiert ein Beobachter 1840 mit Verwunderung. Dieser Hartnäckigkeit verdanken wir bis heute die Überlieferung der Dreisamtäler Frauentracht.

Landschaftskenner haben natürlich längst eingewandt, daß es »die« Dreisamtäler Tracht gar nicht geben kann; jeder Ort, jedes Talgebiet hat im Aussehen der Tracht seine kleine Eigenheiten. Waltraud Werner-Künzig zeigt in ihrem genau registrierenden Trachtenalbum die kleinen Unterschiede der Hutbänder auf, der »Maschen«, die die St. Peterner Frauen von denen aus Kirchzarten, Buchenbach und Wagensteig und von den Eschbacherinnen schieden.

»Früher machten sich die Burschen lustig über diese Mäschli, an denen man sofort erkennen konnte, aus welchem Ort ein Maidli stammt«.

Die Beibehaltung solcher kleinen Verschiedenheiten von Ort zu Ort gehört auch heute noch zur Glaubwürdigkeit der Trachtenpflege, selbst wenn die Nuancen im allgemeinen Folkloretaumel vielfach gar nicht mehr verstanden, nicht einmal wahrgenommen werden. Deutliche Abweichungen zur Tracht des Tales zeigen die Bergfrauen auf dem Schauinsland; diese geben sich fast ausschließlich in einem einfachen Wälderkleid und einem seidenen Kopftuch.

Der Dreisamtalort Eschbach hat andererseits selbst den Brauch der Schäppelekinder erfolgreich wiederbelebt. Das Schäppele, die große Glitzerkrone aus Flitter, Glas, Perlen und Pailletten, ist der besondere hochfesttägliche Kopfschmuck des unverheirateten, jungen Mädchens; ›das‹, landschaftlich vorwiegend ›der‹ »Schäppel« wird zur Erstkommunion, Fronleichnam, zur Bittprozession und Erntedank bis hin zum Hochzeitstag angelegt. Einen Schäppel zu fertigen war bei dem ziervollen Gebilde ein besonderer Schwarzwälder Beruf, der fixes Fingerspiel erforderte. Der Schäppel ist der Glanzpunkt, der »I-Tupfen« der Tracht. Vielleicht war dies auch der Grund, daß sich die Freiburger Schneiderzunft »Zunft zum Scheppele« nannte. Die

Eschbacher Trachtenkinder geben mit ihrer Schäppelekrone dem Tal eine historisch echte Festform zurück.

Eine Dreisamtäler Festlichkeit wird in allen Trachtenbildern und Talbeschreibungen stets als Kostbarkeit des Brauchtums hervorgehoben, die »Hochzeit im Kirchzartner Tal«. Das große, eindrucksvolle Schnappschußbild aus Aloys Wilhelm Schreibers »Trachten, Volksfeste und Charakteristische Beschäftigungen im Großherzogtum Baden« von 1823 zeigt den Moment des Zusammentreffens eines Hochzeitszugs mit der die Hochzeiter aufhaltenden, »vorspannenden« Jungbauernschaft. Es ist eine außerordentlich malerische Dorfszene mit der Schilderung aller Einzelheiten des Kirchzartner Brautzugs mit Festtracht und Festgästen, mit Schaulustigen und Musikanten, der Blick streift in Nebenszenen den hölzernen Scharzwälder Gasthof, das Wirtshausschild »zum Rößle« und selbst die Tauben vor der Dachluke.

Elard Hugo Meyer widmete dem Vorspannbrauch 1896 eine ganze wissenschaftlich-rechtshistorische Untersuchung. Die »Hochzeit im Kirchzartner Tal« erklärt danach wohl keine lokale Einmaligkeit; die alte Form des Vorspannbrauchs – durch Schwert, Spruch und Seil gekennzeichnet – hat sich in seinem ursprünglich oberalemannischen Verbreitungsgebiet jedoch nirgendwo, »weder innerhalb noch außerhalb Badens« so lange und so charakteristisch erhalten wie im Dreisamtal; umso bedauerlicher bleibt, daß der Brauch inzwischen verloren ging.

»In den Ortschaften jenes gesegneten Dreisamwinkels und seiner Seitentäler wie Unteribental, Wagensteig, Dietenbach, Stegen, Zarten, Kirchzarten, Ebnet und Kappel besteht noch unter mannigfachen Variationen der folgende Brauch: heiratet ein Mädchen in ein anderes Ort, so spannen am Tage vor der Hochzeit bei der Überführung des Brautwagens, der nicht nur mit ihrem Hausrat beladen, sondern auch wohl mit Schinken und Speckseiten behängt ist, die Burschen ihres Ortes eine Kette quer über die Straße und halten den Wagen dadurch an.«

Der Brauch läßt sich zusammenfassend weiter beschreiben: Der Anführer der Gegenspieler wendet sich mit einem Spruch und langen Gedicht an die Brautleute; der Anruf geht dahin, daß die Jungbauern, die ihre Gespielin durch Heirat außerorts verlieren, sie nur freigeben, wenn sie entsprechend hoch ausgelöst wird.

»Also wollen wir haben einen zwölfspännigen Wagen
voll Wein, und ein brates Schwein
und 's Ibetal voller Münz! ...«

172

Nach längerem »Märkten« muß der Hochzeiter auch noch einstecken, er möge sich doch andernorts eine »billigere« Braut besorgen:

»Weil er aber die schönste will haben,
so muß er hundert Thaler bezahlen!«

Schließlich kommt er mit einem gehörigen Auslösegeld davon:

»Früher war dieser letzte Akt auch im Dreisamtal viel feierlicher: Mit dem Schwert hieb der Sprecher die Kette durch. Nur einige schwache Nachklänge dieses

Rede mehr, aber der Sprecher hat sich einen alten Säbel umgehängt.«

Der Sinn des Brauchs ist rechtsbedeutsam; der Seilhieb des Schwerts entläßt die Braut aus der einen in die andere Gemeinde. Dieses »Abzugsgeld« und die Entlassung aus der Ortsgemeinschaft stehen nicht in Bezug zu späteren Brauchtumswandlungen, in denen die Jugendlichen, die Meßdiener, die Kinder den Weg durchs Dorf zur Kirche versperren und sich mit ihrer allgemeinen Trinkgeldaufforderung eher dem Straßenbettel nähern.

»Der festliche Zug eines Brautpaars im Kirchzarterthal«
Aquatinta von Volz/Meichelt von 1829

Schwertschlagens haben sich noch erhalten; in Wagensteig schlägt noch der Sprecher mit einem Stock kräftig auf ein vorher bezeichnetes Kettenglied, das dann abspringt. Von einem Schlag ist in Dietenbach keine

Daß der Dorfverband den Brauch prägte, geriet in Vergessenheit, obwohl gerade die Vielgliedrigkeit des Dreisamtals, obwohl die zahlreichen Kleinterritorien und Ortsherrschaften hier wie nirgendwo den Anlaß bo-

173

ten, die Sitte zu pflegen; heiratete die Braut doch schon »auswärts«, wenn sie ihrem Hochzeiter aus sickingisch-Eschbach nach sanktpetrinisch Eschbach folgte, wenn sie aus Unterbuchenbach ihren Bräutigam in Oberbuchenbach nahm, wenn sie aus Zarten nach Oberried oder Ebnet verzog. Das Dreisamtal bot dem Rechtsbrauch des Vorspannens, der als »Hochzeit im Kirchzartner Tal« berühmt wurde, den notwendigen historischen Boden.

Ein heimatliches Fest für alle war eine solche Dorfhochzeit, und man erzählt sich, die geladenen Familien hätten manchesmal ihre Abordnung heimlich ausgewechselt, um zu mehreren am reichlichen Festmahl teilzuhaben. Aloys Schreiber schildert 1823 viele Details der Kirchzartner Hochzeit. Zum Hochzeitsladen gingen in Wagensteig die Brautleute gemeinsam, in Zarten die Braut mit ihren Gespielinnen von Hof zu Hof. Den Schulmeistern war der weitschweifende Weg des Hoch-

Kirchzarter Tracht   Aus einem Trachtenalbum von 1840

Das Hochzeitsfest war im Dreisamtal stets ein großes bäuerliches Familien- und Dorffest. Schon mit der altertümlichen Hochzeitsladung ging die Verheißung einher:
»Derno geh' mer in de Hirsche ins Ibethal,
Un esse und trinke un springe un tanze,
Bis die Sterne am Himmel glanze!«

zeitsladers zu jeder einzelnen Hofstelle fürsorglich untersagt worden. »Schäppelhirse«, »Schäppelehirsch« hieß die Vorfeier, der »Polterabend« nach bodenständigem Brauch. Die Übung, am Festtag geschmückte Maien vor das Haus zu stellen, hat sich hier wie andernorts erhalten. Mit Wein und Brot, das mit geweihtem Salz bestreut war, empfing der Wirt nach der Trauzere-

174

monie in der Pfarrkirche den Hochzeitszug zum verheißenen Mahl. Josef Bader hat die feierliche Hochzeitstracht mit ihrem besonderen Kopfputz der Bügelkrone in einem reizvollen Trachtenbild um 1840 nachgezeichnet. Die Sitte blieb, daß der junge Ehemann der Braut am Hochzeitstag den Kranz abnahm und ihr die Frauenkappe aufsetzte. Das dörfliche Feiern des Hochzeitsfestes zog sich wohl stets über den Tag hin, allerdings beteiligten sich die Dorfgenossen »auf eigenen Beutel«.

werktägliche, eine sonntägliche und die festtägliche. Daß keine dieser Anschaffungen zu den »Billigkleidern« gehört, ist augenfällig. Dies gilt erst recht heute, wo die Handarbeit von unbezahlbarem Wert ist. Da klagt eine Buchenbacher Bäuerin, auf ihre Tracht angesprochen, daß doch die Tradition bald unerschwinglich werde; schon »das Strohhütle einmal flicken lassen kostet über 65 Mark!« – aber sie sagt es so, daß man spürt, daß ihr die Tracht diese Ausgabe wert ist. Die Trachtenfreude im

Mutter Ketterer bäckt im alten Backhaus des Steierthansenhofs in Oberried das beliebte Bauernbrot nach echtem Schwarzwälder Rezept

Bei der Abdankung am Abend wurde umgelegt und verkündet, »was die Zeche für jeden Hochzeitsgast sei«, so berichtet Aloys Schreiber.

Die Hochzeitracht war das außergewöhnliche Festtagskleid. Die Dreisamtälerin gehörte zu den Schwarzwälderinnen, die eine dreifache Tracht besaßen, eine

Dreisamtal ist augenfällig, auch wenn der Arbeitsalltag längst zu sportlicher Kleidung, städtischer Mode, zu gängigem Aussehen und Jeans-look gewechselt hat. Holt aber die junge Frau ihre Dreisamtäler Tracht zum Festtag Fronleichnam aus dem »Kasten«, unterscheidet sie sich von früheren Generationen allenfalls dadurch, daß sie in der Gruppe des Trachtenvereins »wie aus dem

Schächtele« daherkommt – ein Gegensatz auch zu den älteren Talfrauen, die im Prozessionszug weiter hinten laufen. »Wenn sie wüßten, wie schön sie in ihrer Tracht sind, würden sie noch stolzer sein!« – dieser Ausspruch von 1879 gilt bis heute. Hans Thoma hänselt dagegen seine Schwester Agathe:

»Si git amol doch no so en Stadtpflunschi mit ere Jubbe un mit eme Reifrock! – Haben die Leut nicht gesagt, Du habest Dich verändert, seit Du in der Stadt gewesen seiest?«

Tanz und Vergnüglichkeit blieben außerhalb der Hoffeste die einzigen Unterbrechungen des ewigen Werktags der Hofbauern. Dabei lag dem Schwarzwälder das Familiäre oft näher als das gemeindliche Fest. Die Kirchweih wurde traditionell als »Huskilbi« begangen, auch heute ist dies im Dreisamtal so. Der Bauer gönnt seinen Gehilfen nach Abschluß der Jahresarbeiten Mitte Oktober ein eigenes Hausfest, einen Erntedank und Helferdank. Nach Brauch ist es der Bauer und die Bäuerin, die für diesen Tag das Gesinde persönlich und aufs Reichlichste bewirten. Es ist ein vergnügliches Feiern der Großfamilie mit Essen und Trinken und Spaß und Singen. »Buwr, i bring der's zue« – »Büwri, s'isch der zue brocht« ist der alte, heimische Trinkspruch.

Nachbarschaftliche Vergnügungen, der gegenseitige Besuch, der Schwatz, der Lichtgang – »'z Liecht go« – hatten ihre Bedeutung. Traf man sich im Dorf, waren Musik und Tanz die Freude für Jung und Alt. Die Tanzformen des Brauchtumstanzes, Gruppentanzes, Bändertanzes sind ansprechende Vergnüglichkeiten, auch wenn sich die Tanzschritte zum »modernen« Tanz gewaltig geändert haben. August Meitzen hat schon 1848 die moderne Aufgeschlossenheit beobachtet:

»Hier bewegt sich die ganze Gesellschaft ununterbrochen nach der Musik gehend oder walzend, auch hört man nur Polka, Galopp, Ländler und dergleichen moderne Tänze.«

Zeitbezeichnend ist eher das obrigkeitliche Mißtrauen, das aus jedem denkbaren Anlaß die »Nachtschwärmerei«, Tanz und Auskehrfreude verbietet. Musik und Volksmusik standen bei den Talbewohnern in hohem Kurs, stehen auch heute in guter Pflege; Musikvereine von über 100jähriger Vereinstradition bewahren Bodenständiges auch in der täglichen Konkurrenz von Radio, Schallplatte, Tonband und Fernsehen.

Ein Höhepunkt des Jahreslaufs ist die alemannische »Fasnet«, die Fastnacht. Sie hat ihre alten Wurzeln, auch wenn die einzelnen Ausdrucksformen, Narrengruppen

Kirchzartner Hexen und Höllengeister, Oberrieder Krüzsteinschrecks, sonstige Unholde wie die Höllenhunde der Burg Falkenstein und Traditionsgestalten wie die Zainemacher von Buchenbach tragen das alemannische Fastnachtsbrauchtum weiter

Scheibenschlagen (»Der Funkensonntag im Schwarzwald«)
Zeichnung (1883) von Fritz Reiss, dem exakten Brauchtumsschilderer, der lange in Kirchzarten wohnte

und Masken erst aus jüngeren Jahren datieren. Hexen zeigen sich im Dreisamtal, höll-heimische Spukgeister und Unwesen, die nach alemannischem Glauben den Winter und das dämonische Dunkel vertreiben, die Natur und den teuflisch verdüsterten Menschen im Frühjahrszauber erneuern.

Tiefsinniges harrt da noch immer genauerer Erklärung. Der in Kirchzarten ansässig gewordene Volkstumsforscher Dietz-Rüdiger Moser sieht gerade im Unwesen der Dreisamtäler Hexen, Höllengeister und der Totenmaske ein deutungsfähiges Fastnachtsbrauchtum, das für ihn eine tiefe Verbindung zur mittelalterlichen kirchlichen Tradition und zum theologischen Weltbild des Hl. Augustinus signalisiert. Wie die Fratzen, Teufelsgesichter und entarteten Gesellen an den mittelalterlichen Kathedralen verkörpern die Fastnachtsgestalten das gegen Gott verschworene Böse, den Widerpart des erstrebten Gottesreichs. Bisher Verborgenes bleibt da neu zu überdenken. Hie und da scheint dennoch heidnisches Gebaren im Spiel, wenn die Krüzsteinschrecks aus Oberried, die Zainemacher aus Buchenbach, die Höllhunde der Burg Falkenstein, die Höllhexen aus Kirchzarten, die Schlangenbrut aus Zarten, die Salamanderzunft aus Ebnet und so manche andere Brauchtumsgruppe mit altem Ritual und neuen Einfällen ihr ehrbares Zeremoniell und kultisches Treiben anheben. Andererseits sind allzu oberflächlich-lärmiger Fastnachtsrummel und faschingshafte Ausgelassenheit der alemannischen Fasnet fremd.

Ganz in der alemannischen Tradition steht der Feuerbrauch des Scheibenschlagens am »Funkensonntag« nach Aschermittwoch. Der Brauch kannte stets eine weite Verbreitung im Alemannischen, im Dreisamtal blieben die alten Traditionsformen erhalten, das Scheibenschlagen hat sich heute wieder auf vielen Talanhöhen in Buchenbach, Ibental, Falkensteig, Kirchzarten, Oberried und anderen Talgemeinden ausgebreitet. Gewannamen wie »Scheibenfelsen«, »Scheibenberg«, »Scheibenbuck« sind die Wegweiser zu den überlieferten Bühnen.

Die recht arbeitsame Vorbereitung war früher bereits Teil des Brauchs. Auf Leiterwagen wurden Holzreisig und Holzwellen gesammelt, schon für diesen Umgang gab es bestimmte Vorsageverse und Gedichte, natürlich auch hie und da Küchle und Gebäck. Das Sägen, Hobeln, Schleifen der vielen Scheiben, vierkantigen Buchenhölzern, einseitig glatt, andernseits leicht pyramidenartig erhöht, mit einem säuberlich zentrierten Mitteloch, ist selbst im Maschinenzeitalter noch eine zeitraubende Arbeit. Beim Betzeitläuten am Funken-

sonntag umschreiten dann die jungen Burschen, gelegentlich sind es die Militär-Gemusterten, betend den vorgerichteten Holzstoß, der dann angezündet wird. Die Höhenfeuer leuchten bald von allen Seiten ins Tal; schon das Feuer zeigt an, was vom kommenden Sommer zu halten ist. Ruhiger Brand kündigt ein gutes Jahr, unruhiger viele Gewitter. Auf einer langen Haselgerte wird nunmehr eine der vorgerichteten Scheiben in der lodernden Flamme zur Glut gebracht. Dazu hocken die schemenhaft angeleuchteten Berggestalten im Kreis um

»Goht sie nit, so gilt sie nit!«
Der alte Frühjahrsbrauch des Scheibenschlagens

das glusende, hitzende Stroh- und Reisigfeuer und halten die Stecken in den blendenden Feuerherd. Durch Schwingen und Kreisen bleibt die Scheibe auch auf dem kurzen Weg zum »Scheibenstuhl«, einer Art »Abschußrampe«, am Glühen. Dort wird die Scheibe mit Schwung auf dem Scheibenstuhl aufgeschlagen, so daß sie sich vom Stecken löst und weithin in leuchtendem Bogen in die Nacht hinaus segelt. Dazu ruft der Akteur den Scheibenspruch, die »Widmung« dieser geschlagenen Scheibe für eine bestimmte Person:

»Schibe, Schibe über de Rhi,
wem soll die Schibe si?
Die Schibe soll dem … si!«

Orakelartig zeigen der Flug, die Höhe und Weite des Bogens, die Schönheit der leuchtenden Spur die Erfüllung der Glückwünsche, das Eintreffen der Herzensbegehr des Schlagenden für den mit dem Schlag Geehrten an.

»Goht sie nit, so gilt si nit!«
verhütet Unglück nach einem mißlungenen Schlag.

Der Feuerbrauch verbindet mit dem Scheibenschlagen zugleich alten Fruchtbarkeitszauber und magisches Geschehen. Der Holzstoß wird im Abbrennen zum Scheiterhaufen und entzündet eine Strohpuppe, die »Hexe«, den »Winter«; das Verbrennen des Wintersymbols ist altes Fasnachtsgut. Dann wird ein riesiges Feuerrad, ein brennender, strohumflochtener Reifen durch Wiesen und Felder, über Raine und Wege talab gerollt; dies gilt als Zaubergunst für die Befruchtung der Äcker, für das Gedeihen der Saat.

Privataufnahmen vom Scheibenschlagen im Dreisamtal um 1930

Den Honoratioren zur Ehr werden die ersten Scheiben geschlagen, dem Pfarrer, dem Bürgermeister, selbst der Heiligen Dreifaltigkeit gewidmet. Dann aber ist das »Schätzle« an der Reihe, und die ganze weibliche Dorfjugend wird nacheinander bedacht. Je höher die Scheibe fliegt, desto ehrenvoller ist der Gang für den Angesprochenen, desto größer die Zuneigung und Sympathie des Schlagenden. Die Deutung vergleicht die Scheibe mit der aufsteigenden Sommersonne, deren voller Glücksschein der Bursche der Geliebten ins Haus wünscht. Mancher Sinn wird aber auch im »Ausrufen der Liebespaare des Ortes« gesehen; alle heimlichen Liebschaften werden beim Scheibenschlagen offenbar. Das muntere Treiben setzt sich fort, bis das Feuer langsam zum Verglimmen kommt und mancher der Burschen seine 50, 60 oder noch mehr Scheiben talab geschlagen hat.

Vielfach wurde das Scheibenschlagen auch obrigkeitlich mißverstanden und sogar schon verboten. Abergläubisches liegt allerdings nicht weit neben der Zeremonie. Daß das Funkenfeuer nicht zünde, die brennende Scheibe kein Haus entflamme, wird unerklärten Übersinnlichkeiten zugeschrieben. Die Scheibe zwingt selbst die sonst unerkannten Dämonen sich zu zeigen, wie das gewiß kundige »Lexikon des deutschen Aberglaubens« vermerkt. Für einen aufgeklärten Betrachter bleibt jedenfalls das schöne Bild eines eigenartigen »Feuerwerks«, das den abendlichen Winterhimmel erhellt. Früher, als die Burschen von Burg ihr Funkenfeuer an der Bergnase am Galgenbühl oberhalb des Laubishofs abbrannten und die Städter noch mehr Zeit hatten, standen die Freiburger auf der Schwabentorbrücke und schauten dem Spektakel von Ferne zu. Heute wie früher endet das Scheibenschlagen in einem dörflichen Tanz und Trunk.

Volksfeste ziehen sich über das ganze Jahr. Das Ansingen des Neujahrs, das Überreichen der Neujahrsbrezel ist in den Aufzeichnungen des Klosters St. Peter von 1800 erwähnt. Das Jahresbrauchtum kennt weitere Stationen, die neben reiligiösen Festen mit weltlichen Feiern den Zeitkreis durchziehen. Die Familienereignisse Geburt, Taufe, Lebensalter, Hofübergabe, Krankheit, Tod haben ebenso ihre Brauchtumsformen. »Glück zur Jugend« wünscht der Dreisamtäler, wenn die Hebamme »Nachwuchs geschöpft hat«. Das alemannische Oberland vertraute seine Kinder in der Altüberlieferung nicht dem Storch an, vielmehr flößen in schöner Sage die frischen Bäche die Kindlein vom Feldberg durch die grüne Waldeinsamkeit herab, bis sie die Hebamme herausschöpft. Im Krankheitsfall brauchte man »den Barbier von Zarten«, er war für die kleine Medizin zuständig. Amüsant ist die Lautveränderung, die den Barbier und Chirurg im heimischen Tonfall zum »Schurk von Zarten« machte – mit dem Fremdwort wußte man wohl in der Umgangssprache nichts anzufangen. Brauchtum und Medizin haben schmale Brücken zueinander, dennoch spielt die Volksheilkunde im ländlichen Leben sehr eindringlich in den Alltag hinein. Die Heilkräuterkunde war auf jedem Hof verbreitet und ein Grundstock des Wohlbefindens der Menschen im Dreisamtal; auch heute fehlt in keinem Hof das »Wundermittel« Arnika. Das »Kräuterweible« besaß ein entscheidendes »knowhow« für den gesundheitlichen Wohlstand – dies ist ein Verdienst, auch wenn die neueste pflanzenkundliche Feldbergbeschreibung herausstellt, daß die Kräutersammler dort den seltenen Flor nahezu völlig ausgeräubert haben.

Vielfältiges Brauchtum liegt in Spiel und Spaß. Das »Barschen« gilt als besondere Tradition des nördlichen Dreisamtals. Barschen bedeutet ein weihnachtliches Auswürfeln eines »Christbaumdoldens«, behangen mit Schinken und Schäufele, Wurst und Brezeln. Das Barschen hat seit der Jahrhundertwende einen festen Platz in der vorweihnachtlichen Vereinsfeier, sicherlich war der Brauch bereits davor in der häuslichen Stube bekannt.

Des »Tales Brauch und Herkommen« war stets vielfältig. 1772 erntete der Amtsverweser der Talvogtei Antonius Behr ehrenvolle Anerkennung, weil er »alle Gebräuch im Tal und auf dem Schwarzwald« wußte.

Ein Lebenskern des Volkstums ist die Sprache – die Sprachlosigkeit der Stollenbachkinder bleibt etwas Absonderliches:
»Auf der Mitternachtseite des Feldbergs liegt der Stollenbach, die Viehhütte der Gemeinde Zastler; dort begab es sich, daß ein paar Kinder, als sie den ganzen Sommer hindurch – allein gelassen – die Herde weideten, sich nach und nach eine ganz eigene Sprache bildeten. Als man nach Heiligkreuz wieder heimfuhr in's Tal, zeigte sich's, daß diese Kinder die gewöhnliche Sprache gar nicht mehr verstunden.«

Die gewöhnliche Sprache des Tals ist der alemannische Dialekt. Was Hans Thoma seinem Freund Emil Lugo zur Sprache am alemannischen Hochrhein schrieb, könnte auch vom Dreisamtal gelten:
»Die Sprache ist fast überall die deutsche; nur in Säckingen könntest Du einige Schwierigkeiten haben.«

Trotz einiger lokaler Abweichungen ist das Dreisamtal ein einheitliches Sprachgebiet der niederalemannischen Dialektform. Wie die Tracht, so unterlag auch der Dialekt in der jüngeren Vergangenheit allerlei Veränderungen und Einflüssen, verlor sich zeitweise in Rückzugssequenzen und steht doch in neuer Erstarkung. Die heutigen Pfleger der heimatlichen Sprache, so die Muettersproch-Gsellschaft in Buchenbach, können sich mit ihrem Anliegen auf verdienstvolle Vorkämpfer wie den streitbaren Schriftsteller Heinrich Hansjakob berufen, der schon um 1900 seinen mannhaften Fluch gegen das stadtäffende Modestaksen, gegen das fremdschmäcklerische Abschmecken der sprachlichen Hauskost abschoß. Heute gilt manches Wälderwort schon wieder als »schick« im ausgehöhlten Umgangsgestammel, das sein eigenes »toi-toi-toi«, sein »Mahlzeit«, »Ski-Heil« und »Hals- und Beinbruch« bereits verleugnet. Der heimische Dialekt bedient sich jener Ausdrücke und Empfindungen, die zum Wälder passen und in ihrem natürlichen Tonfall ankommen. »I wünsch d'r Glück zur Jugend!« – »I wünsch d'r Glück im Stall!« – »Glück im Leid!« – »I wünsch d'r Glück zum Namenstag!« – »Daß'r de Dag no viel mol erlebe in G'sundheit und Freud!«

Sicherlich ist für das Dreisamtäler Brauchtum die Nähe Freiburgs ein Stolperstein. Alban Stolz zeigt weitere Zusammenhänge:
»Städte und Gegenden, die von Touristen viel besucht, beschrieben, breitgetreten sind, bekommen einen fei-

nen Staub und Schmutz, der selbst der Natur ihre frische, jungfräuliche Schönheit zu nehmen scheint.«

Wer unverfälschtes Talalemannisch hören will, achte einmal in Zarten, in Wagensteig, in Stegen und Oberried auf die Kinderverse oder auf die Abzählreime, mit denen die Kleinsten im Vorschulalter ihr »Fangisspiel« beginnen:

»Guck usi, wie's regnet,
Guck usi, wie's schneit,
Guck usi, wie's Maidli
im Dreck umme keit!«

»Heile, heile Sege,
's Kätzli uf de Stege,
's Müsli uf em Dach –
bis üser Hansli wieder lacht!«

»Iser Katz het Jungi gmacht,
Zwei und drei sin fimfi.
Zwei hen wißi Täpli ka,
Drei am Fidle Ringli!«

»D' Kinder mien's de Mueter sage,
'S Beeremännli hätt is gschlage.
Schüsseli voll und Grättli leer,
woll Gott, daß i deheime wär!«

Treibt nur das »Beeremännle« – der kleine neckische Waldgeist, der die Beerenschüssele der Kinder nicht voll werden läßt – auch weiterhin seinen spöttischen Spuk, werden die Talkinder das ursprüngliche Alemannisch nicht verlernen. »Deheime« fühlen sollen sich auch weitere Generationen im Dreisamtal. Das Brauchtum verhindert die Abtrift in die Entfremdung. »'S walt Gott der Herr!« sagt der Wälder, wenn er mit etwas einverstanden ist.

»KINDLE LIEB, DEIN SEGEN GIB HILF UNSERM TAL ALLEMAL«

Die Talweihe von Ibental, Zeichen Dreisamtaler Volksfrömmigkeit

Von den Alemannen sagt man, daß sie zwei Religionen zuneigten, im Offenen der christlichen und versteckt einer heidnischen. Das bodenständige Brauchtum trägt hie und da Züge beider Eigentümlichkeiten. Oft scheint es jedoch, als gebe es gerade im Dreisamtal eine besonders lebendige Volksfrömmigkeit.

Gleich am Taleingang des Ibentals versteckt sich ein unauffälliges Andachtsbild, ein gemütvolles Bildstöckchen am Wegrand. Auch wenn die Schnitzzüge bereits eine künstlerische Handschrift verraten, trifft das Weihebild den Tonfall des volksgläubigen, talheimischen Herzens:
»KINDLE LIEB, DEIN SEGEN GIB!
HILF UNSERM TAL ALLEMAL!«

Nur wenige Schritte daneben lädt ein vielsinniger Kapellenbau zu weltabkehrender Entrückung, zu geisttriezender Betrachtung und seelenschärfender Versenkung. In diesem Heilsbezirk voll verheißungsdurchwehter Symbolik entströmt ein anderes Gebet, ein neues VATER UNSER der Zunge, die Gotteswelt spricht hier eine Gelehrtensprache, keinen Dialekt.

Sie stehen nebeneinander, die VATER-UNSER-Kapelle und das Jesuskind der Talweihe von Ibental, ihr Gegenüber verdeutlicht die Spannweite des religiösen Talhorizonts. Die Talweihe spricht die ungebrochen volkstümliche Glaubensstimmung an, sie bezieht sich auf eine Jahrhunderte alte Volkstradition.

Schon der Name Ibental kennt eine volksschöpferische Erklärung aus den religiösen Bindungen der Talbewohner. »Übeltal« wurde es einst gerufen, weil verheerende Drangsale die Talbauern infolge ihrer religiösen Unstandhaftigkeit und Unstetigkeit überzogen; Übeltal, das war das so lange von Mißwuchs, Viehseuche, Krankheit und Unglück heimgesuchte Tal, bis eine Umkehr, bis die unbeirrte Zuwendung der Ibentäler Bauern zu Maria Lindenberg die Unglückskette aufbrach und den Namen Übeltal vergessen ließ.
»In dem dritthalbstündigen Thale, welches von Burg hinauf gegen St. Märgen zieht, war vor Zeiten keine Kirche. Da hieraus für die Bewohner viel Beschwerden entstanden, so beschlossen sie, sich eine Kirche zu bauen, allein, sie konnten über deren Platz nicht einig

werden. Die Leute des oberen Tales wollten sie dort, die des unteren sie bei sich haben, und jeder Teil fällte schon Bauholz und führte es an die von ihm gewünschte Stelle. Bei einer gemeinschaftlichen Beratung schlugen einige vor, in die Mitte des Tales zu bauen, aber sie wurden von den Reichen, welche meistens an dessen Enden wohnten, überstimmt, und die Versammlung trennte sich spät in der Nacht mit dem Entschlusse, gar keine Kirche aufzuführen. Am nächsten Morgen lag das Bauholz nicht mehr an seinen Stellen, sondern beisammen auf ei-

Symbole, moderne Farbkompositionen umgeben das alte Andachtsbild der VATERUNSERKAPELLE in Unteribental

nem hohen Berge in der Mitte des Tales, jeder streitende Teil hielt dies für einen Streich des anderen, ohne zu bedenken, daß dieser unmöglich in einer halben Nacht das Holz hinaufschaffen konnte, zu dessen Bergfuhre doch

beide Teile zusammen einige Tage bedurft hätten. Zurückgebracht entkam das Holz jedoch nächtens wieder auf den nämlichen Berg. Nach dem Rate der Klostergeistlichen von St. Peter, bei denen man die Sache angezeigt, wurde nochmals das Holz ins Tal geschafft und dabei ein Zimmergeselle als Nachtwache aufgestellt. Um ja nicht einzuschlafen, fing derselbe an zu rauchen, aber trotz dessen fielen ihm die Augen zu, und als er sie wieder aufschlug, lag er, die brennende Pfeife im Munde, mit allem Bauholz auf dem Berge. Da überdies auf dem

Der Lindenberg, der »Heilige Berg« des Schwarzwalds, ist die bevorzugte Wallfahrtsstätte der Dreisamtäler

Platze ein großer Lindenbaum stand, der tags zuvor noch nicht dagewesen, erkannte man endlich den Willen Gottes und baute dort die Kirche Maria-Linden, jedoch ohne dabei einen Geistlichen anzustellen. Wegen dieses Mangels mußte der Gottesdienst von St. Peter aus versehen werden, was so manche Unbequemlichkeit hatte, daß die Kirche nach einigen Jahren fast gar nicht mehr besucht wurde. Zur Strafe hierfür brachen drei Jahre nacheinander in dem Tale Seuchen aus, die zuerst alles Hornvieh, dann die Pferde und zuletzt die Schweine und Schafe wegrafften. Größer noch wurden die Drangsale, als man die Kirche abgebrochen und deren Gerät mit dem Gnadenbild der Muttergottes verkauft hatte. Verheerende Brände nahmen überhand, eine Menge taubstummer und krüppelhafter Kinder kam zur Welt, und ansteckende Krankheiten wüteten so heftig, daß viele Familien gänzlich ausstarben. Wegen dieser

Trübsale bekam die Gegend den Namen Übeltal, und die meisten Bewohner zogen von da weg nach dem Dorfe Eschbach. Weil dieses das Gnadenbild und das Gerät von Maria-Linden für seine neue Kirche gekauft hatte, wurde es auch mit Strafen heimgesucht. Sieben taubstumme Kinder wurden dort in einem Jahr geboren, und viel solche Geburten kamen so lange vor, bis die Eschbacher auf den Rat ihres Geistlichen Maria-Linden wieder aufbauten und alles, was sie daraus gekauft, dahin zurückgaben. Da hörten die Leiden Eschbachs und des Übeltals mit einem Male auf, und der Name des letzteren wurde nachher in »Ibental« umgeändert.«

Dies freilich ist eine vielleicht umschmückte, aber nicht ungeschichtliche Darstellung der Wallfahrt Maria Lindenberg. Die Beziehung des Ibentals zum Wallfahrtsort auf der Höhe war immer sehr direkt.

Die Geschichte der Wallfahrt Maria-Lindenberg geht ins 16. Jahrhundert zurück. Eine erste Wallfahrtskapelle wird auf etwa 1500 nachgewiesen. »Bedeutende Wunder« geschahen zu Beginn der Wallfahrt. Der Unteribentäler Bauer Pantaleon Mayer flehte gegen 1490 um Hilfe gegen ein Viehsterben und fand Gehör; er vernachlässigte jedoch sein Versprechen, Maria für die Hilfe einen Bildstock zu setzen, und geriet darum in neue Plagen. Erst jetzt errichtete er das Andachtsbild oben auf der Höhe beim »Muttergottesbrunnen« etwas unterhalb des heutigen Kapellenplatzes. Auf nochmaliges, wundersames Geheiß Mariä wurde sodann eine erste Kapelle oben bei der Linde erstellt, ein kleiner Gebetsraum, vielleicht eine Zuflucht für zufällig Vorüberkommende. Erneut zeigte sich die Muttergottes; sie begegnete Hans Zähringer, einem anderen Unteribentäler Bauern, der sich in allerlei Leid und Gram an den trostreichen Platz geschleppt hatte, heilte ihn durch ihren Zuspruch und verhieß immerwährende Gnade, wenn ihr am Lindenberg fortwährendes Gebet erbracht werde. Zwei übereinander gelegte Holzspäne, ein Spänekreuz, reichte sie Hans Zähringer, und dieser überbrachte das Zeichen mit der neuen Botschaft ins Ibental. Die Ibentäler sagten Ja zum neuen Ansporn.

Historisch Exaktes über den Beginn der Wallfahrt ist nicht bekannt. Abt Philipp Jakob Steyrer hat vergebens versucht, in seinem ersten Wallfahrtsbüchlein »Heylbringender Linden-Baum« von 1741 den historischen Kern aufzuhellen, der in den Tagen der Vorreformation und kurz vor dem Bauernkrieg zur Stiftung einer Wallfahrt führte. Aufzeichnungen in den Annalen von St. Peter – »Lindenbergkapelle ihren Anfang genommen« – und der alte Brunnenstock vom Muttergottesbrunnen

am Lindenberg – später nach Ibental versetzt – belegen das frühe Datum ohne Zweifel. Die Legende der Wallfahrtsgründung, die Übergabe des Spänekreuzes an Hans Zähringer aus Unteribental, ist in einem feinfarbenen, qualitätsvollen Fresko von Simon Göser im Chor der Pfarrkirche Eschbach bildlich dargestellt; ein zweites Erinnerungsbild findet sich auf dem neuen Portal der Lindenbergkapelle. Das alte Holzkreuzchen – kostbar wie eine Relique – ist in einer Kapsel gefaßt und wird vom Jesuskind des Wallfahrtsbildes an einem Kettchen

Die Legende von Maria Lindenberg, von Simon Göser 1790 in einem Wandfresko im Chor der Eschbacher Kirche (der ehemaligen Lindenbergkapelle) anmutig erzählt

bewahrt. Das Bekenntnis »Maria hat geholfen« wurde seitdem oftmals gesprochen; die zahlreichen Votivgaben, die zu allen Zeiten auf Maria Lindenberg dargeboten wurden, beweisen den vertrauenden Glauben und

183

die freudige Verehrung, die der Lindenberg als »Nationalheiligtum des Dreisamtals« schon bald 500 Jahre erfährt. Einige Ex-Voto-tafeln des letzten Jahrhunderts zieren noch heute den kleinen Vorraum hinter dem Seiteneingang der Kirche.

Das Kloster St. Peter übernahm von Anfang an das Patronat über den Wallfahrtsort und stützte ihn nach Kräften. An Schwierigkeiten hat es nicht gefehlt; bereits 1525 im Bauernkrieg wird das kleine Heiligtum verwüstet, die Wallfahrt wurzelt sich umso tiefer ein. Pestkrankheiten förderten um 1600 die große Wallfahrt am Fest Kreuzauffindung; auch die Bittprozession gegen Viehseuchen, die »Hirschwallfahrt«, gründet eine feste Tradition, der Lindenberg erhält seinen Platz im Volkskalender des Dreisamtals. Mit der Stiftung von Altären und einer Muttergottesstatue um 1600 übernimmt auch die Ortsherrschaft Weiler als »weltlicher Schutzherr« Fürsorge und Beisteuer zur guten Entwicklung. Aber die Kriege hinterlassen ihre Spuren. Der 30jährige Krieg schändet das Heiligtum, die Franzosenkriege morden am Lindenberg, wie apokalyptische Reiter ziehen die Soldaten aller Zeiten über den Heiligen Ort hinweg.

Kurze Erholung war dem Lindenberg in barocker Zeit gegönnt. Der Benediktinerabt Philipp Jakob Steyrer entschloß sich als Freund der Lindenbergwallfahrt zu einen neuen, schönen, großen Kapellenbau; der Lindenberg, »wohin das Volk als zu einer berühmten Wallfahrt große Zuflucht nahm«, erhielt 1761/62 seine neue Wallfahrtsstätte. 1769 besucht der St. Märgener Abt Michael Fritz den Ort und gibt eine bemerkenswerte Beschreibung:

»Habe die Mutter Gottes auf dem Lindenberg besuchet. Die Kirch ist ney und schön licht, wie auch der Choraltar, welchen der Matthias Faller, Bildhauer von St. Peter, gemachet. Es ware das erste Mahl, daß ich mich an dißem Gnadenort befande. Hat mir sehr wohl gefallen.«

Abt Michael sah die Wolken nicht, die sich bereits über dem Dreisamtäler Wallfahrtsheiligtum auftürmten. Die Aufklärung hatte sich in der Politik Gehör geschaffen und setzte zum Sturm auf die religiösen Übungen und Einrichtungen an, die sie in »modernistischer Auffassung« für unnütz, für überflüssig oder gar schädlich ansah. Die Kirchenreform unter Maria Theresia und Joseph II. bekriegte die Kapellen und Wallfahrten, die Klöster und die Mönche, die nur ein »nutzloses«, beschauliches Leben führten. Wallfahrten galten inzwischen als »Verfinsterung des Geistes« und waren endgültig verboten worden. Als die Regierung, die in

dieser Zeit viel für die neue pfarrliche Seelsorge unternahm, Pfarrgründungen in Eschbach, Buchenbach und Oberried vorbereitete, fand sie in der jüngst errichteten, gut gebauten Kapelle von Maria Lindenberg den geeigneten Kirchenraum für eine neue Pfarrkirche in Eschbach; man mußte die Bergkapelle nur ins Tal herunter versetzen. Die St. Peterner Mönche ließen »sich herumkriegen« und namen die neue Entwicklung hin, weil Wien ihnen gleichzeitig »ewigen Bestand« ihres Klosters zusicherte. Am 15.3.1787 ließ Abt Steyrer das

Die 1788–91 als Pfarrkirche St. Jakobus in Eschbach wiederaufgebaute (und vergrößerte) Lindenbergkapelle

Gnadenbild in feierlicher Prozession einholen, gleichentags wurde die Lindenbergkapelle nach kirchlichem Recht »entweiht«. Stein um Stein wurden die Mauern abgetragen, wurden die Platten und Blöcke sorgfältig für den Wiederaufbau numeriert. 8000 zweispännige Fuhren, Fronleistungen der Eschbacher, brachten das Baumaterial vom Lindenberg nach Eschbach hinunter und holten einiges Neumaterial von Pfaffenweiler bei. Genau nach dem Lindenbergvorbild wurde die Kirche wiedererrichtet, die Bauherrn fügten jedoch für den dörflichen Gottesdienst eine Verlängerung um Fensterbreite an. Auch den Pfarrhof erbaute der Abt in der ansprechenden Gestalt »eines kleinen Klosters«, und er dachte dabei an eine Ausweiche für die Mönche von St. Peter in allfälligen schweren Zeiten. So entstand das schöne Ensemble des »Priorats Eschbach« – der heutige

Stolz des Eschbachtals, ein ansehnliches Zeugnis einer gewiß sonderbaren Vergangenheit.

Aber für die Dreisamtäler, die sich nicht überfahren ließen, begann damit erst der Kampf um Maria Lindenberg. Schon als das Gnadenbild nach Eschbach verbracht wurde, widerstand das Volk. Umso mehr war man in Eschbach darauf bedacht, den religiösen Eifer an den »neuen Gnadenort« im Tal zu ziehen, wie ein Votivbild von 1794 erkennen läßt:

Die neue Wallfahrtskapelle Maria Lindenberg, 1801/02 begonnen, 1866 umgebaut und erweitert

»Vor Gott bekennen wir mit einem Wort: / Hier in dem Eschbach ist der neue Gnaden Ort, / Wo uns Maria große Hilf erwiesen.«

Die Dreisamtäler aber pilgerten weiter auf den Lindenberg, auch wenn dort nur noch wenige Mauerreste der alten Andachtsstätte zu sehen waren. Abt Michael Fritz von St. Märgen kannte die Psyche der Schwarzwälder und ihre Argumente:
»Es ist allda keine gnadenreiche Bildnuß, sondern der Orth an sich selbsten ist gnadenreich.«

Ignaz Speckle, inzwischen Abt des Klosters St. Peter, schildert 1796–1807 ausführlich den Dreisamtäler Trotz:
»Seitdem jene Kirche auf dem Lindenberg abgebrochen worden und das Marienbild in Eschbach übersetzt worden, erhielt sich noch immer das Zutrauen des Volkes an den Ort. In Menge fahrten sie dahin und verrichten ihr Gebet bei den Ruinen der Kirche. Es läßt sich das Volk seine Meinung nicht nehmen.« – »Noch immer hat das Volk ab dem Walde und aus den Tälern Zutrauen auf den Lindenberg.«

1796, im Jahr der großen Viehseuche, nahm die Wallfahrt sogar neuen, ungeahnten Aufschwung:

»Nach der Betstunde gieng also der ganze Zug dahin. Soviele Leute waren gewiß noch nie bei einem öffentlichen Kreuzgange. So ist nun einmal das Volk.«

Bald darauf teilte der Vogt von Unteribental dem Abt mit, »die Gemeinde habe ein Gelübde gemacht, die Kapelle wieder zu erbauen.« Erstaunt stellt dieser fest, daß die Bauern bereits Baumaterial anfahren. Das offizielle Kirchenamt verwahrt sich; »man solle die Ruinen der alten Kapelle wegräumen, denn die Leute gingen aus Irrwahn auf den Berg.« Auch die Regierung bestimmt, »die Leute sollten nach Eschbach wallfahrten gehen.« »Allein, wer kanns unterdrücken, daß das Volk gerne an jenem Ort betet?« Abt Speckle geriet durch diese Entwicklung in eine Zwickmühle. Er bewunderte den Opfersinn und Eifer der Bauern:
»Alles ist durch Opfer, freiwillige Beiträge und Fronen geschehen. Die Handwerksleute und die Materialien sind richtig bezahlt, in der ganzen Gegend frondeten die Bauern mit großem Eifer, selbst die von St. Märgen.«
»Nachdem sich täglich zeigte, daß das Volk von seiner Andacht für diesen Ort nicht abweichen wollte, ist es wirklich besser, daß wieder eine Kirche hergestellt werde. Zahlreicher als zuvor fahrtete das gute Volk dahin.«

Die Bauern setzten noch vor Wintereinbruch 1803 den Dachstuhl auf ihre neue Kapelle und stellten im Frühjahr einen Altar auf. 1805 geriet die Trotzwallfahrt jedoch endgültig in die Krise; der bischöfliche Kommissär verbot jedem Geistlichen kirchliche Verrichtungen auf dem Lindenberg und belegte die Kapelle mit dem kirchenoffiziellen Bann. Die Wallfahrtsstätte wurde mit einer Bretterwand geschlossen.

Inzwischen hatte der Großsturm der Umwälzungen das Kloster St. Peter aufgehoben, das Bistum Konstanz zerschlagen und die österreichischen Lande dem badischen Großherzogtum eingegliedert. Bauern aus dem Ibental erwarben »die kalte Ruine auf dem Lindenberg« und pflegten den Bau als Privateigentum. Erst als mit dem 16.11.1842 das Priesterseminar der Erzdiözese Freiburg in St. Peter eröffnet wurde, fand auch der Lindenberg wieder neue Beachtung. Der Regens von St. Peter wurde der neue Fürsprecher, der Erneuerer des altehrwürdigen Wallfahrtorts. 1849 war der kirchliche Bann aufgehoben worden, die Kirche wurde freudig zum Gottesdienst wiederhergestellt.

Kurze Jahre darauf wurde deutlich, daß sich der Sturm der Mißgunst nicht gelegt, nur gedreht hatte. Eine Gruppe gleichgesinter Frauen, Bauernmädchen aus Breitnau, Zarten, St. Peter und der Umgebung hatten 1854 den Lindenberg zur Gebets- und Andachtsstätte auserwählt; die »Mägde vom Lindenberg« gründeten eine Gemeinschaft nach bäuerlicher Lebensart und in religiösen Zielen entsprechend den geistlichen Anleitungen des Hl. Franziskus für Laien, sog. Tertiare. Die Mägde bewirtschafteten den nahegelegenen Renzenhof und gründeten 1858, als ihre Zahl auf 40 Mitglieder angewachsen war, die Ewige Anbetung auf dem Lindenberg.

Dies weckte Anstände des badischen Staats, der die Gründung neuer Ordensniederlassungen gesetzlich untersagt hatte. Ordensschwestern im kirchenrechtlichen Sinn aber waren die Mägde vom Lindenberg gerade nicht; die Frage um das Ordensleben vom Lindenberg führte zur schärfsten Auseinandersetzung innerhalb des badischen Kulturkampfes, der friedliche Lindenberg wurde zum Kampfplatz eines viel grundsätzlicheren Religionskrieges. An Weihnachten 1868 wurde die Mägdegemeinschaft staatsgebieterisch aufgelöst, am Aschermittwoch 1869 die Wohn- und Betgemeinschaft zersprengt, der Lindenberg mit Polizeigewalt geräumt. Auf 3 Leiterwagen führten Polizeimannschaften bei erbärmlichsten Hundswetter 41 »Schwestern« gewaltsam nach St. Peter, wo sie kurzzeitig Obdach fanden, bevor sie nach Ottmarsheim im Elsaß, nach Gubel in der Schweiz und nach Sigmaringen ins Hohenzollern'sche Ausland auswanderten. Die »männliche Tat gegen wehrlose Jungfrauen« vertrieb kurz darauf selbst 8 »Schwestern«, die bürgerliches Eigentum an dem Gebäude ihrer Zuflucht erworben hatten. Nur Veronika Benitz, die Anführerin der Mägde, durfte als Besitzerin des Renzenhofs mit kaum 3 Gehilfinnen auf dem Berg verbleiben. Als 1882 im Kulturkampf ein sachter Rückzug eingeleitet wurde, war Veronika Benitz bereits verstorben. Die Dreisamtäler aber standen in dieser schweren Zeit stets auf der Seite ihres wohlgeehrten Bergheiligtums und auf der Seite der Mägde, die sich dem Ewigen Gebet auf dem Lindenberg versprochen hatten.

Den Fortbestand der Wallfahrt verdankt Maria Lindenberg der rettenden Hand des Freiburger Rechtsanwalts Ludwig Marbe. Er verwaltete nach dem Tode der Veronika Benitz treuhänderisch über 30 Jahre den Besitz und legte mit der Begründung einer Stiftung den Grund, daß die Kapelle auf dem Lindenberg, daß die Wallfahrt Maria Lindenberg in die neue Zeit gerettet wurden.

»Lag mir vor allem am Herzen, daß die Wallfahrt auf dem schönen, lieben Berge für alle Zeiten erhalten bleibt.«

Ab 1900 ward so der Lindenberg zum Einkehr- und Zufluchtsort der Katholiken der Freiburger Diözese. 1927 wurde das Exerzitienhaus »Haus Lindenberg«

eröffnet. Nach allerlei Stürmen wandte sich 1956 eine neue »Anbetungsgemeinschaft der Männer« dem Lindenberg zu; was die »Mägde des Lindenbergs« begonnen, wollen die »Knechte des Lindenbergs« fortsetzen. Der Lindenberg ist wiederum zur Stätte der immerwährenden Andacht und Besinnung, der Gnade geworden.

Alban Stolz weiß um die Zweifel, die den neuzeitlichen Pilger oftmals plagen; er kennt aber auch die Kraft ungebrochenen Zutrauens:

»Indem jahrelang viele Menschen an einem Ort zusammenkommen und vertrauensvoll beten, wird dadurch der Himmel gleichsam angezogen und seine segnende Kraft wird stetig.«

Der Ibentäler, der Dreisamtäler findet auch heute mit Selbstverständlichkeit den Weg zur Gnadenmutter auf dem Lindenberg; häufig verbindet er auf dem üblichen Sonntagsausflug die Freude am wonnesamen Ausblick in die schöne Landschaft mit einem »Grüß Gott« im heimatlichen Bergheiligtum.

Auf stillen Pfaden sollte man zum Lindenberg aufsteigen, vielleicht auf dem Höhenweg, der von Stegen über den Bergrücken weiterführt nach St. Peter und »Abtsweg« genannt wurde; schon unterwegs bietet sich dem Bergsteiger die abwechslungsreichste Wanderung; seitlich am Weg ducken sich wiederholt bergeinsam ausgesetzte Kapellen, eine kleine Absonderlichkeit dieses Aufstiegs. Tritt der Wanderer dann aus dem Steilwald auf die Empore unter den Linden, packt freudiges Tanzen das Auge; der Lindenberg ist Höhepunkt unter so vielen Hochpunkten ums Dreisamtal.

Die gefällige, freundlich-helle Wallfahrtskirche trifft den Jubelton der Landschaft. Die Geschichte hat den Heiligen Berg zwar seiner alten Wertstücke beraubt; selbst das Gnadenbild des 17. Jahrhunderts ist nicht mehr zurückgekehrt, ist mit der alten Bergkirche hinunter ins Eschbacher Tal gewandert. Aber die Geschichte und die Glaubenstreue des Volkes zählen mehr als kunstbeflissener Alterstumswert. »Der Ort an sich selbsten ist gnadenreich!«

Die Wallfahrten bedeuteten für den Dreisamtäler einen genau bestimmten Jahresumlauf, einen Jahresfestkreis. Wallfahrten pflegte er nach dem Lindenberg, nach Oberried, nach dem Giersberg, Wallfahrten führten ihn nach Hinterzarten, St. Oswald, St. Märgen, zur Ohmenkapelle, nach St. Peter, nach St. Ottilien oder in Falkensteig zur längst zerfallenen Schwarzeckkapelle. Wallfahrten unternahm er auch nach St. Trudpert im Münstertal und selbst nach Einsiedeln. Die Einsiedelnwall-

Das ehrwürdige Gnadenbild von Maria Lindenberg, seit der gewaltsamen Schließung der Lindenbergwallfahrt 1887 in der Pfarrkirche von Eschbach

fahrt der Breisgauer fand sogar Erwähnung in der heimatlichen Literatur der Schweiz; Pilgerinnen aus dem Breisgau fahren auf ihrem Rückweg vom Heiligen Gnadenort auf dem Postschiff Richtung Zürich und begleiten den Herrn Amtsschreiber Heinrich Waser ein Stück weit auf seiner Reise, mit der Conrad Ferdinand Meyer seine Bündnergeschichte »Jürg Jenatsch« einstimmt.

Bei Oberriedern und Kirchzartnern, im ganzen Dreisamtal war die große, zweitägige Wallfahrt nach St. Trudpert beliebt, die sog. »Stöckle-Bauernprozession«. Sie führte jedoch zu nachbarschaftlichen Verwicklungen:

»Die protestantischen Nachbarn empfanden es als eine unleidliche Verletzung der Territorialrechte, daß die katholischen Bauern des Dreisamtals mit fliegenden Fahnen, aufgerichteten Kreuzen, mit Singen und lautem Gebet durch ihr Gebiet zogen.«

Allerdings schreckte auch gerade die Trudpert-Wallfahrt zu Ende des 18. Jahrhunderts mit einem Bild der Verkommenheit. Der Talvogt von Kirchzarten mußte beschämt eingestehen, daß er

»den Freß- und Saufeifer selbst mitangesehen, ja durch das Beispiel selbst ein Freß- und Saufeiferer geworden war.«

So begrüßte er denn wärmstens den Entscheid der Regierung, »dem Teufel zum Trotz diese seine Wallfahrten abzustellen«. 1777 wurden zunächst Prozessionen verboten, bei denen die Wallfahrer über Nacht ausbleiben. 1806 muß Abt Speckle in St. Peter resignierend beobachten:

»Heute kamen die Eschbacher noch allein in Prozessionen hierher, nachdem vor Zeiten das ganze Kirchzartner Tal von Ebnet an, Kappel, Oberried, Kirchzarten, Zarten, Falkensteig, Ibental etc. in zahlreichen Prozessionen zu kommen pflegte. Die Prozessionen sind nun über eine Stunde weit verboten, aber darum ist noch niemand besser geworden.«

Daß sich die Dreisamtäler nicht ohne weiteres mit den verordneten Veränderungen ihres religiösen Lebens abfanden, beweisen staatsverärgerte Untersuchungen über die »ohngehindert des wiederholten Verboths dennoch verrichteten Wallfahrt« der Oberrieder nach St. Trudpert. 1807 wollen die Dreisamtäler sogar eine neue Wallfahrt nach Buchenbach als Bittgang um Hilfe der Hl. Agathe gegen Feuersgefahr einrichten. Der Wunsch wird abgeschlagen, längst hat die Kirchenleitung der Diözese Konstanz den staatlichen Erneuerungen vorgegriffen. Abt Speckle verwundert 1817 die verdrehte Lage, daß die badische Regierung Prozessionen und Wallfahrten wieder zuläßt, Schulmeistern und Pfarrern sogar die Teilnahme mit Kreuz und Fahnen empfiehlt, während an die 10 bischöfliche Anordnungen gegen die Prozessionen ergangen sind. Wallfahrteten doch selbst Lutheraner von Königschaffhausen um 1770 nach St. Märgen.

Von diesen wechselvollen Zeitläufen ist auch die Wallfahrt auf den Giersberg bei Kirchzarten, die sog.

neue Wallfahrt, betroffen. Der kleine Gnadenort mitten im Tal liegt verlockend, schon 1880 schildert Otto von Eisengrein die zeitlosen Eindrücke der Talsicht: »Wohin das Auge schaut, frische Wiesengründe, auf denen sich Herden tummeln, zerstreute und von malerischen Baumgruppen halbverdeckte Bauernhöfe, an denen ein schäumender Waldbach vorüber rauscht, hellgelbe Kornfelder; gegen Norden und Osten die weite Hügelkette des Schwarzwalds mit seinem Feldberg, gegen Westen das schöne Rheintal, das gesegnete Elsaß....

neuen Dreisamtäler Wallfahrt in völliger Hingabe. Viel Geld steckte er in den Kapellenbau und ihren Schmuck, und niemand weiß, woher er es nahm. Manches wurde gemunkelt über seine angeblich adlige und begüterte Abstammung. 1737 ermöglichte die Rechtsverfassung als Stiftungsvermögen den Neubau der größeren, steingemauerten, heiteren barocken Wallfahrtskapelle. Die Ausstattung ist stilecht und beachtenswert kunstvoll. Matthias Faller wird der Kapellenschmuck zugeschrieben. Im Mittelpunkt steht die originelle Wiedererzäh-

Die »neue Wallfahrt« – Wallfahrtskapelle auf dem Giersberg
Federzeichnung von F. Lederle (1880)

Auf kleinem Raume ein reiches Bild der schöpferischen Natur.«

Hirtenbuben des Schweizerhofes hörten um 1700 unerklärte Stimmen im Wald, dann fanden sie in einer Baumöffnung ein Bild der Himmelskönigin. Ahnungsvoll deuteten die frommen Dreisamtäler die Wunderzeichen als Aufruf zum Bau einer neuen Andachtsstätte. Die erste, aus Holz gezimmerte Kapelle wurde schon 1710 geweiht; bald kam eine Einsiedelei hinzu. Der Waldbruder Lorenz Rost ist eine tiefverborgene Persönlichkeit des Dreisamtals. 42 Jahre pflegte der Unbekannte als Eremit das kleine Heiligtum und diente der

lung der Wallfahrtssage. Ein Baumstumpf, bizarr mit Knoten und Ästen belassen, dient als Schatzschrein für eine kleine Muttergottesfigur, der Stamm könnte geradewegs dem Wald gleich neben der Kapelle entnommen sein. Engel, Strahlen, ein Wolkenkranz verdeutlichen jedoch die Wunderlegende. Die geschickte Komposition verrät auch im Detail den routinierten Könner, der Matthias Faller nach seinen St. Märgener Meisterarbeiten bereits war. Heitere Deckengemälde ergänzen den Reichtum der Ausstattung. Eine wertvoll-altertümliche Figur der Mutter Annaselbdritt fällt allerdings aus der zeitlichen Vorgabe des barocken Raums. Von Waldbruder Lorenz, dem Hüter des Wallfahrtsorts, weiß man, daß er zugleich Pfleger des örtlichen Brauchs war. Der Antoniustag, der 17. Januar, spielte eine besondere Rolle. Der »Suantoni« steht in besonderem Vertrauen des Volks als Beschützer der Schweine; damit der Waldbruder vom Giersberg gedeihliches Wachsen und Segen für die Tiere erflehe, bringen ihm altersher die Dreisamtäler Bäuerinnen am 17.1. Schinken und »Schweinernes« als Opfer. Später wurde daraus ein gemeinsamer Bittgang und ein »Schweineessen« auf dem Giersberg.

Die Entrüstung des Dreisamtals regte sich rasch; äußerster Unmut konnte verhindern, daß die Kapelle zerstört wurde. Zeitlos liest sich der Hinweis auf die einmalig schöne Lage:
»Wenn auch der religiöse Grund nicht hinreichend genug für ihre Beybehaltung spricht, so würde doch für sie der wohlthuende Anblick, den sie dem ganzen Thal verschafft, laut sprechen. So wie man von ihrem Hügel das schöne weite Thal übersieht, so bietet die Kapelle selbst rings im Thal herum einen schönen Anblick dar.

Das künstlerisch originelle Gnadenbild der Giersbergkapelle von Matthias Faller aus dem Jahre 1742 erzählt die ganze Entstehungsgeschichte der »Neuen Wallfahrt«

Wertvolle Annaselbdrittfigur von 1500 in der Giersbergkapelle

Die Aufklärung stieb mit ihren Stürmen auch auf die neue Wallfahrt zu. 1788 dekredierte Wien,
»das Muttergottesbild zu Gyrsberg ist vermöge allgemeiner Regel in die Pfarrkirche zu übertragen, die Kapelle selbst aber, da sie allseitig als entbehrlich erkennt wird, zu sperren und zu veräußern.«

Die Renovierung von 1951 mit den kraftvollen Handfron- und Zulangdiensten der Dreisamtäler zählt zu den Treuetaten für den liebenswerten Wallfahrtsort.

»Kapellen im Tal« ist ein reiches Thema. Das Dreisamtal überrascht mit einer großen Vielzahl. Die St. Ja-

189

kobskapelle im Himmelreich, die Wolfgangkapelle auf dem Turner, die St. Oswaldkapelle im Höllental stehen im Blick; wer kennt die Geschichte der Kapfenkapelle, die der Schwarzwalderzähler Fritz Hockenjos so menschlich nahe schildert: »So geschah das Wunder!« – Es geschah, als der Kapfenbauer 1848 nach einem Schlaganfall plötzlich doch noch einmal von seinem Hof dort hinauf auf den Kapfenberg gehen durfte (1028 m), auf den Bergrücken oberhalb St. Märgen, an dem die Ibenbachquelle entspringt. Wundersames geschieht

dann klingt zur Freude aller doch plötzlich am Falkenhof in Wagensteig die Mittagsglocke, und die Bäuerin auf den Spirzen schlüpft zwischen der Arbeit für ein Stoßgebet in den kleinen Andachtsraum der Hofkapelle – es gibt genügend Zeugnisse, daß die Volksreligiosität lebt. Der Josefinische Kampfruf gegen die Kapellen traf den Dreisamtäler umso härter; bald aber sah sich die Freiburger Regierung außerstande, die Kapellen aufzuheben oder abzubrechen; »das Volk sei für seine Kirchen und Kapellen ungemein eingenommen, ein allgemeiner

»Herrgottseck« am Ifahrhus des Wanglerhofs in Wiesneck (Buchenbach)

Die Kreuzbergkapelle liegt paradiesisch schön über Buchenbach und dem Wagensteigtal

hier täglich; Heinrich Hansjakob staunt: »Wer je den Schwarzwald von St. Märgen gesehen, weiß, wie schön er ist!« Kapellen von kulturhistorischem Rang, Kapellen von geschichtsbedeutsamer Stellung sind Buchzeiger für die Talchronik. Ehrfurcht und Respekt heischt das Alter der Johanniskapelle von Zarten, der St. Sebastianskapelle in Stegen. Die Kapellen im Tal sind zuvorderst Besitz der Volksfrömmigkeit, keine Kulturmuseen. Auch die Kreuzwegkapelle von Buchenbach aus dem Jahr 1900, die der Kunstfreund vernachlässigt, hat Bedeutung für das Leben des Talvolkes. Jede Hofkapelle ist in den Alltag des Hofs eingewoben. Zwar läuten die Kinder nicht mehr in altem Pflichtgefühl die Hofglocke zum Ave Maria, wie es die alten Dreisamtäler, wie es der Altbauer vom Wanglerhof in Wiesneck noch tat; aber

Aufstand sei zu befürchten«. Eberhard Gothein, der diese Nachricht weitervermittelt, zieht zu Recht das Resumee:
»Dieser Art Werktätigkeit der Bauern hat die Landschaft des Breisgaus die Rettung eines wesentlichen Teils ihrer Anmut zu danken.«

Von Marc Twain stammt der Vergleich, im Schwarzwald gebe es Wegkreuze wie andernorts Telegrafenstangen. Überall im Dreisamtal finden sich Kreuze, am Hof, am Weg, im Feld, am Wald, Kreuze in unterschiedlichsten Formen und von unterschiedlichstem Alter. Ein ausgefallenes Kreuz hängt in Falkensteig eingangs des Höllentals; ein lebensgroßer Christus ist an der Hauswand einer kleinen Werkstatt gekreuzigt. Selbst der

190

Harmonisch liegt der alte Hof in seiner natürlichen Umgebung. Der Jockelehof im Zastlertal blieb im wesentlichen unverändert seit seiner Errichtung im Jahre 1843

heutigen Zeit fällt eine solche Besonderheit auf. Schon 250 Jahre soll es her sein, daß um 1700 bei einem Pestzug ein Gelübde Anlaß war, den Heiland von Falkensteig als Dankeszeichen zu schnitzen. Seit 120 Jahren hängt der Christus an dem kleinen Talhaus, immer bedeutete er den Bewohnern viel. Aber er gehört ihnen ja nicht mehr allein, der Herrgott von Falkensteig zählt schon zum Talbild, gehört dem ganzen Dreisamtal.

Vielfältig ist allenthalben der Haus- und Hofschmuck des Dreisamtals. Eingangs des Spirzendobels

1900 verzeichnet wurde, läßt Hof und Tal in den Urzeiten von Schlangen, von Nattern und Ottern und allerlei giftigem Reptil durchdrungen sein, bis ein Gelübde und der Bau der Kapelle dieses Getier vertrieb. Jährlich wurde die Zeremonie der Schlangenaustreibung wiederholt:

»Zu Maria Lichtmeß, am 2. Februar, betet der Bauer mit seinen Leuten nach dem Mittagessen darin (in der Schlangenkapelle) drei Rosenkränze, und nach der Heimkehr muß ein Kind oder der Hofbauer selber drei-

Zeugnisse der Volksfrömmigkeit
Die Schlangenkapelle im Attental
Muttergottesfigur (um 1500) und Statue des Heiligen Fridolin (17. Jh.) aus einem Dreisamtäler Bauernhof

steht eine bäuerische Figur des Hl. Nikolaus in einer Hausnische, am Wanglerhof in Wiesneck schmücken das Kreuz und eine große Glocke das Ifahrthus, und manche Hofinschrift ist beredtes Zeugnis beeindruckender Volksfrömmigkeit.

Manche der einfachen Kapellen steht auf abergläubischen Fundamenten. Im seitlichen Talhang des hinteren Attentals kauert in waldeinsamer Abgeschiedenheit die Schlangenkapelle – fast nur durch Zufall stößt der Wanderer auf den kleinen Andachtsbau, der früher oftmals »Flohkapelle« hieß, weil vorüberziehende Wandersburschen, Handwerker auf der Stör, dort gerne übernachteten. Erst 1953 wurde die Schlangenkapelle in schaffigem Zupacken wieder hergerichtet. Ursprünglich gehörte sie zum gleich unterhalb gelegenen Henslehof. Ihr Schmuck ist eine bäuerlich-hartgeschnitzte Madonna mit Kind, nach barockbeliebtem Motiv auf einer Weltkugel stehend, um die sich eine Schlange windet. Aber auch auf der Vorderseite des kleinen Altärchens züngelt bildhaft eine Schlange. Die Überlieferung, die noch um

mal eine Kette an der Berglehne ums Haus ziehen, um die Schlangen abzuhalten; das geschah noch 1895 und wird auch jetzt noch geschehen.«

Heidnisch-Religiöses verbindet sich in der Überlieferung dieser zweigeteilten Zeremonie. In jüngster Zeit hat die Schlangenbannung in fastnächtlicher Freiheit mit der Gründung einer Schlangenzunft in Zarten eine ganz anders geartete Brauchtumsnachfolge gefunden.

Die Gichter- oder Kindlekapelle von Zarten – das kleine Kapellchen neben dem ehrbaren Reesenhof am Ortsausgang Richtung Kirchzarten – wartet zumeist vergebens auf Beachtung. Wer das Kapellchen im rechten Moment besucht, findet neben der achtenswerten Ausschmückung – einem ungewöhnlich eindringlichen Kruzifixus, einem Andachtsbild der Schmerzhaften Muttergottes und einer ausgefallenen Schrift-Bild-Predigt der Altarmensa zum Einssein der Heiligen Familie – manches Babykleidchen, gehäkelte oder gestrickte Kinderjäckchen, Strampelhöschen – Anzeichen einer nicht alltäglichen Sitte. Das erste Kleidchen des Neugeborenen, das Erstlingshemdchen, brachten brauchtumsgläubige Eltern zu dieser Kapelle, um das Kind gegen »Gichter« zu schützen. Karl Friedrich Vilgis, der über die alten Kapellen im Dreisamtal geschrieben hat, deutet die Schenkung als schlichtes Opfer des Danks und der Bitte, den Kapellenbesuch als Wallfahrt für ein gichtkrankes Kind. Der Hofbauer weiß es genauer; unter »Gichter« versteht das Volk nicht Gicht, die bei Kindern wohl seltenere Arthritis, sondern jeglichen Krampfzustand, der das Kind in vielerlei Arten packt und plagt.
»'s git siebenesiebezgerlei G'süchter
und siebenesiebezgerlei Gichter!«

Gichter hat das Kind, »wenn es nachts fantasiert«, nicht gut schläft, wenn es viel schreit, wenn es nicht ißt, wenn es auszehrt oder von Krämpfen, oft unerkannten Ernährungsfehlern, geschüttelt ist. Gichter werden dem Kind aber vielfach auch angehext, das »Schrättle« bewirkt oft genug den leidvollen Gichterbefall. Die Heilmittel der Volksheilkunde sind durchweg abergläubische Abwehrzauber. Gichterbräuche kannte man überall im Schwarzwald. »Noch vor 30 Jahren war die Kapelle ganz voll mit Kindskleidchen« erzählt der Bauer des Reesenhofs, und er verrät, »vorletscht Woch' war auf einmal wieder e Jäggle da!« Das Dreisamtal hat mit seiner Gichterkapelle ein bemerkenswertes Überbleibsel alten Brauchtums in die heutige Zeit gerettet; darf man den altvertrauenden Voreltern nicht zugute halten, was ein biederer Stabsvogt gegen die neumodischen Spritzmethoden im Ackerbau vorbrachte:

»Item es kann den lieben Feldfrüchten nichts schaden, wenn der Brühe auch etwas vom geweihten Dreifaltigkeitssalze hinzugesetzt wird.«

Von Schrättle und Geistern, Zauber und Spuk ist zu sprechen. Die wahrhaften Hexen hatten wohl eh und je auf dem Kandel ihren geheimnisvollen Stammsitz. Aber auch am Nägelesee bei Freiburg war ein Treffpunkt der Hexen und auf dem Wilmen und im Schürwäldele bei St. Peter lag ein Versammlungsplatz. Argwöhnend mag da der Wanderer den »Geisterplatz« Richtung Scherereck oberhalb Stegen passieren, selbst wenn ihm Alteingesessene versichern, daß die Anhöhe früher nur »Geisenplatz« hieß. Hexenwerk und Hexenwehr zeigen sich auch im Dreisamtal. Hexen fuhren auf einem Roß durch das Schwabentor in den Wald, trafen mit anderen zusammen und kochten und sotteten in einem Hafen Wetter und Hagel, um sich durch ein entsetzliches Gewitter an der Frucht auf dem Feld dafür zu rächen, daß man sie zu einer Hochzeit nicht eingeladen hatte. Sie schunden das Vieh, behexten den Stall, verdarben die Milch und verführten junge Mädchen. Auch im Dreisamtal schlug die Hexenfurcht in Hexenverfolgung um. Heinrich Schreiber, der Freiburger Chronist, hat auch die Geschichte des Hexenwahns in Freiburg und dem Dreisamtal beschrieben:
»Gab es auch in den vorderösterreichischen Landen kaum eine Herrschaft, welche nicht in ihrem Umkreise Hexen witterte.«

Nachrichten sagen, daß im Breisgau allein 1576 »an die 136 Unholde gefangen und verbrennt« wurden. Ein Hexenrichter wird in Eschbach erwähnt und Hexenbücher aus Freiburg kennen im 16. und 17. Jahrhundert mehrfache Hinrichtungen von Bäuerinnen des Kirchzartner Tals. Merga Staffanin von Zarten, Anna Yrenfridin genannt Hauserin ab dem wilden Schneeberg, Margaretha Rorholdin aus der Spirzen, Schmidts Adamen Frau in der Falkensteig, Anna Bartin Blesin in Schweigbrunnen zählten zu Betroffenen, die zumeist unter Folter peinlich befragt und anschließend verbrannt wurden. »Die Hauserin im Tal ist die Hauptmännin« gestanden Gemarterte. Dann kam die Reihe auch an die Bauern aus der Talvogtei. Anna Othmännin bezeugt 1628 vor dem Gotteshaus St. Peter, wie der Böse in Gestalt eines jungen Gesellen mit ihr auf dem Prestenberg bei St. Märgen Hochzeit gehalten unter »zwen Tisch mit Weibs- und Manns-Personen«, zumeist Bekannten aus dem Kirchzartner Tal. Erst die Zeit Maria Theresias machte dieser Barbarei ein Ende. Die spätere Zeit fand

Feingliedrig baut sich das Bergrelief im Norden des Dreisamtals auf. Talschneisen durchfurchen die Landschaft, Döbel reihen sich an Döbel, getrennt durch schmale Bergzungen.

zu einer einfacheren Lösung: »Hexen gibt es nicht, aber böse Leute!«

Der bäuerliche Alltag kannte in seinem Ablauf vielerlei brauchtumsgeprägte Besonderheiten. Der Hagelfirtig, eine Flurprozession gegen Hagelbedrohung, oftmals am Freitag nach Christi Himmelfahrt gehalten, war ebenso heilig wie der Bittgang vor der ersten Ausfahrt des Viehs im neuen Jahr.

Ein großer Tag ist der Auftrieb des Viehs auf die hochgelegenen Sommerweiden. »'s isch Zit, 's Vieh uff de Feldberg z'bringe! Morge fahre mer us!« war das Zeichen; von der Zastlerhütte ist das Zeremoniell der Auffahrt bewahrt worden, der »Viehsegen auf dem Feldberg.«
»Beim Einstellen in der Zastler Hütte bindet jeder Bauer eigenhändig sein Vieh an den von ihm gewünschten Platz. Sind alle Tiere richtig gestellt, so bringt der Her-

Der herbstliche Blick vom Aussichtspunkt nahe der Burg Wiesneck überspringt das Ibental und folgt dem Anstieg des Höhenrückens vom Galgenbühl (566 m, links über der Siedlung am Wickenhof) über Grätlewald (Mitte, 623 m) zum Lindenberg (727 m) und Hochgericht (rechts, 814 m).

der ein Gefäß mit glühenden Kohlen herbei. Auf die Glut werden Palmen gelegt, die am letzten Palmsonntag zu Oberried oder Kappel geweiht worden sind. Während nun der Rauch dem Gefäß entströmt, wird von allen Anwesenden das uralte Gebet gesprochen:

Ave Maria!
Lieber Herr Jesus Christ!
Behüt Gott Haus und Hof,
Hab und Gut,
Leut und Vieh,
Feuer und Licht,
Alles, was hier ist.
Behüt's Gott der Vater,
Behüt's Gott der Sohn,
Behüt's Gott der Heilige Geist,
Behüt's die heiligste Dreifaltigkeit
in alle Ewigkeit. Amen
In Gottes Namen!«

195

Dann sitzen die Bauern noch gemeinsam mit dem Herder zum Essen zusammen, bevor der Weg talab angetreten wird. »I wünsch' au Glück zu der Herd'!« Solange das Vieh auf dem Feldberg bleibt, bis zum St. Gallustag, wiederholt der Herder abendlich den Segen:

»Behüt' Gott
Und walte Gott,
Und gebe Gott den Segen
Über alle! In Gottes Namen
Amen!«

Gelegenheit zu einem sorgenden Blick auf das Vieh bot jeweils schon der 10.8., das Laurentiusfest auf dem Feldberg. Der Laurenzitag ist ein alter Wälderfeiertag, das Fest der Hirten und der Herder, der Bauern und des Viehs. Bei der Todtnauer Hütte traf sich frühmorgens alles, was um den Feldberg wohnt, zu einer kirchlichen Feier an der Laurentiuskapelle. Anschließend ist Viehmarkt. Dann setzt man sich in den Viehhütten, der Wilhelmer, der Zastler oder der Todtnauer Hütte zum Trunk und Mahl – und sicherlich ging der Bauerntag nicht schon am frühen Vormittag zu Ende. Der Laurenzitag auf dem Feldberg hat bis heute seine festliche Tradition bewahrt, ist ein Freudentag der Schwarzwälder geblieben.

Die Sorge um den Stall, die Verbundenheit mit dem Vieh bestimmt einen Großteil des überlieferten Brauchtums. Sankt Wendelin, Fridolin, Sebastian und Antonius, die Hl. Agatha sind die Freunde des Bauern und Helfer in der Fürsorge um das Vieh. Wie überall im Hof hat sich jedoch auch hier die moderne Zeit ihren Platz geschaffen: »Der beste Patron ist der Tierarzt!«

Zu jeder Jahreszeit bezeugt der Brauchtums- und Festtagskalender des Tals eine besondere Traditionsfreude der Dreisamtäler. Über allen Wandel der Bräuche hinweg zeigt sich das Dreisamtal als religiös durchdrungenes Land; der Herrgott hält allenthalben seine Hand über dem Tal. Wie eine Losung leuchtet da auf dem Giersberg am kleinen St. Wendelinsbildstock die Inschrift auf:

»Zur Ehre Gottes – der Heimat zuliebe!«

Erinnerungen an Hütebuben und Hirtenlehrer
Schulgeschichten von der Eschbacher Hirtenschule zur Dreisamtäler »Taluniversität«

Der Schulweg wurde zu allen Zeiten von den Kindern als beschwerlicher Gang empfunden. Im Dreisamtäler Bergland waren die Kinder besonders geplagt, die von den abseitigen Talwinkeln, den hochgelegenen Einödhöfen zu jeder Jahreszeit und bei jeglicher Witterung den weiten Weg zum Schulort absteigen mußten, um nach den ABC-Stunden den gleichen Strapazenweg heimwärts zu wiederholen. Die Wegstunden vom Gfällbauer nach Oberried waren »kein Schleckes« – selbst wenn dieser Weg noch der bessere war; 1824 verglich sich deswegen St. Wilhelm mit Oberried:

»Die Schulkinder vom Schneeberg und der Gfällmatte sollen wie bisher nach Oberried zur Schule gehen, da der Weg nach St. Wilhelm im Winter oft nicht gangbar ist.«

Den Kindern vom Salzberg, vom Mederleberghaus, vom Rappeneck und vielen anderen Höfen ging es nur um weniges besser; mancherorts hat sich im Schwarzwald der Name »Schulweg« für die kürzeste Abkürzung vom obersten Berghang zum Talort erhalten.

Beschwerlich wie der Schulweg war auch der Weg der Schule selbst aus den Anfängen um 1350 zur aktuellen Schulordnung im Dreisamtal. Einrichtung und Gestalt der Schule nach modernem, mustergültigem Zuschnitt gehen auf die großen Reformveränderungen der letzten 2 Jahrzehnte zurück. Ein rigoroses Umpfropfen hieb das alte Astwerk ab und setzte auf zeitelegante Neuzüchtungen. Unverhohlene Verlegenheit bricht auf, wenn angesichts dieser Visionswelt gleißender Schulfassaden in glänzender Fremdarchitektur eine betörte Erinnerung ihre Vorliebe für Zwergschulen, für Hirtenschulen und Heckenlehrer gesteht – »Schulgeschichten« sind aber schließlich keine pädagogische Fachdiskussion.

»Ine kan decheinen buochstap« – »Ich kenne keinen Buchstaben«, wußte der mittelalterliche Dichter und Sänger Wolfram von Eschenbach von sich zu sagen. Der pädagogische Faustkampf um gute und bessere Schulformen ist alt, auch im Dreisamtal. Da ereifert sich um 1800 ein kecker Kritiker in einem Aufruf,

»in welchem er den Pfarreien Kirchzarten und St. Peter den Vorwurf macht, daß in denselben der Schulunterricht auf der niedrigsten Stufe stehe, Frömmelei und Hang zum Überspannten herrsche, die meisten Leute weder schreiben noch lesen könnten.«

Dabei verdient gerade St. Peter einige deutliche Gutpunkte in den Anfängen des Dreisamtäler Schulwesens. Ein »Schulmeisterlehen« läßt schon 1346 ahnen, daß damals im Klosterort bereits unterrichtet wurde. Andere schulische Anfänge liegen in den Städten; Freiburg hatte 1303 einen Magister und Schulrektor verpflichtet, die Freiburger Stadtschule wurde von weither besucht. Dies freilich zeigt auch die Nichtalltäglichkeit der Lage; eine Breitenschule entwickelte sich erst um die Wende des 18. zum 19. Jahrhundert.

Auf dem Lande waren vorerst die Pfarrer die Autoritäten, die den Kindern etwas beibringen konnten und beibrachten. Sonntagsschulen, Christenlehre und Religionsunterweisung gehörten zu den pfarrlichen Pflichten. Die aufbrechende Reformzeit stellt den Pfarrern auch die Aufgabe der Aufsicht über die Winkel- und Heckenschulen und der regelmäßigen Visitation. Abt Speckle von St. Peter nimmt seinen Kontrollauftrag gewissenhaft wahr. Mit Erheiterung liest man seine »Klassenbucheinträge« etwa zur Unterweisungskritik am Eschbacher Pfarrer:

»Er schwatze soviel, erkläre immer und frage nicht; die Kinder lernten nichts.«

»Nun fehlt es gegenwärtig am tüchtigen Unterweisen. P. Anselm hat Eifer, allein die echte Methode kennt er nun mal nicht. P. Peter, dessen Gehilfe, hat etwas mehr Methode, aber auch mehr Leichtsinn.«

Über die Schulverhältnisse vor 1800 berichtet die Eschbacher Ortschronik; Bauern, Mesner, Handwerker verdungen sich damals als wandernde »Schulmeister auf der Stör«.

»Vor Errichtung des Normalschulwesens (1773) bestunden auf dem ganzen Schwarzwald mit Inbegriff der noch dazu gehörenden Täler keine fixierten Schulen oder öffentlich angestellten Schullehrer, sondern einzelne Bauern, welche mehr zu verstehen glaubten als die Gemeindegenossen, wanderten in den Sommermonaten von Ort zu Ort und von Bauernhof zu Bauernhof und unterrichteten die Kinder in dem Wenigen, was sie selber wußten.«

Der Wanderlehrer, der in den Hofstuben seine Schulstunden hielt, war auf die Freigebigkeit der Bauern angewiesen; meist erhielt er neben dem Freitisch einige Hofprodukte wie Brot, Eier und Milch. Die Entlöhnungsart hat sich auch später noch einige Zeit gehalten; die »Umätzung«, das »Umessen«, der »Wandertisch« des Lehrers blieb noch längere Zeit Brauch.

In den größeren Talorten richtete der Schulmeister seine Schulstube ortsfest ein. 1629 wird in Kirchzarten eine »Winkelschule« erwähnt, 1699 unterrichtet ein Lehrer auf 15 Jahre in einem Schulsaal in Schloß Weiler in Stegen, 1714 eröffnet dort der Zimmermann Johann Janz aus »Birchen« eine »Trivialschule« in der vormaligen Wirtsstube zur Krone. Lesen, Schreiben und Katechismus sind die Schulfächer; bis 1820 brachten die Kinder das Schulgeld in Form von Brotlaiben und ihren Heizbeitrag in Holzscheitern mit zum Unterricht.

1754 geht St. Peter erneut mit einer vorbildlichen Entscheidung voraus. Mit Unterstützung von Abt Philipp Jakob Steyrer bauen die Vogteien – zu denen auch Eschbach zählte – ein eigenes, zweistöckiges Schulhaus; das Kloster stiftete zum »so heilsamen Werk« das Bauholz und stellte den Bauplatz frei.

Ein bemerkenswerter Schulmeister, Beispiel eines würdigen Lehrers, war Michael Winter, langjähriger Dorferzieher in Buchenbach und Eschbach. Die Eschbacher Chronik berichtet seinen Lebenslauf. 1747 wird Michael Winter in Blasiwald als Sohn eines Tagelöhners geboren; er geht 20jährig als Holzhauer ins Höllental. Aufgeweckt und zielstrebig lernt er Schreiben, Lesen und Rechnen, denn ab 1769 gilt er als »in den Trivialen gutbewanderter Schulmeister in Falkensteig«. 1771 bis 1774 unterrichtet er die Schulkinder von Neuhäuser, dann bis 1779 die von Buchenbach. Schließlich zieht er nach Eschbach und richtet dort den ersten, geregelten Schulunterricht ein. Abt Speckle zollt ihm später Achtung: »Der Schulmeister ist ein wackerer, tauglicher Mann«. 28¾ Laib Brot aus Eschbach und 7 Laib Brot aus Stegen standen ihm unter anderem als Entlöhnung zu, erst später wurde Brot und Brennholz von der Gemeindeverwaltung »aus einer Hand« ausbezahlt. Michael Winter erlebte in Eschbach den Neubau des Schulhauses 1813/1823 und unterrichtete noch 85jährig bis ins Jahr 1832 die Talkinder.

Die Jahre um 1800 wurden schulisch die Zeit des Umbruchs. Die »Allgemeine Schulordnung für die deutschen Normal-, Haupt- und Trivialschulen in sämtlichen kaiserl. königl. Erbländern« von 1774 begründete eine geordnete Schule und bemühte sich um ein verbessertes Ansehen des Schulmeisters. »Ein hinlänglich ehrlicher Lebensunterhalt« wurde dem Lehrer ausgesetzt, aber auf Zuerwerb und Nebenverdienst konnte vorerst kein Schulmeister verzichten. Die Regierung des Oberrheinkreises bestätigte dem Schulmann von Stegen:

»Auch wir sind der Ansicht, daß eine Familie mit 114 Gulden nicht leben kann, ohne in der Woche sieben unfreiwillige Fasttage zu halten.«

Die Schulreform Maria Theresias setzte zuvorderst bei der Lehrerbildung an. Eine »Normalschule«, ein Lehrerbildungsseminar, wurde eingerichtet und übernahm es, neue Lehrerkandidaten und altpraktizierende Schulmeister in neuen Lehrmethoden zu unterweisen. Die Verdienste um die österreichische Schulneuordnung werden Abt Johann Ignaz von Felbiger aus Stift Sagan in Schlesien zugeschrieben. Josef Bader hat daran erinnert, daß ein Mann aus dem Breisgau, Franz Karl Hägelin, geboren 1735 in Freiburg oder einem benachbartem Ort, »die Einführung der Felbiger'schen Methode in Österreich bewirkt hat«. Eine zeitgenössische Charakterisierung der Normalschule verdanken wir Abt Fritz von St. Märgen:

»Die Ursach ihrer Raiß ware die ney errichtete Normalschuhl. ... Die Normalschuhl ist eigentlich eine Schuhl, nach welcher andere Schuhlen sollen eingerichtet werden. Es wird darin gelehret auf eine ganz besondere und bishero ungewohnte, jedoch, wie ich höre, nützliche Arth, das Lesen, Schreiben, Rechnen und die christliche Lehre.«

Die entscheidende Neuerung war der Klassenunterricht. In allen Orten mit Pfarr- und Filialkirchen wurde die »gemeine deutsche oder Trivialschule« gegründet. Die allgemeine Pflicht zum Schulbesuch wirkte sich aus. Abt Speckle schildert die Lage 1798 in St. Peter:

»23. April. Georgii. Schulvisitation dahier. Ende der Winterschule. Austeilung der Geschenke. Die Zahl der schulpflichtigen Kinder dahier erstreckt sich über 160 gegen 180 Kinder. Nie kommen alle zusammen, doch meist über 100, 120 bis 140. Es sind der Kinder wirklich zu viele für einen Schulmeister. Unter diesen Kindern sind ungefähr 10 Knaben und 6 Mädchen, die ziemlich gut schreiben. Viele lesen hinreichend, einige haben auch die ersten Anfangsgründe vom Rechnen.«

90–100 schulfähige Kinder gelten als Normzahl für einen Lehrer.

Mit einer weiteren Schulreform ging der badische Staat später grundsätzlich zu einer einheitlichen Schul- und Gemeindegliederung über. Diese Ordnung brachte dem Dreisamtal auch in den verschiedenen Seitentälern und Talwinkeln Schulen, die als »Kleinschulen« und »Zwergschulen« den Zeitlauf bis in die jüngsten Tage überstanden. Baden erweiterte auch die Winterschule auf ganzjährigen Schulunterricht und setzte die Schulpflicht gegen die zum Teil noch übliche Verwendung der Kinder zum »Dorfhüten, zu Botengehen und Brieftragen, zu Schloß- und Burgwachen, Treibjagden usw.« energisch durch.

In manchen Talwinkeln verlangte die Schulorganisation jedoch Rücksichtnahmen auf die besondere geographische Lage. Kinder vom Ottenberg, vom Paulihäusle, vom Schuhmächerlehof und einigen weiteren Höfen und Zinken durften auf kürzerem oder ebenerem Schulweg die Schule von Breitnau oder St. Märgen besuchen; einzelne Höfe des hohen Eschbachtals und Ibentals schickten die Kinder nach St. Peter. So entstanden Anfang des 19. Jahrhunderts 16 Schulorte im unteren Dreisamtal, wozu auch Kleinorte mit 188, 248 oder 257 Gesamteinwohnern wie St. Wilhelm, Zastlertal oder Falkensteig zählten.

Erstaunliche Akzente zeigt die Entwicklung des Unterrichtsplans. Pfropfen und Okulieren, Gartenbau, Bienen- und Baumzucht, Landwirtschaftslehre, Technologie, Gesundheits- und Höflichkeitslehre und dergl. mehr gehören bald zum Ausbildungsstoff des Schullehrerseminars. In besonderen »Industrieschulen« werden die Mädchen im Spinnen, Stricken und Nähen unterrichtet, die Knaben in

»irgendeiner, der Natur der Gegend angemessenen Handarbeit, womit sie in Notfällen noch irgendeinen Erwerb machen können, und wäre es nur das Stricken«. Die Ortserinnerungen von Eschbach, Stegen, Kirchzarten und den anderen Talorten beweisen die Nützlichkeit solcher praktischen Schulunterrichtung.

Mit dem Ausbau der Schulen stellte sich allenorten der Bedarf nach neuen, geeigneten Schulhäusern ein. Die Geschichte von Eschbach unterstreicht die Dringlichkeit; nachdem die neue Gemeinde 1811 aus drei früheren, eigenständigen Vogteien zusammengewürfelt wurde, war der Neubau fällig. 1822 war Richtfest, »und da wird nicht gespart. Die Gemeinde kauft sich vom Weinhändler Schwab aus Freiburg 2 Saum (300 l) Wein, und beschafft sich im Metzgerhause in Kirchzarten 44 Pfund Fleisch – und jetzt kann das Fest beginnen. Brot bringt sich jeder selbst mit. Fleisch gibts aus dem großen Topf und 300 l Wein müssen getrunken sein.«

Als 1823 die neue Schulbleibe für 90 Kinder fertig war, fehlten jedoch nach heutiger Anschauung die Aborte.

Eine Eigenheit des Schwarzwalds mußte allerdings schon die Schule des 19. Jahrhunderts berücksichtigen, durften die verschiedenen Reformen nicht mißachten: Die Kinder hatten im Schwarzwald allenthalben ihren festumrissenen Pflichtenkreis als Hütebuben und Hirten; sie lebten in einer jahrhundertegeprägten, traditionellen Hofordnung mit eigenen Aufgaben, mit einem selbständigen Verantwortungsbereich, der jeder anderen Beschäftigung vorging. Da war die Schule von

Anfang an »eine störende Behinderung der Arbeit« und mußte sich den Wälderbedürfnissen anpassen, auch wenn dies vom pädagogischen Standpunkt aus wenig befriedigend war. Als sog. »Hirtenschule« hat sich schließlich eine Schulform durchgesetzt, die in angepaßten Schulzeiten und angemessenem Lehrstoff auf die Arbeitspflicht der Kinder Rücksicht nahm. Schon die Wanderlehrer des 18. Jahrhunderts mögen da und dort als »Heckenlehrer« hinauf gezogen sein zu den Hirten, um sie zwischen »Busch und Hecken« zu unterrichten.

Der zeitliche Abstand weniger Generationen erfordert allerdings bereits vielfach einfühlsame Rückblenden wie die Schicksalschilderungen Heinrich Hansjakobs, um den Lebensalltag der Hirtenkinder im Schwarzwald zu erfahren. Gerade rechtzeitig hat 1981 der Geschichts- und Heimatverein Furtwangen die Schilderung eines Hirtenbubenlebens im Schwarzwald in authentischen Szenenbildern veröffentlicht. Der Dokumentar-»film« von Hermann Hug über die Hirtenbubenzeit Anfang des Jahrhunderts unterstreicht die unvorstellbare Härte, die unvorstellbare Beanspruchung, den unvorstellbaren Streß der Kinder in ihrem Pflichtenwiderstreit von Stall, Weide, Schule, Haus- und Hofwirtschaft. Einiges aus dem Tagesablauf der Hirten ist in der direkten Erzählung von Hermann Hug sehr einprägsam:

»Der Tag begann um 5 Uhr 30 oder 5 Uhr 45, später auf keinen Fall. Barfuß mußte ich dann den Kuhstall misten; das war am Anfang recht schwer.

Nach dem z'Morgenessen ging es gleich los: die Kühe wurden losgekettet und auf die Weide getrieben. Morgens von 7 bis 9 Uhr war gut hüten, aber wenn die Sonne höher kam und es heiß wurde, war es schwierig, die Herde zusammenzuhalten, und gar oft rannten die Kühe in die Wälder und Hecken. Es war schon schlimm, wenn die Herde auseinanderstob, den Schwanz in die Höhe gerichtet – und ab.

Um 11 Uhr ungefähr war es höchste Zeit zum ›Iifahre‹, also die Viehherde in den Stall zu treiben, jede Kuh an den richtigen Platz. Dann mußte man sich für die Schule richten. ›Lauft ein bißle weile, dann kommt ihr schon noch rechtzeitig‹.

Um 16 Uhr 30 war die Schule aus. Dann ging es im umgekehrten Stil heimwärts. Wenn man nicht gleich rechtzeitig zum Hüten kam, gab es im besten Fall Schelte.«

Sonntags kam der Kirchgang hinzu. Abt Speckle notiert die Kirchenordnung von St. Peter:

»Die Einrichtung ward getroffen, daß fürohin am Sonn-

tag und Festtagen früh um ½6 Uhr eine Frühmesse für Hirten werde gehalten.«

Heinrich Hansjakob weiß, daß der Hirte zur Sommerszeit auch schon bis 10 Uhr nachts draußen bleiben mußte mit seinen Tieren. Das Hütebubendasein war ganz und gar nicht betulich oder geruhsam, wie sich dies eine spätere Zeit vorstellen mag. Jeder Tagesablauf hatte noch seine besonderen Tücken. Das Vieh ging in die angrenzenden Saatfelder, oder die Herde rannte plötzlich davon, oder ein Unwetter brach herein. Stets waren die Hütebuben auf sich selbst angewiesen, jeder Bauernhof hatte ja seine eigenen Weideplätze.

»Ich war mit der Herde schon ziemlich weit weg von der Hütte, als es plötzlich blitzte, donnerte und krachte, ich stand mit meiner Viehherde mitten in einem schweren Gewitter. Die Gefahr hatte ich nicht erkannt. Als die ersten Hagelkörner unter Blitzen und Krachen herunterprasselten, rannte meine Herde auseinander, den Kopf tief am Boden, den Schwanz in die Höhe, in die Hecken und in den Wald. Die Schafe suchten irgendwo gerieten droben auf der Waldweide am Flaunser so sehr in Streit um eine Kuhglocke, daß sie sich gegenseitig umbrachten. Das Salzbubenkreuz steht für diese Begebenheit.

Die moderne Schulära überflügelt inzwischen alle früheren Vorstellungen und Bildungserwartungen; die neuen Schulen in Kirchzarten und Buchenbach stehen mit selbstsicherer Standhaftigkeit für eine neue Zeit, gleichgültig, ob man ihren Habitus mehr als schicklich-modern oder mehr als grauslich-gram werten wollte. 5 Schulorte sind von den Dreisamtäler Schulplätzen verblieben, Grund- und Hauptschulen finden sich in Buchenbach, Eschbach, Kirchzarten und Stegen, Grundschulen in Kirchzarten-Burg und Oberried. Mit einer Realschule und einem Gymnasium unterstreicht das Tal sein Bildungsniveau und Kirchzarten seine Vorortstellung. Wer die Verästelung des Dreisamtals bedenkt, weiß andererseits um den enormen Aufwand für eine zeitgemäße Schülerbeförderung.

Einen eigenständigen Rang im Bildungskonzept nimmt das St. Sebastianskolleg und Internat der Herz-Jesu-Priester von Schloß Weiler in Stegen ein. Die 1945 begonnene »Missionsschule Stegen« wird nach gediegenem Aufstieg heute als altsprachliches Gymnasium von mehr als 600 Schülerinnen und Schülern aus nah und fern besucht. Auch anderen ausstrahlenden Bildungseinrichtungen bietet das Tal eine Heimstatt. Das Institut für politische Bildung Baden-Württemberg in Haus

im Dickicht Schutz. Ich war machtlos und habe geheult. Die Hagelkörner taten meinen Ohren weh, ich hatte keinen Hut auf, war barfuß und fror.«

Die Erinnerungserzählung Hermann Hugs ist auch ein staunenweckendes Dokument der Zeitarmut:

»Ihre Schuhe mußten die Buben daheim hergeben, wenn es im Mai das erste Mal gedonnert hatte, und mußten barfuß hüten, bis wieder der erste ›Riife‹ den Boden bedeckte. Wenn wir einmal maulten, daß es so kalt sei, wurden wir belehrt: ›wenn es so naßkalt ist, und eine Herde Vieh draußen, da macht in kurzen Abständen ein Rind einen warmen Kuhfladen; da stellst Du Dich dann hinein und wärmst Deine Füße!‹«

In diese Lebensform mußte sich die Hirtenschule einpassen. Schulzeit war von 12 Uhr bis 16 Uhr 30, der Hirtenlehrer durfte nicht allzu strenge sein. Hermann Hug weiß im Nachhinein: »Zum Schulaufgabenmachen hatte der Bub wirklich keine Zeit.« Ein andermal aber meint er: »Schlimm konnte es für die Hirtenbuben und Hirtenmädel werden, wenn man einen neuen Lehrer bekommen hatte.« Unverstand der Schulbehörde forderte denn im 18. Jahrhundert noch zusätzlich, die Hirtenkinder möchten auf der Weide sich mit Flechten nützlich machen. Ob der Schulstoff immer zu Fleiß ansporntte, mag offen bleiben, wenn Hermann Hug vom erzwungenen Nachsitzen berichtet, weil der junge Hofhund das Zeichenheft mit den »preußischen Provinzen« zerfressen hatte. Willig waren die Kinder allemal; Heinrich Hansjakob beobachtet, wie manche Hirtenkinder unter einem Baum biblische Geschichten buchstabierten oder auf ihre Schiefertafel kritzelten. Auf dem Hof aber wurde selbst winters »extra für die Hausaufgaben kein Licht gemacht.«

Die Hütezeit endete mit der Kilbi. Es war ein Festtag, und der Kilbi-Montag und Kilbi-Dienstag waren noch halbe Feiertage. Die Schule fand danach wieder zum Normalrhythmus. Auf dem Hof blieb ohnehin genügend Arbeit.

Heinrich Hansjakob erzählt als Zeitchronist, wie die Gemeinde Waisenkinder, die ihr bis zur Schulentlassung zur Last fielen, als Hirten an den Wenigstnehmenden »versteigern« ließ. Manch anderer Hütebub wurde auch von weither in die Schwarzwaldgemeinde verdungen.

Mehrfachen Versuchen der Schulverwaltung, den Lauf der Hirtenschule zu ändern, widerstanden die Bauern bitterböse. 1907 vermeldet die Eschbacher Chronik die Klage:

»Die Kinder sind augenblicklich 7 bis 8 Stunden ihrer gedinglichen Verpflichtung entzogen.«

So blieb das Sonderrecht des Schwarzwalds auch in den späteren Schulordnungen erhalten. Selbst 1938 haben die Bauern von Eschbach die Beibehaltung ihrer Hirtenschule noch mit Nachdruck erzwungen. Die Geschichte nimmt erst mit den 50er Jahren eine völlig überraschende Wendung: Die Technik hat den Elektrozaun erfunden, der das Hüten des Viehs erübrigt. Die Hirtenschule war damit mit einem Mal überholt.

Manches Brauchtum der Hirten ist in der Erinnerung wachgeblieben. In Sagen und Geschichten wie der Erzählung von Burg Wiesneck spiegelt sich die Sympathie der Feen und guten Geister für die armen und einsamen Hütebuben. Daß Hirten ihre kleinen Habseligkeiten gerne vertauschten, ist bekannt. Zwei Hütekinder Wiesneck, die staatliche Gehörlosen- und Schwerhörigenschule in Stegen, das Einkehrhaus der katholischen Jugend St. Barbara sind Beispiele und stehen für weitere Institutionen. Mit der 1929 vom evangelischen Stift Freiburg ins Leben gerufenen Bauernhochschule Markenhof wäre das Dreisamtal fast zu seiner »Taluniversität« gekommen.

»Am liebsten weil' ich unter Tannen«
Ein Waldgang durch den Zastler Forst

»Am liebsten weilte ich bei den herrlichen Tannenriesen« empfindet Heinrich Hansjakob, und Alban Stolz sinnt 1859 auf einem Waldgang nach St. Ottilien und Ebnet: »Ich bin sozusagen ein Waldmensch!« Hans Thoma erspürt die stimmungsvolle Zauberfülle des Waldes: »Wieviel geheimnisvoll schöne Poesie entströmt ihm!« Gerät nicht auch der Bergwanderer im Zwielicht des Tannenhains in schwärmendes Schwingen der Gefühle? Josef Viktor von Scheffel hat so den Schwarzwald beschrieben:

»Oft auch hört' ich Eurer Wipfel
Geisterhaft Zusammenflüstern,
Und es zog mir durch die Seel' ein
Süß geheimnisvolles Ahnen.«

Dennoch gerät der Waldgang durch den Zastler Forst nicht einfach zum verfänglichen Verzücken, zur Träumerei. An einer Biegung des Wanderwegs fesselt unversehens das völlig nüchterne Geschäft des Langholzladens stämmiger 25-Meter-Tannen den beobachtenden Blick. Waldarbeit, Holzfällerei, Holzabfuhr, Waldnutzung waren schicksalhaft die fast alleinigen Lebensgrundlagen des 148 Einwohner ernährenden »Bergschlunds« Zastlertal; der Wohlstand hing über Jahrhunderte vom Wald und von der Weide ab.

»Es hat viel und große Wälder hinter, vor und neben Freiburg« – die Charakterisierung scheint zum Bild des waldreichen Dreisamtals zu passen. Eine Waldfülle prägt zu Anfang der Landesgeschichte die Talgegenden, Waldrodung, Waldverdrängung sind die wichtigsten Aufgaben der Landnahmezeit, der Kolonisation des Mittelalters. Die ungerodete Urlandschaft kommt in der alten Oswaldsage des Höllentals zur Geltung: »Oswald war ein großer Feldherr. In heißer Feldschlacht gegen die Heiden gelobte er, im wildesten Tal ein Kirchlein zu erbauen, wenn er siege. Nach errungenem Siege wanderte er lange umher, um die düstere Gegend ausfindig zu machen. Endlich fand er das Tal Falkenstein und erbaute hier in der ›Hölle‹ die Kapelle.«

Aber dem Mittelalter folgten Jahrhunderte der Waldausbeutung, Waldvernichtung, der Entwaldung. Der Begriff »Raubbau« kennzeichnet das Bild des 16.–18.

Stimmungsvolles Licht-Schatten-Spiel im Ohmenwald unterhalb St. Märgen

Jahrhunderts. Der Lebensbedarf der Bevölkerung mit Brenn-, Bau-, Licht-, Hag-, Säg- und Schindelholz verzehrte den Holzvorrat, Viehtrieb verwüstete den Wald, die Wäldergewerbe des Schnefelns, des Uhrenbaus, des Kohlens, die Industrieanfänge der Glashütten und des Bergbaus verschlissen die Waldreserven, die Restflächen verflößten die Städter nach Freiburg oder nahmen die Militärs in Beschlag. Rasch zeigte sich eine katastrophale Wendung. Vielsagend ist ein militärischer Untersuchungsbericht von 1710 über den technischen Stand

Ein frühes badisches Geschichtswerk von 1818 merkt Ähnliches an:
»Die durchziehenden Russen in unseren Tagen waren verwundert über unsere Holzverschwendung und üble Construierung der Häuser bezüglich auf die Wärmung der Zimmer.«

Erst eine Waldkrise, die Furcht vor beginnender Holznot, ein Energieschock führten zum Beginn der planmäßigen Forstwirtschaft mit einer systematischen Waldpflege und strengen Forstaufsicht. Erst diese

Langholzfuhrwerk und Schwarzwaldhaus im Dreisamtal
Xylographie von 1861 nach einer Zeichnung von C. Roux

der Schwarzwaldlinien und die natürliche Bewaldung des Gebirges:
»Die ehedeßen darauf befindl. Waldungen seind durch die Eisen- und Glashütten, Vermehrung der Höff, und Multiplikation der Leuth, theils ausgerottet, und durch die vorige langwührige Kriege mit Verhackh theilß verderbt und umbgehauen worden, also daß an denen meisten Orthen nur kleine Büsch, und in kurtzen Jahren das Holtz manglen dorffte.«

»Wiederbewaldung und Waldhut« schufen das heute typische Bild der Waldlandschaft. Die Wald-, Holz- und Forstordnung für die k.k. österreichischen Vorlande von 1787 ist ein wahres Waldbrevier für den Forstmann, ein Buch der guten Waldgesinnung. Die Tendenz der Neuordnung ist deutlich: der noch bestehende Wald soll erhalten und besser gepflegt werden, Ausstockungen und Übernutzungen sollen verhindert, allenthalten neue Waldflächen angepflanzt werden. Dazu »hagelt«

es nur so Verbote und Strafen; die alten Gewerbe des Harzens, Kohlens, Rebsteckenschneidens geraten ebenso in Verruf wie hergebrachte Bräuche des Reutens, des Vieheintriebs und der Waldweide; das »Errichten holzfressender Fabriken« wird geahndet, »da der allgemeine Nutzen des Landes, um dem Holzmangel abzuhelfen, dem Privatnutzen einiger vorzuziehen ist.« »Einen Baum aufzuritzen, anzubohren, abzuschälen oder auf was immer für andere Art vorsätzlich zu beschädigen, ist auf das schärfste verboten, bey Strafe einer 14tägigen

Arbeit in Eisen«. Selbst wer einen Maien schlägt oder den Wein- und Bierausschank mit grünem Baumwipfel anzeigt, »verfällt 10tägiger öffentlicher Arbeit.« Die Abkehr vom Reutfeld, die Allmendablösung, die Umstellung vom Viehtrieb auf Stallfütterung, das Verbot, Holzhäuser zu errichten, die sorgsame Waldpflege haben dem Schwarzwald erst das Gesicht der Waldlandschaft zurückgegeben. Wer denkt heute noch an die Vorzeit, selbst wenn er auf sichtbare Zeichen stößt? Trockenmauern, zusammengeworfene Wacken trennen

Schwarzwaldlandschaft »wie aus dem Bilderbuch«
Der Salzberg in Hintereschbach

das »wilde« vom »zahmen« Feld, sie ersetzen die Holz-
zäune ums Weideland. Ginsterhalden, lodernde Blüten-
flammen des Frühjahrs, deuten in Oberried, Weilersbach oder im Rechtenbachtal auf die alte Wirtschaftsform des Brandens.

Das Holzfloß war eine der imponierendsten, aber
auch waldschädlichsten Einrichtungen der Dreisamtäler Wirtschaftsgeschichte. Die Energieversorgung der
Stadt Freiburg machte schon im 14. und 15. Jahrhundert
eine immer weiter ausgreifende Erschließung der Wälder notwendig. Der Bohrerwald am Schauinsland liefer-
te bis 1550 das nötige Bau- und Brennholz. 1462 hatte die
Stadt jedoch das St. Märgen'sche Territorium zwischen
Zarten und dem Hohlen Graben erwerben können, der
»Stadtwald« lag nunmehr im Dreisamtal. 1475 ist die
Nutzung des Floßwassers »in der Treysam an der Spirtz«
urkundlich erstmals erwähnt. 1491 wird erneut das »Floß
aus der Wagensteig herab« genannt. Ende des 16. Jahrhunderts verlagert sich die Freiburger Holzflößerei völlig ins Dreisamtal, nachdem der Bohrerwald abgeholzt
ist. Zunächst wird Floßholz aus den Spirzen bezogen,
1601 begann die Stadt zwei neue Floßwege, »das Floß
aus St. Wilhelm« und »das Floß aus der Schürhalden« im
Wagensteigtal. Der Waldeinschlag nimmt sofort gewaltige Ausmaße an; schon reklamieren der Vogt und die
Gemeinde St. Märgen, das Freiburger Holzfloß könnte
selbst die Gemeindepflichten, für die Instandhaltung
der Kirche und des Pfarrhofs zu sorgen, vereiteln; aber
die Stadt hatte das Sagen.

Die Holzflößerei war eine »ungebundene Flößerei«,
eine »Holztrift«. In Scheitern und Klötzen wurde das
Holz geflößt, aber bei Gelegenheit wurde selbst »Lang-
holz« bis 15 m Länge getriftet. Wo immer im Dreisamtal kleine Wasserläufe und Seitenbäche hervorström-
ten, wurden sie für die Holzflößerei genutzt. Künstliche
Wasserbecken, Schwellweiher sammelten schon in den
Hochlagen Wasservorräte für die Floßzeiten. Die Floßstrecken erforderten einen besonderen Ausbau, zum
Teil wurden ungünstige Bachstrecken umgeleitet, zum
Teil überbrückt. Den Mündungslauf des Zastlerbachs
sperrte man unmittelbar vor der Brugga bei Oberried ab
und lenkte die Strömung für die Holzflößerei Richtung
Birkenreute zum Osterbach hin um. Über die verschiedenen Talbäche wurde das Holz zunächst nach Zarten
geflößt, wo ein Stapelplatz war. Von dort führte ein
künstlich gebauter Holzkanal, ein Kähnerwerk, geradewegs über Wiesen und Felder bis zum städtischen Holz-
magazin am Nägelesee bei Freiburg. Mitunter gab es
auch Anstände wegen der Flößerei:

»Am Ende des 18. Jahrhunderts beschwerten sich die
Zartener und Kirchzartner in Freiburg darüber, daß die
Dreisamflötzung den Grund ›unterfresse‹, wo sich das
Holz ›stecke‹, und daß sie die Wasser austreten lasse
und die Wege unbrauchbar mache. Nach warmen Tagen werde sogar das Wasser durch das harzige Tannen-
holz zum Gift für die Matten.«

An die 6000 Festmeter wurden ab 1600 jährlich über
das Kirchzartner Floß verfrachtet, und die Einrichtung
beschäftigte 1627 nach den Abrechnungsbelegen über
420 »Floßknechte«, »Klusenknechte« und andere Perso-
nen, darunter 16 beständige Flößer, 303 gemeine Flößer
sowie 102 Frauen. Dazu kamen noch die Frondienste,
welche die Bauern im Kirchzartner Tal zu leisten hatten.

Die Holzflößerei konzentrierte die Ausstockung auf
die mit dem Floß erreichbaren Waldungen. Riesige
Kahlflächen breiteten sich daher im Dreisamtal aus. Das
Holzfloß hinterließ verheerende Waldschäden. Ähnliche Verwüstungen befürchtete Abt Ignaz Speckle, als
das Oberforstamt Freiburg gleich nach der Inbesitznah-
me der ehemaligen Klosterwaldungen ein neues Holzfloß von St. Peter über das Glottertal nach Denzlingen
eröffnen wollte. Speckle, der den behüteten Waldreich-
tum ohnehin nicht retten kann, plädiert »auf eine Straße
nach Glottertal, weil doch auf der Achse weniger Holz
könnte weggeführt werden«. Er lag auf der Linie der
Zeit, die badischen Instanzen verzichteten auf das Zuge-
leitefloß und beschlossen den Bau einer Straße vom
Glottertal durch die Ränke nach St. Peter. Noch im 18.
Jahrhundert sind die Dreisamtäler Floßstrecken von St.
Wilhelm, vom Zastlertal, aus dem Höllental und Wagensteigtal in Betrieb. Im St. Wilhelmer Tal, wo der Talbach in früherer Zeit als Floßstrecke eingerichtet war,
wurde gegen Ende des 18. Jahrhunderts das Kähnerwerk bis hinauf zum Napf gezogen. In badischen Jahren
erneuerte man sogar 1829 die künstliche Floßstrecke
nochmals, das Dreisamtäler Floß wurde erst 1848
endgültig abgebrochen. Die »Kluse« oder der Wald »bei
der Kluse« erinnern im Zastlertal an das Floß und die
Schwellweiher, neben diesen geringen Fundfährten sind
keine Eindrücke geblieben von einer Zeit, da man fast
400 Jahre lang den Dreisamtäler Wald mit Dreisamwasser talab flößte. Das ausgebaute Straßennetz und die Eisenbahn übernahmen die Aufgaben der Holztransporte,
neue Energieformen ersetzen das Holz, die Vergäng-
lichkeit der alten Anlagen ließ Sichtbares verfallen und
verfaulen.

Der Waldweg, der den Wanderer rund ums Zastlertal
führt, biegt unversehens am Silbereck in die Erlenba-

cher Hochweide ein. Wald und Weide sind wie altgewordene Zwillinge gleicherart typische Erscheinungsformen landschaftlicher Eigenheit. Für den Schwarzwaldbauer, der in den schmalen Talböden die notdürftige Landwirtschaft führte, war die Sommerweide des Jungviehs zu allen Zeiten eine unverzichtbare Notwendigkeit. »Von jeher« nutzten die umliegenden Bauerntäler um Oberried, Zastler, St. Wilhelm, aber auch die der Todtnauer, Menzenschwander und Lenzkircher Bergseite, den Feldberg als Hochweidefläche. Sogar die Namensdeutung entfernt, die Höhenlage von 1100 bis 1500 m verdeutlicht die besonderen klimatischen Bedingungen der Weidewirtschaft. Die Vegetation spielt hier oben in eigener Tonart; Borstgras, »Hackburst« breitet sich um, Heidekraut, Heidelbeere, Flügel- oder Pfeilginster (Genista sagittalis), Moose und Farne durchstehen den Grasgrund, Beesenpfriemen und Waldanflug drängen sich ein, kleine Weidewälder, »Waldschachen«, oft von Wind und Schneedruck zerzaust, sind als »Schirme« für das Weidvieh durchaus beliebt.

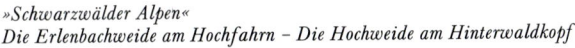

»Schwarzwälder Alpen«
Die Erlenbachweide am Hochfahrn – Die Hochweide am Hinterwaldkopf

mensdeutung fand Anklänge zu »Viehberg«, wie der Landschaftskenner Martin Gerbert erwähnt. Die Weidfelder der Schwarzwaldhöhen reichen zurück bis zu der mittelalterlichen Kolonisation um die Jahrtausendwende. Schon damals entstand das Bild der reichbewaldeten Steilhänge der Berge und der entwaldeten, offenen Hochflächen der Weiden und Matten. Eine wissenschaftlich ernste Frage sucht nach der Erklärung der heutigen Waldgrenze im Schwarzwald; sie bildete sich nach letztgültiger Deutung als Gemeinschaftswerk von Mensch und Natur.

Der Weidebetrieb des Dreisamtals hat eine lange Kontinuität. Um 1500 finden sich schon verbriefte Rechte der Oberrieder an den Feldbergweiden. 3–4 Wegstunden liegt das Weidfeld von den Talhöfen

Als Tagweide waren die entlegenen Weidflächen am Feldberg und auf den hohen Bergrücken nicht geeignet. Aber die Sommerweide des Schwarzwalds hat noch eine weitere Eigentümlichkeit; im Gegensatz zur Almwirtschaft, zum Alpauftrieb, wie er auch in den Vogesen beheimatet ist, fährt der Schwarzwälder nicht mit dem Milchvieh auf, unterhält keine Sennerei, erzeugt auf den Weiden nicht Milch oder Käse; die Aufzucht war im Schwarzwald stets lohnender als die Milchwirtschaft.

Die Hochweiden ums Dreisamtal sind auch in heutiger Zeit ein Wirtschaftsposten von beträchtlicher Tragweite, kein Relikt früherer Wirtschaftsform. Die St. Wilhelmer Weide, die Zastler Hochweide am Feldberg, aber auch die Weilersbacher, die Erlenbacher, die Stollenbacher Weide, die Weide am Rappeneck, die Weide

205

am Hinterwaldkopf um die Höfener Hütte, die Weide von Katzensteig und die von Wittenbach am Stübenwasen, die Weiden vom Diezendobel, vom Weberdobel, die von Wagensteig und die im Kapplertal, die Schauinslandweide von Hofsgrund und so mancher andere Weidplatz bezeugen die Aktualität dieser Einrichtung, auch wenn die Belegung schwankt und manche Weidfelder wie die Hochweide am Hundsrücken zwischen Rappeneck und Schauinsland schon vor einiger Zeit wiederbewaldet wurden.

Noch viele Fragen stellen sich von alleine auf dem Weg über die Weide. Lehrreiches liegt allemal am Wegrand:

»Im Jahre 1736 kauften 12 ›ehrbare, bescheidene, liebe und getreue Unterthanen und Bauern‹ aus Kirchzarten, Oberried, Weilersbach und Zastler den Erlenbach ›samt dazugehörige Wälder und Waydt‹ vom ›löblichen Gotteshaus Unserer Frauen Zell zu Oberried‹ im Besitze der Fürstäbte von St. Blasien für ›170 Gulden guter gemeiner Freiburger Währung‹.

Auf dem Scheitelpunkt des beliebten Wanderwegs von der Stollenbacher zur Erlenbacher Hütte.
Windbruch, Schneebruch und Blitzschlag haben die freistehende Tannengruppe gezeichnet, bevor sie vor kurzem gefällt wurde

Seit dieser Zeit wird die Weide bis heute von 12 Bauern genossenschaftlich bewirtschaftet. Jedes Jahr treiben die Mitglieder der Genossenschaft 120 Stück Jungvieh auf.«

Die Erlenbachweide macht es dem Wißbegierigen leicht. Alle Aufgaben des Weidequiz sind bereits gelöst; ein Weidelehrpfad bietet Auskunft und umsichtige Unterweisung – das Staunen der städtischen Sonntagstouristen ist hier eingeplant.

Der Wanderer sollte sich bei seiner Rast in der Erlen-bacher Viehhütte, der Zastler, der Stollenbacher, der Höfener, der St. Wilhelmer Hütte ruhig am »Dreisam-täler Stammtisch« umhorchen, er wird noch manches erfahren können über das vielfältige Brauchtum ums Leben mit dem Vieh.

Der Weg über die Weide führt zum Wald zurück. Die Wegweiser des Schwarzwaldvereins verheißen im voraus in wenigen Andeutungen ein unerwartetes »Bildungsprogramm«: »Kohlplatz« – »Sägeplatz« – »Stol-

St. Wilhelmer Charakterbild
Rappenfelsen und Maierjockeleshof (von 1809)

Eine bezaubernde Aussicht belohnt den Aufstieg. Von den Viehweiden unterhalb des Hanseneecks (650 m hoch, auf dem Rücken zwischen Eschbach- und Steurental) hat man südwärts die ganze Breite des Dreisamtals vor sich.
Den Horizont begrenzt die Linie Feldberg (links, 1493 m) – Tote Mann – weiter zurück Stübenwasen (1386 m) – Hochfahrn in Bildmitte (1264 m) – im Anschluß nach rechts aus dem zurückliegenden Gebirgszug Ahornkopf (1243 m) – Notschrei.

lenhof« – »Glaserschlag« – »Bildtanne« – »Scheibenfelsen« – »Auerhahnhütte« …

Flur- und Waldnamen erinnern vielfach an das Holzkohlen und den Köhler, an die alten Wälderberufe. Der Kohlenmeiler mußte längst der modernen Technik weichen; Nachrichten besagen jedoch, daß bis zum Ersten Weltkrieg im St. Wilhelmer Tal gekohlt wurde – und es würde sich der Wanderer wohl kaum wundern, unterwegs hinter dem nächsten Felseneck auf einen schwelenden, von feinen Rauchschwaden umschwebten Kohlenmeiler zu stoßen. Am Hundsrücken, im Oberrieder Genossenschaftswald, hat sich ein Südtiroler Holzfäller

Links senkt sich ein Gebirgskamm vom Hinterwaldkopf (1198 m) über Sonneck und Giersberg nach Kirchzarten zur Talmitte, von rechts deutet sich der Gebirgsabfall vom Rappeneck (1010 m) über das lange Kreuz zum Talgrund an.
Die Pracht des Ausblicks bleibt lange unvergessen

verdungen und schlägt für die Dreisamtäler Bäume und Wälder; auch er ist ein eigenbrötlerischer Lebenskünstler; heuer wohnt er in der Einöde des Rappeneckhofs und arbeitet in der Verlassenheit am Hundsrücken. Wenn aber der Vorübereilende etwas langsam macht und das Gespräch aufnimmt, erfährt er sehr schnell:

Auch Holzschlagen ist wie das Kohlen und das Leben im Wald »viel zum Verzehle!« Schon ist sich der Wanderer gewiß, daß jede neue Zufallsbegegnung auch zu frischen Anfreundungen führt; was der Wälder erzählt, ist Wesentliches. Sein selbstsicheres Lebensresumee hat der 1794 verstorbene Klosterjäger Andreas Ertel von Oberried seinem Grabstein – an der Südwand der Pfarrkirche – anvertraut: »Gott und St. Blasien getreu!«

Hans Thoma beflügelt das Interesse am Wälderberuf. Als 40jähriger schreibt er heim:
»Oft sehne ich mich nach Bernau, möchte Holzarbeiter sein und im Sommer das Vieh hüten!«

Gewiß hat sich vieles verändert, seitdem der moderne Forst mit vollmotorisiertem Maschinenpark ausrückt. Es ist umso verdienstlicher, daß die Talchronik des Zast-

Namen wie Molzenhof dürften damit zusammenhängen.

Unentbehrlich für die Holzwirtschaft war die Säge. Sägmühlen standen in jedem Talort und in jedem Talwinkel, aber nur wenige Sägen von altem Schlag haben die Zeit überstanden. Die Klingenhofsäge im Löffeltal vermittelt noch das Bild der alten, originalen Schwarzwälder Klopfsäge. Mit aufwenigen Reparaturen versuchen derzeit private Heimatpfleger wie öffentliche

Sägmühle in der Nähe der St. Oswaldkapelle im Höllental Lithographie von Sandmann aus der Zeit um 1860

lertals von 1953 die alte handwerkliche Arbeitswelt in genauem Beschrieb für die Neuzeit überliefert hat. »Schrotaxt« und »Ummachsäge«, »Reiserstock« und »Säßle«, »Naschtbeil« und »Mörser«, »Wellenbock« fielen bereits vielfach in Vergessenheit. Zum »Riesen des Holzes« bediente man sich der jeweils 6 m langen Riesefächer, die hintereinander gesteckt und zur Holzbahn von 100–150 m Länge vereint wurden; das unterste Fach hatte einen Auswurf, welcher das ankommende Holzscheit in hohem Bogen nach vorn aus der Bahn herausschleuderte. »Molze« hieß der Fang unter der Holzriese,

Institutionen, das einzigartige Kulturzeugnis dem Dreisamtal zu erhalten. Sägmühlen waren vielfach Ansätze für eine aufkommende Industrialisierung – bis sie selbst in modernsten Sägebetrieben Industrieformat erreichten. 31 Sägewerke wurden 1928 im Tal der Dreisam gezählt, eine deutliche Markierung des Waldwerts.

Mit der Holzhauergemeinde Zastlertal stellt sich nochmals eine Taleinmaligkeit dem Blick. »Dieser Ort, welcher zwischen Schroffen und Gebirgen liegt«, hat schon von Natur genügend Auffälligkeiten vorzuweisen; von 2006,99 ha seiner Kulturfläche (Stand 1949)

sind 1735,14 ha, d.h. über 85 % als Waldungen und 145,38 ha, das sind 7,2 % als Weidegelände ausgewiesen; danach verbleiben 33,92 ha, das sind 1,7 % der Kulturfläche für Ackerland, Gartenland und Hausgärten. Wald klimmt gleich oberhalb der Talmatten und Hofreiten die Felshänge empor, der unbesiedelte Teil des Tals beginnt bereits auf der Talsohle. Im 19. Jahrhundert geriet das freie Waldtal durch eine eigentümliche Krise Hof um Hof in staatliche Hand, aus dem Waldbauerntal

wurde eine einheitliche Staatsdomäne, ein »Staatstal«. Ab 1842 kaufte der Staatsforst, der zuvor schon die Herrschaftswaldungen erworben hatte, die Bauerngüter Hof um Hof, bis er um 1900 praktisch die Gemarkung besaß. 1842/43 erwarb der Fiskus den Burkhardshof, 1862 den Schweizerhof, 1865 den Adamshof, 1867 den Mederlehof, 1872 das Antonisgütchen, 1876 den Glaserhansenhof, 1880 das Krummenholzengütchen, 1886 den Kleislehof und das Albrechtengütchen, 1889 den Jockelehof,

Das Holzsägen ist altes Schwarzwälder Handwerk Malerische Säge am St. Wilhelmer Talbach

1899 den Winterhalterhof, 1912 das Stephansgütchen und 1927 den Gassenbauernhof.

In einer solchen Zusammenfassung des Besitzes liegt eine Chance. Wohl veränderte die gewandelte Soziallage der Bewohner auch das Aussehen des Tals; die Pächter waren keine Bauern, die kleine Landwirtschaftsfläche ging nochmals zurück, auch wurde manches Nebengebäude am Hof, die Säge oder Mühle, das Backhaus, das Leibgedinghaus alsbald aufgegeben. Dabei blieb aber auch die Eilfertigkeit, mit der sich sonst die Moder-

genoß kein Ansehen. Die Forstverständigen, die Jagd- und Forstbedienten« waren allemal unbeliebt. Aber auch der Oberforstmeister von Vorderösterreich war unzufrieden mit den Verhältnissen – gelegentlich auch mit den Gehilfen:

»Ich behaupte im Gegenteil, daß unter den niederen Forstbedienten ein hier und da gefundener redlicher Mann eine seltene Ausnahme von der gemeinen Regel oder dem großen Haufen der Schurken von Förstern und Jägern ist.«

Zum holzverarbeitenden Industriebetrieb weiterentwickeltes Sägewerk in Buchenbach

In einer alten Schwarzwaldsäge im Spirzendobel

ne gerne breit macht, zurück. Das Zastlertal ist bis heute eines der am urtümlichsten erhaltenen Täler, eine der typischsten Schwarzwaldlandschaften.

Völlig unsentimental bleibt in diesem Rundblick die Rolle des Forstberufs. Wohl geistert mancherorts im Dreisamtal die Erzählung vom sagenhaften »Schützenklaus«, einem »wilden Jäger«. Der vermeintliche Spuk steht sogar auf geschichtlichen Füßen; ein Revierförster Erzherzog Ferdinands, Nikolaus Speth, hat sich einst den Unwillen der Schwarzwälder um den Kandel zugezogen, da er die strenge Waldordnung allzu streng handhabe und dabei mit Gewinnanteil Strafgelder festsetzte. »Vielleicht hat nur der 30jährige Krieg den Ausbruch eines Bauernaufstands verhindert.« Die Staatsaufsicht, die mit der Wald-, Holz- und Forstordnung über die Privatwälder und Herrschaftswälder gelegt worden war,

Die Försterei hatte auch ihre Probleme, als sie sich daran machte, mit neuem Kurs die Waldkrise zu bekämpfen.

Ein entscheidender Schritt der modernen Forstpolitik liegt wohl in der Waldfunktionskartierung, die in jüngsten Jahren nach neuen Maßstäben neuartige Bindungen in der Waldwirtschaft festigt. 4 Bannwälder im Dreisamtal, 7 Schutzwälder, 1 Biotopschutzwald, Lawinenschutzwälder, Schutzwälder gegen Bodenerosion, Wälder mit Erholungsfunktion geben zusammen mit einer umsichtigen Bewertung und Festlegung von Aufforstungsflächen der Forstwirtschaft eine zukunftsweisende Verankerung. Aber schließlich bleibt selbst das dem Waldwanderer eingängig: Der Nutzen des Waldes ist für Staat und Gemeinden noch immer »eine wichtige Einnahmequelle«, es steht viel betriebliches Kapital auf dem Spiel.

212

Hans Thoma hat die mögliche Kluft verschiedenartiger Wertung des Waldes mit wohlerwogenen Bemerkungen überbrückt:

»Der Künstler wird als das konservativere Element über das, was am Wald schön ist, wohl manchmal in Meinungsverschiedenheit mit dem Forstmann geraten – aber das schadet nichts – beide sind große Naturfreunde.«

Gleitet die Unterhaltung auf dem Waldgang um den Zastler Forst ins Grundsätzliche? Rechtzeitig vor der nächsten Wendung des Weges, die wiederum neues Entdecken verspricht, gebietet ein Satz Marc Twains zu schweigen:

»Man kann diese edlen Wälder ebensowenig beschreiben wie die Empfindung, die sie hervorrufen. Ein Zug dieser Empfindung ist jedoch ein Gefühl tiefer Zufriedenheit, ein anderer Zug ist eine heitere, jugendhafte Fröhlichkeit, ein dritter und deutlich spürbarer Zug ist das Gefühl, daß die Alltagswelt weit entfernt und man vor ihren Angelegenheiten vollkommen befreit ist.«

Herbstlicher Wald im Bruggatal
Ausblick von der Stollebene gegen den Hundsrücken

213

»DIE FRONER ZE DEM SCHOWINSLANT«
Bergbauernerinnerungen aus dem Dreisamtal

Der letzte Oktobertag 1954 markiert eine bedeutsame Zeitwende im Dreisamtäler Bergbau. Mit diesem Tag stellte die »Stolberger Zink AG für Bergbau und Hüttenbetrieb, Aachen« den Bergwerksbetrieb im Schauinsland nach einer vielleicht tausendjährigen Bergbauepoche endgültig ein. Die ganz genaue Zeitmessung besagt, daß die Erzförderung im Oktober endigte, die Erzaufbereitung am 2.11.1954 auslief. – Das Kapitel »Bergbau« beschränkt sich somit heute auf Erinnerungen.

Bergleute des 16. Jahrhunderts
Zeichnungen aus »Schau-in's-Land« 1. Jahrgang, 1874

»Bergbauerinnerungen« – das sind zunächst eigene Gedächtnisbrücken; da ist die Rückschau auf die »sonderlichen« Bergknappengestalten, denen man im Kapplertal begegnete; dann drängt sich auf jedem älteren Dreisamtal-Dia die auffallende, hochgelegene Erzwäscherei ins Bild; schließlich surrt die »große Schauinslandbahn« durch den Rückblick, die als Förderbahn kilometerlang übers Kapplertal dahinzog und mit ihren »Hunden« das Erz zu Tal seilte. Andere Eindrücke schließen sich an; da ist das Bergmannsbrünnle in Kappel, das 1958 dem aussterbenden Berufsstand des Bergmannsdorfs gewidmet wurde; ganz oben im »Gruben«dobel drücken Erinnerungsfotos und eine Bergmannslampe die Vergangenheit mit letzter Kraft an sich; dann kreuzen mancherlei »sprechende Namen« den Weg, Ortsangaben wie »Schmelzplatz«, »Poche«, »Stollenbach«, »Goldberg«, »Toter Mann« und »Erzkasten«, die bedeutungsvolle Bezeichnung für den Schauinsland. Gleich schließen sich weitere Beobachtungen an; vermauerte Grubeneingänge, verlassene Mundlöcher, Pingen und Halden geben der Landschaft in bestimmter

Perspektive ein deutlich bergbaugeprägtes Aussehen. Plötzlich stößt das Thema »Bergbau« auf die Wißbegier des Talbesuchers.

Ein wechselvolles »Glück auf« charakterisiert den Zeitgang. Eine erste Bergbauepoche liegt vielleicht vor jedem beweisbaren Datum, die Bergbaugeschichte sucht noch ihren Anfang. Von manchem Landschaftserzähler wie Wilhelm Jensen wird ein römischer oder gar keltischer Ursprung des Abbaus am Schauinsland vermutet, Fachleute wie Rudolf Metz, der Landschaftsgeologe, winken ab;
»ein angeblicher römischer Bergbau am Schauinsland gehört in das Reich der Fabel.«
Umso klarer steht der mittelalterliche Bergbau im Blick. 1303 ist die Sprache von dem »Silberberge ze Oberriet«. Aber vielleicht liegen die Anfänge doch gut 500 Jahre früher; Karl Friedrich Müller hat als namhafter Namenskundler Hinweise in der Bergbausprache gefunden, Schlüsselworte der ältesten »Bergbauschicht« wie »Reichenbach« und »Gegendrum«, die dem Dreisamtäler Bergbau die Chance eines Voralters geben, das bis ins Jahr 773 zurückreicht. Damit scheint eine über tausendjährige bergmännische Tradition im Dreisamtal nicht ausgeschlossen.

Die verfolgbare Zeitentwicklung beginnt mit einem Grunddatum unmittelbar nach der Zähringerzeit. Im Jahre 1233 überträgt eine neue Verleihungsurkunde König Heinrichs dem Freiburger Grafen an fast allen namentlich aufgeführten Schwarzwaldflüssen, so auch der »treysamia«, das Recht des Goldwaschens und das Recht des Silberabbaus in den an den Ufern gelegenen Bergen. Davor liegt die Zähringerzeit. Die Zähringer beuten, dies ist verläßlich, die Breisgauer Silbergruben zu ihren Gunsten aus. Die Erzählung, nach welcher die Zähringer das helltönende Silberglöcklein des Freiburger Münsters stifteten, bekräftigt den Bezug des Silberreichtums zum Bau des Freiburger Münsters. Konkrete Bergbaunachrichten aus dem Dreisamtal liegen aus dieser Zeit jedoch nicht vor. Zunächst nähert sich eine Abbaustätte von den älteren Gruben am Schwarzwaldfuß her den Höhen des Hofsgrunder Kamms bei der Halde auf Münstertäler Seite. Dort entstand die »Wildenowe« (Willnau), nach dem bergmännischen Fachurteil von Albrecht Schlageter »das Wagnis einer beispiellosen Höhensiedlung«. Es ist denkbar, daß schon zur Zähringerzeit der Abbau den Kamm mit den oberflächlichen, sich über den Scheitel hinüberziehenden Erzgängen übersprang. Eine erste Abbaustätte auf Dreisamtalseite wird jedenfalls für die Mitte des 13. Jahrhunderts behauptet. Beurkundeten Boden erreicht der Dreisamtäler Bergbau erst 1303, als Graf Egon »seine Silbergrube zu Oberried« dem Freiburger Bürger und Münsterpfleger Gottfried von Schlettstadt überträgt. Von anderen, vielleicht ebenso frühen Abbaustätten in Weilersbach oder sonstwo im Tal steht jede verläßliche Nachricht aus.

Die mittelalterlichen Bergbauzeiten unter den Grafen von Freiburg gelten als der bedeutendste Abschnitt des Dreisamtäler Bergbaus, als die ergiebigsten Silberjahre des Schauinslandreviers, als die interessanteste Zeitepoche der Schwarzwälder Berggeschichte. Da entfalten sich im Rückblick nicht nur Abbaustätten in zunehmender Zahl, da enthüllen glaubhafte Urkunden und Rechtsbücher einen verheißungsvollen Einblick in die mittelalterliche Bergverfassung, da zeigt sich die aufstrebende »Silbermacht« der Stadt Freiburg mit einer »oberrheinischen Währungspolitik«.

1232 wird die Umgegend des Schauinslands bereits als großräumiges Bergbaurevier umrissen. 6 Berglehen, »fronberge«, werden einem Bergvogt Küneggi gemeinsam mit anderen Gewerken verliehen in einem Gebiet »zu Oberriet in dem Tal«, das von der »üblen Brucke« aufwärts bis an die »Scheidegg« reicht; als »snêsleiphinen« ist die Kammgrenze des Bergreviers mittelalterlich-anschaulich beschrieben.

Um 1250 ist mit der Grube Dieselmuot eine erste Schauinsland-Abbaustätte namentlich genannt, um 1300 kommt die Grube Nöllinsfron hinzu. Dieselmuot und Nöllinsfron liegen in der Nähe des Schauinslandkamms bei der Halde. Die Bezeichnung »Dieselmuothof« für die Halde ist gesichert.
»Der hoff uff der Halden gnant Disselmut in des gotzhauß Zwing und Bann zu Oberriet gelegen«.

Die Grube Nöllinsfron baute auf dem Gespenggang in der Nähe des Straßenabzweigs nach dem Stohren. Gleich nach 1300 beginnt die Ausdehnung des Bergbaus in Richtung Schauinslandgipfel. In Nähe der Bergstation lag wahrscheinlich eine unergiebige Abbaustelle, wie der Name »Totenköpflin« verrät. Albrecht Schlageter erklärt den Mißerfolg:
»tôt‹ ist ein sehr altes, im Südschwarzwald heimisches Bergmannswort; es deutet an, daß das Fundmaterial nicht schmelzbar war oder das Gewünschte nicht enthielt«.

1343 ist die dritte große Abbaustätte »zem Grinde« genannt, sie wird heute auf der Gipfelseite der Schauinslandregion ausgemacht. »Grint« war damit wohl der ältere Name für die Berghöhe, die später »Schauinsland« und »Erzkasten« heißt. Das Resumee der Nachrichten sagt, daß im 14. Jahrhundert Bergbau in großer Breite auf den Oberrieder Höhen am Schauinsland betrieben wurde. In den späteren Jahren fallen jedoch die meisten der aufgefahrenen Stollen und Schächte in Unkenntlichkeit und Vergessenheit zurück, die Lage der Fronberge, die Zahl der Gruben, die Zahl der tätigen Bergleute sind nicht mehr auszumachen. Am Schauinsland ist der Abbau wohl bis zur Kappler Wand und auf der Westseite bis zur Roten Lache oberhalb der Holzschlägermatte vorgedrungen. Aber auch sonst im Tal wurde Abbau betrieben; ein schon um 1300 genannter Schmelzofen, »Wvrkhowe« der Herrn Albrechts von Falkenstein, steht vermutlich mit Altgruben in Geroldstal und bei Weilersbach in Beziehung. Immer enger gestaltete sich im Mittelalter die Verbindung des Silberbergbaus mit den Freiburger Patriziergeschlechtern. Als Gesellschafter, Gewerken, Froner reißen sie den wirtschaftlichen Einfluß und Gewinn an sich. 1327 wird der Stadt Freiburg zudem das herrschaftliche Münzrecht überstellt, fortan pflegt die Stadt ihr eigenes Münzwesen. Die »Freiburger Münze« – »von unseren Silberbergwerken im Breisgau« – steht bald in hohem Ansehen, die Stadt spielt im 13. und 14. Jahrhundert im Kreis der oberrheinischen Währungsgaranten, dem sog. Rappenmünzbund, eine mitbestimmende Rolle.

Die anschaulichsten, erzählendsten Einblicke in den mittelalterlichen Bergbau bieten die kunstvollen, originalen Glasfenster des Freiburger Münsters aus der Mitte des 14. Jahrhunderts. Wo man in der sog. »Armenbibel« religiöse Motive und christliche Lebensgeschichten erwarten möchte, finden sich immerhin 5 Grubenszenen, dazu in Schriftbändern weitere aufschlußreiche Hinweise auf den Silberbergbau im Dreisamtal. Den Fronern der Gruben Dieselmuot, Nöllinsfron und Grind (Schowinslant) haben wir die einmalige Dokumentation zu verdanken. »DIS GULTEN DIE FRONER ZE DEM SCHOWINSLANT« lautet der »Stiftungsbrief« des sog. Snewlinfensters, auch Schauinslandfensters, den Fronern der Grube Dieselmuot werden die Bergbauszenen des sog. Tulenhauptfensters zugeschrieben. Die Fronergemeinschaft als Stifter anzusprechen, entspricht wohlüberlegten Gründen. Überraschend ist, was die genaue Betrachtung und der Vergleich der mittelalterlichen Bergbauszenen an Detailkenntnissen des Schauinslandabbaus offenlegen. Da fesselt eine bildlich deutliche, farbige Darstellung der unterschiedlichen Gesteine, eine Ausmalung der Werkzeuge, der Grubenkleidung, der Grubenhelme, eine genaue Aufzeichnung der Fördertechnik mittels Ledersäcken und Aufzugskorb; erfaßt ist auch die grundlegend unterschiedliche

Abbausituation; die Grube Dieselmuot zeigt einen Tagschacht und einen Abbaustollen ohne künstliches Grubenlicht, das Schauinslandfenster verdeutlicht einen Abbau mit Geleucht. Die 5 Bergbaubilder belegen somit auch eine fortschreitende Abbautechnik der einzelnen Gruben hin zum wesentlich vollkommeneren Abbau unter Tage in der Grube zum Grind.

Zugleich vermitteln immer zahlreichere Urkunden und Dokumente einen Einblick in das mittelalterliche Bergrecht.

»Die Froner sollen die ihnen verliehenen Gruben ordnungsgemäß betreiben, liegt der Bergbau sechs Wochen und drei Tage müßig, so verlieren sie das Recht darauf, außer wenn Frost, Hitze oder Krieg sie daran hindern. Der Bergherr beansprucht bestimmte Abgaben vom Ertrag. Dafür verspricht der Freiburger Graf, ›ihnen wege und stege, wasser und holz‹ zu geben und sie auf den Bergwerken vor Gewalt und Unrecht zu schützen, wie es ›ze bergen sitte und gewohnheit‹ ist.«

Die Froner und ihre Gehilfen stehen unter einer eigenen Obrigkeit, einem Bergstab, sie sind von der Rechtsverfassung des Talklosters als dem Grundeigentümer der Gegend ausgenommen; bei Streitigkeiten haben die Bergleute ihr Recht bei dem »vogt uf der leiti« zu nehmen. Die bescheidenen Güter des landwirtschaftlichen Lebensbedarfs bleiben den Bergleuten nur auf die »Arbeitssaison« überlassen und fallen dem Kloster anheim, wenn die Bergleute wegen des unsteten Bergsegens weiterziehen oder aus anderen Gründen den Abbau aufgeben. Alle diese Bedingungen des Bergmannlebens führten in der weiteren Geschichte von Hofsgrund zu massiven Auseinandersetzungen und Kämpfen zwischen dem Kloster und den Bergherrn sowie den Bergleuten. Klagen über die ungeziemende Waldnutzung durch die Bergleute, Klagen über den Raubbau durch die Bergbaubetriebe bestimmen über Jahrhunderte die Beziehungen der Klosterherrschaft zum Bergwerk. Noch um 1794 beschimpfen die Bergbauern die fremden Bergknappen als Bettler, beschweren sich die Bergleute, die Bauern hätten ja lieber Husaren bei sich als Bergknappen; diese Gegnerschaft hat Kontinuität.

Aber auch andere, sehr grundsätzliche Rechtsfragen der mittelalterlichen Bergverfassung tauchen auf. 1342/43 befassen sich Schlichtungen mit der Berggerichtsgrenze und der Einhaltung der Grubenfelder und ihrer Abgrenzungen (Lachen) im nunmehr praktizierten Untertagebau. 1372 versammelt Graf Egon von Freiburg, Landgraf im Breisgau, auf der Halde zu dem Dieselmuot die Bergleute von Todtnau, Münster, Oberried, Kirchzarten und dem Glottertal und berät mit ihnen das

große Rechtsbuch des Breisgauischen Bergbaus, das sog. Dieselmuoter Bergweistum. »Es ist leicht das interessanteste aller Bergweistümer« charakterisiert Eberhard Gothein das »Rechtsaltertum« und weckt damit ein weites Interesse an den brisanten Rechtsfragen des mittelalterlichen Bergbaus.

Mit dem 14. Jahrhundert zeichnet sich mitten aus dem Höhenpunkt ein rascher Abstieg an. Die Gründe für den Abschwung sind mehrschichtig. Offensichtlich spielt die politische Unsicherheit eine Rolle, die sich mit dem Kampf der Stadt Freiburg gegen die Stadtherrn und Breisgaugrafen breitmachte und die in der Unerfahrenheit mit der neuen Herrschaft Österreich eine zeitlang fortdauerte. Es fällt auf, daß sich die Freiburger Gewerken in diesen kritischen Jahren »aus dem Geschäft« zurückziehen. Zunehmend technische Abbauprobleme in den nassen Gruben des Schauinslands und Konkurrenzfragen zu den nahen Abbaufeldern von Todtnau und dem oberen Münstertal mögen hinzukommen. Im Hofsgrunder Revier geriet der Abbau um 1400 in einen längerzeitlichen Stillstand. Nur auf der Westseite im Abflußgebiet des Neumagen dauerte der Bergbau an. Von der alten Bergbausiedlung Dieselmuot auf dem Höhenkamm des Schauinslands verblieb nur der große Haldenhof, der in die Lehenshände des Klosters zurückkehrte. Großpolitische Veränderungen wie die Entdeckung Amerikas 1492 mit seinen reichen Silberschätzen sorgten zudem dafür, daß der Silberbergbau im Schwarzwald nie mehr seine mittelalterliche Bedeutung aufnehmen konnte.

Im 16. und 17. Jahrhundert kam es zu einer »Nachblüte« des Dreisamtäler Bergbaus, diese 3. Epoche der Bergbaugeschichte endet im 30jährigen Krieg. Zunächst lassen Einzelheiten eines Waldkaufs bei Oberried 1503 darauf schließen, daß bei Weilersbach und Birkenreute eine Grube in Betrieb steht. Der Wiederbeginn des Abbaus auf der Höhe hat offenbar mit den Schwierigkeiten eines Neuanfangs zu kämpfen. Da sind Probleme des Bergrechts, einer neuen Bergordnung Kaiser Maximilians von 1517; der neue Zentralismus Wiens im Bergwesen gilt als entscheidender Grund für die Bauunlust der einheimischen Gewerken. Eine Freiburger Denkschrift spricht die Vermutung offen aus; »So yst der natürlichen pillichkeit gemeß, daß der geprauch, so alhir zu Freyburg vnd nit der, so zu Schwatz oder in dem Elsaß ist, gehalten werde«.

Offensichtlich hält auch die neue Oberinstanz der Bergverwaltung in Schwatz in Tirol nicht viel vom Bergbau am Schauinsland; »ein mitelmesig Gepirg mit wasser« notieren die Sachverständigen des Schwatzer Oberbergamts. Es finden sich dennoch Interessenten und 1534 erfolgt eine Neubelehnung der alten Felder um die Gruben Dieselmuot und Nöllinsfron. Mit dem frischen Anfahren der Gruben verbinden sich Nachrichten von 1539, die eine Schmelzhütte »im Hoffsgrundt« erwähnen und Hinweise auf eine neue Bergmannssiedlung an den Schauinslandhängen in der Bergmulde unterhalb des Haldenkamms geben. Das ist die Geburtsanzeige des Bergdorfs Hofsgrund. Auch die Laurentiuskapelle als Ortskirche deutet in die gleiche Entstehungszeit; das wichtige religiöse Werk und Kunstzeugnis Hofsgrunds, der bedeutsame Schnitzereialtar der Laurentiuskapelle, wird auf die Zeit um 1530 datiert. Nach weiteren Nachrichten von 1540 erhalten die Gewerken zum Betrieb »der Schmelzhütten in dem Hoffsgrundt« Holzungsrechte und Kohlrechte im Wald des Klosters Oberried. Um neuen Querelen um die Waldnutzung vorzubeugen, gewährt das Kloster Oberried in »einer sauberen Lösung« den Bergleuten rechte Erblehen gegen pünktliche Zinsen und unter der festen Bedingung des Rückfalls bei Abgang des Bergwerks. 1584 wird das Hofsgrunder Tal einem eigenen örtlichen Berggerichtsstab unterstellt.

»Das Jahr 1584 ist somit das Geburtsjahr einer eigenen Vogtei Hofsgrund und der entscheidende Schritt zur Verselbständigung der Siedlung als Dorfgemeinde.«

Die Interessenfeindschaft zwischen dem Kloster als Grundherrn und dem Bergbau als Wald- und Landausbeuter lebte jedoch fort. Sie erklärt auch den alten Glauben der Bergleute, daß ihnen die Nähe eines Mönchs Unglück bringe; sooft sich der Abt oder ein Mönch sehen ließ, versuchten die Bergleute, seinen »bösen Blick« durch Höhnen und unanständige Gebärden abzuleiten. Im Jahr 1605 war eine neue Grundordnung des Hofsgrunder Lebens fällig; durch Zuzug von Gotteshausleuten, durch Ansiedlung von Berglandwirten, war der Anteil der Bergwerks- und Schmelzwerksverwandten an der Gesamtzahl der Einwohner zurückgegangen, die vermischte Bevölkerung berechtigte nicht mehr, den Ort nur der eigenen berggerichtlichen Obrigkeit zu unterstellen. Das Kloster errichtete daher einen eigenen Stab. Fortan stand Hofsgrund unter getrennten Rechtsordnungen und jeder einzelne Einwohner hatte sich mit allen Konsequenzen zu entscheiden, in welchen Rechtskreis er sich einordnen wollte.

In den äußeren Verhältnissen standen die Schauinslandgruben Mitte des 16. Jahrhunderts in »relativer Gunst«. Durch Stillegung des Todtnauer Bergfelds konzentrierte sich der Abbau verstärkt auf die Dreisamtä-

ler Seite. Die dritte Gewerkengeneration hatte die Anfangsprobleme der Wiedereinrichtung überwunden, die Jahre um 1570 brachten für Hofsgrund und die Schauinslandgruben eine schöne Herbstblüte. Probleme entstanden eher aus neuen Schritten des Landesherrn Österreich, der mit der Aufkündigung jeglicher Silberanlieferungen an den Rappenmünzbund die oberrheinische Währungspolitik wieder an sich zu ziehen suchte. Zwischen Kirchzarten und Oberried entstand eine eigene landesherrliche Schmelzhütte, die allerdings nicht lange in Betrieb stand. Eine Verstimmung der bisher tätigen Gewerken war möglicherweise Schuld an einer Dämpfung des Bergbaus. Auswärtiger Zuzug wurde beobachtet; um 1600 soll die bekannte Familie Fugger Bergbauinteressen im Breisgau angemeldet haben, der Einsatz blieb jedoch ohne Nachhall.

Da begann um 1630 der 30jährige Krieg auch den Breisgau zu überziehen. Soldatenüberfälle, Streifzüge, plündernde Horden und Scharen störten und behinderten die Arbeit und legten den Abbau um 1644 lahm. Die Plünderung des Bleis für Kriegszwecke verband sich mit Auswüchsen und Gewalttaten; der Hutmann wurde »gar übel tractiret« und mit den Arbeitern »in die wilden Wälder gejagt«, der jüngste Sohn des Hutmanns wurde gar erschossen; die Blasebälge und sonstigen Einrichtungen hatten die Soldaten zerhauen und zerstört, »die übrigen Arbeiter seindt hinweg gezogen und mehrere theils Hungers gestorben«. So erlag auch der Bergbau der Ungunst der Zeit.

Wievele und welche Gruben in der dritten Bauperiode befahren wurden, ist wiederum nicht mit Verläßlichkeit auszumachen. Im oberen Kapplertal im Grubendobel war Abbau im Gange, ebenso im St. Wilhelmer Tal in Nähe der Erlenbacher Weide, wo die Grube »auf dem Silbereck« 1578 aufgewältigt wurde. Auch am Kammendobel (Feldberg), am Hirschkopf und im Zastlertal wurde Erz gegraben, dazu kam die Grube »zur trew« auf der Horbener Bergseite des Schauinslands.

Eine Mär vom großen Bergsegen des Dreisamtals aus der Zeit kurz vor dem Bauernkrieg beunruhigte die Erzgräber des 18. und 19. Jahrhunderts. Es ist die Sage von einem neuen, reichen Goldsegen im »Goldberg« bei Oberried. Ein gewisser David Ludau will um 1500 persönlich bei der Entdeckung beteiligt gewesen sein, wie sein um 1740 aufgetauchtes »Testament« Glauben macht. Die »Ludau'sche Urkunde« darf als überraschendes Zeugnis des Dreisamtäler Bergbaus gelten, auch wenn Gaugelspiel und Gespinst den Fantasietraum tragen.

»Anno 1511 habe ich, David Ludau, in der Gruben St. Georgen gearbeitet und bin daselbst Hauer gewesen.... Unterdessen haben sich die Gruben St. Georgen sehr reich vermehrt, so daß man schier von Ellenbogen zu Ellenbogen gewachsenes Gold gefunden, dieses in schmalen Splitter wie Pergament dick und einer Bommel breit, das Erz war ohnehin schon reich und man hat alle Quart größere und reichere Quellen gefunden. ... Ich hatte das Glück, den Vorhang, der uns lange hinderte zu sprengen, und hinter diesem fanden wir so reiches

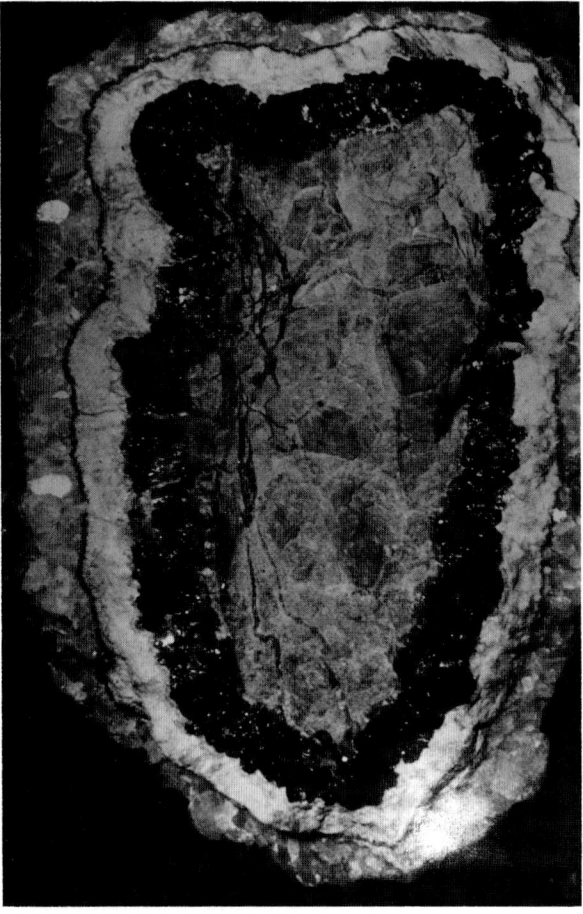

Erzstufe aus dem Gang 6 der Schauinslandgrube
Innen Bergematerial, dunkler Ring: Zink- und Bleiblende, eingeschlossen von
Quarz, Höhe ca. 1 m
Fotografie im Besitz von Herrn Erwin Steiert, Kappel

Erz, so daß man jedem Bergmann mit 3 Mark Gold das Stillschweigen befohlen. Ich aber der den Vorhang gesprengt bekam 3 Mark Gold mehr als die Andern zum Geschenk und so arbeiteten ich und mein Bruder noch 3 Jahre in dieser Grube zu St.Martin, bis endlich der Krieg so weit um sich gefressen, daß Niemand mehr sicher zu

sein schien, da hat unser hochwerther Meister aus Furcht der Krieger den Befehl gegeben diese St.Martinsgruben von der Mündung 12 Ellenbogen an dem Eingang mit einer Thür von Eisen beschlagen zu beschließen und alle Schachten wohl zu verwahren und mit Schutt zu verhüllen, so daß Niemand es findet bis wieder Ruhe und Frieden im Land sei. Wir sind alle hernach in die Flucht und haben uns 4 Jahre im Zastler und Feldgebirg aufgehalten, alle 7 Tage hat einer von uns nach dem Schmelz und Pochwerk gesehen. Endlich ist solcher im 2. Jahre im Monat November von den Soldaten ausgeputzt und verbrannt worden, dieses war alles, was sie thun konnten, den St.Martini haben sie nicht gefunden; dieser ist in der Grube aufbewahrt, der ist von lauter Gold und wiegt 300 Mark, ich freute mich öfters wegen diesem Stück, denn ich gedenke, wann ich das Leben davon bringe so weiß ich St.Martin zu finden. Nun ist der Krieg etwas still geworden, alsdann fangt erst bei uns die Forcht an, da starben bei uns in 8 Tagen 12 Mann, Kinder und Weiber, darunter mein Geschwister, mein Eheweib und 3 Kinder, so daß ich mich noch alleinig mit einem Mitheuer flüchtig in die Schweiz nach Solothurn begab, und hoffe wieder zu St.Martin zu kommen, allein getraute mir nicht da man neuerdings hörte, daß das Sterben noch immer fort in dem Breisgau dauerte. So hat ich dieses zu Solothurn aufgeschrieben und bei mir verwahrt. Der diese Schrift nach meinem Tod findet, gehe auf Oberried, neben diesen zwei Rinden, alwo St.Wilhelmer und Zastler Thal zusammenfällt gegen Mittag liegt am rechten Ufer am St.Wilhelmer Wasser an dem Rabespitz rechts, unten auf der Fläche geht die Mündung hinein und zieht sich gegen Mittag in 11 Stunden oder Schirm.

Das ist wahrhaft, den ich es mit meinen Augen gesehen und 3 Jahr darin gearbeitet.

Bitte den der diese Schrift in seine Hände bekomt St.-Georgen dadurch finden, meine Seele auf der Ewigkeit zu gedenken und allen Abgestorbenen mit Hülfe beizuspringen.

Solothurn den 19 März 1527   David Ludau«

Die Nachricht vom sagenhaften Goldquarzgang versetzte das Dreisamtal geradezu in einen Goldrausch, von 1747 bis 1867 schürften und suchten, gruben, fieberten, rackerten Erzgräber, Bergmannsprofis, Privatträumer und Abenteurer in der Hoffnung auf den Schatzfund des »Goldnen Marti von Oberried«. Einheimische wie der Gäsenbauer oder der Altbürgermeister von Oberried stritten mit Auswärtigen, der letzte, den der Goldrausch nicht ruhen ließ, war Georg Heitzmann vom Schweighof in St. Peter.

Die Bergruhe nach dem 30jährigen Krieg endete zu Beginn des 18. Jahrhunderts mit einem staatlichen Anstoß zur allgemeinen Belebung des Bergbaus. Die 4. Bergbauperiode des Dreisamtals stand unter dem Eindruck eines neuen Gutachtens,

»daß das in dem Hofsgrund befindliche Bleibergwerk eine große Hoffnung des göttlichen Segens von sich gibt.«

Die Abbaujahre der 4. Epoche sind ganz mit dem Engagement des Krozinger Kaufmanns und Holzfloßunternehmers Johann Franz Litschgi und seiner Familie verbunden. Johann Franz Litschgi wurde 1735/1744 mit dem Hofsgrunder Bleibergwerk belehnt und ließ guten Mutes mehrere Stollen öffnen, darunter den tiefen Stollen »Johannis Fördernuß« und den »Osterzeit«stollen; er dehnte den Abbau später auf Stollen im Gegendrum aus, er grub im Schauinslandfeld und eröffnete neue Abbaustätten im St. Wilhelmer Tal. Der große Erfolg blieb aus. Auch die 2. und 3. Litschgi-Generation Franz Anton und Franz Xaver Litschgi, die die Bergbauambitionen ihres Vaters bzw. Großvaters fortsetzten, operierten nicht erfolgreicher. Der Abbau wurde nur noch mit Zubuße fortgesetzt und Franz Xaver konnte von sich sagen, daß er »das traurige Schicksal gehabt habe, am Bergwerk zu scheitern«. So kommt der Bergbaugeschichte des 18. Jahrhunderts, die der Hofsgrunder Bergbauchronist Paul Priesner so eingehend beschrieben hat, offensichtlich nur eine bescheidene Rolle zu. »In Anerkennung seiner Verdienste um den Bergbau und in Würdigung der Leistungen seines Vaters« wurde Franz Anton Litschgi von Kaiser Franz I. 1763 immerhin in den erblichen Reichsadelstand erhoben. Gelegentliche positive Einschätzungen und Tendenzmeldungen gaben dem österreichischen Staatsfiskus den Auftrieb, um 1794 die Litschgi'schen Bergwerke von Hofsgrund in staatliche Betreuung zu übernehmen, die Bergbauepoche endigte mit der Besonderheit eines 9 Jahre lang »ganzärarisch betriebenen« österreichischen Staatsbergbaus – auch für das Dreisamtal ein ungewohntes Intermezzo.

Die jüngere Bergbauepoche stärkte nochmals die Rivalitäten und Feindseligkeiten zwischen Klosterleuten und Bergleuten, die sich immer wieder an der Waldnutzung entzweiten. Ein Streitpunkt wurden auch die von Bergleuten als Ausweichunterkunft errichteten Bergmannshäuser. Die Weigerung der Hofsgrunder, Tiroler Bergleute in Quartier zu nehmen, veranlaßte den Bergrichter, kraft seiner Verfügungsgewalt auf Gruben und Halden die Erstellung von kleineren Berghäusern zuzugeben. Ab 1749 wurden in Hofsgrund mehr als 10 solcher Bergmannshöfe erstellt, kleine »Schwarzwaldhäuser«, die sich in der bescheidenen Dimension deutlich von den bäuerlichen Berghöfen unterschieden. Der Abt von Oberried sah im Bau der Berghäusle einen Mißgriff und drohte wiederholt, die widerrechtlichen Bauten abbrechen zu lassen. So bedurfte es eines Regierungsentscheids der vorderösterreichischen Regierung, um den Bestand wenigstens vorläufig zu sichern. Die Berghäusle, die in Hofsgrund den ortsständigen Bergbau lange überlebten, kennzeichnen eine wahre Besonderheit im Kulturbild der Schwarzwaldlandschaft. Das Fallerhäusle, das Kreuzhäusle, die obere Lochmatte sind Beispiele dieses bergbauangepaßten Haustyps. Das »Hofsgrunder Modell« machte Schule, einzelne Berghäusle entstanden alsbald auch an den übrigen Abbaustellen in Kappel, St. Wilhelm, Oberried, am Hörnegrund, in Tiefenbach.

Neue Gruben wurden im 18. Jahrhundert im Dreisamtal da und dort und in schier unübersehbarer Zahl abgebaut. Zeitweise fuhr der Bergmann in die Gruben St. Johann im Welchental, St. Josef in Falkensteig, St. Josef in Wittenbach, St. Katharina in Oberried, St. Martin in Oberried, St. Nikolai in Birkenreute, St. Thomas in Dietenbach, St. Kaspar in Tiefenbach, St. Sophia in Falkensteig, Maria Theresia in Welchental, Ferdinandus in Geroldstal und Maria Theresia am Kammentobel in St. Wilhelm, St. Benedikt in Wilhelm-Katzensteig, Bonifazius am Silbereckle unter Erlenbach, St. Michael am Kibbad in Kappel ein; da sich die Erwartungen nicht erfüllten, wurden die Abbaustätten zumeist schon nach wenigen Jahren wieder aufgegeben. Für den Betrieb der Stollen in Tiefenbach und am Holderschlag, an denen die gräflich-Kageneck'sche Familie beteiligt war, wurden bis 1793 »mehrere 1000 fl. verwendet, ohne den geringsten Nutzen zu ziehen«. Man beschloß, »allem weiteren Bergbau zu entsagen«. Auch über dem Abbau in Wittenbach steht das bergkundige Urteil eines weitblickenden Experten:

»Er empfahl, die nutzlose Graberei solle vom Berggericht mit Gewalt verboten werden.«

Im Übergang der österreichischen Vorlande an die Zwischenherrschaft Modena und an den endgültigen neuen Landesherrn, den Großherzog von Baden, kam der Bergbau von sich aus zum Erliegen, am Schauinsland herrschte Bergfriede.

Baden beschränkte sich zunächst darauf, zu prüfen, zu erwägen und abzuwarten. Erst das neue badische Bergrecht von 1890 führte zu echter neuer Bewegung im

Bergbau. 1876 beginnt die Bergbaugeschichte des Schauinslands ihre 5. Epoche. Auf dem Metallmarkt war längst nicht nur Blei und Silber gefragt, das Interesse galt inzwischen der Verhüttung anderer Metalle, u.a. der Zinkblende. 1876 entdeckte Freiherr Carl von Roggenbach den Zinkreichtum der Halden des Schauinslands und wagte deren Ausbeutung; 1878 gewann er aus Haldenerzen 20 t, 1879/81 61 t Zinkblende. Da unternahm es Freiherr von Roggenbach mit der »Stolberg-Westfälische Aktiengesellschaft«, einen fortschrittli-

chen, großtechnischen Bergbau im Schauinsland einzurichten; von Roggenbach verlegte die zum Abbau notwendigen Einrichtungen über Tage in den Grubendobel im oberen Kapplertal und orientierte auch die Abfuhrrichtung nach Kappel; nachdem Erkundungen ergaben, daß der auf Sohle 1084 m gelegene, alte Schauinslandstollen – später Roggenbachstollen genannt – weitgehend abgebaut war, entschloß sich die Roggenbach-Gewerkschaft zur Anlage eines neuen, tieferen auf Sohle 979 m eingerichteten Stollens, der künf-

Szene vor dem Eingang des Kappler Stollens um 1900: Das Grubenpferd Lisa (mit Lederschutzkappe, 17 Jahre alt) bringt 7 Hunde (Erzladewagen) aus der Tiefe des Schauinslands zutage. Dahinter steht die alte Poche.

Die Erzwäscherei am Nordhang des Bannwalds von Kappel, davor liegt die große Abraumhalde.
Fotografien im Besitz von Herrn Erwin Steiert, Kappel

220

tig von der Kapplertalseite aus bis in die Baue von Hofsgrund durchschlägig werden sollte. 1889 begann man mit dem Auffahren des Kappler Stollens nach dem neuen Betriebskonzept. Dann aber erwies sich die Finanzdecke der Roggenbachgesellschaft als zu dünn, um die enormen Aufwendungen des Neubeginns abfangen zu können. Schon 1890 mußte von Roggenbach seine Bergwerksbeteiligung verkaufen, den Betrieb übernahm die Gesellschaft »Schwarzwälder Erzbergwerke« in Köln, an der von Roggenbach nur noch geringfügig mit 1 % beteiligt blieb. Dennoch hatte von Roggenbach mit seinen Vorentscheidungen die Epoche modernen Bergbaus im Dreisamtal eingeleitet.

Die 1890 eintretende Gewerkschaft Schwarzwälder Erzbergwerke setzte die zukunftsorientierte Betriebsauslegung fort; zwischen 1890 und 1900 entstanden die gesamten Neueinrichtungen des Kappler Bergbaus; am Bergfuß des Kapplertals am Nordhang des Bannwalds erwuchs die Erzwäsche, die hier vorbeiführende Höllentalbahn bot günstige Gelegenheit zum Abtransport des aufbereiteten Materials zur Verhüttung. Für den Beitransport des Erzes wurde eine rund 6 km lange Materialseilbahn aufgebaut, die das gesamte Kappler Großtal durchzog und geradezu zum Wahrzeichen des Kapplertals wurde. Eine Höhendifferenz von 600 m, eine Talüberquerung mit 600 m Spannweite gaben der Materialbahn auch technisch einen guten Rang. Mit 4 m/sec transportierten 48 Materialgondeln das Fördergut kontinuierlich und fast lautlos über den Köpfen der Kappler und Wanderer hinweg zu Tal. Überall entstanden Nebeneinrichtungen des Bergwerks wie das Bergmannsheim, die Steigerwohnung und das Bergarbeiterwohnhaus im Grubendobel, Verwaltungsgebäude und Wohnhäuser im Talgrund, eine Bergmannssiedlung bei der Herderhütte, später auch beim Molzenhof. Der Ankauf der Holzstoffabrik Hieber in Oberried samt deren Wasserrecht an der Brugga ermöglichte den Einsatz des Brugga-Kraftwerks zur betriebseigenen Stromversorgung. Auch der Ausbau unter Tage ging zügig voran. Zunächst wurde der Aufbruch des Kappler Stollens weitergeführt, 1903 wurde bereits der nächste wichtige, ebenfalls wegweisende Schritt getan; rund 150 m unterhalb der Kappler Sohle wurde auf Höhe 834 m der Leopoldstollen aufgefahren, der später jahrzehntelang als Hauptfördersohle diente. Im Oberrieder Tal am Hörnegrund wurde zugleich mit dem Bau eines Tiefstollens begonnen. Während 1894 die Von-Roggenbachgewerkschaft mit 27 Mann Belegschaft im Hofsgrunder Feld den Neubeginn des Bergbaus einläutete, überschritt die Zahl bereits 1897 das erste Hundert. 1900

wuchs die Belegschaft auf rund 200 Beschäftigte. Der Bergbau des Schauinslands florierte von neuem und schien in den modernen Arbeitsformen und mit einem großzügigen Abbaukonzept zukunftsicher.

Da erzwang der Erste Weltkrieg einschneidende Einschränkungen. Zur Kriegszeit wurde der Betrieb weitgehend von Kriegsgefangenen getragen. Die Nachkriegszeit zeigte neuen Elan, die Belegschaft wuchs auf über 250 Mitarbeiter; der Vortrieb des Oberrieder Basisstollens am Hörnegrund wurde fortgesetzt, der Stollen

Bergmannshochzeit um 1895 in Kappel
Foto: Erwin Steiert, Kappel

erreichte bereits über 1200 m Länge. Der Schauinsland war nunmehr mit einem vom Kapplertal aus erschlossenen Stollengeäst durchsetzt, das die Außenstehenden immer wieder erstaunen läßt. Querverbindungen ermöglichten die Zugänglichkeit von mehreren Seiten; Bergleute benutzten um 1925 den im Ramsele-Dobel mündenden Stollen als Abkürzung des Anmarschwegs von der Horbener Seite. Ebenso ist verläßlich, daß die Kinder der Bergmannssiedlung im Grubendobel auf Kappler Seite nach dem Durchschlag des Stollens unter Tage zur Hofsgrunder Schule gebracht wurden – dies war wahrscheinlich der absonderlichste Schulweg der Dreisamtäler Schulgeschichte. Aber auch für Noteinsätze leistete der Bergdurchschlupf seine Dienste; man erzählt, daß in schwierigen Winterzeiten bei hohem Schnee der dringend benötigte Arzt schon einmal mit der Kappler Seilbahn auf die Höhe gebracht und dort durch den Stollen nach Hofsgrund geschleust wurde.

Nach kurzem Aufstieg fiel der Schauinslandbergbau in den weiteren Nachkriegsjahren umso rascher ab; veränderte Kurswerte und Weltmarktpreise der Metalle machten sich spürbar; 1923 ging das Grubeneigentum am Schauinsland an die »Bergbau AG Lothringen« in Hannover über; die neue Gesellschaft unternahm allerlei Prüfungen im Berg und in den umliegenden Tälern, mußte jedoch der Marktentwicklung wegen den Betrieb zunehmend zurückfahren und Bergleute entlassen. 1930 wurde der Schauinslandbergbau aus wirtschaftlich zwingenden Gründen eingestellt. Die Zeitepoche des Bergbaus zwischen 1900 und 1930 förderte nach statistischen Zusammenstellungen immerhin respektable 677 184 t Roherz, enthaltend 31 000 t Zink, 6 600 t Blei und 6 t Silber.

Schon 1935 ergab sich über Staatliche Förderprämien eine neue Lage, politische Entscheidungen sicherten wieder Rentabilität. Damit meldete sich auch ein Neuinteresse am Schauinslandbergbau, der Betrieb wurde von der »Stolberg Zink AG für Bergbau und Hüttenbetrieb, Aachen« erworben. Einiges wurde an der Erzwäsche und Aufbereitungsanlage geändert und modernisiert, manche bergbauliche Einrichtung erfuhr Verbesserungen. Ab 1936 durfte die Grubenbahn im Leopoldstollen auch zur Ein- und Ausfahrt der Bergknappen verwandt werden, der Abbau wurde erleichtert. 1938 entwickelte die Gesellschaft nochmals ein neues, vorauseilendes Betriebskonzept. Ein noch tiefer angesetzter Basisstollen mit dem Stollenausgang am Herchershof im unteren Kapplertal wurde angefahren; über diesen Stollen sollte künftig das Abbaumaterial direkt zur Erzaufbereitung verfrachtet werden; man versuchte, die inzwischen altbetagte Materialseilbahn »auszurangieren«. Der »Tiefe Stollen« wurde auch in den anschließenden Kriegsjahren vorgetrieben, er erreichte jedoch erst 1947 mit 4350 m Länge den Durchschlag zum Roggenbachschacht im tiefen Schauinslandinnern. An der unteren Weiterführung Richtung Erzwäsche wurde noch gearbeitet. 1949 wurde der tiefe Stollen über einen Ausbau des Roggenbachschachts mit dem alten Kappler Stollen verbunden, das neue »Ganggewirr« im Innern des Bergs kam nunmehr auf über 40 km Länge; Kenner wie Erwin Steiert aus Kappel geben sogar mehr als 60 km Stollen, Strecken, Gänge und Schächte als »Infrastruktur« des Schauinslandbergbaus an.

In den Kriegstagen 1943 hatte die Belegschaft, die erneut Kriegsgefangene beschäftigte, die Zahl von 400 Bergleuten erreicht. Das geförderte Rohhaufwerk lag nahe 50 000 t jährlich. Die Rekordmenge wurde auch 1951 wieder fast erreicht. 1953 war das letzte Betriebsjahr des Bergwerks im Schauinsland. Erneute Verän-derungen der Weltmarktlage und das nunmehr einbrechende »Plastikzeitalter« machten den Abbau des Schauinslanderzes unrentabel. Ende Oktober 1954 erlosch das Bergmannslicht im Grubenrevier im Schauinsland.

Bergbauerinnerungen im Dreisamtal flackern gelegentlich auf, etwa im Stammtischgespräch am Kappler Wirtstisch: »...das waren doch arme Kerle, die machten das doch nur wenige Jahre...« – Aber was weiß die heutige Generation schon verläßlich aus »Großvaters Zeiten«? Bleibt da das ungute Gefühl, daß das Tal seine Zeitdokumente allzu freigebig verschleudert hat? Es ist sicher nicht möglich, ein Bergwerk als Kulturdenkmal zu erhalten, aber es bleibt gewiß, daß mit dem Bergwerk im Schauinsland ein Denkmal der Kultur des Dreisamtals verloren ging.

Da überrascht die Tagesnachricht einer neuen Bergwerknutzung. Das visionsfähige Zeitalter hat die Daseinszukunft im Dreisamtalstollen entdeckt. »Je tiefer, je edler« ist ein alter Bergmannspruch; aber aus dem Bergmann als Schatzgräber ist der Vergräber von Schätzen, aus dem Hauer des Silbererz der »Hutmann« der Kulturnation geworden; der Oberrieder Stollen birgt in seinen Bunkern die zusammengekehrte, verfilmte, registrierte, zum Überdauern eingeschweißte Zivilisation der Zeit. Auf Microfilmen soll der Nachwelt hier erhalten sein, was der Gegenwart wert und wichtig wurde. Die Sammlung gleicht aber keinem freundlichen Museum, keinem Schaubergwerk; es ist ein Tresor neuer Dimension, der unwirklich und trügerisch auf Microblättern die Kultur spiegeln mag, die eines Tages droben im Tal verbrannt sein wird, wie schon Johann Peter Hebel als Ätti seinem Bub im Gespräch auf der Straße nach Basel erzählt:
»Der Belche stoht verchohlt,
der Blauen au, as wie zwee alti Türn,
und zwischedrin isch alles uusebrennt
bis tief in Boden abe!«
    Der Oberrieder Berg birgt ein Abbild des Alls – aber welche Welt mag diesen neuen »Goldnen Marti von Oberried« heben?

Aus Eigenbrötelei und Fleiß
Vergessenes Dreisamtäler Handwerk
in Burg am Wald

Im Frühjahr 1757 reiste eine Abordnung der Freiburger
Universität in zwei Kutschen von Freiburg nach Meers-
burg; am Ende des Zartner Beckens war bereits der erste
Pferdewechsel; von der zweiten Station gleich oberhalb
der Hölle heißt es dann:

»Der Weg durch die Hölle hatte eine Chaise so mitgenommen, daß der Schmied eine Reparatur vornehmen
mußte.«

Schmiede und Sattler fanden allenthalben entlang
der alten Straße ihre Beschäftigung und ihr Auskommen. Völlig überraschend und ohne Voranzeichen
ersteht in Burg am Wald, am alten Villinger Landweg
Freiburg – Zarten – Unterbirken – Buchenbach – Wagensteig – Turner das stimmungsechte Bild einer vorel-
terlichen Schmiede. Urtümlich schaut die zeitvergesse-

Die »Mühle im Schwarzwälder Tal« – die alte, bodenständige Nutzung der Wasserkraft. Sägmühle am Spirzjockelehof im Spirzendobel

223

ne Werkstatt in das Getümmel moderner Technik; selbstbewußt präsentiert sich die verrußte Schmiedstube als »gewachsenes Original« – nicht gestellt wie eine Filmszene, nicht aufgeputzt wie ein Museumsstand, nicht gehätschelt wie ein Nostalgiebesitz. Selbstbewußt und mit Liebhaberhand hegt der darin werkende Sproß der Kienzlerfamilie – der Name ist bald als ›Kienzler‹, bald als ›Kientzler‹ überliefert – das aus dem 19. Jahrhundert stammende Erbstück.

Noch mehr läßt erstaunen, was an Nachrichten über die Zeitläufe der »Kientzlerschmiede« in Erfahrung zu bringen ist. Ein Hans Kientzler, »Schmied zu Burg«, pachtete die zum alten Laubishof, einer Herberge, gehörige Schmiede 1598 auf damals 10 Jahre; einer seiner Nachkommen, Matthis Kientzler, löste die Pachtfrage durch Einheirat; 3 Söhne zogen um 1616 nach Zarten auf die Schmiede, als Schmied nach Ebnet bzw. auf das nunmehr eigene Schmiedgut in Burg. 1718 ist Andreas

Die Kienzlerschmiede beim Laubishof in Burg am Wald ist ein besonderes Kulturdenkmal. Esse, Werkzeug und Gebäude stammen noch aus dem 19. Jahrhundert, die Schmiedetradition der Kienzlerfamilie reicht bis ins Jahr 1598.

Kientzler Schmied zu Burg, ihm folgt sein Sohn. Eine ganze Schmiededynastie erwächst aus den Kientzlersöhnen, 1787 übersiedelt Martin Kientzler nach Kiechlinsbergen, 1794 Josef Kientzler aus Zarten nach Günterstal; nach 1810 teilt sich wieder eine Kientzlergeneration die Schmieden des Tals, Lorenz geht nach Kirchzarten, Josef nach St. Peter, Xaver bleibt in Burg. Dann folgt Severin Kientzler in Burg, dann Pius aus St. Peter als Treuhänder seines minderjährigen Neffen. Kientzler-

Die Neugierde für die Schmiedetradition drängt zum Blick in die Kienzlerschmiede zu Kirchzarten. Dieser Bau des 18. Jahrhunderts, direkt am Ufer des Osterbachs gelegen, zeigt eine »Märchenschmiede« in ihrem verrußten und veraschten Urbild; das weitgehend noch intakte Doppelhammerwerk aus dem 19. Jahrhundert ist eine Sehenswürdigkeit des Tales. Der traditionsechte Bestand wird von der Gemeinde als kleines technisches Museum gepflegt – neben dem Schniederlehofmuseum

Xaver Kienzler (links) und Severin Kienzler (Mitte) zusammen mit Herrn Hauser aus Kirchzarten beim Hufbeschlag um 1880 vor der Schmiede, die heute noch in der Art von damals betrieben wird

sproß folgt Kientzlersproß. Zähigkeit und Schollenklebrigkeit sind auffallende Merkmale des Kientzlergeschlechts in Burg,
»das immer wieder seine Buben an den Amboß stellt und sie Schmied werden läßt, als gelte es, den ganzen Schwarzwald mit Kientzlerschmieden zu versorgen.«
Karl Motsch, der Talkundige, hat 1937 die 400-Jahre-Familienchronik der Kientzler als Schmiede des Dreisamtals geschrieben.

von Hofsgrund die zweite »Lehrschau« der Dreisamtäler Vergangenheit.

Aber in dieser Landschaft bewahrt jeder einzelne Schwarzwaldhof ein ganzes Bündel handwerklicher Erinnerungen, eine eigene, höchst intime Schwarzwälder Fertigkeitenschau. Schließlich war der Hofbauer über Jahrhunderte »Allesfertiger«; aus Holz schnitzte er seinen Eigenbedarf an Küchen-, Haus- und Feldgeräten, an Kübel, Zuber, Bottichen, bis hin zu Werkzeug und Wohnmöbel. Nur weniges überließ er dem Wanderhandwerker »auf der Stör«. Mit Vorliebe saß der Schwarzwaldbauer auf seinem »Schneidesel«, er war Holzhauer, Schnitzer, Schnefler, Schindelmacher, Tischler, Zainemacher, und er blieb Tüftler bis an sein Lebensende. Schindelmachen war eine wichtige Voraussetzung für die Erhaltung des Hofs. Hans Thoma erlebte das Schindelmachen bei seinem Vater im häuslichen Hofalltag. Das Holzspalten für die Schindeln war

Schwerarbeit, wenn man die große Fläche des Hofdaches bedenkt. 1000 Schindeln jährlich mußte der vordere Meierhof von St. Wilhelm im 17. Jahrhundert für das Kloster Oberried bereithalten; als 1766 die »Schindlen Decker« den einen Turm des Klosters St. Märgen erneuern, haben sie für »den halbe Theil gegen dem Unter Wind 23 000 Schindlen gebrauchet«.

Die alten Handwerkstraditionen führten vielfach in einzelnen Schwarzwaldgegenden zu Schwerpunkten der Tätigkeit. In Bernau entwickelte sich die Heimar-

Tausende von handgeschnittenen Holzschindeln decken die riesige Fläche des Schwarzwälder Hofdachs

beit von 300 bis 400 Schneflern, in Todtnau wurde die Bürstenindustrie groß. Das Dreisamtal kannte keine so ausgesprochene Ausrichtung auf ein bestimmtes Gewerbe, leistete jedoch in allen Wirtschaftszweigen seinen Beitrag.

Dies gilt besonders von der Löffelfertigung. Löffeltal heißt noch heute der obere Talstich des Dreisamoberlaufs zwischen Hinterzarten und Ravennaeinmündung. Um 1740 machten sich die Schwarzwälder daran, die

Ein Schindeldach alter Art am Ottenberg
Der »Schnidesel«, das Handwerkszeug des Schindelmachers
Demonstration im Schniederlehofmuseum auf dem Schauinsland

bisherigen importierten Löffel zu verbessern, eigene eiserne Löffel herzustellen. Stärkeres Blech ließ es zu, Löffel mit Stiel aus einem Stück zu stanzen. Andreas Feser richtete am Rotbach ein eigenes, kleines Hammerwerk für das Schlagen und Aushöhlen des Eisenblechs ein. Diese neuartige Fabrikation »am laufenden Band« setzte einen Meilenstein auf dem Weg zur Industriefertigung. Der Einsatz der Wasserkraft verdoppelte zugleich die Fertigungszahlen auf rund 4500 Dutzend im Jahr pro Meister mit Geselle. Der Betrieb der 3 Löffelschmieden, die um Hinterzarten arbeiteten, produzierte bis 1877 rund 150 000 Dutzend Löffel – ein beeindruckender Erfolg. Hier und da regten sich auch Widerstände, man fürchtete in dieser vorindustriellen Zeit bereits Einbußen an Qualität durch die neue, über den Hammerschlag beschleunigte Machart. Der Magistrat von Augsburg, der sich mit der Verzunftung der Löffelmacher befassen mußte, beteuerte zur gleichen Zeit, daß Löffelmachen »eine freie Kunst sei«. Das Verzinnen der heimisch gefertigten Löffel wollte allerdings erst gelingen, nachdem das Fachwissen den Weißblechnern in einer wahren Meistergeschichte der Betriebsspionage durch einen Kundschafter über ein Astloch im Dachboden einer Verzinnerei abgelauscht worden war.

Mit Pionierschwung fand das Dreisamtal auch seine Rolle in der Schwarzwälder Kunst und Industrie der Uhrmacherei. Die Wiege der Schwarzwälder Uhr steht vielleicht – in Böhmen; der Schwarzwälder gilt als der, der eine mitgebrachte böhmische Uhr aus Eigenbrötelei und tüftelndem Fleiß bestaunt, studiert und nachgebaut hat. Fachleute meinen, daß es solchen böhmischen Anreizes nicht bedurfte, eiserne Uhren als Vorbilder gab es auch schon in der Nähe in den Städten, etwa am Münster in Villingen. Die Schwarzwälder Leistung war, die Uhr mit Material der Umgebung, im Werkstoff Holz nachgebaut zu haben. Interessante Frühnachrichten besagen, daß 1634 ein Bergrichter von Hofsgrund ein Ührlein nach Basel verschenkt – vielleicht eine erste eigene Schwarzwälder Uhr. Die Geschichte bleibt bei einer mutmaßenden Zusammenfassung: Einfache Holzuhren wurden Mitte des 17. Jahrhunderts auf dem Schwarzwald gebaut. Als »Uhrenväter« sind erwähnt: die Gebrüder Kreuz vom Glashof in Waldau in der Herrschaft St. Peter, der Hackbrettlenz Lorenz Frey aus den Spirzen in der Herrschaft Freiburg und Simon Henninger aus dem Stockwald bei St. Georgen, später die Ketterer und Dilger aus Schönwald und Schollach. Das Dreisamtal zählt zum Alt-Uhrengebiet, das »von Littenweiler, eine Stund von Freyburg entlegen, und dem Kloterthale über St. Peter bis in das herzogl. württembergische Oberamt Hornberg«

reicht. Um 1662 kennt das Kirchzartner Tal einen Uhrmacher Jakob Cuonle, der in seinen späteren Lebensjahren als »Alt-Uhrmacher aus Zarten« in den Pfarrurkunden erwähnt wird. Daß es schon bald nach 1700 im Dreisamtal üblich war, »einen Uhren an der Wand« zu haben, lassen aufschlußreiche Nachlaßstudien erkennen. Auch später blieb die Uhr ein beliebtes Präsent, wie Abt Ignaz Speckle in seinen Tagesbemerkungen hinterließ:

»Der Frau Oberamtmännin eine Spieluhr aus dem Schwarzwald«

»Pater Großkellner reisete heute früh ab; für Pater Archivarius sollte er unterwegs eine schöne kleine Schwarzwälder Uhr kaufen!«

»Er bestellte bei mir eine Schwarzwälder Spieluhr.«

Ab 1700 verlagerte sich der Schwerpunkt der Uhrenproduktion mehr in den »hohen Schwarzwald« Richtung Furtwangen. Franziskus Steyrer, Neffe des Abts Philipp Jakob Steyrer von St. Peter, selbst Pfarrer in Eschbach, erklärt die Verbreitung der Uhrmacherei in seinem ersten gründlichen Sachbericht über die Schwarzwälder Uhr von 1796:

»So ist itzt unter den Uhrenmachern zum Sprichwort geworden: Die kalte Herberg sey der Mittelpunkt, von wannen man fünf Stunden weit im Bezirke diejenigen Orte zählen könne, wo es Uhrenmacher gibt.«

Pfarrer Steyrer schätzt die Zahl der Uhrmacher zu Ende des 18. Jahrhunderts im ganzen Schwarzwald auf etwa 500 Meister, aber er zählt weiterhin 30 im stadtfreiburgischen Gebiet und 29 in den Vogteien der St. Peter'schen Herrschaft, darunter in Eschbach und Ibental. Schrittmacherfamilien wie die Wehrles sind im Dreisamtäler Schwarzwald ansässig, Eusebius Wehrle gilt um 1771 in den Augen des St. Märgener Abts »als ein braver Mensch und extra gutter Uhrenmacher!«

Im 18. Jahrhundert entwickelt sich eine besondere Allianz zwischen den Ordensbrüdern bzw. Chorherren der Klöster St. Peter und St. Märgen und den Uhrmachern des Schwarzwaldes. Der Erfinder-Mönch Thaddäus Rinderle, der technische Zeitpionier des Waldes, half bei der Entwicklung der Werkzeuge, konstruierte neues Gerät für knifflige Arbeiten und fertigte Berechnungen und Unterlagen für komplizierte Uhrwerke bis zur anspruchsvollen Ausführung der astonomischen Uhr von 1787. Sales Kämmerer, »ein in der Tonkunst gut beschlagener Chorherr von St. Märgen«, verwendet seine Liebe für die Spieluhr und berät zusammen mit anderen Geistlichen die Uhrenbauer, »was zu dem bemer-

kenswerten Aufstieg der schwarzwälderischen Uhrmacher wesentlich beitrug«. Auch Pater Philipp von St. Peter »fertigt musikalische Stücklein für die Uhrmacher«; »er brachte mir zum Geschenk eine Spieluhr, wozu er selbst die Stücklein komponiert, die Walzen gestochen hat.«

Die Patres der Dreisamtäler Waldklöster St. Peter und St. Märgen verdienen so als »technische und musikalische Berater der Uhrmacher« eine glanzvolle Erwähnung in der Geschichte der Uhr.

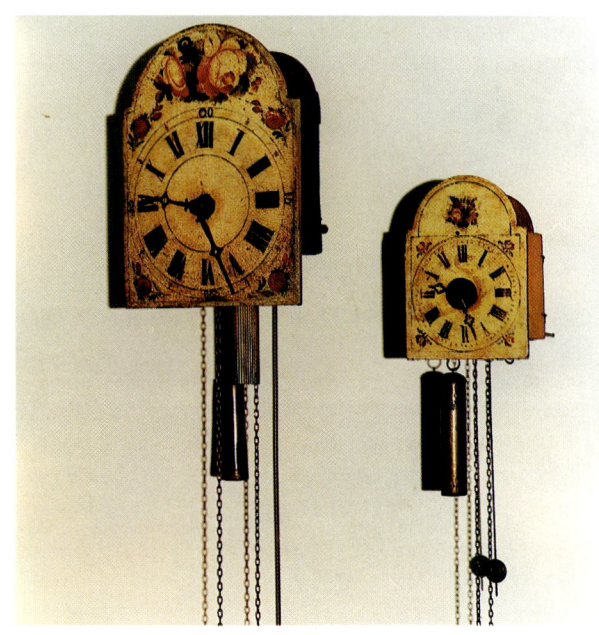

Schwarzwälder »Geschwister«: Die »große« Lackschilduhr und der »kleinere Bruder«, die »Jockele-Uhr«.
Das Dreisamtal hatte gewichtigen Anteil an der Entwicklung des Schwarzwälder Uhrmachergewerbes

Zu den Uhrmacherstützen zählt auch der Waldbruder Lorenz Rost vom Giersberg bei Kirchzarten, wenn auch sein Beitrag ein recht eigentümlicher ist. In den Anfangsjahren der Schilderbemalung kamen die Farben auf den rohen Holzbrettern nur wenig zur Geltung, die Schwarzwälder überzogen daher das Holz mit einem einzeln vorgezeichneten Papierschild. Uhrmacher Mathias Grieshaber, der »Grundmathis«, ließ sich 1740 in Freiburg eine Kupfertafel in der Größe des gemeinen Holzuhrenschilds stechen und brachte sie zum Waldbruder auf den Giersberg, der ihm auf seiner Handpresse Stiche als Schaublatt für die Uhrenschilde druckte. Mit seiner Presse fertigte der Waldbruder ansonsten Heiligenbildchen, sog. »Helgele«, die ihm bei den Wallfahrten Spendengelder einbrachten. Die neuen »Giersbergdrucke« fanden Anklang und bald standen in anderen Uhrenorten 5 Druckpressen in Betrieb. Allerdings wurde das Druckbild schon um 1770 durch eine verbesserte Lackschildtechnik abgelöst; die Uhr bekam nunmehr die individuelle, bunte, flächig angelegte Bemalung, die dem Schmuck der Bauernmöbel, der Zier der »Glasguttere«, dem Kunstgefühl der Schwarzwälder entspricht. Hans Thoma, selbst in Furtwangen für einige Wochen Lehrbub der Uhrschildmalerei, hat dem künstlerischen Aspekt der Uhrschildbemalung größtes Lob gewidmet:

»Die Uhrenschilder und bemalten Tafeln mögen so schlecht gewesen sein wie sie wollen, das Bemalen war immerhin Kunstübung und Handarbeit und hat den Zusammenhang mit der Kunsttätigkeit im Volke wachgehalten, den die fabrikmäßig hergestellten Farbendrucke niemals ersetzen können.«

Die Dreisamtäler Betrachtungen zur örtlichen Uhrmacherei umfassen in diesem Rahmen zwangsläufig keine zusammenhängende Geschichte des Schwarzwälder Uhrmachergewerbes. Wie verbreitet die Uhrmacherei im Dreisamtal blieb, zeigt ein Wirtschaftsgutachten des Freiburger Talvogts von 1785 über die trostlosen Zustände in der Freiburger Talherrschaft: »außer Uhrmachern gibt es keine Gewerbe«, steht als Resumee. Auch Abt Ignaz Speckle verzeichnet um 1800 den bemerkenswerten Schwung der Uhrenkonjunktur: »Desto stärker gehet nun der Uhrenhandel weiter. Man sagt, es könne nicht genug gefertiget werden, und die Uhrenhändler bringen ziemlich Geld, besonders Gold«.

In Hinterzarten arbeiteten etwa 15 Uhrmacher, Uhrgestellmacher, Uhrenschildmaler, die jährlich 1 200 Uhren fertigten. Unter ihnen findet sich Jacob Hebstreit, der in Steig seine Werkstatt führt. Er »erfand« Schwarzwälder Uhren von besonders kleiner Form, die als »Jockele-Uhren« weithin beliebt wurden. Der »Jokkeles-Jockele«, wie er zur Unterscheidung von seinem Vater Jakob gerufen wurde, hat die Schwarzwälder Art mit einer neuen Uhrenform bereichert. Er selbst genoß nicht das gleiche Ansehen, wie die Einschätzung einer Pfarrbemerkung von 1810 zeigt:

»Er könnte 300 Uhren mit seinem Sohn machen und in guten Umständen sein, wenn er seine Geschicklichkeit mit größerer Häuslichkeit verbände. Er ist aber sozusagen der eintzige Lump in der Pfarrey.«

So gaben die Uhrmacher des Dreisamtals immer wieder ihre Anstöße und Impulse zur Verbesserung der alten Uhr. Ein St. Peterner, Paulus Creutz, aus der »sog. Hohritte zur Vogtey Ibenthal gehörig« übernahm das Kreuz'sche Wirtshaus am Hohlen Graben, das sein Vater zusammen mit einer Schmiede an der verkehrswich-

tigen Straßenverbindung betrieb. Paulus Creutz verlegte sich darauf, die für die Schwarzwalduhr benötigten Glöcklein als erster selbst zu gießen und hatte mit diesem Neuanfang großen Erfolg. »Jährlich 50–60 Zentner Uhrenglöcklein« goß Paulus Creutz und besaß für lange Zeit einen florierenden Handel, der selbst ins Ausland ging.

Die große Zeit der Schwarzwalduhren blieb eine Epoche der Heimarbeit. Mit guter Beobachtungsgabe hat 1848 der Breslauer August Meitzen die Uhrenindustrie des Schwarzwaldes beschrieben und Einblicke in den Werkstattalltag, in das Familienleben des Meisters, in Sitte und Brauch der Schwarzwälder hinterlassen.

»Die Familie lebt und arbeitet in der Werkstatt, die nicht gar hoch, aber geräumig und sehr hell ist. An die Fenster sind die Werktische angerückt, über denen das Werkzeug der Reihe nach an Gerüsten hängt, so daß es auf den ersten Griff zur Hand ist. An der hinteren Wand des Zimmers steht ein großer Kachelofen, der mit dem Herde in Verbindung ist, und das ganze Haus heizt.

In diesen Räumen arbeitet der Meister mit seinen Gesellen, und die Frau Meisterin führt darin ihre Wirtschaft.«

Die Schwarzwälder waren jedoch nicht nur Uhrenbauer, sondern vertrieben ihre Eigenfertigung im Hausierhandel an allen Haustüren Europas. Die Glasträger waren mit beachtetem Beispiel vorangegangen, hatten die Uhren als »Beigut« mitgehandelt, die Uhrenträger folgten bald ihren Schritten über Steg und Stein. Das bekannteste Bild des Schwarzwälder Uhrmachers zeichnet denn einen Uhrenträger auf seinem Weg in aller Herren Länder, die Krätze voll Uhren auf dem Rücken und den Regenschirm unter dem Arm. Aus dem Einzelgänger wurde später eine gewiefte Absatz- und Handelsorganisation, die über Uhrenpacker und Spediteure die fremden Märkte versorgte. Die Gewandheit, die Handels- und Sprachfertigkeiten des Schwarzwälders sind aufallend, der Reisetrieb führte manchen Wälderbub nach Amerika oder bis in den Orient in die Türkei. Hansjakob erzählt von den Rückkehrern aus England:

»Engländer« heißen all' jene Schwarzwälder, die in England ihre Geschäfte als Uhren- und Geldwarenhändler betreiben oder betrieben haben. Alt oder vermöglich geworden, kehren sie in die Heimat zurück und figurieren dann lediglich unter dem Namen ›Engländer‹.«

Andreas Schwer vom Schönbachhof an einem der oberen Ibenbachzuläufe ging 1831 als Uhrenhändler nach England. Bald gründete er ein eigenes Uhrengeschäft an der East-Street in London. Über drei Generationen führten die Schönbachhofbuben diese Filiale, kehrten regelmäßig nach St. Peter zurück, heirateten, gingen wieder nach draußen oder übernahmen den elterlichen Hof und entließen den Sohn nach England, bis 1896 Adelbert Schwer endgültig zurückfand. Anmachende Einblicke in die Handelsjahre des Schwärzwälders geben die Wanderbücher, Familienurkunden, Reisepässe und Dokumente der einzelnen Familien; 1801 erhält Johann Löffler von St. Märgen die Erlaubnis, »mit hölzernen Uhren handlen zu dürfen«, die Uhrenmacher Mathis und Josef Schwer werden nach dem Elsaß entlassen, das Wandergesuch »mit hölzernen Uhren« des Paul Zipfel aus Wagensteig wird allerdings aus nicht näher genannten Gründen abgeschlagen. Die verschiedensten Schicksale der Uhrenträger hat erst jüngst Gerd Bender in seiner ausführlichen Geschichte der Uhrenmacher des hohen Schwarzwalds und ihrer Werke zusammengetragen.

Ein besonderer Abenteurer war Karl Ketterer aus Burg bei Kirchzarten. Als Hirtenbub, Hirte, Knecht, Taglöhner und Straßenwart, zuletzt auch Polizeidiener, lebte er in Eschbach. Dann entschloß er sich 1869 zum Aufbruch nach Amerika. Arbeit suchte er in einem Kohlebergwerk in Excelsior, einer Stadt in Pennsylvanien. Neben seinem Tagwerk schnitzte und feilte, konstruierte und drexelte er eine ganz ungewöhnliche, riesige Kunstuhr; dreiviertel Jahre brauchte er in voller Besessenheit, bis die »Wunderuhr« fertig war. Eine zeitlang zog er mit seinem Ruhmesstück durch die amerikanischen Staaten, dann verkaufte er das bestaunte Kunstwerk für 6000 Dollar; 1874 kehrte er ins Dreisamtal zurück, heiratete und baute sich in St. Peter sein eigenes Anwesen. Eine Werkstatt für Schlosser- und Mechanikerarbeiten, Schnitzereien und allerlei autodidakt erlerntes Handwerken erlaubte ihm seinen Lebensunterhalt.

Daß die Handelskompanien Geld ins Land brachten, bezeugt Hinterzarten, wo die betuchten Elsaßträger zeitweilig ihre Jahresschlußsitzung abhielten.
»1809 gab es hier unter diesen Handelsleuten 40 Kapitalisten, welche 2 000–10 000 Gulden und mehr besaßen, während der Chronist von den Hofbauern vermeldet, daß sie sich kaum mit aller Mühe durchbringen konnten.«

Während die Uhrmacherei im 18. Jahrhundert »das große Geschäft« wurde, kam die Konjunktur im 19. Jahrhundert rasch ins Rutschen. Vielerlei Gründe förderten den Verfall. Die französische Revolution verdarb die Absatzmärkte, die aufkommende Amerikaneruhr, die Konkurrenz der Franche Comté verstärkten die Kri-

se, gleichzeitig traten Wandlungen in der Fertigungstechnik ein, die den einzelnen Uhrmacherbetrieb erdrückten und zu großen Fabriken drängten. Eine katastrophale Überproduktion brachte den Ruin, eine Statistik gibt die Schwarzwälder Uhrenfertigung für 1808 mit 110 000, für 1845 mit 600 000 Uhren an. Die Wandlungen in der Uhrenherstellung spürt Heinrich Hansjakob 1885 mit aller Trennschärfe der eigenen Beobachtung:
»Ich war seit vielen Jahren in keiner Schwarzwälder Uhrmacherei mehr gewesen. Aber wie staunte ich über den mächtigen Fortschritt in der Technik. ... Schmerzlich aber berührte es mich, wenn ich hören mußte, daß die Arbeiter pro Tag nur 1 Mark 50 Pfennig bis 2 Mark verdienen. Und doch klagte mir der Direktor der Fabrik, daß die Aktiengesellschaft selber nichts verdiene, weil der Konkurrenten zu viel und deshalb die Preise zu gedrückt seien. Daß bei alledem die Arbeiter auf dem Schwarzwald noch zufriedener sind als die in unseren großen Industriestädten, hat seine einfache Erklärung darin, daß fast jeder von ihnen am Berge hin eine eigene Hütte besitzt, seine Kartoffeln selbst baut und Futter hat für eine oder die andere Ziege.«

Die Dreisamtäler Uhrmacherei steht im Auf und Ab des gesamten Gewerbes. Bis 1927 hat sich mit der Schwarzwälder Uhrengehäusefabrik AG in Kirchzarten immerhin ein Zweig des alten Uhrmacherdaseins in seiner Tradition erhalten.

Zu den alten Wäldergewerben, die stets besonderem Interesse begegnen, zählt die Glasbläserei. Glashütten waren stets schicksalsgekoppelt mit dem Wald. Solange die Waldvorräte unerschöpflich erschienen, hielt man es für das »Allerratsamste, daß man eine Glashütte baute, denn dadurch würden die Wälder eröffnet und könnte gleich gesehen werden, ob es Heu- oder Ackerfeld gebe.« Als Freiherr von Pfirdt Mitte des 18. Jahrhunderts seine Dreisamtäler Glashütte in Falkensteig gründete, stand es um den Wald längst anders; neue Forstordnungen verfügten:
»... ist in Zukunft keine Glashütte, Pottaschensiederey, Eisenschmelz, Blechhammer, und dergleichen ohne Verwilligung neu zu errichten. Die Landesstelle aber soll hierzu nur in jenen Orten die Verwilligung ertheilen, wo das Holz in sehr geringem Preise, oder gar nicht im Lande verkaufet werden kann, auch sich in solchem Überflusse findet, daß sich wenigstens auf 20 Jahre die Dauer eines dergleichen Werkes mit Wahrscheinlichkeit vorsehen läßt.«

Baron von Pfirdt gab denn auch bei Erstellung seiner Glashütte 1759 an, daß jede »andere Holznutzung ganz unmöglich sei.« Der Streitpunkt »Wald« entschied dennoch sehr rasch und zu Ungunsten des Initiators über den Fortbestand der Falkensteiger Glashütte. Zwar spricht sich eine Ortsbereisung durchaus positiv über die Waldpflege der Grundherrschaft in den Seitendobeln des Höllentals aus, vermerkt anerkennend die holzsparende Feuerung der Glashütte; dennoch blieb nicht zu verbergen, daß der Wald des Höllentals im gesamten

»Schwarzwälder Schnapsfläschle« des 18. Jh., mit Emaillemalerei verziert. Wurden solche farbenfrohe »Buddele« vielleicht auch im Dreisamtal gefertigt?

so ausgezehrt war, daß bei Einhaltung des Floßkontrakts mit Freiburg in 4 Jahren nichts mehr zu holen sei. Die Holznot und Versorgungskrise, in der die Stadt Freiburg steckte, zählte, die Glashütte im Dreisamtal mußte nach Entscheid Wiens alsbald nach 9jähriger Existenz 1768 ihren Betrieb einstellen. Ekkehart Liehl, der die

kurze Lebensgeschichte der Dreisamtäler Glashütte »ausgegraben« hat, fand auch ihren Standort auf dem kleinen ebenen Platz unterhalb der Burgruine Bubenstein auf der nördlichen Talseite gegenüber der Nikolauskapelle in Falkensteig. Nicht nur Fremde, auch Einheimische fahren an diesem landschaftlichen »Wunderling« eines alten Glashüttenplatzes im Dreisamtal achtungslos vorüber. Die Bezeichnung »Dreisamtäler Glashütte« findet übrigens eine glänzende Bestätigung; in geradezu auffallender Weise bezeichnet das Protokoll der Staatskommission von 1768, die über die Einstellung des Hüttenbetriebs zu beraten hatte, den Rotbach als »Treysam«.

Ein Hüttenbild selbst ist nicht erhalten. Die Anlage war jedoch so modern ausgebaut, daß sie im Gegensatz zu anderen Betrieben mit einem einzigen Feuer beheizt wurde. Vermutlich konnte an 10 Arbeitsständen um den runden Ofen Glas geblasen werden. Die Belegschaft könnte respektabel gewesen sein; die Glasmacher geben ihre Zahl später »mit Weib und Kind« auf 100 Seelen an. Was für Glas die Falkensteiger Glashütte produzierte, wissen wir nicht. Die Schwarzwälder Glasfertigung war ohnehin auf Alltagsglas abgestellt, die fertigen Glaswaren mußten im Hausierhandel von Tür zu Tür absetzbar sein. Bäuerliches Glas, Gebrauchsglas, Alltagsglas stand im Vordergrund. Tischgläser, Haushaltsglas, Schnapsbuddele, bemalte Glasguttere, Lichständer, Schüssele, Fadenkörble, Fliegenglas waren die allenfalls gängige Ware. Da die Glashütten des Schwarzwalds ihre Produkte kaum unterschieden und keine Herkunftszeichen verwandten, ist es vielfach nicht möglich, Schwarzwälder Glas des 18. Jahrhunderts einer ganz bestimmten Hütte zuzuschreiben. Man kann sich vielleicht vorstellen, daß auch in Falkensteig in den 9 Betriebsjahren der Glashütte die schmucken, liebenswert bemalten, kunstwerten Schnapsbuddele gefertigt wurden, die gelegentlich mit ungelenk-individuellem Maldekor oder herzhaften Inschriften überraschen. Die bäuerliche Glasmalerei des Schwarzwalds zählt als eine eigene und gewichtige Handwerkskunst. Daß der Breitnauer Andreas Helmle (1784–1839) seinen Geburtsort kunstspezifisch als »Wiedererfinder der Glasmalerei« berühmt machte, steht auf einem besonderen Blatt Schwarzwälder Verdienste.

Das Geschick der Glashütte von Falkensteig bestätigte das allgemeinere Kennwort, das der bekannte Glassammler Oskar Spiegelhalder 1980 formulierte: »Ein früher wertloser Wald ließ die Glashütten entstehen, ein später wertvollerer Wald hat sie wieder vernichtet.«

Schwarzwälder Uhrmacher
Holzschnitt aus A.J.V. Heunisch, »Beschreibung des Großherzogtums Baden« von 1836
Das Dreisamtal zählt zum altschwarzwälder Uhrmachergebiet.

Über das Wälderhandwerk und Wäldergewerbe ließe sich noch manche Geschichte ausbreiten, da und dort Talwichtiges notieren. »Zainemacherhäusle« heißt ein Hof in Stegen, »Waldweber« ein anderer. Webereien entstanden aus den Hausbeschäftigungen und wurden zum Heimbetrieb. Weber lebten manchenorts im Tal, sie waren »in der Kirchzartner Lade verzunftet«. Um die Ansiedlung von Webern entspann sich zu Ende des 18. Jahrhunderts ein Streit zwischen der Herrschaft Kageneck zu Weiler und der Talvogtei Freiburg. Die Herrschaft von Kageneck hatte Weber gezielt »in den sog. obern und niedern Birken« angesiedelt, »die daselbst all ihr ehrlich Durchkommen finden.« Zarten und die Talvogtei Freiburg protestierten, »die Herrschaft zu Weyler habe durch Gestattung der Heirat Leute angelockt und sie auf einem Platze ein Häuslein bauen lassen, wo ihnen die Natur selbst Feuer und Wasser untersagt hat.«

Hauptstreitpunkt war die Wasserversorgung, Unterbirken hatte wohl nur einen Brunnen, der öfters trocken fiel. Da führten die Unterbirkener ihr Vieh über die Zartner Allmend zur Tränke. »Eigennutz lasse Weiler mit der Neuansiedlung aus unkultivierten Feldern noch Bodenzins ziehen«, sagte Freiburg, »die Wildfeldausstockung sei altes Lehensrecht«, konterte Weiler – und gewann für die bis 1790 angesiedelten Weber und ihre Häuser, sollte andererseits jedoch auf jede weitere Ausweitung der Siedlung verzichten. So zählten jahrzehntelang Unterbirken und Oberbirken nur wenige Anwesen – entstanden aus einer Webersiedlung.

Im Zastlertal unterhalb des Adamshof entstand 1880 eine Bürstenholzfabrik, die bis 1904 mit wechselndem Erfolg betrieben wurde. Der Bürstenhändler, der die Waren im Hausierhandel vertrieb, hieß zugleich Zundelmann, weil er den Zunderschwamm auf den Jahr-

Schwarzwälder Glasbläser
Holzschnitt aus A.J.V. Heunisch, »Beschreibung des Großherzogtums Baden« von 1836
Auch im Dreisamtal (Falkensteig) arbeitete ein Jahrzehnt lang eine Schwarzwälder Glashütte

markt brachte. Im Feldberggebiet, wo er sich vor allem an Buchen bildet, wurde der Zunder- oder Löcherpilz fleißig gesammelt.

Mit beginnendem Industriezeitalter reckten sich aus den handwerklichen Kleinbetrieben mancherlei Fabriken. Heinrich Hansjakob sah bereits besorgten Anlaß, die Entwicklung mißtrauisch zu verfolgen, und er schimpfte auf den »Fabrikteufel«, der im Dreisamtal umging und der ihm »mit schauerlichem Gebrüll« die stillen Stunden in der Kartause störte.

Im nachhinein darf man sicher aufatmen, daß das Dreisamtal nicht die Entwicklung zum Fabriktal nahm und sich nicht zur Industriekluse aufbaute. Immerhin fehlten die zeitentspringenden Versuche der Industrieentwicklung nicht; an den verschiedenen Wasserläufen entstanden schon um 1800 kleine Industriehämmer, Blechschmieden, wie die Namen in Falkensteig und Buchenbach noch heute erzählen. Ein Schmied und

Waffenschmied Jacob Schlemmer aus Himmelreich erhielt schon 1670 die Erlaubnis, seine Waffen sonntags in Kirchzarten feilzubieten. Eine Blechschmiede wurde um 1768 am Talausgang von Falkensteig betrieben. Sie war Anfangs nicht groß, sondern beschäftigte lediglich den Hammermeister, 3 Gesellen, ein paar Lehrlinge oder Handlanger und den Buchführer. Auf 2000 Ztr. Stabeisen und 500–600 Ztr. Blech schätzt eine Statistik die Materialverarbeitung dieses »Hammerwerks mit 1 Frisch- und 2 Kleinfeuern nebst einem Blechwalzenwerk«. Umstellungen machten aus dem Betrieb ein Drahtzug- und Drahtstiftwerk. 1838 gründete Philipp Anton Fauler ein größeres Eisenwerk; als Folge allerlei technischer Fertigungsveränderungen, zufolge verstärkten Wettbewerbs und entsprechender Kostenauswirkungen wurde das Hüttenwerk 1874 wieder eingestellt, lediglich der Hammerbetrieb blieb erhalten. »Ein Eisenwerk hämmert und klappert in das enge Tal hin-

233

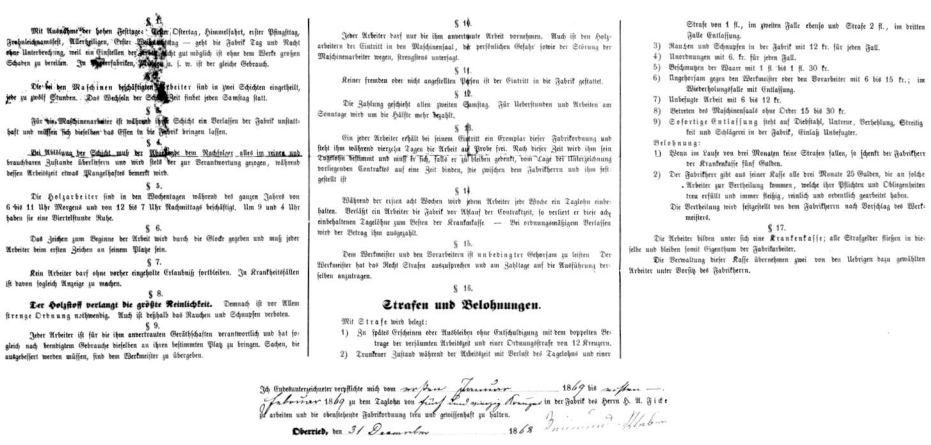

Ein Zeugnis der ersten Industrialisierung im Dreisamtal ist die »Fabrik-Ordnung der Oberrieder Holzstoff-Fabrik« vom 31.12.1868

ein«, schildert Pfarrer Hansjakob seine Taleindrücke. Andere Landschaftskenner bestärken das Bild der Unzufriedenheit:

»Bald auch sehen wir aus hohen, rußigen Kaminen mächtige Rauchwolken in die Lüfte steigen, und vor uns liegen, rechts vom Eingange ins Höllental, die aus vielen Gebäulichkeiten bestehenden Eisenwerke des Herrn Fauler«.

20 Arbeitskräfte waren 1926 in diesem »Höllental-Eisenwerk« noch beschäftigt, in den folgenden Jahren wurde der Betrieb ganz eingestellt, wurden die Fabrikationsgebäude völlig abgerissen. Ekkehart Liehl bezeichnet es als Glück, »daß gerade hier im unteren Höllental die Ansätze der Industrialisierung erfolglos geblieben sind.«

Auch in den sonstigen Talgebieten griff eine industrielle Frühentwicklung auf die natürlichen Rohstoffe und Energieangebote »Holz und Wasser« zurück. In Oberried entstand eine der ersten Holzstoffabriken in Deutschland; die »Dr. Hieber'sche Holzstoffabrik« beschäftigte annähernd 20 Arbeitskräfte; der Betrieb wurde nach 1900 von dem sich modernisierenden Schauinslandbergbau abgelöst, der die Wasserkraft der Brugga für die neuzeitlich-technischen Bergwerksbedürfnisse benötigte.

Andere Anfänge der Industrialisierung lagen in Ebnet. 1878 entstand im Schloßgarten unter Nutzung der Wasserkraft eine Papierfabrik; 6 Arbeitskräfte fertigten Packpapier und Hülsenpapier zum Absatz in der näheren Umgebung. Im Mai 1908 brannten die Gebäu-

234

de jedoch ab, die Fabrik wurde daraufhin stillgelegt. 1927 siedelte in Ebnet eine Firma, die sich dem nahtlosen Anstricken von Strumpffüßen zuwandte – konkurrenzlos, wie versichert wurde, und nach einem geheimgehaltenen Verfahren. Die Firma gab zeitweilig 20 Mädchen ein tägliches Einkommen.

In Ebnet baute sich gegenläufig auch eine Abwehr gegen eine übertriebene Industrialisierung auf, und dies zu einer Zeit, da andernorts Industrieansiedlungen in jeder Weise hochgehalten wurden und die Stadt Freiburg die Unterbringung einer Industrie in der ehemaligen Kartause nahe Ebnet dringend wünschte. Schon 1883 entschloß sich die Gemeinde Ebnet, bei der Versteigerung der Ebneter Mühle mitzubieten, um dadurch notfalls zu verhindern, daß die Mühle »zu einer Fabrik verwendet würde«, »weil durch Anlage einer Fabrik, Zuzug von Fremden und Ortsarmen die Gemeinde Schaden hätte.« So zeigt die Landschaftsgeschichte einen gemäßigten Weg der behutsamen, der eingegrenzten Industrieanziehung. Kleinere Betriebe des Möbelbaus, eine Uhrengehäusefabrik, eine Skifabrik, eine Zementrohrfertigung und weitere klein- bis mittelständische Firmen gehörten zeitweise zum unauffälligen Industriestand des Dreisamtals, Holzverarbeitung und Sägewerke zählen auch heute zum traditionellen Gewerbe. Allerlei Dienstleistungen, Handel und Kleinbetriebe stärken auch derzeit den kleinen Wirtschaftsraum Dreisamtal.

Der Wanderer, der in Burg am Wald bei der Kientzlerschmiede seinen Rundweg durch den »Gewerbefleiss« des Dreisamtals begann, kehrt mit zufriedener Miene zurück. Er wird sich allen entwicklungspolitischen Argumenten zum Trotz darüber freuen, »daß das Dreisamtal mit allen dorthin mündenden Talausgängen, die eigentliche Pforte des Fremdenverkehrs im Hochschwarzwald, bis heute ein wirklicher Garten unversehrter Schwarzwaldlandschaft geblieben ist.«

Hier war Goethe zu Gast
Hundertfach freundliche Einkehr –
in Falkensteig so gut wie überall

Zu allen Zeiten fielen dem Wanderer die vielen Gaststuben im Dreisamtal auf, die entlang der alten Handels- und Heerstraße »von Viertelstunde zu Viertelstunde« aufeinander folgen. Poesievoll wurden die Raststationen beschrieben als »der schönste Stern der Hölle«, als »das verlockende Kleeblatt des Grünen Baumes, des Nackenden Mannes und des Rainhofs«, als »gastlicher Wächter am Eingang der Hölle«. Mit Lobversen auf die Gastronomie besingt ein Postillionlied von 1880 die Einfahrt ins Dreisamtal:
»Da nickt ein gastlich Schild im Wind,
Zwei Tauben drauf als Zeichen«.

Wie die Perlen auf der Schnur hintereinander gereiht, locken die Schenken am Saum des Bergpfads, so als wollten sie die alte Lebensweisheit vom verlorenen Kampf großer Vorsätze in einem neuen Sprüchwort bestätigen: »Der Weg zur Hölle ist mit guten Wirtschaften gepflastert.« Die Volkserzähler wie Alban Stolz, Heinrich Hansjakob, Anton Fendrich greifen in ihren intimen Reiseberichten gern zur farbfesten Federzeichnung und malen ihre Erlebnisse »in ganz ungeschlachter Wirtschaft« ebenso situationssicher und liebenswert ins Album des Dreisamtals wie die Gunsterfahrungen beflissener Gastlichkeit in »einem feinen, auf Landschaft und einen großen Kreis vertrauter Gäster gestimmten Heim«. Die schmeichelnde Festtagserwartung, »ich wollte es noch einmal ganz gut haben«, findet bei allen Talbesuchern Anklang.

Die Stimmungspalette der Wirtsstuben im Dreisamtal ist in der Tat vielfach getönt und erstaunlich farbenfroh ausgelegt, die Auswahl führt von der Dorfschenke, vom Stammlokal der Ortsmitte über Vesperstube und Gartenwirtschaft hinaus zur Waldklause, zum Ausflugslokal und Höhengasthaus, zur Viehhütte, stellt neben den Landgasthof das Gästeheim und Kurhaus, die Renomierpension und die Fremdenresidenz der Luxusklasse. Jeder Dreisamtalfreund entdeckt sehr bald unter den alten Hausnamen »Ochsen«, »Bären«, »Engel«, »Rössle«, »Löwen«, »Adler«, »Birke«, »Sonne«, »Halde«, »Hirschen«, »Linde«, »Meierhof«, »Sternen« ein anziehendes Verweilstüble, eine altschwarzwälderisch-traute Sitzecke, eine gern besuchte Ofenbank, ein »Lieblingsplätzle«, das er eigentlich »ganz für sich« behalten möchte. Josef Bader widmet der »ländlichen«

Gastlichkeit des Schwarzwaldes schon 1840 ein höchstehrbares Kompliment:
»Dabei findet man Wirtshäuser, denen manche Gasthöfe vielbesuchter Städte nicht beikommen.«

Für viele Talbesucher liegt bereits im Wirtshausnamen die Erinnerung an eine vergnügliche Episode. Heinrich Hansjakob weiß Wälderisch-Sonniges vom Wirtshäusle zwischen St. Märgen und dem Turner am Höhenkamm zum Glaserbach:

Wandersrast auf der Höfener Hütte am Hinterwaldkopf

»Wo der Wald sich lichtet, steht einsam ein Wirtshaus. Ehedem war dieses Haus verrufen wegen der Bacchanalien, die in dieser Waldeinsamkeit von überlustigen Bauern gefeiert wurden, weshalb es im Volksmund das ›Todsündenhäusle‹ genannt wurde.«

Der »Rainhof« nahe »Himmelreich« galt im 17./18. Jahrhundert als beliebtes »Einkehr- und Freßlokal«. Mehrfach wurden Honoratioren der Hochschule mit großem Geleit bis zum Rainhof gebracht, wo die Weiterreisenden geziehmend verabschiedet wurden. Der »Rain« lag eh und je günstig am Verzweigungspunkt der Dreisamtäler Poststraßen Richtung Falkensteig und Richtung Wagensteig; wiederholt wurde er als erste Rast erwähnt, an der bereits die Pferde gewechselt wurden. Reiter und Fahrposten, die mittags oder gegen Abend in Freiburg abgingen, wählten den Rainhof als

morgendliches Startquartier für die strenge Reiseetappe der Steigstrecken des Schwarzwaldaufstiegs.

Die alten Gasthäuser sind eine Fundgrube talgeschichtlicher Kulturzeugnisse; überlegte Wirtshausumschau ist Talkunde. Wie die Pferdewechsel des Höllentals bezeugen auch die alte Herberge des Wolfsteighofs in Ibental oder selbst das erst 1880 gegründete Gasthaus »Zum Sternen-Post« von Oberried vergessene Denkwürdigkeiten der Postgeschichte, Erinnerungen an die Postkutschenzeit. Eine Bergmannsstube steckt in der Halde von Hofsgrund, dem vormaligen »Dieselmuothof«. Im Eschbachtal spiegeln die Gasthäuser die ehemalige herrschaftliche Teilung des Tals, der »Löwen« stand auf der St. Peter'schen Talseite, der »Engel« gehörte den Sickingischen Talleuten. Die Geschichte des Gasthauses »Zum Himmelreich« – der Blickfang des Dreisamtals – ist landschaftlich bedeutsam wie die der kleinen »Lumpenwirtschaft« an der Kartause oder wie die Lebensrückschau des alten Gipfelwirtshauses auf dem Feldberg, das auf Zastler Gemarkung stand. Das »Stüble am Benediktenwald« unweit des Turner war händler- und kosterbeliebtes Weinlokal, in dem sich Heimische und Fremde an manchen kalten Tagen »weinwarm« tranken. Das Stüble war 1613 das unverfängliche Versteck, in dem Dreisamtäler Bauern einen Steuerboykott, eine Wälderverschwörung ausheckten.

Wie in den Stuben und Gaststätten hat das Dreisamtal auch in der Gastlichkeit seine eigene Note. Die rechte Bewirtung ist herzhaft und bleibt in bodenständigem Rahmen. Dreisamtäler Besonderheiten sind z.B. die »Hofsgrunder Käsle«. Schon 1213 beanspruchte das Kloster St. Trudpert als Zinsertrag von den Schauinslandhöhen 20 Käse; Nachrichten von 1865 bestätigen die Beliebtheit der Hofsgrunder Käsle auf dem Freiburger Markt:
»Man benützte die Milch zu kleinen Käschen (Kuhkäsle) und zu Butter, welche die Hofsgrunder regelmäßig alle Samstag auf den Markt nach Freiburg liefern, um mit deren Erlös die für die Woche benötigte Frucht anzukaufen.«

Hofsgrunder Käsle, Butter und »Brägele« darf man durchaus als taltypische Feinheit ansprechen. Diese Einschätzung wird auch durch das ergötzliche Erlebnis eines St. Peterner Hirtenmädchens auf der großen Hirtenwallfahrt nach Maria Einsiedeln nicht entkräftet; die junge Dreisamtälerin fand auf ihrer ersten Fahrt außer Landes Geschmack am Schweizer Käse:
»Die Eltern hatten ihr Geld zum Ankauf von Amuletten und Rosenkränzen mitgegeben, aber der herrliche

Schweizer Käse übertraf die schwarzwälderischen Ziegenkäse zu weit – das Geld wurde vernascht.«

Hofsgrunder Käsle werden noch in manchen der alten Schauinslandhöfe nach guter Tradition gestellt; sie können sich auf der Spezialitätenplatte sehen lassen – und auch auf der Dreisamtäler Vesperkarte stünde ihnen der Ehrenplatz gut an, als heimisches Angebot allemal glaubhafter als der andienerische, zungenfremde Tonfall »Quark« oder gar »Speisequark«.

Das Rezept der »Mocke« entstammt verbürgt Dreisamtäler Küche:

> ### MOCKE – BACHENI MOCKE – BACHEMOCKE
> Zutaten: ½ kg Mehl, 5 Eier, ⅔ bis ¾ l Milch, Salz, Backfett
> Aus Mehl, Salz, Milch und Eigelb rührt man einen Teig und mengt unter diesen den Eierschnee. In einer Pfanne läßt man das Fett heiß werden, gibt so viel Teig zu, daß derselbe den Boden der Pfanne ¾ cm hoch bedeckt und bäckt die Masse, bis sich eine goldbraune Kruste gebildet hat. Sodann zerteilt man die Masse mit der Backschaufel, wendet sie, läßt sie wieder backen und zerkleinert sie während des Backens immer mehr. Die einzelnen Teile sollen etwa 1 bis 3 cm groß und von allen Seiten goldgelb gebacken sein.

Jedes Dreisamtäler Haus kennt die »Mocke«, eine schwarzwälderische Mehlspeise. »Mocke«, »Bacheni Mocke« ist der alteingebürgerte Name, der erst in jüngerer Zeit dem allschwäbischen »Kratzete« weicht, ähnlich wie »Knöpfle« inzwischen mehr und mehr dem universelleren »Spätzle« unterliegt. Altfreiburger kennen das Läuten der »Knöpfle-Glocke«, das Freitagsgeläute mit der großen Münsterglocke um 11 Uhr, das genau zur rechten Zeit die Hausfrauen daran erinnerte, den Knöpfleteig anzurühren. Vielleicht könnte auch »Bacheni Mocke« wieder auf den Dreisamtäler Tisch zurückfinden.

Mit einer Prise Natron sollen die »Mocke« besonders gut geraten, verrät man im Dreisamtal.

Auch sonst liebt der Dreisamtäler Selbstgemachtes, Kerniges, Ehrliches. »Stadtwurst« heißt eine Schwarzwälder Wirtin die »gehobenen Wurstwaren nach städtischer Metzgerart« im Gegensatz zur Hausmacher Blut- und Leberwurst, die von den selbstgezogenen, hausge-

schlachteten Schweinen stammt. Selbstgeknetetes, im alten Backofen gebackenes Brot ist freilich zur Rarität geworden.

Im alten Schwarzwälder Haushalt wurde nach Herkommen täglich 3mal warm und 2mal kalt gegessen – eine solche Eßgewohnheit haben ja inzwischen moderne Gesundheitsratschläge wiederentdeckt. Den Schwarzwälder Eßtisch hat auch August Meitzen 1848 beobachtet:

Freundliche Einkehr bei erfrischendem Trank und erholsamen Gesprächen in romantisch-schöner Umgebung – Die Gastlichkeit des Dreisamtals fand schon 1868 in weitverbreiteten Bildreportagen Anerkennung

»Der Schwarzwälder ißt täglich 5 Mahlzeiten: früh Wassersuppe, gesottene Erdäpfel und süße Milch; um 9 Uhr Butter, Käse, Milch und Brot; zu Mittag Wassersuppe oder Specksuppe, gebratne Knöpfle, Schupfnudeln oder Erdäpfel mit Sauerkraut, Salat oder Mangold; um 3 Uhr Käse, Milch und Brot; in der Ernte wird wohl auch saurer Wein oder Bier mit Küchle gereicht; abends kommt Milchsuppe, gesottene Erdäpfel und abgerahmte Milch auf den Tisch.«

Fleisch und Speck gab es in der Woche allenfalls an den »drei Specktagen«, Fleischgerichte blieben stets die Ausnahme, wenn nicht besondere Festlichkeiten eine Änderung des Küchenzettels nahelegten. Einen außergewöhnlichen »Specktag« einer Schwarzwälder Uhrmacherfamilie hat wiederum August Meitzen beschrieben:

»Da wurde, um mich als Gast zu ehren, mittags Speckbrühe mit eingeschnittenem Brot, und darauf eine sehr umfangreiche Schüssel Salat und ein großes Stück geräucherter Speck aufgetragen. Diesen Speck legte immer ein Tischnachbar dem anderen auf den Teller, und jeder schnitt sich ein Stück ab, so ging er so lange im Kreise herum, bis nichts mehr übrig war.«

An Normaltagen lebte der Schwarzwälder von reichlichen Kartoffelgerichten, von Brot- und Mehlsuppen, von Hirse- und Haferbrei. Allenthalben ist die Erinnerung an die Suppe geblieben:

»Auch Suppe gab es stets dieselbe, Brot- oder Mehlsuppe morgens, mittags und abends.«

Der Alltag unterscheidet sich da wenig; auch »Ihre Hochfürstliche Gnaden der Abt von St. Blasien« wird in St. Märgen »nach genohmener Habermehlsuppen« verabschiedet.

Die Huskilbi war das Festmahl des Jahres. Gedrängt bot der große Hausschmaus all' die Speisen, die als bodenständige Mahlzeit auch heute noch auf den Küchenzetteln begehrt sind. »Nudelsuppe, Rindfleisch, Rettich und Salat« bleibt beliebtes Samstagsgericht, »Schinken oder Schäufele mit Kraut« zählt als geschätztes Winteressen, »Küchle und Hutzele«, Mehlspeise mit Obst ist ein häuslich gern wiederholtes Freitagsmahl. Die Huskilbi ist auch heute die Familienfeier der Hofgemeinschaft geblieben; der Schlachttag geht regelmäßig dem Hausfest voraus und bereichert den Küchenzettel. Ein anderes, kleines Hausfest schließt die Heuernte ab. Auch dieser Tag wird mit einem »besseren Mahl« begangen, wenn auch die einzelnen Höfe sehr unterschiedlich feiern. Küchle gibt es auf einem Hof zur »Heugais«, Schinken mit Bier und Wein vielleicht schon im Nachbarhaus. Fastnacht war eine weitere Gelegenheit unterm Jahr für eine Abwechslung im Essen. Fasnetküchle, Schmalzgebäck, ist die traditionelle Fastnachtküche. Was im Kloster St. Peter 1797 als »mäßige Tafel« zur Fastnacht allerlei geladenen Gästen gereicht wurde, fällt sicher aus dem üblichen Rahmen des Dreisamtäler Speiseplans; das Festmahl zeigt aber auch hier eine bodenständige Ausrichtung:

»Man gab Würste, Rindfleisch, Gemüse mit Fleisch, eingemachtes Fleisch, Pastete, einen Hasen, Braten mit Kompott, Salat und Torte, Küchle und Äpfel.«

Schon früher gab es Gelegenheiten, bei denen die ganze Gemeinde – nicht anders als beim heutigen großen Dorfhock – feierte. Die Einweihung des Eschbacher Schulhauses 1822 war ein wahres Gemeindefest, die Kirchweih der neuen Breitnauer Kirche 1753 mit 700 Besuchern ein ebensolches Großerlebnis einer ganzen Festgemeinde.

Hans Thoma erinnert sich an die mütterliche Küche und ganz besonders an die weihnachtlichen »Bierewekken«. Erst in späten Jahren konnte er sich seinen persönlichen Wunsch erfüllen, jeden Morgen zum Frühstück Schwarzwälder Speck zu genießen. Von den heimischen Erzeugnissen ist Schwarzwälder Speck gewiß weit hinaus selbst in fernen Gegenden bekannt geworden. Daß schon zur Römerzeit »Geräuchertes« im Exporthandel bis nach Rom geliefert wurde, darf als Besonderheit gelten. Die Grabungsfunde der römischen Hochrheinstadt Augusta Rauracorum haben so zahlreiche Räucheröfen freigelegt, daß auf eine große römische Vorliebe für »Schwarzwälder Räucherwaren« geschlossen werden kann.

Hans Thoma liebte auch die flüssige Schwarzwälder Spezialität, den selbstgebrannten Schnaps. Wachholder war für ihn »der erste Nothelfer«, heilsamer Kirsch »der zweite Nothelfer«; »der dritte« war der Enzian. In der Volkskunde hieß es: »Wenn der dritte Nothelfer versagt, ist alles aus!« Vom Schwarzwälder Kirsch Näheres berichten zu wollen, käme Übermut gleich. Kirschwasser ist das Schwarzwälder Aushängeschild und eine landschaftliche Besonderheit wie der Zibärtle, der Brand aus wilden Pflaumen. »Zibärtle« bleibt ein Geheimtip.

Unter den Wirtsleuten lebten und leben Dreisamtäler Originale. Der »Schenkelewirt« von Ebnet machte sich mit seinen feinfühligen Grobheiten weithin bekannt. Als einst Studenten noch mit Fechtdegen ihre Landpartie unternahmen, zogen sie eines Tages beim Schenkelewirt lärmend in die Löwenstube, bestellten Essen und legten großartig die Rapiere vor sich auf die Tischplatte. Anton Müller, ein beliebter Freiburger Geschichtenerzähler, berichtet, wie der Schalk Schenkelewirt es ihnen gab:

»Der Wirt schien seinen höflichen Tag zu haben, sagte ›Gut, ihr Härrek, besah sich das stolze Stilleben und verschwand. Als er nach einer Weile wiederkam, brachte er einen Arm voll Mistgabeln mit. Die verteilte er diensteifrig auf der Tafel, und da nun etwas gesagt werden mußte, erklärte er: ›Zu Eure große Messer ghöre-n-au großi Gable für Euri große Mäuler. D'Brootwürscht und dr Härdepfelsalat kumme glei!«

Schlagfertigkeit mag man auch andernorts erleben, manches »Taloriginal«, mancher Wirtsschenk wüßte wie die Haldenwirtin vom Schauinsland, jedem selbstgefälligen Großhans die Flügel zu stutzen.

Noch bevor das Dreisamtal als Fremdengebiet bekannt wurde, hatte es in den Badhäusern von Kappel und Littenweiler bereits gernbesuchte Glanzpunkte. »Die kleinen Bäder sind ein Segen des Landes«. Das Kibbad im kleinen Kapplertal entsprang einer Zufallsentdeckung, als 1466 im Waldgebiet des Klosters Oberried an einem verlassenen Bergwerkstollen der St. Michaelsgrube ausquellendes Wasser bemerkt wurde, das man als heilkräftig ansah. Das alte »Bauernbädle« war im 16. Jahrhundert begehrt und von Ärzten empfohlen. Der 30jährige Krieg brachte Unterbruch und Niedergang – wie überall im Land. Gleich danach blüht das Kibbad auf, das Kloster Oberried erläßt 1659 eine aufschlußreiche Badeordnung mit umgänglichen Regeln für den Badbetrieb. 1671 trägt ein Gutachten die Vorteile des Badens zusammen:
»Dient den Augen trefflich wohl, wird viel genutzt von den Nachbarschaften, dient den erfrohrenen kalten Gliedern, für Beinbrüch, für den Grindt, für schäbig Juckhen und Beißen.«

Max Föhrenbach hat in späteren Jahren die Regenerationskur eines benachbarten Kleinbads mit ihren »Bottichfreuden« schadenfroh-vergnüglich beschrieben:
»Vor jedem dieser Köpfe stand auf dem Deckel ein Schoppen Rotwein, dem fleißig zugesprochen wurde.« – »Daß das Wonnegefühl mit dem Weinkonsum zunahm, war unverkennbar.«

Als das Kibbad 1704 von den durchziehenden Truppen des französichen Marschalls Duc de Tallard niedergebrannt wurde, blieb der Badebetrieb auf lange Zeit eingestellt. Erst 1835 nahm das Badeleben nochmals einen bescheidenen Neuanfang, als Altvogt Peter Roth die Wasserkur wiedereröffnete und einen Restaurationsbetrieb einrichtete. »Gegen Hautkrankheiten, rheumatische und Gichtleiden« wurde das Bad wiederum besucht. Der Aufschwung scheint gelungen, denn Heinrich Schreiber gedenkt 1840 nur noch höhnisch eines früheren Ratschlags, »das Essen selbst mitzubringen, wenn man hier etwas haben wolle.« Zur Jahrhundertwende spricht man von 50–60 Kurgästen, das Kibbad erntet höchstes Lob:
»Das Wirtshaus ist hübsch gelegen und hat ein meistens

von Landsleuten besuchtes Bad (Bauernbädle), welches Gäste mit bescheidenen Mitteln, die ausruhen und ein stilles Landleben führen wollen, Unterkunft gewährt.«

Eine zeitlang blieb das Bad Ausflugsziel ausschwärmender Freiburger. In jüngsten Jahren hat eine Privatschule neue Wege der Nutzung eingeschlagen. Längst war klar geworden, daß das Quellwasser nichts Auffallendes besitzt denn einen außergewöhnlichen Reinheitsgrad. Das zweite ländliche »Bädle« des Dreisamtals, das Stahlbad von Littenweiler, erfreute sich ebenso guten Rufs und galt als »Lieblingsaufenthalt der Freiburger«, bis der Platz Anfang des Jahrhunderts vollständig städtisch eingekreist wurde.

Ein heilkräftiger Schwefelbrunnen zog die Menschen des Tals seit dem Ende des 14. Jahrhunderts auch in die Hochmulde oberhalb des Höllentals, der Zulauf war Anlaß für die Pflege eines kleinen Heiligtums »hinter der Straß'« am Zartenbach. Mit wachsendem Zuspruch für die heilsame Quelle entstand eine gern besuchte Wallfahrt, entwickelte sich die beliebte Andachtsstätte »Maria in der Zarten« – der Kern des heutigen Hinterzarten. Der »Schwefelbronn« wurde allerdings im 30jährigen Krieg verseucht und später zugeschüttet. Die Wallfahrt zu »Maria in der Zarten« hatte schon um 1416 eine größere Kirche erfordert, die kleine Vorgängerkapelle versteckt sich nach neuerer Erforschung im Untergeschoß des alten, dicken Kirchturms. Der sprießende Religionseifer machte bald wiederum Umbauten des ursprünglich gotischen Kirchenraums notwendig, die wallfahrtsfreudige Barockzeit veränderte und erweiterte die Kirche, die erst 1799 zur örtlichen Pfarrkirche erhoben wurde. 1734 setzte man dem klotzigen Turm den markanten Zwiebelhelm auf, der seitdem – auch nach den gelungenen Umbauten des Kirchenschiffs von 1963 – das Landschaftsbild in heiter-beschwingter Harmonie prägt. Die Verehrung des »Heiligen Brunnens« gedieh so zum Wunderquell für den renommierten Schwarzwaldkurort.

Dabei liegen die entscheidenden Anfänge des Fremdenverkehrs im Dreisamtal kaum 120 Jahre zurück. Max Föhrenbach schildert 1866 seinen ersten Aufenthalt im »noch weltabgeschiedenen, wenig bekannten Hinterzarten«, ein anderer Autor erlebt Titisee, »ein träumerisch einsamer Fleck Erde, wo außer der ernsten Bergumgebung sich nur der Giebel eines ärmlichen Wirtshäuschens im großen Moränensee wiederspiegelt.«

Den Aufschwung der Erholungslandschaft förderte nachhaltig zagloses Zupacken des Schwarzwaldvereins;

sein Verdienst mischt sich mit der Schönheit des Tales zum einmütigen Lob:

»In den deutschen Mittelgebirgen findet sich wohl kaum eine Landschaft, die den Wanderer zu so zahlreichen, im Charakter so verschiedenartigen und daher dankbaren Touren einladet.«

Bürgermeister, Gemeinderäte, Hoteliers haben das Ihrige zur Anziehung des Fremdenverkehrs dazugetan.

Der heutige Ruf des Ferien- und Fremdenlandes Dreisamtal ist überragend und beeindruckt mit behaglicher Atmosphäre und niveauvoller Erholsamkeit. Der Vergnügungspark Dreisamtal bietet ein komplettes Amüsement mit nahezu allen nur wünschbaren Sport- und Vergnügungsfreuden, von Reiten, Golf und Tennis über Segelflug, Drachenfliegen, Kletterschule, Tripp-Trapp und Minigolf, Schwimmen, Leichtathletik, Rasenspiele, Hallensport, Leistungstraining und Fitnisgymnastik, Kegeln, Schach, Skat und Kartenspiel bis hin zum Hauptakzent der Sportlandschaft, dem Wintersport. Ein Skigebiet mit 17 Liften und an die 10 vielkilometri-

Wandern, Segelflug, Skilauf –
Das Dreisamtal bietet vielfältigste Sport- und Erholungsmöglichkeiten

gen Langlaufloipen, mit unerschöpflichen Waldtouren und Abfahrten in frischem Schwung und freier Spur beweist umsichtige Beharrlichkeit und rechtschaffene Ambitionen. Daß die Dreisamtäler den Sport ernst nehmen, zeigen ihre eigenen Erfolge; die Wintersportfreunde denken nicht nur an den Hinterzartner Georg Thoma, sie kennen auch die Kirchzartner »Zipfelbuben« und erinnern sich des Ebneter Bobfahrers Josef Hecht, der 1957 bis 1959 im Zweierbob Hecht/Wiesel und Hecht/Kotterer den deutschen Meistertitel ins Dreisamtal brachte. Aber was zählt, ist der persönliche Leistungsdrang, ist die Freude. Schon früher mußte mancher Wanderer im belächelten Mittelgebirge lernen, »daß doch nicht alles im Schwarzwald nur Kinderspiel ist«, wie Wilhelm Jensen um 1900 bei guter Gelegenheit anmerkt. Tierschaugehege, Schniederlehofmuseum, Kienzlerschmiede und manches heimatliche Unterhaltungsprogramm steigern die Kurzweiligkeit, anspruchsvolle Kunst und Kultur gehören zum gepflegten Lebensstil des Tallands. Der Fremde ist gut aufgehoben in diesem Himmelreich und Paradies der Erholung. Die offizielle Prädikatisierung der Hauptorte als »Erholungsorte« und »Luftkurort« ist eine unübersehbare Ehrenmedaille für die Landschaft.

Schon fühlt Anton Frendrich in diesem Siegeszug Verfängliches:

»Das Massenhafte im deutschen Sportbetrieb ist das Beängstigende, die Hochsaison bricht herein – ich suche mir eine Viehhütte!«

Eine Rückkehr zu ursprünglicherer Naturempfindung, zu vergnüglicherer, ländlicherer Erholungsfreude

spiele er bereits seine nostalgische Rolle im liebhaberisch-beklatschten Kulturfilm, als zähle sein Arbeitsalltag als Folkloretupfer in der großen Fremdenverkehrsschau. Vielleicht fällt dem oder jenem Bergbauern sogar die alte Sage vom Dreisamtäler Gasthaus zur Birke ein, von dem man erzählt, daß der Wirt einst bei seiner eigenen Beerdigung »mitgespielt«, seinem Begräbnisgang sehenden Auges zugeschaut habe:

»Schon bei seinem Begräbnis, als man seine Leiche zum Hause hinaustrug, habe er, mit der Zipfelmütze beklei-

Nächtlicher Posthalt, Rast und Pferdewechsel am Sternen in Höllsteig, dem »schönsten Stern der Hölle«
Aquatinta von F. Weber nach E. Federle in Bleulers »Malerische Reise von Freiburg durch das Höllental« von 1835

liegt für viele Talbesucher in den Ferienwochen auf dem Bauernhof. Das Dreisamtal hat ebenso seine Sympathie entdeckt für solche Freizeitgäste, die sich im Scherpeterhof in Eschbach, im Wanglerhof in Wiesneck, in Unteribental im Mathislehof oder Schneiderhof, im Vorderbauernhof von Wagensteig, im Kirnermarteshof von Oberried oder sonst in Hofsgrund, in Wittental, in Buchenbach dem Lebensstil eines Schwarzwaldhofs zuwenden, sich der bäuerlichen Ader des Dreisamtals öffnen. Manches Stadtkind hat Unvergeßliches erfahren wie der kleine, kaum 6 Jahre alte Sebastian, dem das Zusammensein mit einem Jungferkel so sehr zum Erlebnis wurde, daß er partout das Freßschüsselchen mit ihm teilen wollte. Aber auch dem Dreisamtäler tut die neue Feriengemeinschaft gut. Umschleicht doch so manchen Talbauern, der mitten im Feriengetümmel den Althof umtreibt, hie und da schon die abträgliche Ahnung, als

det, seinem eigenen Leichenzug vom oberen Kammerfenster aus nachgesehen.«

Man mag sagen, solche abirrenden Sagendeutungen seien frivol und hätten allenfalls am Stammtisch ihren Platz, wo man dem »Besserwisser« seine Freiheiten zugesteht – solange die Amtsmiene sich nicht doch noch erbost; der Talkenner, der soviel notiert, hat einestags völlig verschüchtert vermerkt:

»1809 wurden die Wirte alle in Pflicht genommen, keine politischen Gespräche zu dulden als über Dinge, welche in Zeitungen bekannt gemacht werden!«

Da schwenkt der Blick unverfänglich ab und lenkt die Aufmerksamkeit auf das verbriefte Renomee des Tales. In der Erinnerungstafel am Gasthaus zum Sternen in Höllsteig erstrahlt der fremdenverkehrliche Ruf des Dreisamtals in berechtigtem Glanz: »Hier war Goethe zu Gast.«

An klaren Tagen bietet sich vom Giersberg ein eindrucksvolles Panorama.
Breit liegt die Talebene vor dem Beschauer als weite, offene Schale, eingebettet in einen fast geschlossenen Bergkranz. Nur im Westen (halblinks im Bild) durch-
bricht die Dreisam in der »Kluse von Freiburg« den Bergwall, über der Enge zeigen sich Kaiserstuhl und Vogesen.

ne solche gefahrvolle Höllentalfuhre in wetterwendigen Tagen um 1740. Gelegentliche Vollsperrungen der Altstraße schufen Neuwege; eine längerfristige Unpassierbarkeit des Höllentals erzwang zeitweise einen Umlad der Handelsgüter in Buchenbach auf Saumtiere, der Saumweg zog sich über die Nessellachen nach Breitnau;

die »alte Poststation Nessellachen« ist heimatkundlichen Publikationen durchaus vertraut. Auch andere Straßenläufe machen manchesmal überraschende Wendungen; der Ibentalverkehr, zeitweise beträchtlicher Handelsverkehr, folgte der »Römerstraße« von St. Märgen in den Talgrund beim Wolfsteighof, überquerte je-

244

weg«. Einen »Wegweiser«, einen wegekundigen Führer
benötigte 1742 der Reisende von St. Märgen nach St. Peter.

Aber auch die Hauptstraßen gerieten oft genug durch
Überschwemmungen, Bergrutsche, Geröllawinen,
durch Natureinflüsse in einen unpassierbaren Zustand,
der Straßenlauf mußte immer wieder auf einzelnen
Strecken umgangen werden. Vom Höllental sind mehrfach Verkehrsunterbrechungen an der Engstelle beim
Hirschsprungfelsen notiert, die Straße zog sich dort
praktisch durchs Bachbett. Der bekannte Roman »In
den Schwarzen Wäldern« von Peter Stühlen schildert ei-

Unter dem Geleit Gottes
Technischer Drang bezwingt die Pässe und
Steigen des Schwarzwalds

Das Dreisamtal, Kernland des Schwarzwalds, ist von herausragender natürlicher Schönheit. Bei solch' unbezweifeltem Sonderrang stehen stutzende Zweifel gegen den Gedanken, daß die Verkehrstechnik neue »Talsensationen« aufzeigen könnte. Aber die Höllentalbahn ist eine echte Besonderheit und die Paßstraßen des Dreisamtals sind ungewöhnlich; ihre Einmaligkeit beruht darauf, mit den geographischen Eigentümlichkeiten des Talkessels und seiner Steilränder fertig zu werden. Allein die vielen »Steig«-namen »Falkensteig«, »Höllsteig«, »Wolfssteige«, »Steig«, »Frauensteigfels«, »Steighof« vor St. Peter, »Steigweg« bei Schweigbrunnen, »Katzensteig« oberhalb St. Wilhelm und im Wittental, »Wagensteig« unterstreichen die landschaftlichen Ausprägungen. In dieser »Extremgeographie« wuchten Schwerlokomotiven eine ausgefallene Eisenbahn die Steilstrampe empor, hangeln und ranken sich Gebirgsstraßen in künstlichen Windungen, Hangkehren und Serpentinen die Bergflanken des Höllentals, den Anstieg des Ohmenbergs nach St. Märgen hinauf, stürzen im Gegenblick Gefällschüsse und »gähstotzige« Abstürze den Hochrand des Notschreis, das Hofsgrundertal, den Spirzendobel talab. Was das Auto nur allzu sehr vertuscht, spüren Radfahrer und Wanderer unmittelbar: Die Wege sind eng, schmal, steil, kunstvoll.

Die Anfänge der Verkehrsentwicklung im Dreisamtal liegen im Dunkeln. Tritt- und Trampelpfade, Saumwege mutmaßt man in prähistorischer Zeit, vermutet man als erste keltische Zugänge, vielleicht sogar schon als »Überlandverbindungen«; aber nichts ist beweisbar. Eine »Römerstraße« gilt als »Wunschkind« der Landschaft, die topographischen Karten haben ihr sogar bereits eine feste Trasse Ibental–Wolfsteige–St. Märgen vorbestimmt, aber die Streckenführung ist so ungewiß wie das »Ob-Überhaupt«. Auch die »Mär« der glanzvollen Keltenstadt Tarodunum gibt da keinen Halt – hier beflügelt allenfalls ein Rätsel das andere.

Im Mittelalter spricht man vom »Mönchsweg« von St. Gallen ins Kirchzartner Tal. Das Dreisamtal war St. Galler Interessengebiet, die Bewirtschaftung des umfangreichen Auswärtsbesitzes über die respektable Entfernung setzte kontinuierliche Kontakte voraus.

Es ist spannend, wie viel und wie wenig man von den mittelalterlichen Urstraßen des Dreisamtals weiß. Die Zusammenhänge zeigen, daß die heutigen Hauptverbindungen schon sehr früh bestanden haben. Die Burgruinen von Falkenstein und Wiesneck und die der Wilden Schneeburg dokumentieren die Bedeutung der Verkehrsrichtungen Höllental, Wagensteige und Oberrieder Tal; ebenso signalisieren die frühen Kapellen der Reise- und Pilgerheiligen Oswald und Nikolaus Handels- und Verkehrsbeziehungen durchs Höllental und über die Spirzen zum Turner. Mit ihrer Neugründung erhielten auch die Klöster St. Peter und St. Märgen Zuwege; die Bergbaugeschichte belegt für das 13. Jahrhundert Erztransporte auf dem »Silberweg« Todtnau–Schauinsland–Oberried–Freiburg. Völlig offen bleibt allerdings in dieser Grunderhebung die wichtige Frage nach dem Ausbaustand und der Befahrbarkeit, nach der Verkehrsbedeutung und der Erschließungsfunktion; nur darin unterschieden sich wohl die Wege. Daß auch Fernhandel das Dreisamtal durchlief, scheint schon die Freiburger Namensgebung »Schwabentor« als Ausgangspforte Richtung Dreisamtal am Weg nach Schwaben zu bekräftigen. Überraschende Manipulationen unterstreichen zu Beginn des 14. Jahrhunderts die wirtschaftliche Einschätzung des weiträumigen Handelsverkehrs; 1316 bezahlt Freiburg immerhin 50 Mark Silber als Auslösung dafür, daß die Konkurrenzstraße im Überlandhandel, die Kilpenstraße Simonswald–Furtwangen, nicht ausgebaut wird. Interessante Einblicke geben ebenso die reißfesten Urkunden über die Falkensteiner »Raubritterei«; Boten aus Mailand, Pfaffen aus dem Gelderland, Kaufleute aus Flandern, Pilger nach Rom nahmen im 14. Jahrhundert die Marschroute durch die Talschlucht.

Die Straßenentwicklung zum qualifizierten Verkehrsnetz ist damit im wesentlichen eine Frage der baulichen Obhut, des Ausbaus, des Unterhalts. Der St. Märgener Dingrodel des 14. Jahrhunderts zeigt Typisches für die einfachen Herrschaftswege: für die Zehntweinfuhren hatte jeder Lehensbauer die Last, Weg und Steg innert 14 Tagen herzurichten; er steht zugleich in persönlicher Schuld, wenn an der Zehntfuhre Schaden eintritt, »davon, daß der wege ze böse wäre«. Die Straßenbaulast der Anlieger ist nach Unterlagen der Talvogtei für die Wagensteigstraße auch im 17. Jahrhundert noch Brauch und Recht. Erst langsam gibt es eine Entwicklung dahin, daß ständische Ausgaben eine landständische Betreuung der größeren Straßen erkennen lassen. Eine solche überörtliche Fürsorge wurde später zuvorderst den Poststraßen zuteil. Manches Reiseziel wurde aufgegeben »des bösen Wegs, der hohen Berg, der Mattigkeit der Pferde halber«, wie es vom Ibental heißt. Mancher Weg blieb noch lange ein »elender Karren-

sche Kosten, ein Umbau, der 1755–1769 mit viel Mühen ausgeführt wurde. Felsabsprengungen, Verbreiterungen, streckenweise Begradigungen und die unschädliche Beseitigung des Wassers, eine geregelte Entwässerung standen im Vordergrund.

Nach diesen Vorarbeiten blieb dann in der Tat nur noch weniges zu verbessern, um den großen Festzug der Kaisertochter Marie Antoinette im Jahre 1770 mit ihrem prunkendem Gefährt und Gefolge durch das Höllental zu geleiten. Dieser Festzug war in gewissem Sinne die »gnädiglichste Einweihung der neuen Breisgauischen Hauptstraße«, die Forschungen haben jedoch erwiesen, daß die gängige Kurzformel vom gezielten Ausbau des Höllentals für den Durchzug von Marie Antoinette eine falsche Deutung enthält. Die Höllentäler Postkutschenzeit hatte im Hochzeitszug der Kaisertochter jedoch noch lange hin ihr gefeiertes Leitbild.

Max Föhrenbach hat 1875 die ungewöhnliche Postkutschenfahrt von Freiburg auf den hohen Schwarzwald erlebt und überliefert:
»Das 36 Kilometer von Freiburg entfernte, 828 m hoch gelegene Amtsstädtchen Neustadt besaß damals nur eine Postverbindung, welche aufwärts eine Fahrzeit von 6 bis 7 Stunden, abwärts eine solche von mindestens 5 Stunden erforderte. Die Poststraße führte durchs Höllental nach Höllsteig, von da, in Windungen die Höhe ersteigend, zum Wirtshaus zur Lafette (915 m), alsdann abwärts über Altenweg nach Neustadt.

Die mit 5 Pferden bespannten schweren Postwagen hatten in Falkensteig und Höllsteig Pferdewechsel. Am ersteren Orte wurde beim Wirtshaus › zu den zwei Tauben‹ umgespannt, in dessen dumpfer Gaststube Fuhrleute und Reisende einträchtig beisammen saßen. In Höllsteig gab es bei dem weitbekannten Posthause zum ›Sternen‹ etwas längeren Aufenthalt, namentlich im Winter, wenn der Wagen mit einem Schlitten vertauscht wurde. Auch im ›Bären‹ in Altensteig konnte man, wenn Kondukteur und Postillion sich dazu bestimmen ließen, noch rasch einen Stehschoppen genehmigen. Dann aber ging es in flotter Fahrt nach Neustadt hinein.
In der Regel wurde es 7 Uhr abends, bis der um 3 Uhr nachmittags abgegangene Postzug sich bis zum ›Sternen‹ durchgearbeitet hatte. Die bei 6 Grad unter Null erstarrten Passagiere entstiegen dem dunklen, engen Kasten, um sich etwas Bewegung zu machen und einen erwärmenden Kaffee oder Kognak einzuverleiben.
Wenn zur Weiterfahrt der Schlitten nicht benutzt werden konnte, was ungeachtet reichlichen Schneefalls we-

gen schlechter Fahrbahn häufig der Fall war, wurde die Reise im Wagen fortgesetzt. Mit Vorspann ging es im Schritt die langen Kehren bis zur ›Lafette‹ hinan. Der Ruf des Postillions, mit dem er die Pferde antrieb, das Geschell der mit Reif bedeckten dampfenden Tiere, das Geräusch der entgegenkommenden Fuhrwerke waren die einzigen Laute, die man vernahm. Die in Halbschlaf versunkenen Passagiere schätzten sich glücklich, wenn es nach 1½ Stunden endlich im Trabe weiterging. Sie konnten alsdann hoffen, wenigstens um 10 Uhr in Neustadt zu sein. Der Zeitaufwand für etwaige Zwischenfälle war dabei noch nicht in Rechnung gestellt. Einen solchen durfte ich gleich im ersten Winter erleben.
Ich war in der Frühe von Freiburg abgereist und, vom ›Sternen‹ ab im Schlitten fahrend, auf der Höhe bei der ›Lafette‹ angelangt. Die Fahrbahn war stark vereist, was zur Folge hatte, daß der Schlitten auf der Gefällstrecke zwischen ›Lafette‹ und ›Bären‹ den Stangenpferden auf die Hacken kam.

Vergeblich bemühte sich der Postillion, den am Ende des Schlittens angebrachten sogenannten Kretzer in Funktion zu setzen. Derselbe glitt am Eise ab, und immer schneller schoß das Fahrzeug abwärts. Die Pferde, ein Viergespann kräftiger Percherons, wurden unruhig, gingen durch und lagen alsbald im seitlich aufgehäuften Schnee als wirrer Knäuel aufeinander. Der Schlitten war trotz des Geschreies meiner Nachbarin nicht umgefallen. Dagegen war der Postillion vom Bock geflogen und gleichfalls im Schnee verschwunden.«
Aber auch den damaligen Reisenden wurde die Romantik zur Routine; Josef Bader erzählt, daß er sich 1842 abends auf den Postwagen setzte, »um den Weg über die Höhen des Schwarzwalds womöglich schlafend zu überwinden.« Wurde zur Beschleunigung auch nachts gefahren, konnte man mit einer Reisezeit von 30 bis 33 Stunden nach Konstanz kommen. Der Pferderitt erreichte wohl günstigenfalls Villingen in einem Tage, der mit mehreren Pferden bespannte Wagen fuhr bis zu 70 km am Tag, die »geschwinde Post« kam auf eine Entfernung von 4 bis 5 Poststationen. Seit altersher wurden alle Reisen »unter dem Geleit Gottes« begonnen.

Erst in badischer Zeit bekam die Höllentalstraße ihren modernen Paßstraßenzuschnitt mit den großangelegten Kehren der Steige oberhalb des »Sternens«; die »Exportstraße« Freiburg-Schaffhausen wurde 1847 bis 1857 heftig umgebaut, eine kontinuierliche Steigung von 5,5 % löste die früher bestehenden Steilstiche bis 22 % ab. Dieser Straßenausbau vor weit über 100 Jahren

Flankiert wird der enge Taldurchbruch vom Steilanstieg zum Kybfelsen (837 m, links) und dem ebenso rasch aufstrebenden Gebirgszug zum Roßkopf (737 m, Bildmitte); der nördliche Bergkamm führt weiter zum Flaunser (866 m, rechts), in rhythmischen Schritten münden von Norden Seitentäler (Welchental, Attental, Wittental, Eschbacher Tal) in den zentralen Innenraum.

doch – so wird berichtet – talab den hohen Rechten-bachsattel nach Oberbirken. 1773 ließ Abt Michael Fritz den Weg um den Ohmenberg nach St. Märgen ausbauen; die Furcht, die verbesserte Straße könnte die Durchmärsche des Militärs anziehen, weist er zurück: »Allein, die Soldaten kommen dennoch!«

Eine Sonderfrage der Dreisamtalgeschichte zielt auf die Konkurrenz der Haupttalwege Höllental und Wa-gensteige. Die Suche nach dem höheren Alter und den jeweiligen Zeiträumen wirtschaftlichen Übergewichts stößt auf grundsätzliche Aspekte der Talbetrachtung. Die Akribie der jüngsten Untersuchungen von Friedrich

245

Siedlungen sind allenthalben in den grünen Garten eingestreut. Rechts duckt sich Stegen an den Hangfuß, im vorderen Talgrund breitet sich Kirchzarten aus, der alte Mittelpunkt des Tales.

Straub (1953) und Alfons Schäfer (1974) macht sich bezahlt. Das Resumee der Tiefendurchleuchtung erhellt, daß dem Höllental als Verkehrsrichtung nach Schaffhausen schon früh eine selbständige Bedeutung zukam und daß der Höllentalpaß auch als die ältere Verbindung Richtung Villingen anzusprechen ist. Für die Wa-

gensteige gibt es ein gesichertes Datum des Ausbaus zum Wagentransportweg von 1310; die neue Verbindung lag offensichtlich stark im Interesse von Villingen, das »bis an die Tore Freiburgs«, bis zur Schenke in Wagensteig diesseits der Wasserscheide den Straßenunterhalt für die neue Strecke übernahm.

Mit den großen Heerzügen vom 30jährigen Krieg bis in nachnapoleonische Zeit wuchs die Bedeutung der Wagensteige als »militärischer Vorzugslinie«. Bei den großen Heeresdurchzügen zielten die Militärs auf den größeren Bewegungsraum um die Übergangshöhen am Hohlen Graben; Paßengen wie das Höllental ließen sie gerne beiseite liegen. Im 16. Jahrhundert war der Wagensteigweg allgemein von Vorteil, nachdem von der Passage durchs Falkensteiner Tal gesagt wird, der Weg sei »rauf, an vielen orten eng, hoch und nit nach dem be-

»Der alte Zolltarif zu Falkenstein nennt 1748: Schönes Tuch, Leinwand, Sicheln, Wild-, Schaf-, Kalb-, Lammfelle, Ochsen- und Kuhhäute, gegerbt und ungegerbt; Pferd, Füllen, Rind, Kuh, Schwein, Esel, Schaf.«

Für die Verkehrsbewältigung waren an allen Steigen des Tals wohlorganisierte Vorspanndienste eingerichtet; 16 Pferde standen am Wolfsteighof im Ibental für den Transportweg der »Römerstraße« bereit. Bekannter ist gewiß der Vorspann im Höllental zwischen »Sternen« und »Schwarzem Bären«. Die großen Stallgebäude

Die Höllentalbahn wird gebaut
Baustelle der Ravennabrücke und der Steilstrecke am Finsterrank
Xylographie von 1885

sten zu reisen.« Das Höllental blieb über alle Jahrhunderte hinweg bis zum Großumbau des 18. Jahrhunderts stets die naturanfälligere Straßenverbindung, und nur allzu oft mußten die Gemeinden des Dreisamtals für die Beseitigung außerordentlicher Schäden, für die Kosten der Wiederherstellung der Höllentalstraße einstehen.

Die bedeutungsvollsten Einblicke in den Warenverkehr des Dreisamtals hat Alfons Schäfer aus Urkunden der »Zoll- und Höllgenossen« von 1749 gewonnen, die die verschiedenen Warenklassen aufschlüsseln:
»Es werden unterschieden: Güterwagen, Wein-, Frucht-, Haut-, Rinden-, Laaden-, Kraut-, Rübenwagen, Schlitten oder Karren; an Produkten ferner: Gips oder Weißerde, Holzgeschirre, Harz, Salz, Reis; an Haustieren: Lastpferd, Ochse, Geis, Kalb, Schaf, Schwein.«

gaben den Eckstationen noch lange nach dem Ende des Pferdespanndienstes ein gewichtig-imponierendes Aussehen. Mit Neid sah man im 18. Jahrhundert, der großen Zeit der Postkutsche, vorzugsweise nach Frankreich, wo unter Ludwig XIV. »prachtvolle, aber sehr theure Chausseen« entstanden. Mit enormen Aufwendungen wurden dann auch diesseits des Rheins die Poststraßen verbreitert, das »breite Gleis« ausgebaut. Bei der Menge des Verkehrs mußten strenge Verbote verhindern, daß vielbefahrene Wege, die vor allem von den Bremsschuhen sehr mitgenommen wurden, bald nur noch »aus ausgefahrenen Gleisen« bestanden. Nach wiederholten Wetterschäden, z.B. in den Jahren 1709, 1713, 1730, 1747, entschloß sich der Breisgau endlich zur grundlegenden Verbesserung der Höllentalstraße auf ständi-

schuf die auch heute vom neuzeitlichen Großverkehr genutzte Trasse.

Die Wegegeschichte der anderen Dreisamtalstraßen ist zum Teil ähnlich langwierig, zum Teil bündig kurz. Die Notschreistraße hat ihr fixes Datum; am 13.11.1848 wurde der Weg eröffnet, nachdem 30 Jahre lang die Gemeinden der ehemaligen Talvogtei Todtnau um diese Verbindung gerungen und gekämpft hatten. Erst der 1844 erfolgte Notschrei an Seine Königliche Hoheit den

den Fuß des Hochfirsts tragen soll, würde mindestens mit der Abgabe eines sozialdemokratischen Stimmzettels drohen, wenn man ihm zumuten wollte, die gleiche Reise in der damaligen Postkutsche zurückzulegen.«

Mit dieser Bemerkung vergleicht Max Föhrenbach 1911 den Fortschrittswandel der Zeit gegenüber den Jahren 1875–1879. Mit der Eröffnung der Höllentalbahn am 23.5.1887 beginnt eine neue Ära des Verkehrs im Dreisamtal; die Bahn krempelt die Verkehrsgeschichte um. Erst sehr viel später taucht manchenorts das »Weh-

Die neu erbaute Höllentalbahn am Engebachtobel hoch über der alten Talsiedlung Falkensteig
Aus einer Reportage über die Eröffnung der Höllentalbahn in der Illustrierten Zeitung vom Juli 1887

Großherzog hatte Erfolg – wie der zur Eröffnung gewidmete Gedenkstein auf der Paßhöhe ausführlich berichtet. Der Name »Notschrei« ist der Paßstraße geblieben.

»Wer heute an kaltem Winterabend in Freiburg den Bahnzug besteigt, der ihn binnen weniger als zwei Stunden in hell erleuchtetem, wohldurchwärmtem Wagen an

mutsbild« der »letzten, großen, vierspännigen Vollpost im Deutschen Reiche durchs Höllental« auf. Die Bahn ernüchterte in anderer Weise: die amtliche Verkehrszählung des Straßenverkehrs für 1902 kann auf der Steigstraße gerade noch die kümmerliche Verkehrslast von ganzen 16 Zugtieren pro Tag notieren. Auf der Gegenseite des Wandels steht von vornherein eine außer-

249

ordentliche Popularität der Höllentalbahn. Noch heute erzählt der Dreisamtäler den Kleinsten allerlei von der Bahn und ihren Sensationen, wenn das eigensinnige »Schlecktmaul« den Spinat oder Brei nicht recht essen mag: »Ein Löffel für Kirchzarten« – »Ein Löffel für Himmelreich« – »Und dann kommt Hirschsprung« usw.

Wie es zu dieser Eisenbahn im Höllental kam, ist eine bewegte Geschichte. Schon 1845, nur wenige Jahre nach Beginn der Eisenbahnzeit, kurz nach der Eröffnung der ersten badischen Linie Mannheim–Heidelberg am

»Schnaubend, schnaufend gehts bergan mit des Dampfross' Räderzahn ...«
Zug mit Zahnrad-Schiebelokomotive und 9 Wagen, darunter 3 Aussichtswagen, auf der alten Ravennabrücke

12.5.1840, wurden die Gemeinden des Tals und des Schwarzwalds wegen einer Dreisamtalbahn vorstellig; zwei Bahnverbindungen, die Idee einer Strecke Freiburg–Schaffhausen und die einer Strecke Freiburg–

Donaueschingen, standen anfangs noch nebeneinander und übersetzten die alten, vorväterlichen Verkehrsbeziehungen der Straße in neuartige Eisenbahnlinien. Das Dreisamtal hatte jedoch mit seinen Vorstößen keinen Erfolg. Eine erste Begutachtung der Topographie durch die großherzogliche Oberdirektion erklärte das Projekt einer Eisenbahn angesichts der Steigungen und geländemäßigen Schwierigkeiten für unausführbar.

Nunmehr folgte ein Zeitraum von rund 40 Jahren, in welchem die Dreisamtäler, die Schwarzwälder, die Städte Freiburg und Neustadt um Idee, Planung und Verwirklichung einer Eisenbahn durchs Dreisamtal hartnäckig und ohne Verschnaufpause kämpften. Die Befürworter schlossen sich gleich zu einem aktiven »Eisenbahncomité« zusammen und erreichten mit energievollen Eingaben, mit aufmuckenden Petitionen und gepfefferten Appellen, daß sich die badische Ständeversammlung praktisch ununterbrochen mit dem Projekt befassen mußte. Über 150 Gemeinden des Breisgaus, des Schwarzwalds und der Baar standen schließlich hinter der Dreisamtalbahn-Initiative, die selbst aktiv wurde, als ihr »Notschrei« ungehört verhallte; 1862/64 veranlaßten die Gemeinden auf ihre Kosten solide Geländestudien und ließen durch Herrn Ing. Günther ein eigenes Projekt für den Bahnaufstieg Buchenbach–Hinterzarten erarbeiten. Die neue Bahnidee der Dreisamtalbahn war allerdings von vornherein etwas »zu weitspurig« angelegt; den Verfechtern stand eine weiträumige Verbindung, eine west-östliche Durchgangsbahn Paris–Chaumont–Colmar–Freiburg–Dreisamtal–Ulm–München–Wien vor Augen – die Einbettung in ein solches Fernverkehrskonzept kennzeichnete man im Nachhinein als »das tragische Mißgeschick dieser Eisenbahn«. Noch begrenzte die nationale Eisenbahnpolitik den offiziellen Blickwinkel ganz aufs Badische Ländle und die Badische Bahn, großräumige Querverbindungen vom einen zum anderen Nachbarland waren kein Thema. Hieß es doch:
»Es würde nie und nimmer ein badischer Wagen auf der württembergischen Eisenbahn fahren, weil dadurch die größte Verwirrung und viel Unglück entstünden.«

So blieb es bei permanenten Eingaben an den badischen Landtag, bei fortwährenden Diskussionen um die Dreisamtalbahn und schließlich beim Eingeständnis der Bahnverwaltung, daß das Projekt als solches wohl technisch möglich, aber finanziell nicht machbar sei.

Mit einfühlsamer Fantasie mag es gelingen, dieser zweigleisigen Pionierbahn Freiburg–Buchenbach–Wagensteig–Freyel–Breitnau–Hinterzarten–Neustadt auch heute noch im Gelände nachzuspüren. Wenige

Hinweise sind für diese »Trassenbegehung« noch nutzbar zu machen, nachdem die Akten und Planunterlagen in den vergangenen Kriegstagen restlos verbrannten. Der bekannte Biograph des Badischen Eisenbahnbaus Albert Kuntzemüller hat einige Merkmale der planerisch bewältigten Durchgangsbahn festgehalten: »Die meisten Schwierigkeiten bietet die Abteilung von der Wagensteige nach Hinterzarten. Auf einer Länge von 4 Stunden muß die Bahn, ohne einen Ort zu berühren, durch eine Kette von Tunnels über tiefeingeschnit-

schlag eines Spiralkehrtunnels am Freyel, ein Kunststück, das erst über 10 Jahre später bei der Gotthardbahn genutzt wurde. Die Trasse der Dreisamtalbahn führte von Freiburg über Littenweiler und Kirchzarten zur Station Buchenbach, folgte dem Westhang des Taleinschnitts hinauf zur Station Wagensteig, beschrieb oberhalb Wagensteig am Fuß des Zwerisbergs eine große Talkehre, wandte sich an der Ostflanke hin und schwenkte in den oberen Griesdobel, umfuhr in einer Spiraltunnelkehre den Freyel, um nach weiterer Unter-

Die alte, stark gekrümmte Eisenfachwerkbrücke (rechts) und der Neubau der harmonischen Steinbrücke (links) über die Ravennaschlucht kurz vor der Inbetriebnahme der begradigten Strecke am 14.12.1928. In beiden Gleisen ist die Riggenbach'sche Leiterzahnstange für den Zahnradbetrieb gut zu erkennen.

tene Schluchten und an schroffen Berghängen von Kurve zu Kurve laufend mit einer Steigung von 2 % geführt und auf hohe Dämme, Viadukte und Stützmauern gelegt werden.«

Mit nicht weniger als 26 Tunnels und 7 großen Talübergängen war diese Dreisamtalbahn ein unerhört gewagtes Unterfangen und der berühmten Gerwigplanung der Schwarzwaldbahn ebenbürtig. Die aufsehenerregende technische Neuheit des Projekts ist der Vor-

tunnelung der Hohwarthöhen ins obere Höllental einzulenken, wo Haltepunkte in Steig und Hinterzarten vorgesehen waren. Die Strecke Wagensteig–Hinterzarten kam bei 18 km Gesamtlänge auf 6,8 km Tunnelstrecke, d.h. rund zu einem Drittel verlief die Strecke im Berg. Durch die Umwege, die die echten Wegeentfernungen um ein Vielfaches vergrößerten, konnte die Höhendifferenz von 613 m mit einer gleichmäßigen Steigung von 2 % gemeistert werden. Diese Neigung entspricht dem

251

Gefälle der Schwarzwaldbahn Offenburg–Villingen. Die Dreisamtalbahn wäre also mit diesen Kriterien auch heute durchaus geeignet, den »TEE Marie Antoinette« von Wien nach Paris als Glanzzug über die Rampe im Wagensteigstal zu führen. Dem Badischen Handelsministerium waren allerdings 1863 die enormen Aufwendungen von 23,6 Mio. Gulden für diese fantastische Südschwarzwaldlinie nicht feil.

Als sich anfangs der 70er Jahre die Badische Staatsbahn dann doch näher mit dem Petitum einer Eisen-

men, die den Schwarzwaldaufstieg durch das obere Wagensteigtal nach Furtwangen suchte und von dort Bregtal abwärts nach Donaueschingen führte:

»Vom Ende des Wagensteiger Tals wendet sich die Linie unter Benützung einiger Seitentälchen und Anwendung von zwei Kehren nach Osten, sodann nach Durchbrechung der Dreisam- und Elzwasserscheide bei Hinterstraß und des Steinbergs bei Neukirch mit zwei längeren Tunnels nach Norden. Hinter Neukirch wird die Hauptwasserscheide zwischen Rhein und Donau mittels eines

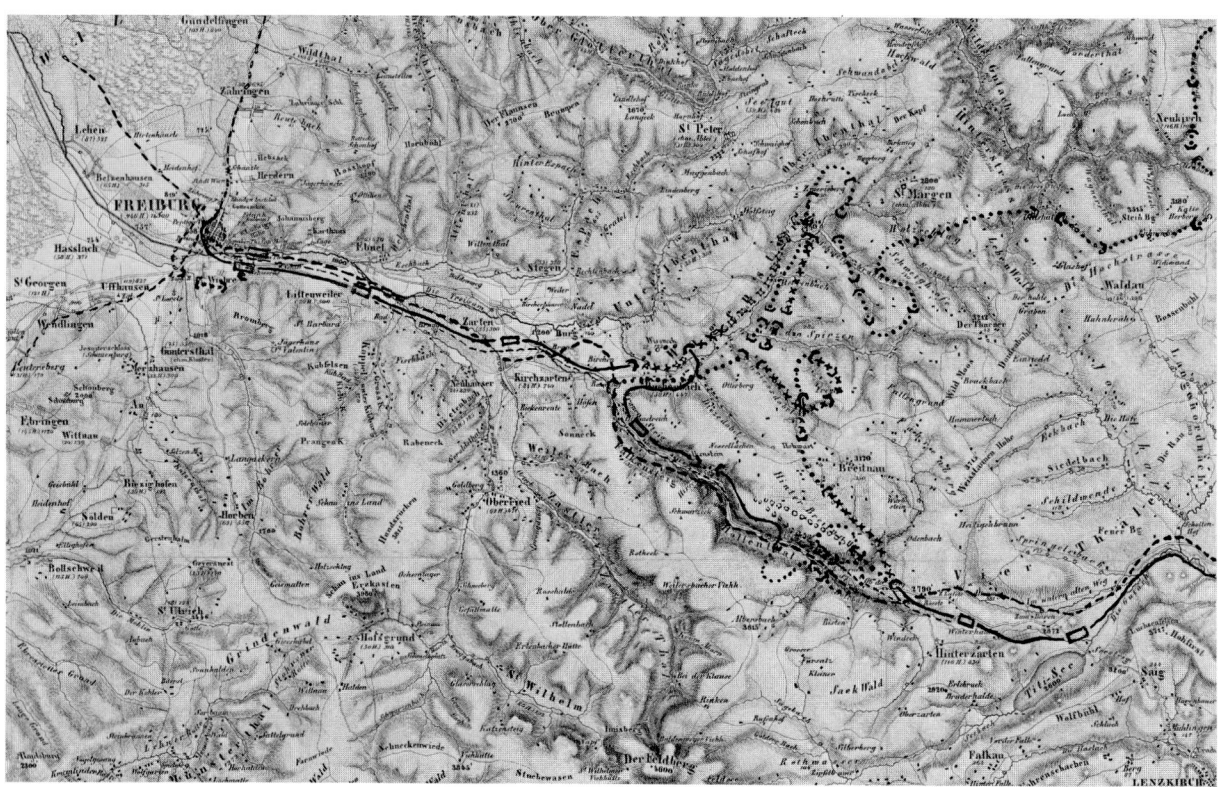

Schwieriger Schwarzwaldaufstieg aus dem Dreisamtal:

.... *Vorstudie einer doppelspurigen Gebirgsbahn vom Talgrund durchs Wagensteigtal über Breitnau nach Hinterzarten (erstmalige Verwendung einer Spiralkehre am Freyel)*
×××××× *Vorschlag einer Dreisamtal-Bregtalbahn (über Furtwangen)*
– – – – – *Zahnradbahnprojekt durchs Höllental von Ingenieur Müller.*
○○○○○○ *Doppelplanung eines Höllentalaufstiegs von Ingenieur Gerwig*
Vorschlag einer Zahnradstrecke (Hangaufstieg in Spitzkehren) und gleichzeitige Vorüberlegung einer verschlungenen Kehrenentwicklung (nach Gotthardbahnprinzip) zur Umfahrung der Zahnradrampe
·–·–·–· *ausgeführte Höllentalbahn (Müller-Gerwig)*
Trassenrekonstruktion von Dipl.-Ing. Paul Schneider

bahnverbindung vom Dreisamtal nach Donaueschingen befassen mußte, versuchte der Verwaltungsentwurf alle möglichen Sparabstriche für ein vereinfachtes Dreisamtal-Höllentalprojekt; zugleich wurde aber auch ein Dreisamtal–Bregtal-Projekt untersucht. Inzwischen war nämlich eine neue Variante ins Gespräch gekommen. Inzwischen

Tunnels durchsetzt und an dessen nördlichem Ende der Kulminationspunkt der ganzen Bahn erreicht.«

Dieses Projekt nahm den Hangaufstieg im Wagensteigtal an der östlichen Talflanke, sah alsbald eine große Kehrschleife mit Untertunnelung des Zwerisbergs vor, schwenkte in den Schweigbrunnendobel und stieß wiederum unter Berg nach Holzschlag, wo die Höhenstation St. Märgen liegen sollte. Das Bahnprojekt gelangte sodann tunnelreich über Glashütte und Neukirch nach Furtwangen. 18 Tunnels mit 9,1 km Gesamtlänge verlegten den Schwarzwaldaufstieg fast zur Hälfte unter die Erde, der längste Tunnel erreichte 2,1 km. Fast 65 % des Streckenabschnitts gerieten in die Höchststeigung von 2 %. Es ist als Zeitdokument höchst lesenswert, wie die Gutachter über beide Alternativen ihre Erwägungen nunmehr auf die Wirtschaftlichkeit, insbesondere den Holztransport, den Fremdenverkehr und die lokale Erschließung abstellten. Mit diesen Argumenten war jedoch der Gedanke einer internationalen Durchgangsbahn endgültig verabschiedet, der Blick konzentrierte sich auf eine Lokalbahn. In einer großen Trassendiskussion gaben die Fachleute und der Landtag zwar dem Höllentalprojekt über Neustadt den Vorzug gegenüber der Bregtallinie, die Beratung von 1874 endete jedoch wegen der hohen Kosten wiederum ohne definitiven Entscheid.

So brachte erst 1871 die Eröffnung der Zahnradbahn Vitznau–Rigi nach dem System des Schweizerischen Ingenieurs Klaus Riggenbach (1817–1899) neue Gedanken ins Spiel. Die Vitznau–Rigi-Bahn bewies, daß große Steigungen für Lokal- und Ausflugsbahnen kein technisches Hindernis mehr waren. Das Eisenbahncomité für eine Höllentalbahn Freiburg–Neustadt fand im Schweizer Ingenieur Karl Müller aus Olten, dem »Zahnradmüller«, einen Projektverfechter und Initiator für einen Zahnradaufstieg im Höllental. Ingenieur Müller empfahl in einer ausführlichen Auftragsstudie von 1876 eine Lokalbahnlinie Freiburg–Neustadt mit einer 11,5 km langen Zahnradstrecke Himmelreich–Hinterzarten und einer Höchststeigung von stellenweise 76 $^\circ/_{\circ\circ}$.

»Unter diesen Umständen erscheint es gerade zweckwidrig, eine Normalbahn zu bauen, weil die Zahnradbahn den gestellten Bedürfnissen vollkommen entspricht.«

Um der neuen Idee durchschlagenden Nachdruck zu geben, reichte das Eisenbahncomité die Zahnradbahninitiative jedoch nicht als Vorschlag für eine Staatsbahnüberlegung, sondern als Konzessionsgesuch zur Bewilligung einer eigenen, privaten Bahnlinie ein; man war also entschlossen, notfalls selbst zu handeln. Die Überprüfung der eingereichten Unterlagen oblag wiederum der Badischen Oberdirektion; dorthin war inzwischen der wohl bekannteste Bahnbauer seiner Zeit, Robert Gerwig, nach einer zeitweisen Tätigkeit bei der

großen Gotthardbahn zurückgekehrt. Robert Gerwig, der zugleich Abgeordneter im badischen Landtag war, stand mit seiner Doppelfunktion gewissermaßen in einer Schlüsselposition für den Eisenbahnbau; er setzte sich alsbald spürbar für das Höllentalprojekt ein. Bemerkenswerte Gedanken teilte ihm nach Bekanntwerden seiner Höllentalambitionen sein früherer Gotthardmitarbeiter und Freund Ludwig Beckh mit, welcher ihm in Anspielung an die »Hölle« und die »Teufelsbrücke« am Gotthard schrieb:

»Nicht genug, daß Sie des Teufels Brücke unterminiert haben, wollen Sie jetzt der Hölle selbst entgegenrücken; wenn so der Teufel schließlich ganz zivilisiert wird, fragt es sich, ob nicht die Menschheit mehr verliert als gewinnt, denn zuviele Reize der Natur gehen geradezu verloren, der Mensch hat keine Zeit mehr, sie zu erhaschen.«

Robert Gerwig war jedenfalls der Idee einer Durchgangseisenbahn gewogen und daher bemüht, nicht von vornherein völlig in eine »Kleinbahncharakteristik« abzugleiten. Er versuchte, die Zahnradstrecke so in das Gesamtprojekt einzupassen, daß die Linie später zu einer vollkommenen Reibungsbahn hätte umgebaut werden können; dazu mußte die Zahnradstrecke so angelegt sein, daß ihr Anfangs- und Endpunkt auch von einer längeren, aber flacheren Reibungsbahn verbunden werden konnte. Dies war ein bemerkenswerter Planungsgrundsatz. Robert Gerwig erreichte zunächst mit einer Kreiskehre um Buchenbach herum bei einer schon hier erhöhten Steigung auf 2½ % – dem Steigungsmaß der Gotthardbahn –, daß seine Linie im Höllental »bereits höher hereinkam« und bis Posthalde mit normalen Merkmalen geführt werden konnte. Ab Posthalde war das Projekt sozusagen in zwei Varianten nebeneinander konzipiert; die eine Möglichkeit einer durchlaufenden Gebirgsbahn, die ohne Zahnstangen auskommen sollte, schloß in Posthalde mit einer Höhenentwicklung nach dem bekannten »Gotthardbild« der Kehrschleifen an und ermöglichte einen Aufstieg in Kehren, Gegensteigungen und Tunnelstrecken bei gleichbleibendem Steigungsmaß; diesen schwierigen Abschnitt des »Gotthardabbilds« übersprang die zweite Alternative mit einer originellen Zahnradlösung, die eine doppelte Spitzkehre vorsah. Von Posthalde aus drückte sich die Zahnradstrecke zunächst in Gegenfahrtrichtung am Breitnauer Talhang mit 5 % Steigung auf eine Berme am Lausbühl zur »Mittelstation«; von da hob sich die Zahnradstrecke wieder mit Fahrtrichtung zur »Bergstation« im Gebiet des Ravennaoberlaufs; hier war dann der Übergangspunkt auf die normal ausgelegte Trasse der

Weiterführung Richtung Titisee-Neustadt, hier schloß auch die eindrückliche Gerwiglinie der Durchgangsbahn mit den bemerkenswerten »Gotthard«windungen und Steigungskehren, den kunstvollen Mäanderschlingen der Paßstrecke an. Als sich jedoch herausstellte, daß dieses Gerwig-Projekt selbst bei Beschränkung auf das Zahnradprovisorium aufwendiger war als der Zahnradbahnvorschlag von Ingenieur Karl Müller, mußte der kluge Gerwigplan mit der »versteckten Gotthardlösung« fallen gelassen werden. So besitzt das Dreisamtal im Gerwig-Bahnprojekt das Zeugnis einer großen technischen Meisterlichkeit, den Wurf einer überragenden Hochgebirgsbahn, auch wenn von diesem »Gerwigkind« nur die Federstriche der Planung geblieben sind.

Auf der Basis des nochmals verbesserten Projekts von Ingenieur Müller beschloß der Badische Landtag 1882 in seiner Zweiten Kammer mit einem Mehr von 37:22 Stimmen und in der Ersten Kammer einstimmig ein Gesetzesvotum, das endgültig den Bau der Höllentalbahn »als einspuriger Eisenbahn untergeordneter Bedeutung« bei Einrichtung einer Zahnradstrecke guthieß. Der Gesetzeswortlaut knüpfte diesen Bauentscheid allerdings an die Mitfinanzierung des Vorhabens durch die Gemeinden des Dreisamtals und Hochschwarzwalds; sie sollten das benötigte Gelände unentgeltlich abgeben, sollten sogar erhebliche Barzuschüsse aufbringen und sollten auf jede Kostenerstattung für ihre eigenen Vorarbeiten und aufwendigen Projektstudien verzichten. Die Gemeinden, die endlich nach 4 Jahrzehnten das Projekt einer Höllentalbahn – zumal als staatliche Bahnlinie – ertrotzen konnten, opferten ihren Anteil, waren zur Übernahme des »finanziellen Solls« an den Höllentalbahnkosten bereit. So hat dann doch noch das Eisenbahncomité gesiegt, die Landschaft ihre Bahn erhalten.

Die erneute »Nachbesserung« des Müller-Projekts lag in den Händen von Robert Gerwig, der den Bauentwurf fertigstellte. Durch eine auf 2½ % erhöhte Steigung der Teilstrecke Kirchzarten–Himmelreich– Hirschsprung konnte der Zahnradabschnitt auf 7,9 km Länge zwischen Hirschsprung und Hinterzarten eingegrenzt werden. Die maximale Steigung der Zahnradstrecke erreichte 5,5%. Der gewagte Bau wurde 1884–1887 verwirklicht, am 23.5.1887 ging die Bahn in Betrieb; zwei Tage davor wurde sie am 21.5.1887 bei großem Schneegestöber in Anwesenheit Großherzog Friedrichs I. in feierlichem Freudentaumel des ganzen Tals eröffnet. Daß unmittelbar bei der Einfahrt des Eröffnungszugs in den Bahnhof Titisee Commerzienrat Franz Faller, ein entscheidender Förderer des Bahnbaus, vom Herz-

schlag getroffen wurde und verstarb, war eine der Schlagzeilen des Eröffnungstages.

Die weitere Baugeschichte zeigt zwei bedeutsame Entwicklungsschritte. Der technische Fortschritt ließ es doch noch zu, nachträglich auf den Zahnradbetrieb ganz zu verzichten. 1901 wurde bereits der Beispann der Zahnradlokomotive bei Talfahrten aufgegeben, am 7.10.1933 wurde »der Zahn gänzlich gezogen«, der Zahnradbetrieb aufgehoben. Die neuen, schweren, speziellen Höllental-Tenderlokomotiven erregten Aufsehen, sie schafften es, die Steilrampe ohne Zahnhilfe zuverlässig zu befahren. 1936 wurde die Höllentallinie für ein weiteres Pionierexperiment ausgewählt; die am 18.6.1936 eingeweihte elektrische Zugförderung war ein technischer Großversuch mit 50-Hertz-Wechselstrom-Einspeisung in das Fahrleitungsnetz; die besonderen Höllentallokos der Baureihe E 244 bezogen den Strom gewissermaßen »aus der Steckdose«, während die Normallokomotiven der Deutschen Eisenbahn bis in die heutige Zeit auf eine gesonderte Stromversorgung mit 16⅔ Hertz-Frequenz angewiesen sind. Das Experiment zog in den Nachkriegsjahren französische und österreichische Bahntechniker, Ingenieure und Planer mit eigenen Versuchslokomotiven an, das Höllental fand als Erprobungsstrecke europäische Beachtung. Erst mit der flächenhaften Erweiterung des elektrifizierten Eisenbahnnetzes ging die nunmehr lästig gewordene Sonderrolle des eigenen Höllentalbahnstromsystems anfangs der 60er Jahre zu Ende. Mit der Modernisierung der Strecke in Technik und Betrieb war es inzwischen auch möglich geworden, den zweiten alten Dreisamtäler Herzenswunsch zu berücksichtigen und überregionale Verkehrsverbindungen vom Rheintal nach München, an den Bodensee, nach Ulm und Stuttgart einzurichten.

Die Fahrt mit der Höllentalbahn von Kirchzarten durchs Tal nach Himmelreich und hinein in die Steilrampe der Hölle macht die Besonderheiten der Strecke deutlich. Bis 1951 wurde schon die Fahrkarte nach einem besonderen »Höllentaltarif« berechnet, in dem die ehemalige Zahnradstrecke doppelt gezählt wurde – »da, falls die Bahn unter Vermeidung des Höllentals als Adhäsionsbahn durchgeführt worden wäre, ihr Weg natürlich viel länger geworden wäre«. Brücken und Tunnels fallen bei der Dreisamtalfahrt auf, der Höllentalstich hat allein 7 Tunnels. Baden galt neben der Schweiz als tunnelreiches Eisenbahnland. Eine echte Sehenswürdigkeit unter den 11 Brücken ist der Ravennaviadukt. Brückenvergleiche mit ähnlichen Talquerungen am Gotthard, am Brenner, am Lötschberg decken auf, daß die Ravennabrücke mit einer Länge von 224 m einen ausgesprochenen Medaillenrang innehat; sie gilt in ihrer steingemauerten Form mit 9 Öffnungen als mustergültig gestaltet. Ihre Höhe von 40 m über dem Ravennabach ist ansehnlich; Schwierigkeiten bei der Gründung des oberen Pfeilers zwangen jedoch dazu, die Fundamente 30 m unter Geländeniveau abzusenken. Mancher Dreisamtalbewohner erinnert sich vielleicht auch noch an die Tage, da die militärische Sprengung

komotiven und Wagen. Die überschweren, bulligen Tenderdampfloks der 85-Reihe, die »Brikettspucker« vor den extraleichten »Spielbahnwagen« prägten ein charakteristisches Zeitbild des Dreisamtals. Beim Durchblättern alter Postkartenalben imponiert heute besonders die alte Zahnradlok, die mit riesigen Dampffahnen und Rußwolken die erste, stark ausgekrümmte Vorgängerbrücke über die Ravenna hochschnaubte; »I kumm fascht nit de Schwarz-wald nuff« – »No zieh' doch fescht, i helf der jo!« hörte man die Zwiesprache der Vor-

Eine l' E l' Tenderlokomotive der Baureihe 85.
Zehn solcher ungewöhnlichen, 133 t schweren und mit besonderen Bremsen ausgestatteten Gebirgslokomotiven wurden gebaut; sie verkehrten 1933–1960 auf der Höllentalbahn. Eine Lok blieb erhalten, sie wird als Erinnerungs- und Museumsstück von der Freiburger Eisenkameradschaft liebevoll gepflegt.

der Ravennabrücke in den letzten Kriegstagen den Eisenbahnverkehr auf Jahre unterbrach, da die Eisenbahnfahrt zwangsweise von einer Fußwanderung zwischen Hinterzarten und Höllsteig begleitet war.

Eine Besonderheit der Höllentalstrecke blieb bis in heutige Zeit der Einsatz eigener, streckentypischer Lo-

spann- mit der Nachschublok im Gezische der Dampfzylinder. Die Zeit der Zahnradbahn gilt heute schon als Idylle; bis die notwendigen Rangiermanöver in Hirschsprung beendet waren, zogen die Zugpassagiere zur geradezu berühmten Würstchenpause in die Bahnhofswirtschaft – und es fuhr gewiß kein Zug ab, ohne daß der

letzte Gast zuvor nicht bezahlt hätte. Albert Kuntzemüller erzählt, daß muntere Zugreisende gelegentlich
neben dem schleichenden Dampfwagen, der kaum 15
km/h machte, einherliefen, oder zum Ärger empfindsa-
mer Bahnverantwortlicher gar schieben halfen. Der moderne Zug ist über solchen Gedanken bereits auf die
Schwarzwaldhöhen entkommen. Meint doch der Volksmund:

»Wenn de denksch, bisch hinter Zarte, bisch de scho in
Hinterzarte!«

Das erstaunlichste Merkmal der Höllentalbahn ist
der extreme Anstieg. Zwischen Freiburg und Kirchzarten erreicht die Dreisamtallinie bereits die Steigung der
Schwarzwaldüberquerung Offenburg–Villingen, zwischen Kirchzarten und Himmelreich sogar bereits die
der Gotthard-Alpenbahn. Dort, wo die alte Zahnradstrecke lag, gleicht die Höllentalfahrt mit der Steigung
1:18 einem Schrägaufzug. Auf dieser Strecke steht der
Lokführer der Zuglok einer modernen Zugkomposition
von 6 Wagen bereits rund 10 m höher als sein Kollege in

Ein Höllentalzug in der Steilrampe (55 ‰) oberhalb Hirschsprung
Die E-Loks der Baureihe 44 wurden 1979 ausgemustert. Auch diese Pionier-E-Loks prägten rund 45 Jahre das Bild der Höllentalbahn.

der Schublok – und in der Zugvorbeifahrt mit 60 km/h wird jeder Punkt des Zugs um nahezu 1 m pro Sekunde angehoben. Solche Rechenexempel geben doch zu denken. Aber auch die Gesamtsteigung ist respektabel. Von Freiburg bis Hinterzarten steigt die Bahn mit 623 m praktisch die gleiche Höhendifferenz wie der Gotthardzug auf der Nordrampe zwischen Erstfeld und Göschenen mit 634 m. Daß die Steilrampe für den Bahnbetrieb manche Probleme bringt, ist damit wohl bereits erklärt. Wiederholt wurden auf der Höllentalbahn schon Bremsversuche unter bahnextremen Sonderbedingungen getestet. Wenn also der heutige Bahnstandard den frühen Kritikern Unrecht geben mag, die alsbald nach dem »Fehlstart« in die Zahnradlösung von einem »verpfuschten Bahnbau« sprachen, so gilt auch nach einem vollen Jahrhundert die unbestreitbare Einschätzung der Bahn mit ihren Kriterien »Vollspur« – »Reibungsbahn« – »durchlaufender Fernverkehr« zu Recht als Besonderheit, als »technischer Superlativ«.

Das Dreisamtal spielte schon früh mit der Idee weiterer extravaganter Bahnprojekte. Eine Schauinslandbahn war seit 1908 im Gespräch, zunächst als Plan einer Standseil-Bergbahn zwischen Günterstal und dem Berggipfel; dieser ausschließlichen »Vergnügungsbahn« wurde bald das weitsichtige Projekt einer Gebirgseisenbahn – wenn auch als Schmalspurbahn – von Freiburg über Horben, Schauinsland-Halde, Notschrei, Muggenbrunn nach Todtnau entgegengestellt. Dieser beachtenswerte Wurf einer »Schwarzwälder Höheneisenbahn Freiburg–Schauinsland–Todtnau« fand seine

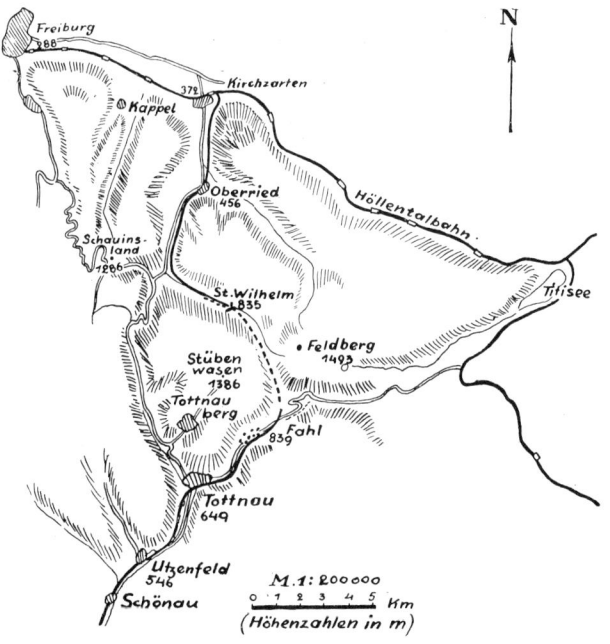

Projekt einer Dreisamtalbahn Kirchzarten – Oberried – Todtnau mit einem 4,5 km langen Scheiteltunnel bei St. Wilhelm
Freiburger Zeitung, 1926

konkreten Projektstudien, die Linie ist mit ihren Steigungsstrecken, Kunstbauten und Tunnels, ihren Kurven und betrieblichen Details als Adhäsionsbahn bis um 1920 genauestens untersucht und austrassiert worden. Varianten standen zur Wahl. Aus den Erinnerungen von Carl Theodor Kromer, einem entschlossenen Verfechter der »Schwarzwaldhöhenbahn« und zugleich Planer einer Zahnradvariante für den Schauinslandaufstieg, werden bereits Schubladenprojekte für eine Anschlußverlängerung Notschrei – Feldberg sichtbar. Schon wurden Erwartungen in das neue Attraktionsland der Wälderbahnen gesetzt. Die Steilstrecken von 78 ‰, die Zahnradrampen von 170 ‰ schreckten dabei weniger als die finanziellen Tiefen, in die die schönen Überlandbahnen mit ihren Vorprojekten gerieten. So konzentrierte sich die Planung schließlich auf die Schwebebahn Bohrertal-Schauinsland, die 1929/1930 ausgeführt wurde. Sie ist als erste Personenschwebebahn der Welt mit Umlauf der Kabinen wiederum ein neues, technisches Meisterstück. Am 7.6.1930 schwebte die erste Gondel zu Berg, das Dreisamtal war in seiner obersten Galerie am Schauinsland neu erschlossen. Daneben gab es seit der Jahrhundertwende die rund 6 km lange Materialseilschwebebahn des Kappler Bergwerks, abgesehen von den gelegentlich in den unwegsamen Steillagen des Tals eingerichteten »Milchkannenschweben« vom Hof zum nächsten Straßenanschluß. Ein erschreckendes Großkabinenprojekt für eine moderne Seilschwebebahn vom Zastlertal auf den Feldberg rückte um 1950 mit dem Aufschwung des Fremdenverkehrs und Wintersports in den Blickpunkt; eine solche, die ausschwärmenden Freiburger anziehende Feldbergflankenöffnung über das stille Zastlertal stieß jedoch auf den Abwehrwillen entschlossener Naturpfleger. In den vielfachen Sesselbahnen und Skiliften am Schauinsland, am Feldberg, in Hinterzarten, Breitnau, St. Märgen, St. Peter, an der Stollenbachweide usw. hat das Dreisamtal auch so mehr als 3 Hände voll technischer »Kleinbahnen«.

Die Technik im Tal bleibt ein bedenkenswertes Thema. In der Diskussion um den Schwarzwaldaufstieg einer Autobahn wiederholte sich manches Lieblingsargument der Eisenbahnzeit, die Rösselsprünge Paris – Dreisamtal – Wien kamen erneut ins Gespräch, bis eine Besinnung auf die Risiken einer Übererschließung das »Fernweh« kurierte.

Manche technischen Errungenschaften machen kaum Aufsehen. Schon 1899 betrieb der Inhaber des Gasthauses Sternen-Post von Oberried ein elektrisches

Kleinkraftwerk an der Brugga, Oberried besaß bereits vor 1900 eine elektrische Straßenbeleuchtung. In anderen Talwinkeln, in vielen Einödhöfen blieb der Stromanschluß Wunschtraum bis in die jüngste Generation. Die Kernsiedlungen des Tales wurden noch in den »Goldenen Zwanzigerjahren« zwischen 1917 und 1927 an das Freiburger Versorgungsnetz angeschlossen, die Mehrzahl der Höfe wurde jedoch erst zwischen 1953 und 1964 erreicht, abgelegene Einzelhäuser blieben sogar bis 1974 ohne Strom.

leitung mit Stollen und Kanälen sollte das Wasser aller Dreisamtalbäche von der Brugga über den Zastlerbach, Rotbach bis zum Wagensteigbach diesem Nutzsystem zuleiten; von Kappel sollte ein weiterer Ableitungsstollen die 4. Stauhaltung im Bohrerbachtal erreichen. Kraftwerke mit 107 m, 66 m, 117 m und 143 m Nutzgefälle sollten – je nach Wasserführung – zwischen 9000 und 18 000 PS, durchschnittlich 12 000 PS erzielen. Die Studie läßt allerdings im Resumee unter dem Strich erkennen, daß ihre Vorstellungen eher als fragendes Abtasten

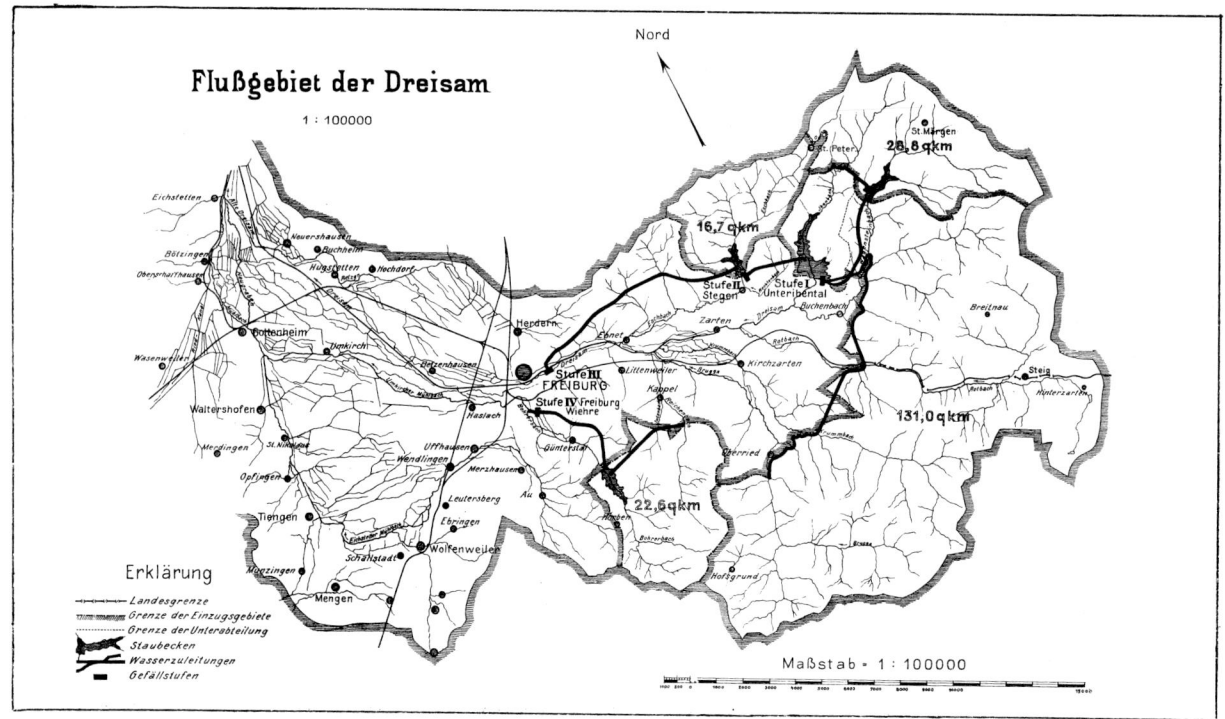

Vorstudie über die Nutzung der Wasserkraft des Dreisamtals in vier großen Speicherkraftwerken

Nicht ohne schwerwiegende Folgen wären die Projekte der »totalen« Wasserkraftnutzung geblieben, die 1908 in hydrographischen Untersuchungen das nutzbare Maß der Dreisamenergie erkundeten. 4 Staubecken, 4 Gefällstufen und 4 Großwasserkraftwerke ließ der Untersuchungsgang im Dreisamtal entstehen. Eine oberste Talsperre sollte das Wagensteigtal unterhalb des Haurihofs mit einer 59 m hohen Mauer abschließen, eine zweite, 54 m hohe Mauer sollte im Ibental 1,5 km oberhalb der Talausmündung den größten Dreisamtalstausee mit 31,4 Mio. cbm Wasser aufstauen. Im Eschbachtal oberhalb Stegen war ein drittes Staubecken mit 20 m Stauhöhe gedacht. Eine 13,2 km lange Bei-

und Abschätzen denn als planerisches Vorhandeln gewertet wurden.
»Die Aussicht, daß im Dreisamtalgebiet regulierbare Hochruckwerke von größerer Bedeutung ausgeführt werden können, erscheint hernach recht gering.«
Bemerkenswert bleiben die zahlreichen, überall im Tal versteckten Kleinwasserkraftwerke und Triebwerke, Mühlen, Sägen, die kleinen Turbinen verschiedener Gewerbebetriebe und die Kleinkraftwerke, die allenthalben der örtlichen Versorgung dienstbar sind. 85 Kleinnutzer der Wasserenergie zählte schon die hydrographische Studie von 1908. Ein Speicherbecken ganz anderer Art war anfangs der 50er Jahre für die Freibur-

ger Wasserversorgung erwogen worden. Im Oberrieder Tal bruggaauf bei der Engstelle am Zipfendobel sollte die Einrichtung eines Trinkwassersees als Vorratsbekken für die Freiburger Versorgung untersucht werden. Das Projekt wurde jedoch angesichts der Verschmutzungsmöglichkeiten des offenliegenden Wasserspiegels ohne planerische Detailausarbeitung aufgegeben. Die Nutzung des unteren Dreisamtals für die Freiburger Wasserversorgung entspricht dagegen unvordenklicher Tradition. Schon die mittelalterliche Gründungsstadt bezog über Deichelleitungen aus dem Möslewald ihr Wasser. Im 19. Jahrhundert wurden in großem Stil Sammelkanäle und Versorgungsbrunnen im Dreisamtal oberhalb Ebnet und bei Neuhäuser eingerichtet. Diese Anlage ermöglicht den freien Zulauf aus dem Talgrund in die Hochbehälter der Stadt, dies ist eine erneute Besonderheit und Nutzbarmachung des großen Talgefälles der Dreisam»ebene«.

Der Rückblick bestätigt: in der Technik bietet das Dreisamtal Außergewöhnliches.

Alte Wasserkraftnutzung am Osterbach. Die Kirchzartner Kienzlerschmiede aus dem 18. Jh. besitzt zwei unterschlächtige Wasserräder in getrennten Schußrinnen und mit unterschiedlich großer Kraftentwicklung für verschiedene mechanische Zwecke

259

»Die Braut« des Abts von St. Peter
Kunst und Künstler im Dreisamtalatelier

»Kunst« ist für das Dreisamtal ein anregendes Thema. Hermann Schwarzweber kennt die Stimmlage der Talbegegnung, »das reizvolle Wechselspiel zwischen Naturgefühl und Werken der Kunst.«

Der Umblick im »Garten der Künste« enthüllt rasch eine ganze Blütenfülle kunstvoller Eindrücke. Wie die köstlichen Blütenkelche der Bergmatten sind die Kunstwerke eingestreut in alle Fluren des Tales als »himmeltreibende Blüten, die sich in freier Grazie unter dem Reiz von Licht und Sonne in den Himmel hinein entfalten.« Die Umschau auf das künstlerische Dreisamtal entsagt es sich allerdings, die Knospen und Dolden des Blumenschatzes komplett zu verzeichnen oder eine genaue Wegebeschreibung zu schauenswerten Stücken aufzuzeigen. Wie bei der Blumenwiese betört vielmehr schon der vielfarbene »Sound« der vollinstrumentierten »Big-Band« die Sinne, noch bevor dieses' oder jenes Klangornament die feingespitzte Aufmerksamkeit an sich zieht. Blumen und Kunst haben Ähnlichkeiten, sie verbinden sich ganz in den bestaunten Buchenbacher Blütenteppichen an Fronleichnam.

Die Kunstreise ins Dreisamtal tut gut, die Nähe zur Kunst bei den Künstlern zu suchen. Eine ganze Künstlergilde, eine kleine Künstlerkolonie wohnt in den Talorten des Dreisamtals; ein Künstler aber lebt kaum zufällig irgendwo, in irgend einer Umgebung; das Tal gibt diesen »Talverwandten« Inspiration, auch wenn es selbst nicht fortwährend Gegenstand ihres Kunstschaffens ist. Gelegentlich treten die Künstler, die Bildhauer, Maler, Graphiker, Glasbildner, Musiker, Schriftsteller, Schauspieler, Filmer, Baukünstler in Ausstellungen, Vorträgen, Lesungen oder Aufführungen ins Rampenlicht und geben sich zu erkennen, Namen wie Rolf Baum, Ortensia von Gelmini, Peter Gutmann, Hildegard Hahn-Glaser, Heinz Rausch, Benedikt Schaufelberger, Ludwig O. Schönsteig, Angela van Tol, Irmtraut Weber, Sepp Wurster stehen für eine zufällige Resumierung des »Dreisamtäler Künstlerkreises«, dem gewiß weitere Künstlerpersönlichkeiten angehören. Der erst 1966 in Kirchzarten verstorbene Richard Engelmann, einstiger Freund Ernst Barlachs, zählt zu den Künstlern, zu denen man im Tal noch Zugang finden kann. Andere Kunstschaffende stehen im »Dreisamtäler Künstlerverzeichnis«, die unbekannt geblieben – oder wieder unbekannt geworden sind. Vom »jungen, begabten Poeten« Severin Weiß vermerkt nur ein Zitat, daß der Theolo-

giestudent 1854 in Kirchzarten beerdigt wurde. Das Tal gab zu allen Zeiten vielen und vielbeachteten Künstlern ein Heimrecht; aber Heimische zogen auch hinaus; Theodor Werner Dengler, Journalist, Buchhändler, Verleger entstammt einer alten Kirchzartner Familie. Der unvermittelte Atelierbesuch bei den im Tal werkenden und wirkenden Kunstschaffenden öffnet die direkteste Beziehung zur künstlerischen Ader dieses Schwarzwaldtals.

»Zuerst die Bücher!« – das Zitat lenkt die Aufmerksamkeit geradezu zwingend auf Bücher und Bibliotheken, auf den literarischen Besitz. »Zuerst die Bücher!« war in den alten Bildungsstätten der Klöster eine Merkformel für den Brandfall, der Spruch unterstreicht jedoch zugleich den Wert, den man »den unvergleichlichen Schätzen des gelehrten Vorrats« beimaß. Verlokkendes Ziel einer kleinen Kunstwanderung ist der »Büchersaal« von St. Peter, die »schönste barocke Inszenierung«, die dem Dreisamtal je einfiel. Höchstes Lob spendet Fürstabt Martin Gerbert von St. Blasien 1767 diesem »Parnaß der Musen« und er fand den treffendsten Ausdruck für die Vorliebe des St. Peterner Prälaten für seine Bibliothek:

»Seine Bücherkammer, das ist seine Braut!«

Die Bibliothek, der gefeierte und geliebte kleine Prunksaal des Klosters war der Stolz aller Äbte. Ignaz Speckle führt gern jeden Besuch in sein Bücherreich, selbst jene Militärs, die sein Kloster so oft heimsuchten. Daß diese Sehenswürdigkeit in der kurzen Spanne eines Jahrzehnts, das wir fortschrittlich nennen, verwüstet wurde, bleibt Zeugnis der finsteren Verstiegenheit einer Zeit, die selbst die Klöster gerne »finsteren Geistes« schalt. Die aufgeklärten fürstlichen Hoheiten drängten bei der Säkularisierung der Klöster darauf, zu zerstören, zu zerstreuen, zu verschleppen, und sie entschuldigten ihren Mißgriff allenfalls mit Achselzucken. So wurde mit Aufhebung des Klosters St. Peter die Bibliothek »ausgeleert«, entstellt, zum Vorratsraum, zur Apfelkammer entfremdet, wie die unbeirrten Zeitzeugnisse vermerken. Abt Speckle schildert »die Ausplünderung der hiesigen Bibliothek«:

»Man nahm das Beste daraus und füllte damit 17 Kisten, welche sogleich nach Freiburg abgeführt wurden. Ich muß nun rauben lassen, was wir und unsere Vorfahren gesammelt hatten.«

Auf 13000 bis 14000 Bände schätzt man den ursprünglichen Wertbestand der Klosterbibliothek. Als »friedliche Plünderung Badens« bezeichnen Kunstkenner den beispiellosen Ausverkauf dieser umbrechenden

Zeit. Aber schon gab es ja für den ganzen Klosterkomplex von St. Peter einen ausgefeilten »Destruktionsplan«, und was man an wertvollem Kulturbesitz vorfand, wurde zeitläufig ignoriert. Der Galeriedirektor von Karlsruhe begutachtete 1806 das Kloster:
»Die Epitaphien fand er schlecht und unbedeutend, die Bibliotheksarchitektur ohne Geschmack«.

Heute empfängt der Bibliothekssaal seine Besucher wieder in Würde und Ansehen.
»Es ist ein Raum von entzückendem und begeistern-

dem Liebreiz, der würdig neben der 15 Jahre später entstandenen Stiftsbibliothek von St. Gallen steht«.

Die besten Dreisamtalkünstler haben ihn gestaltet, der bewunderte Vorarlberger Barockmeister Peter Thumb, der die kunstvollsten Barockkirchen des Breisgaus baute, schuf die Architektur; Benedikt Gambs malte das große Deckengemälde und Matthias Faller schnitzte die ansehnlichen Galeriestatuen, die nach Modellen des noch berühmteren Meisters Christian Wenzinger gefertigt wurden. »Askese«, »Philosophie«, »Me-

Der barocke Festsaal der Klosterbibliothek von St. Peter – ein vielbewunderter Kunstschatz des Dreisamtals

dizin«, »Poesie«, »Geschichte« und »Musik« aus einem ursprünglich größeren Zyklus zieren heute noch die feingestaltete Galerie der Bibliothek. Vieles bliebe noch zu bemerken: der prunkende Stuck, die festlichen Buchregale, die Malerei der Lunetten, der Wappenschmuck über dem Eingangsportal. Hermann Ginter, der Kunstsachkenner, spricht von der »frei und vornehm webenden Raumweite, die das Charakteristikum der Bibliothek von St. Peter ist«. Die Rokokostimmung versetzt selbst den schwerfälligen Besucher in heiteres Sinnen und Wonne; Rokokojubel klingt fast authentisch auf, wenn sommerliche Musikabende zu Stunden »klingenden Barocks« laden.

Musikklang, Rhythmus, Harmonie schwingen durchs Tal. Meisterliche Musik findet vielenorts eine anspruchsvolle Pflege. Kirchzarten hat eine besondere Musiktradition von anerkanntem Namen, Ebnet gewinnt zusehends neue Freunde stilvollen Musizierens in der Barockkirche oder im Festsaal des Schlosses. Kirchenkonzerte, Orgelmusik, musische Darbietungen bis hin zum Volkskonzert geben dem Dreisamtäler Musik-

leben Niveau. Aber selbst die Weihnachtslithurgie, die Christmette, im Bergdorf Hofsgrund ist eine wohlgeglückte Besonderheit. Wie ein Gemälde präsentiert sich das Abendbild, wenn die Hofsgrunder über die verschneiten Schneewege zur Kirche ziehen und das Geläut durch die Flocken stiebt.

Eine neue Wegmarkierung führt den Kunstwanderer – überraschend – ins Freiburger Augustinermuseum, das vor dem Taleingang liegende »große Kunstmuseum des Dreisamtals«. Leuchterengel aus dem Höllental, eine Muttergottes des 15. Jahrhunderts aus Buchenbach, eine Pietà aus Himmelreich, sind von künstlerisch qualitätvollem Rang. Ein Hauptanziehungspunkt bildet der geschnitzte Altar von 1530 aus der St. Laurentiuskapelle von Hofsgrund, ein monumentales Altarwerk aus der kleinen Berggemeinde und das Meisterstück eines nicht mehr gekannten Künstlers. Dargestellt sind vier imponierende Gestalten, der Frühmärtyrer Laurentius, der Pilgervater und Apostel Jakobus der Ältere, der Ordenserneuerer Bernhard von Clairvaux und St. Wilhelm, der Ordensstifter des Oberrieder Wilhelmitenklosters. Ist

Der meisterliche Schnitzaltar von 1550 aus der St. Laurentiuskapelle des kleinen Bergdorfs Hofsgrund.
Im Mittelteil des Altars stehen die Heiligen Laurentius und Jakobus d. Ä., auf dem linken Flügel ist Sankt Wilhelmus, der Gründer des
Wilhelmitenordens, auf dem rechten Flügel der Heilige Bernhard von Clairvaux abgebildet

das Thema des Altars also die Erhebung des Ur-Wilhelmiten in den Rang der gefeierten Kirchenautoritäten, eine Gleichstellung mit dem Ur-pilger Jakobus, dem Ur-Märtyrer Laurentius, dem Ur-Mönch Bernhardus? Das Interesse richtet sich aus den landschaftskundlichen Zusammenhängen vorwiegend auf die Tafel des Heiligen Wilhelm, der mit dem Kettenpanzerhemd des eingeschmiedeten Büßers und Kreuzfahrers mit Rosenkranz und Schild mit Lilien auf blauem Feld und Halbmonden ausgeführt ist. Greift diese Darstellung nochmals Partei für die Ordensstifterlegende durch den Grafen Wilhelm von Aquitanien, der angeblich von Bernhard bekehrt wurde? Die Entstehungszeit des Werks um 1530 läßt eher profane Fragen nach den Altarstiftern, nach der Ortsgeschichte des Bergbaudorfs Hofsgrund aufkommen. Die Lebensgeschichte des Altars ist bislang nur wenig erhellt. Es ist jedoch ein lobenswertes Verdienst, daß die in verschiedene Hände geratenen Altarteile heute durch eine Leihgabe der Pfarrkuratie Hofsgrund zum Ensemble zusammengefügt werden konnten.

Andere Dreisamtäler Ausstellungsstücke bleiben ganz im Handwerklichen. Ein gußeiserner Ofen aus Himmelreich, schmiedeeiserne Grabkreuze aus Kirchzarten sind leistungsgeprägte Werkstücke. Der kunstvoll geschwungene Pferdeschlitten aus der Remise des Barons von Sickingen fällt aus dem Rahmen. Das Werk aus der Hand des Meisterkünstlers Christian Wenzinger scheint eine Spielerei und besitzt dennoch barocke Größe. Will sich da nicht schon das Bild einer munteren Schlittenpartie einstellen, einer Ausfahrt hinaus mit Geläut und Geschell ins Attental, ins winterliche Dreisamland.

Indessen, das Tal rechtfertigt auch jede weitere, erwartungsvolle Aufmerksamkeit des Kunstfreundes. Sehenswürdigkeiten säumen den Wanderpfad, ansehnliche Kostbarkeiten stehen seitwärts Spalier, meisterliche Ausschmückungen zieren Kapellen, Kirchen und Landpalais, Kunstobjekte von Rang, entdeckenswerte »Kunsttempelchen« reihen sich in lockerer Regielaune – gleichsam den tiefsinnigen Rhythmus eines bodenständigen Stationenweges nachahmend mit seinen geruhsam-pulsierenden Andachtsfolgen – zur abwechslungsreichen »Großausstellung«; das Dreisamtal zeigt auch als Kulturland Format.

Das »kleine Kunstmuseum« der Sebastianskapelle von Schloß Weiler eröffnet niveauvoll die 4. Kunstwanderung; als weitere »Pflichtstationen« laden die reich ausgestatteten Kirchen der Talorte zum Besuch, ge-

meinsam mit den feinen Wallfahrtsstätten, den feierlichen Erbstücken der alten Klöster und den Landschlößchen und Herrensitzen adliger Abkunft. Manch ein Kunstfreund bevorzugt da die sorgsame Betrachtung der Mutterkirche des Tals St. Gallus in Kirchzarten, genußvoll verbunden mit einem Abstecher nach Oberried, St. Wilhelm und Hofsgrund; ein zweiter Kunstwanderer lenkt seine Schritte vielleicht nach St. Peter, St. Märgen und Hinterzarten; manch anderer Kunstjünger liebäugelt mit dem stadtnahen Fußmarsch Kappel-

Die St. Galluskirche von Kirchzarten birgt auch architektonisch beachtenswertes, kunstvolles Detail.
Eine gotische Steintreppe von 1508 führt – frei in den Chorraum vorgebaut – zum Obergeschoß des alten, z.T. romanischen Kirchturms.
Zeichnung von F. Lederle, 1881

Ebnet und der Visite im Sickingen-Schloß, dem Glanzpunkt der weltlichen Architektur im Tal mit seiner gekonnten Fassadengliederung, dem geschickten Dekor, dem wertvollen Inventar. Ein vierter Talkundschafter wallfahrtet vom Giersberg über Eschbach nach Maria-Lindenberg, andere Kunstkenner zieht es auf den

263

Ohmenberg und nach Breitnau; mit ihrem modernen Habitus findet die VATER-UNSER-KAPELLE eingangs des Ibentals auch künstlerisch ihren eigenen Verehrerkreis.

Breitnau lohnt den Besuch seiner Kirche mit allerlei historischen Einblicken, z.B. mit dem Fingerzeig auf die Gedenktafeln zweier Landecker von 1450 und 1603; die steinernen Erinnerungsbilder zeigen die herrschaftlichen Verbindungen des Dreisamtäler Hochlands mit dem unteren Tal und den Stadtgeschlechtern Freiburgs; das große Deckengemälde erinnert an die kirchliche Gemeinschaft der drei Waldkirchen von Breitnau, Hinterzarten und St. Oswald im Höllental. Erbauung und Bewunderung erntet der innere barocke Glanz, Breitnau zählt nach Kennerurteil zu den »bemerkenswerten ländlichen Kirchen des Schwarzwalds«. Der letzte der zahlreichen »Faller-Altäre« zeigt etwas von einem zeitlichen Übergang, einem Stilumschwung, Einzelpartien wie der Tabernakelaufsatz – Rokokoengel verehren das von Henkershand abgeschlagene Haupt des hl. Johannes – sind von überwältigender Kunstfertigkeit. In markanten, persönlichen Merkmalen verweist dieses Spätwerk (1779) des Meisters Matthias Faller auf frühere Schaffenszeugnisse wie die vorausgegangenen St. Märgener Nebenaltäre (1735–1743) und den gereiften Figurenschmuck des dortigen Hauptaltars (1744/45).

Matthias Faller war ein begnadeter Künstler, der am meisten beschäftigte Rokoko-Holzschnitzer des Dreisamtals, des Breisgaus und Schwarzwalds. Das Totenbuch von St. Märgen vermerkt 1791 seinen Tod mit dem respektvollen Zusatz »ein berühmter Schnitzer«; in der Kunstwelt wird Faller vielfach »der Riemenschneider des Schwarzwalds« genannt. Matthias Faller aus Neukirch nahe St. Peter trat 1735 mit 28 Jahren nach großer Gesellenfahrt als bereits weltbekannter und geschätzter Bildschnitzer in das Kloster St. Märgen ein; dort fertigt »Bruder Floridus« auch sogleich 3 Altäre mit wirkungsvollen Altaraufbauten und bewunderten Figuren. Faller muß allerdings bald Probleme mit dem Ordensgehorsam bekommen haben, aus dem Abstagebuch von 1737 ist bekannt:

»Den 29ten April hat bruder Floridus Noviz sein kleider abgeholt, vndt also ex ordine dimittiert worden, weillen Er sich zu andren arbeithen als bildhauer nit hat wollen brauchen lassen.«

Gerade hat er noch die Kanzel für St. Märgen vollendet. Schon 1741 kehrt Matthias Faller allerdings in das Kloster zurück, nunmehr als »persönlicher Cammerdiener« des Abts und unter der Bestimmung,

»weillen er ein guter Bildhauer, solle er vor gotteshus beständig arbeithen.«

Faller schuf 2 weitere Altäre für die St. Märgener Kirche, er setzte seine Arbeit für das Kloster auch fort, als er sich 1743 ein zweites Mal vom Kloster trennte und in Neukirch im väterlichen Anwesen niederließ. Dann zog Matthias Faller nach St. Peter, um zwei Jahrzehnte als Bildhauer am dortigen Kloster zu arbeiten. Im Oktober 1771 jedoch notiert der St. Märgener Abt eine neue Wendung:

Pietà aus der Kirche von Eschbach. Das qualitätvolle Andachtsbild von 1760 wird Matthias Faller zugeschrieben

»ist der Bildhauer von St. Peter Mathias Faller anhero gezogen in das neye Hauß. Er will doch hier sterben, nachdem er nicht in dem Kloster als Novizius hat bleiben wollen. … Vielleicht ist es aber nicht sein Nuzen, dan die Arbeith in das Closter St. Peter verliehret er. Doch hat er anderswo Arbeith zu hoffen und schon zu leben.«

Faller hatte in all seinen Lebensjahren zahlreiche Kunstwerke und Ausstattungsstücke für die Klöster selbst, für die von den Klöstern betreuten Kirchen, für die zur Klosterherrschaft gehörigen Kapellen und Pfarrniederlassungen gefertigt und daneben immer wieder als freier Künstler nach Aufträgen gearbeitet. Der Altar der Wallfahrtskapelle Giersberg ist ein wichtiges und zugleich bewundernswertes Werk Fallers, ebenso die

Ausstattung der Kirche von Eschbach und der Kirchzartner Ölberg. Weitere Kunstwerte gingen nach Kirchzarten, Kappel, Buchenbach und Ebnet; gelegentlich ist die Zuschreibung noch schwankend, auch nach kunstkritischer Beurteilung noch nicht endgültig entschieden. Vielleicht begegnet uns noch in mancher qualitätsvollen Holzplastik letztlich ein Werk des berühmten Wälderschnitzers Matthias Faller.

Aber auch andere Künstler beschenkten das Dreisamtal mit einer reichen Kunstausstattung, die Schaffenswege manchen bewanderten und bewunderten Malers, Bildhauers, Stukkateurs, Architekten, Orgelbauers ziehen durchs Tal.

zogen die Kirchen wertvolles Silbergerät, Einzelstücke gehören zum wohlbehüteten Kunstvermögen des Tales.

Der Kirchzartner Künstlerfamilie Hauser und ihrem größten Sohn, dem Bildhauer Franz Anton Hauser – zumeist Anton Xaver genannt –, könnte eine weitere Dreisamtäler Kunstexkursion gelten. Die Bildhauer und Schnitzer der Familie Hauser lebten über 5 Generationen zwischen 1600 und 1820 in Kirchzarten, Freiburg und Schlettstadt im Elsaß und schufen vielbeachtete und vielbewunderte Meisterwerke religiöser Kunst im

Kreuzwegstation aus prominenter Künstlerhand – Simon Göser, der von 1765 bis 1815 im Breisgau malte, schuf den Kreuzweg von Oberried

Wertvoller Meßkelch aus der Kirche Eschbach. Das Schmuckstück von 1765 aus vergoldetem Silber mit Emaillemedaillons entstammt einer Stiftung für die Lindenbergkapelle

Simon Göser schuf um 1770 in St. Peter Fresken im Kapitelsaal und Fürstensaal, malte für Oberried die feinfarbenen Kreuzwegstationen und schmückte 1790 die neue Pfarrkirche in Eschbach mit 15 nuanciert pastellfarbenen Darstellungen aus dem Marienleben. St. Peter zog Franz Josef Spiegler, Franz Ludwig Hermann, Georg Saum an, Christian Wenzinger arbeitete ebenso in St. Peter und schuf Herausragendes für Schloß Ebnet, Bedeutendes für den Prachtaltar des Priorats Oberried; Hans Michael Saur malte um 1700 im Kapitelsaal von St. Peter und in St. Ottilien. Von auswärtigen Künstlern be-

ganzen Oberrheingebiet, vornehmlich im Breisgau und Elsaß. Erst anfangs der 70er Jahre haben die Kunstspezialisten Hermann Brommer und Manfred Hermann aus Anlaß des 200. Todestages von Anton Xaver Hauser das Gesamtwerk der Hauserfamilie in einer ausholenden Familienforschung und Bestandsaufnahme erfaßt und zusammengestellt.

Schon um 1600 wirkte in Kirchzarten ein Schreiner Hans Hauser, er hat allerlei Schreinerarbeiten für die Talvogtei, aber auch kunstvolle Aufträge für die Pfarrkirche in Kirchzarten und die Nikolauskapelle in Falkensteig übernommen. Sein Sohn Georg Hauser gilt als der eigentliche Begründer der Künstlerfamilie. Das von ihm gefertigte große Holzkreuz von St. Oswald im Höllental stellt seine herausgehobenen Kunstfertigkeiten unter Beweis. Der Sohn Georg Hausers, Johann Georg Hauser (1611 – ca. 1660) ist in Freiburg vielbeschäftigt; er gestaltet mehrere Zunftbüsten und einen Schnitzaltar für das Allerheiligen-Kloster in Freiburg, den alten St. Märgener Konvent, der 1462–1729 dort in der Stadt sein Domizil hatte. Der Bildhauerberuf vererbte sich alsbald von Johann Georg auf seinen Sohn Franz; allerdings stößt mit dem frühen Tod Johann Georg Hausers zunächst der Stiefvater Johann Conrad Winterhalter aus

chen Seitenaltäre gingen später jedoch leider verloren. Auf Johann Conrad Winterhalter folgte Franz Hauser (1651–1717), der von Kirchzarten wegzog und nach Schlettstadt auswanderte. Aber er kehrte bei Gelegenheit nach Freiburg zurück, wo er Aufträge für das Münster erhielt. Zur gleichen Zeit schuf er auch die Statuen des Kirchzartner Hochaltars. Das Schnitzwerk umrahmt ein Altargemälde des Freiburger Malers Caspar Brentzinger, das Ensemble ist ein bemerkenswertes Ausstattungsstück des »Dreisamtäler Mün-

Der große Barockkünstler des Tals Anton Xaver Hauser (1712–1772) schuf für die Pfarrkirche Kirchzarten Altäre, Figuren, Büsten und die Kanzel, darunter die Sebastiansfigur des linken Seitenaltars von 1763

Ein Meisterstück Anton Xaver Hausers ist die aus Sandstein gehauene Dreifaltigkeitsgruppe von 1770 vom Scherpeterhof in Eschbach-Obertal

Neukirch zur Hauserfamilie. Winterhalter (1640–1676) übernimmt die Hauserwerkstatt in Kirchzarten; er wurde für die Innenausstattung der St. Galluskirche in Kirchzarten engagiert und fertigte den Altar des Hl. Sebastian und den Muttergottesaltar; diese ursprüngli-

sters«. Der in reichem »Knorpelstil« verzierte Altar umfaßt die Statuen des Hl. Johannes des Täufers, des Hl. Johannes des Evangelisten, der Hl. Petrus und Paulus, des Hl. Georg und der Hl. Barbara (?), dazu Figuren Gottvaters und des Erzengels Michael. Weitere Engel und Putten ordnen sich in das klar gegliederte, würdige frühbarocke Altarwerk ein. Franz Hauser war sehr produktiv; auch die Madonna des Rosenkranzaltars und weitere Figuren des Kirchenschmucks, des Hl. Joseph, des Hl. Gallus und des Hl. Johannes, stammen von ihm. Franz Hauser kehrte später wieder nach Schlettstadt zurück, wo er bis zu seinem Lebensende blieb. Dort in Schlettstadt wurde auch der Sohn Franz Anton geboren, er gehört also zur 4. Hausergeneration. Franz Anton – genannt Anton Xaver – Hauser (1712–1772) ist der große Künstler der Familie. Er wandte sich wieder Freiburg zu und arbeitet in der Stadt und im ganzen Breisgau. Zu Recht findet er in der Kunstwelt besondere Aufmerksamkeit. Sein Beitrag für Kirchzarten sind die beiden exzellenten Heiligenbüsten der Hl. Odilia und Hl. Barbara für den Hochaltar, Zeugnisse einer eleganten Rokokostimmung und Beispiele großer Könnerschaft. Anton Xaver schuf ferner den neuen Sebastiansaltar mit dem Hl. Sebastian, dem Hl. Bischof Martin und dem Apostel Thomas sowie den Rosenkranzaltar mit der Hl. Katharina v. Siena und dem Hl. Dominikus, die sich zur herausragenden Madonnenfigur seines Vaters reihen. Putten und Engel, weitere Figuren an der Kanzel bestärken die große Kunstfertigkeit dieses bedeutenden süddeutschen Bildhauers, der früh in seinen Lehrjahren schon mit Christian Wenzinger in Verbindung stand und stets in dessen künstlerischer Nähe blieb. Mit dem Dreifaltigkeitsbildstock am Scherpeterhof in Eschbach begegnet uns ein außergewöhnliches Kunstwerk Anton Xaver Hausers, das echte Genialität verrät und an meisterliche Arbeiten im Freiburge Münster wie dem bekannten Taufbeckendeckel anschließt. Die Hausertradition wird in der 5. Generation von Franz Anton Xaver Hauser (1739–1819) weitergetragen. Ihm wird die Mithilfe bei verschiedenen Arbeiten seines Vaters zugeschrieben, in Kirchzarten sollen Ornamente der Seitenaltäre und Teile der Kanzel von ihm geschaffen sein. So ist die Pfarrkirche von Kirchzarten die eigentliche Kunstbiographie der Hauserfamilie geworden, eine Dokumentation, ein Schaffensüberblick über 5 Generationen eines ursprünglich Kirchzartner Künstlerstamms. Der Kunstinteressierte erfährt hier eindrucksvoll eine über die Betrachtung eines Einzelstücks hinausreichende Zusammenschau, die kleine Kunstwanderung erschließt unerwartete Dimensionen.

Ein ganz anders gearteter Talumgang sucht die bodenständig-bäuerliche Kunst, die handwerklich-einfachen Schnitzereien der Hofkapellen, die Hinterglasmalereien der Herrgottswinkel, die Lackschilduhren und die Bauernmöbel der alten Stuben, die Gebrauchsglä-

ser, die Alltagsgegenstände des Hoflebens; Beeindruckendes schuf auch diese Kunst des Tales, die Volkskunst. Auserlesene Musterstücke aus der näheren Umgebung sind zur Heimatsammlung von St. Märgen zusammengetragen; das intime Dreisamtäler Bauernmuseum ergänzt das Wenige an Hausrat und Hauskunst, das noch in originaler Ursprünglichkeit in den einzelnen Höfen und bei den alten Familien vorhanden ist.

Kunstfahrten erschließen auf ihre Weise neue Talbereiche. Eine »Bildersuchfahrt« nach den eindrucksvollen Landschaftsgemälden und Naturstimmungen verknüpft das Kunsterlebnis mit der Talnatur; ein Besuch bei der künstlerisch beachtenswerten Grabplatte des Ritters Kuno von Falkenstein in der Kirchzartner Kirche führt mit vielen anderen geschichtlichen Hinweisen ins Historische des Talgeschehens. Kunstfahrten zu den religiösen Motiven, etwa den Gnadenbildern der Wallfahrtsorte, vermitteln Eindrücke der religiösen Kunst und des religiösen Kults. Kunstfahrten schaffen neue Beziehungen zum Volksglauben und Brauchtum, öffnen Einblicke in Talgewohnheiten. Kunstfahrten führen immer wieder zur Substanz des Tales.

Hans Thoma, der große Künstler, gibt das Stichwort. Sein Kunstschaffen war lebenstief im Wesen der Landschaft verwurzelt. 1901 schrieb der Kritiker Otto Julius Bierbaum von einer Hans-Thoma-Ausstellung: »Hier ist Neues: Heimat, echt und tief!«

Der schöne Traum vom Dreisamtal

Nach so vielfältigen Einzeleindrücken kehrt der Wunsch nach einem zusammenfassenden Gesamtbild, nach einer Überschau zurück. Abt Ignaz Speckle fand bei einem Talumritt im Jahre 1805 auf der Höhe der Spirzen einen »ausgedachten« Ausblick über das ganze Tal

»und ich genoß die schöne Aussicht eine Weile!«

Unerschöpflich scheint der Reichtum des Tals an immer neuen Ausblicken.
Von Wiesneck aus streicht das Auge der Kamera frei über die Talauen, über die Dächer der alten Höfe (Wanglerhof und Alter Vogtshof im Vordergrund), über Bachläufe und Gebüsch, über Burgen, Schlösser, Kirchen und Siedlungen, über den ganzen freundlich gepflegten Parkgarten bis hin zum festen Bergriegel im Westen, der der Talpforte nach draußen kaum Raum läßt.
Wieder beeindruckt die landschaftliche Vielfalt – sie ist gleichsam die »Erkennungsmelodie« des Dreisamtals

Von Alban Stolz weiß man, daß er sich an der Augenweide einer zauberischen Sicht ebenso labte. In seinen »Witterungen der Seele« schwärmt er in Entzücken von der »wundervollen Schönheit der Landschaft«; bis ins Detail malt er in seiner Schilderung die schöne Umschau übers Land, er erzählt vom Bergweg seines Aufstiegs und »vom unbeschreiblichen Gebirge«. Dann erst gesteht Alban Stolz den fantastischen Zug seiner Landschaftsbetrachtung:

»Ich träumte mir schöne Landschaften«.

Ohne Sentimentalität schweift das Auge friedvoll über das so vielfach bevorzugte Dreisamtal. Gewinnt es nicht mit tieferem Einfühlen auch zunehmend die Züge jenes Traums, zeigt es nicht immer klarer die Merkmale einer zauberisch schönen Landschaft?

Inhalt